Jahrbuch für Antisemitismusforschung 28

Jahrbuch für Antisemitismusforschung 28

Herausgegeben von Stefanie Schüler-Springorum
für das Zentrum für Antisemitismusforschung
der Technischen Universität Berlin

Redaktion:
Sina Arnold, Marcus Funck, Uffa Jensen, Juliane Wetzel
Redaktionelle Bearbeitung und Lektorat: Adina Stern

Ⓜ | METROPOL

Redaktionsanschrift: Zentrum für Antisemitismusforschung
Technische Universität Berlin
Ernst-Reuter-Platz 7
D–10587 Berlin

ISBN: 978-3-86331-502-3
ISBN: 978-3-86331-952-6 (E-Book)
ISSN: 0941-8563

© 2019 Metropol Verlag
Ansbacher Straße 70 · D–10777 Berlin
www.metropol-verlag.de
Alle Rechte vorbehalten
Druck: Arta-Druck, Berlin

Inhalt

STEFANIE SCHÜLER-SPRINGORUM
   Vorwort   9

FLÜCHTLINGSKRISE 1938 UND HEUTE?
ZUR AKTUALITÄT DER INTERNATIONALEN
FLÜCHTLINGSKONFERENZ VON ÉVIAN 1938

WOLF GRUNER
   Vertreibungen, Annexionen, Massenauswanderung.
   Die NS-Judenpolitik und Évian im Jahre 1938   15

MARION KAPLAN
   The Évian Conference and the Americas   38

PAUL R. BARTROP
   Learning the Lessons of Évian:
   The Dominions and the Commonwealth, Then and Now   56

WINFRIED MEYER
   Mission Bestseller – Die internationale Flüchtlingskonferenz
   von Évian in Hans Habes Roman „Die Mission"   74

ROLAND BANK
   Die Bedeutung der Évian-Konferenz für den Flüchtlingsschutz
   nach dem Zweiten Weltkrieg   106

Inhalt

DER FALL ROLF PETER SIEFERLE
DIE INTELLEKTUELLE RECHTE UND IHRE STRATEGIEN

VOLKER WEISS
  Rolf Peter Sieferles „Finis Germania"
  Der Antaios Verlag und der Antisemitismus   123

HANS-JOACHIM HAHN
  Metaphern des Posthistoire
  Geschichtsdenken, Umweltkrise und Rhetorik bei Rolf Peter Sieferle   147

ANTISEMITISMUS UND RASSISMUS IM NACHKRIEGSDEUTSCHLAND

PHILIPP LENHARD
  Der Fall Benjamin. Hannah Arendt, das Institut für Sozialforschung
  und die Frage der Mitschuld   177

CLARA WOOPEN
  Frauenbewegte Opferidentifizierung? Der Nationalsozialismus
  in der feministischen Zeitschrift *Courage* (1976–1984)   200

MARIA ALEXOPOULOU
  „Wir sind auch das Volk!" Das deutsche Volk in der Transformation
  der Bundesrepublik zur Einwanderungsgesellschaft   225

HANNO PLASS
  Exterritorialisierung des Antisemitismus –
  Ein Fallbeispiel aus der Hamburgischen Bürgerschaft   255

ANTISEMITISMUS IN DER GEGENWART – LÄNDERSTUDIEN

WERNER BERGMANN
  Zwischen Ablehnung und Kooperationsbereitschaft
  Wie sich Juden und Muslime in Norwegen gegenseitig wahrnehmen   273

Inhalt

ARMIN PFAHL-TRAUGHBER

Das Antisemitismus-Problem von Jeremy Corbyn und
der Labour-Partei. Eine Analyse zur Entwicklung und
den Hintergründen einer Kontroverse 320

MAHİR TOKATLI · BURAK YILMAZ

Antisemitismus in der Türkei. Verschwörungsmythen und
kontrafaktische Geschichtsschreibung in der TV-Serie „Payitaht –
Abdülhamid" als popkulturelles Politikinstrument 355

Die Autorinnen und Autoren 379

Stefanie Schüler-Springorum

Vorwort

Das Jahr 2019 war, wie schon die Jahre zuvor, geprägt von intensiven Debatten um die neue Virulenz und mediale Präsenz des Antisemitismus – eine Debatte, an der sich auch die Mitarbeiterinnen und Mitarbeiter des ZfA in den unterschiedlichsten gesellschaftlichen Bereichen – vom Fußball bis zur Kirche, von Flensburg bis Tutzing – beteiligt haben. Diese erhöhte Aufmerksamkeit für aktuelle Fragen stellt uns immer wieder vor die Herausforderung, zugleich unseren akademischen Ansprüchen und langfristigen Forschungsfragen gerecht zu werden oder diese, im besten Fall, mit aktuellen Themen zu verknüpfen. Das vorliegende Jahrbuch dokumentiert gleich zwei sehr gelungene Ergebnisse dieses Anspruches: Im September 2018 fand in Kooperation mit der Gedenkstätte Deutscher Widerstand eine Konferenz zur Flüchtlingskrise von 1938 statt, die eine Ausstellung wissenschaftlich begleitete, die vom 27. Juli bis 5. Oktober 2018 im Bendlerblock gezeigt wurde und mittlerweile auch als äußerst erfolgreiche Online-Version vorliegt (www.evian1938.de).

Den Anfang machen ein Kollege und eine Kollegin aus der Geschichtswissenschaft, die sich schon seit Langem mit der Verfolgung und Vertreibung der deutschen Juden in den 1930er-Jahren beschäftigen: Wolf Gruner rekonstruiert – auf der Basis neuester Literatur und Quellenfunde – die internen Widersprüche der antijüdischen Politik des deutschen Staates, die die jüdischen Deutschen zum einen aus dem Land treiben wollte, sie aber zum anderen Stück für Stück aller Mittel für einen solchen Schritt beraubt hatte. Das Scheitern der Konferenz von Évian galt, so Gruner, der NS-Führung lediglich als letzter Beleg für das Scheitern einer pseudolegalistischen Vertreibungspolitik, die dann, in den nächsten Wochen und Monaten, mit bislang ungekannter Gewalt und Brutalität fortgesetzt wurde. Marion Kaplan wiederum zeichnet die sehr konkreten Folgen dieser Politik für die jüdische Bevölkerung nach und richtet ihre Aufmerksamkeit dabei auf jene beiden Länder, Portugal und Santo Domingo, denen als Transitstation bzw. als letzte Zuflucht bis in die 1940er-Jahre hinein eine besondere Bedeutung zukommen sollte. Mit der Gruppe der fünf selbstständigen britischen Dominions (Kanada, Neuseeland, Australien,

Südafrika und das nicht eingeladene Irland), deren Agieren auf der Konferenz vor allem darin bestand, möglichst nichts zu tun und dies mit rassistischen und populistischen Argumenten zu begründen, befasst sich Paul Bartrop, Autor der neuesten Studie zu Évian. Betrachtet man das Nachkriegsverhalten dieser Länder als dann souveräne Staaten, so wird deutlich, dass alle in den 1980er- und 1990er-Jahren für eine offenere Einwanderungspolitik bekannt waren. Die langfristigen Folgen der Rezeption bzw. Interpretation von „Évian" stehen im Zentrum der nächsten beiden Beiträge: Der Initiator von Ausstellung und Konferenz, unser langjähriger Fellow Winfried Meyer, begibt sich auf eine akribische Spurensuche zur Entstehungsgeschichte des Erfolgsromans „Die Mission" von Hans Habe, der das bundesrepublikanische Bild der Konferenz von Évian geprägt hat. Dass Habe dabei das Geschehen in der Schweiz mit Rettungsversuchen in Ungarn fiktiv vermischte, führte, so Meyer, dazu, dass das Scheitern der Konferenz in der Erinnerung sehr viel stärker mit dem Holocaust verknüpft blieb als etwa mit der Frage nach dem staatlichen Umgang mit Flucht und Migration, die ja in den 1930er-Jahren – Beispiel Spanien – keineswegs nur Juden und keineswegs nur Deutsche betraf. Roland Bank, Jurist am UNHCR, analysiert die Verbindung zwischen dem Scheitern von Évian, der Genfer Konvention und dem aktuellen Flüchtlingsschutz: Letzterer sei zwar indirekt durch den späteren Völkermord an den europäischen Juden geprägt worden, beinhaltet aber eine Schutzpflicht nur für jene, die das eigene, sie verfolgende Land schon verlassen haben – hätte also den deutschen Juden 1938 nicht genutzt. Als Fortschritt sei jedoch zu konstatieren, dass es heute immerhin ein Bewusstsein dafür gibt, dass der Flüchtlingsschutz eine internationale Aufgabe sei, die eines stabilen rechtlichen und institutionellen Rahmens bedarf – eine Erkenntnis, die, so scheint es, oftmals aktuellen innenpolitischen Instrumentalisierungen weichen muss.

Dass diese „schrecklichen Vereinfacher" mit dem Thema „Flüchtlinge" auch hierzulande mittlerweile reiche Ernte für das rechtspopulistische Lager einfahren können, ist allgemein bekannt. Weniger offensichtlich sind dagegen die langjährigen, oftmals subterranen Verbindungslinien, die manche bundesrepublikanischen Intellektuellen mit dem aktuellen Rechtsradikalismus verbinden. Volker Weiß, der zu diesem Thema 2017 ein viel beachtetes Buch veröffentlicht hat, initiierte vor diesem Hintergrund einen Workshop zu Leben und Werk des verstorbenen Historikers Rolf Peter Sieferle, der am 20. September 2018 am ZfA stattfand. In seinem Beitrag weist Weiß einmal mehr Sieferles tiefe Verwurzelung im rechtsnationalistischen und antisemitischen Gedankengut nach, während der Literaturwissenschaftler Hans-Joachim Hahn Sieferles umwelthistorische Schriften einer präzisen Lektüre unterzieht. Er kommt dabei zu dem Ergebnis, dass die Arbeiten des durchaus allseits anerkannten Kollegen noch bis in die 1980er-Jahre von einer gewissen Offenheit gekennzeichnet waren, sich jedoch schon dort ein gewisses kulturpessimistisches Ressentiment auffinden lässt, gepaart mit einer melancholischen Selbstinszenierung des Autors als einer, dessen Warnungen nicht gehört werden. In dem 1994 entstandenen Werk „Finis Germania" wird dies dann in ein offenes, rechtes Weltbild zusammengefügt. Das tatsächlich Bemerkenswerte am „Fall Sieferle" ist daher, so Volker Weiß, weniger die intellektuelle Entwicklung des Historikers als der Erfolg, den der Antaios-Verlag mit der posthumen Publikation dieses Buches feiern konnte: Ein antisemitischer Bestseller im 21. Jahrhundert!

Leider wissen wir nicht, was die Protagonisten des folgenden Beitrags, Hannah Arendt, Walter Benjamin und Theodor W. Adorno, zu diesen aktuellen Entwicklungen gesagt hätten. Statt mit selbstverliebter deutschen Opferrhetorik und Untergangsfantasien waren sie – so sie den Massenmord überlebt hatten – in der Nachkriegszeit mit den grundsätzlichen Fragen von Schuld und Verantwortung beschäftigt. Vor diesem Hintergrund unterzieht Philipp Lenhard die 1968 aufbrechende Kontroverse zwischen dem nach Frankfurt zurückgekehrten Institut für Sozialforschung und der in New York verbliebenen Hannah Arendt um den Tod Walter Benjamins einer intensiven Re-Lektüre, an deren Ende zwar ein deutliches Votum steht, aber eines, das die tiefschichtigen Argumente der einzelnen Protagonisten zu ihrem jeweiligen emotionalen wie intellektuellen Recht kommen lässt. Auch Clara Woopen weist in ihrer Analyse der Darstellung des Nationalsozialismus in der feministischen Zeitung *Courage* nach, wie fruchtbar es ist, ein scheinbar gut erforschtes Thema einer genauen Analyse zu unterziehen. Entgegen der allgemein akzeptierten Auffassung, die „68er" und die folgenden Generationen hätten sich durch eine Identifizierung mit den Opfern des Nationalsozialismus der Schuldfrage in den eigenen Familien entzogen, kann sie deutlich machen, dass der feministische Blick der *Courage*-Mitarbeiterinnen sehr viel früher und sehr viel differenzierter auch die Täterinnen in den Blick nahm und sich zudem zögerlich, aber dennoch, auch anderen Opfergruppen wie Jüdinnen, Sintezza oder Kommunistinnen zuwandte. Ihr Beitrag korrespondiert indirekt mit dem von Maria Alexopoulou, die darin ihr neues, hoffentlich ab 2020 am ZfA angesiedeltes Projekt vorstellt: Ausgehend von den Diskussionen um Einbürgerung, doppelte Staatsbürgerschaft und kommunales Wahlrecht für Ausländer geht sie den *underlying assumptions* des deutschen Volksbegriffes nach und weist nicht nur dessen Verstrickung mit rassistischen Vorstellungen nach, sondern auch deren Persistenz im Behördendenken und -handeln bis in die 1980er-Jahre. Hanno Plass, ein weiterer Fellow unseres Instituts, befasst sich im letzten Beitrag dieses Abschnitts mit einem aktuellen Fall aus der Hamburger Bürgerschaft, wo die AfD in einem eigenen Antrag 2018 die Einrichtung eines Antisemitismusbeauftragten forderte. Die Selbstinszenierung als Freunde Israels und einzig wahre Verteidiger jüdischen Lebens in Deutschland, die die Partei ja auch auf nationaler Ebene pflegt, dient, so Plass, lediglich der Verschleierung des Antisemitismus in den eigenen Reihen sowie der Pflege des dortigen xenophoben wie politischen Ressentiments. Diese Entwicklung sei jedoch insofern von Bedeutung, da durch sie eine latent völkisch-nationalistische Rhetorik in die allgemeine Debatte Einzug gehalten habe, die ohne jegliche Reflexion der gesellschaftlichen Bedingungen auskomme, die Auschwitz möglich gemacht haben.

Während dies – allerdings nur auf den ersten Blick – spezifisch deutsche Diskussionen zu sein scheinen, widmen sich die drei abschließenden Beiträge neueren Untersuchungen aus unseren europäischen Nachbarstaaten: Werner Bergmann stellt die Ergebnisse einer norwegischen Umfrage vor, die erstmals jüdische und muslimische Bürgerinnen und Bürger zu ihren Einstellungen zueinander befragte – eine Perspektive, die hierzulande noch aussteht. Armin Pfahl-Traughber rekonstruiert ausführlich die Antisemitismusvorwürfe gegen die Labour Party, die in den letzten Jahren die britische Linke massiv unter Druck gesetzt haben. Auch seine Schlussfolgerungen lassen sich *grosso modo* auf Deutschland und andere Länder übertragen, wenn er den Unwillen des Corbyn-Lagers beschreibt, antisemitische Ressentiments jenseits eines klassischen rechten Weltbildes als solche zu diagnostizieren und zu bekämpfen. Im Vergleich dazu erscheint der von Mahir Tokatlı und Burak Yılmaz analysierte, alle klassischen Themen bedienende Antisemitismus in einer vom staatlichen türkischen Fernsehen produzierten Serie tatsächlich eine ganz andere Form der Bedrohung zu sein. Der Unterschied zwischen der Türkei und anderen europäischen Ländern schmilzt jedoch dann, wenn man die Funktion des antisemitischen Ressentiments in Rechnung stellt: Immer geht es letztlich um die Konstruktion einer Feindschaft, die zugleich der inneren Festigung der dadurch erst geschaffenen Volks-Gemeinschaft dient.

FLÜCHTLINGSKRISE 1938 UND HEUTE?
ZUR AKTUALITÄT DER INTERNATIONALEN
FLÜCHTLINGSKONFERENZ VON ÉVIAN 1938

WOLF GRUNER

Vertreibungen, Annexionen, Massenauswanderung

Die NS-Judenpolitik und Évian im Jahr 1938

Die Évian-Konferenz wird in der Regel als Wasserscheidenmoment für die verfolgten deutschen und österreichischen Juden angesehen, an dem allen Beteiligten klar wurde, dass Auswanderungsmöglichkeiten kaum noch existierten. Welche Bedeutung hatte das aber für den NS-Staat und dessen antijüdische Politik? Der folgende Beitrag untersucht, welche Faktoren die Entwicklung der antijüdischen Politik im NS-Staat im Jahr 1938 bestimmten und wie sich die Verfolgung der Juden nach dem ergebnislosen Ausgang der internationalen Flüchtlingskonferenz änderte.

Seit 1933 bestand das erklärte Ziel der Nationalsozialisten darin, die deutschen Juden außer Landes zu treiben. Zwar hatte die in einer wechselseitigen Dynamik zwischen lokaler und zentraler Ebene radikalisierte antijüdische NS-Politik eine massive Emigrationswelle bewirkt, dennoch lebten im Herbst 1937 noch immer über 350 000 Juden in Deutschland.[1] Auf der einen Seite behinderte die rapide Verarmung der jüdischen Bevölkerung die Vertreibung immer stärker, auf der anderen Seite verschlossen mehr und mehr Länder ihre Tore für jüdische Einwanderer und Flüchtlinge.[2] Bald sah es für die NS-Regierung so aus, als ob eine vollständige Vertreibung der verbleibenden jüdischen Bevölkerung noch Jahrzehnte beanspruchen würde. Das galt insbesondere, weil potenziell die bereits

---

1 Vgl. ausführlich: Wolf Gruner, Die NS-Judenverfolgung und die Kommunen. Zur wechselseitigen Dynamisierung von zentraler und lokaler Politik 1933–1941, in: Vierteljahrshefte für Zeitgeschichte 48 (2000) 1, S. 75–126.
2 Vgl. generell: Heimat und Exil. Emigration der deutschen Juden nach 1933, hrsg. von der Stiftung Jüdisches Museum Berlin und der Stiftung Haus der Geschichte der Bundesrepublik, Frankfurt a. M. 2006.

im Detail geplante Annexion Österreichs bzw. der tschechischen Gebiete zu noch weit mehr Juden als bisher im deutschen Herrschaftsbereich führen würde.

Auf diese zunehmend ausweglos erscheinende Situation reagierte die NS-Führung im Herbst 1937 zunächst mit „traditionellen" Methoden. Die Ministerialebene plante, die Emigration – speziell der „unbemittelten Juden" – durch härtere innenpolitische Maßnahmen anzukurbeln.[3] Eine Reihe bereits seit Längerem diskutierter Gesetzespläne sollten deshalb bis zum Ende des Jahres beschleunigt abgeschlossen werden. Das Reichswirtschaftsministerium, das gerade von Göring im Zusammenhang mit den Personalveränderungen in Militär und Regierung übernommen worden war, leitete die Zentralisierung und Intensivierung der bisher weitgehend lokal praktizierten Verdrängung der Juden aus Wirtschaft und Gewerbe ein,[4] das Reichsinnenministerium bereitete ihre Kennzeichnung mit Zwangsnamen, die Kennzeichnung ihrer Betriebe sowie Berufsverbote für Ärzte und Juristen vor,[5] das Propagandaministerium entwarf in Hitlers Auftrag ein Besuchsverbot „deutsche[r] Theater- und Kulturveranstaltungen" für Juden.[6]

Die potenzielle Wirkung dieser Gesetze mochte zwar den Druck auf den Einzelnen erhöhen, das die Emigration behindernde Problem der Verarmung großer Teile der jüdischen Bevölkerung entschärfte es nicht, im Gegenteil. Anders als die Ministerien wollte der seit Mitte 1937 vom Chef der Sicherheitspolizei und des SD, Reinhard Heydrich, mit der Strategiebildung beauftragte Sicherheitsdienst der SS[7]

---

3   Vermerk (RuPrMdI) vom 28. 10. 1937 über Konferenz am 18. 10. 1937, an der verschiedene Ministerien, der Stellvertreter des Führers und das Hauptamt Sicherheitspolizei teilnahmen, Bundesarchiv (BArch), R2 Reichfinanzministerium, Nr. 56269 (alt 21.01 RFM B 6269), Bl. 65–67.
4   Diese Entwicklung seit Herbst 1937 ist ausführlich dargestellt bei Helmut Genschel, Die Verdrängung der Juden aus der Wirtschaft im Dritten Reich, Göttingen 1966, S. 140–176.
5   Schnellbrief RMdI (Entwurf) vom Januar 1938, BArch, R 1501 RMdI, Teil 2 (alt R 18), Nr. 5519, Bl. 3; RGBl., 1938 I, S. 9; Pfundtner (RMdI) an Lammers am 18. 12. 1937, in: Akten der Parteikanzlei der NSDAP. Teil I, Bd. 1, hrsg. vom Institut für Zeitgeschichte, München 1983, Mikrofiche-Nr. 10113867/1-7.
6   Eintrag vom 26. 11. 1937, in: Die Tagebücher von Joseph Goebbels, im Auftrag des Instituts für Zeitgeschichte und mit Unterstützung des Staatlichen Archivdienstes Rußlands, hrsg. von Elke Fröhlich, Teil I: Aufzeichnungen 1923–1941, Bd. 4, München 2000, S. 346.
7   Im Sommer 1937 hatte Heydrich die Aufgaben des Gestapa und des SD für ein rationelles Vorgehen voneinander abgegrenzt. Ersteres, das bisher eigene antijüdische Konzepte

deshalb die „gesamte Judenpolitik" im NS-Staat auf die Emigration unbemittelter Juden konzentrieren.[8] Gleichzeitig fehlten jedoch Einwanderungsoptionen. Angesichts der politischen Sackgasse machte sich Ratlosigkeit breit, sodass Goebbels Anfang Januar 1938 in seinem Tagebuch festhielt: „Die Juden wollen an allen Grenzen emigrieren. Aber niemand will sie hereinlassen. Wohin mit dem Dreck?"[9]

Als einzigen Ausweg sah die NS-Führung nun den Griff zur Gewalt. Himmler befahl Anfang Januar 1938 alle, das hieß damals einige Hundert, sowjetische Juden auszuweisen.[10] Im Februar war die Ausweisung rumänischer Juden geplant.[11] Im Frühjahr diskutierten Goebbels und Hitler bereits, auch gegen polnische und sogar deutsche Juden vorzugehen: „Der Führer will sie allmählich alle abschieben. Mit Polen und Rumänien verhandeln. Madagaskar wäre für sie das geeignete."[12] Ähnlich dachten die Beamten in den Judenreferaten des SD und der Gestapo.[13]

Wie vorauszusehen, verschärfte sich diese Debatte Mitte März 1938 mit der Annexion Österreichs durch den NS-Staat. Alle „Erfolge" der Vertreibungspolitik

---

entwickelt hatte, sollte nur noch exekutive Aufgaben übernehmen; Michael Wildt (Hrsg.), Die Judenpolitik des SD 1935–1938. Eine Dokumentation, München 1995, S. 118–120, Dok. Nr. 14: Anordnung vom 1. 7. 1937.

8   Nach Hagen (SD) am 7. 12. 1937; Hans Safrian, Die Eichmann-Männer, Wien/Zürich 1993, S. 24–28.
9   Eintrag vom 6. 1. 1938, in: Die Tagebücher von Joseph Goebbels, Teil I, Bd. 5, München 2000, S. 84.
10 RFSS-Erlass vom 5. 1. 1938 und Erlass (Dr. Best) auf RFSS-Erlass vom 5. 1. 1938, Yad Vashem Jerusalem (fortan: YV), 051/OSOBI, Nr. 69 (501/3/583), Bl. 102+RS. Die Ausweisungen wurden gegen ca. 500 Personen im Laufe des Januar im ganzen Land ausgeführt, vgl. Vermerk SD II 1123 vom 8. 2. 1938, ebenda, Nr. 398, Bl. 10 f. Vgl. auch Sybil Milton, Menschen zwischen den Grenzen. Die Polenausweisung 1938, in: Menora (1990), S. 189–190; Wolf Gruner, Von der Kollektivausweisung zur Deportation der Juden aus Deutschland. Neue Perspektiven und Dokumente (1938–1945), in: Birthe Kundrus/Beate Meyer (Hrsg.), Die Deportation der Juden aus Deutschland. Pläne, Praxis, Reaktionen 1938–1945 (Beiträge zur Geschichte des Nationalsozialismus, Bd. 20), Göttingen 2004, S. 24.
11 Vermerk SD II 1123 vom 8. 2. 1938, YV, 051/OSOBI, Nr. 398, Bl. 10 f.
12 Eintrag vom 23. 4. 1938, in: Die Tagebücher von Joseph Goebbels, Teil I, Bd. 5, S. 269 f.
13 Saul Friedländer, Nazi Germany and the Jews, Vol. 1: The Years of Persecution, 1933–1939, New York 1997, S. 219; Kurt Düwell, Die Rheingebiete in der Judenpolitik des Nationalsozialismus vor 1942, Bonn 1968, S. 251.

zerrannen den Verfolgern von einem Tag auf den anderen zwischen den Fingern. Zwar waren seit 1933 über 100 000 deutsche Juden emigriert, doch geriet das Doppelte dieser Zahl nun wieder unter deutsche Herrschaft. Als Folge der Annexion Österreichs und der dort lebenden 200 000 Juden erhielt das „Judenproblem" für die NS-Regierung eine mit politischem Druck allein nicht mehr lösbare Dimension.[14] Obgleich sich mit Straßenterror und wilden „Arisierungen" die Judenverfolgung in der „Ostmark" in den ersten Wochen enorm radikalisierte, musste die NS-Führung grundsätzlich neue Verfolgungskonzeptionen für das gesamte Reich entwickeln. Die bisherige Politik, mit immer härteren innenpolitischen Maßnahmen sowohl lokal als auch zentral die Vertreibung mittelfristig anzukurbeln, schien auf lange Sicht „gescheitert".[15]

Nach den Erfahrungen mit der Annexion Österreichs ging die NS-Führung verstärkt zur Koordinierung der Verfolgungspläne über, da offensichtlich nur eine zentralisierte Politik „Erfolg" versprach. Um Vertreibungsmaßnahmen und Aufrüstungsinteressen in Einklang zu bringen, lud Göring Ende April zu einer Strategiesitzung ein. Er wollte „Auffassungen" und „Wünsche" der anderen Minister sowie der Partei-Spitze für das weitere Vorgehen erfahren und vor allem die angestrebte Verwertung jüdischen Vermögens diskutieren.[16]

Gewaltmaßnahmen spielten ebenso weiter eine Rolle. In Österreich organisierte die Gestapo die zweite Kollektivvertreibung von Juden. Diesmal traf es 3600 nach der Annexion nun inländische Juden, die im Burgenland an der österreichischen Grenze zu Ungarn lebten.[17] Hingegen galt die Ausweisung aller Juden mit sowjetischer Staatsangehörigkeit nach Ablauf der zweimal verlängerten Ausreisefristen bereits frühzeitig als gescheitert, denn sie konnten nicht abgeschoben

---

14 Doron Rabinovici, Instanzen der Ohnmacht: Wien 1938–1945. Der Weg zum Judenrat, Frankfurt a. M. 2000; Wolf Gruner, Zwangsarbeit und Verfolgung. Österreichische Juden im NS-Staat 1938–1945, Innsbruck/Wien/München 2000.
15 Vgl. zum folgenden Gruner, Kollektivausweisung, S. 21–62.
16 Schnellbrief Görings vom 26. 4. 1938, in: Akten der Parteikanzlei der NSDAP, Teil I, Bd. 2, Mikrofiche-Nr. 20400487. Alles Vermögen, was Juden über 5000 RM besaßen, wurde im Vorgriff hierauf registriert; VO über die Anmeldepflicht jüdischen Vermögens vom 26. 4. 1938, in: RGBl., 1938 I, S. 414.
17 Milka Zalmon, Forced Emigration of Jews of Burgenland. A Test Case, in: Yad Vashem Studies 24 (2003), S. 287–323.

werden, da es keine gemeinsame Grenze mit der Sowjetunion gab. Ende Mai 1938 befahl der Chef der Sicherheitspolizei, Reinhard Heydrich, der Gestapo, alle sowjetischen Juden bis zur Vorlage von Emigrationspapieren in Konzentrationslager einzusperren.[18] Ungeachtet dieses Fehlschlags hatte der Reichsführer SS am 11. Mai angewiesen, den Aufenthalt rumänischer Juden künftig strikt zu kontrollieren und sie bei geringsten Gesetzesverstößen auszuweisen.[19] In der Planungsphase befand sich bereits eine große Aktion gegen polnische Juden, da seit April der polnische Staat begonnen hatte, mithilfe eines antijüdischen Gesetzes im Ausland lebende Staatsbürger auszubürgern. Als direkte Folge wuchs die Zahl der Juden polnischer Herkunft, die nun staatenlos in Deutschland wohnten und deshalb schwerer auszuweisen waren.[20]

Propagandaminister und Gauleiter Goebbels ließ sich zur gleichen Zeit eine Konzeption zur Verfolgung der Berliner Juden zuarbeiten, die auf mit Hitler abgesprochenen Vorstellungen basieren sollte. Die bis Mitte Mai von der Berliner Stapoleitstelle fertiggestellten Pläne gingen in ihrer Totalität über alle auf Reichsebene zu diesem Zeitpunkt diskutierten Ideen weit hinaus. Neben einer schrittweisen Ghettoisierung der Berliner Juden und ihrer kompletten Isolierung im städtischen Leben forderte die Denkschrift die Aufhebung der „Schulpflicht für jüdische Kinder", die Einführung einer „Kopfsteuer" und die vollständige Abschaffung der Gewerbefreiheit für Juden. Von diesen radikalen Vorschlägen erhielten neben Goebbels und Heydrich bis Ende Juni auch Wirtschaftsminister Funk und Hitler Kenntnis. Obwohl die Denkschrift wegen ihrer Lokalperspektive und dem Außerachtlassen sozialer Folgen vom SS-Sicherheitsdienst heftig kritisiert wurde, leistete die erstmalige Verknüpfung von Radikalmaßnahmen auf Reichsebene mit umfassender Isolierung auf städtischer Ebene einen wichtigen

---

18 Runderlaß RFSSuChdDtPol vom 28. 5. 1938, in: Helmut Eschwege (Hrsg.), Kennzeichen J. Bilder, Dokumente, Berichte zur Geschichte der Verbrechen des Hitlerfaschismus an den deutschen Juden 1933–1945, Berlin 1981, S. 111.
19 RFSS-Erlass vom 11. 5. 1938 in Erlass des Sächsischen Ministeriums des Innern vom 16. 5. 1938, StadtA Leipzig, Kap. 1, Nr. 122, Bl. 105.
20 Referat Herbert Hagen auf SD-Hauptabteilungsleitersitzung II am 9. 6. 1938, in: Wildt, Die Judenpolitik des SD, S. 192. Vgl. zur Politik der polnischen Regierung: Trude Maurer, Abschiebung und Attentat, in: Walter H. Pehle (Hrsg.), Der Judenpogrom 1938, Frankfurt a. M. 1988, S. 52–73.

Beitrag zur Neuausrichtung der antijüdischen Politik, was später in den Ministerialdiskussionen vor und nach dem Novemberpogrom deutlich werden sollte.[21]

Die im Mai 1938 wachsenden Spannungen im tschechischen Sudetengebiet an der deutschen Grenze verschärften die drängenden Probleme noch. Die lautstark und offen vorangetriebenen Separationsbestrebungen der dort wohnenden deutschen Nazi-Sympathisanten hatte der tschechoslowakische Staat mit harter Hand und Teilmobilmachung beantwortet.[22] Da Hitler offen die Sudetendeutschen unterstützte, konnte die sogenannte Sudetenkrise potenziell jeden Tag einen Krieg gegen die Tschechoslowakei auslösen, auf den sich der NS-Staat ja seit Monaten vorbereitet hatte. Hitler gab, nach seiner Darstellung, am 28. Mai den Befehl zur konkreten „Vorbereitung des militärischen Einschreitens" gegen die Tschechoslowakische Republik mit Termin 2. Oktober.[23] Da die NS-Führung aus ihrer Warte einen weiteren Dolchstoß der Juden in den Rücken der Heimatfront, der angeblich während des Ersten Weltkrieges zur deutschen Niederlage geführt hatte, zu vermeiden suchte, wollte sie die Juden im Falle eines neuen bewaffneten Konflikts außer Landes wissen.

Daher geriet Gewalt mehr und mehr zum Mittel der Wahl. Hitler persönlich ordnete deshalb Ende Mai an, im „Reichsgebiet asoziale und kriminelle Juden" festzunehmen. Daraufhin wurden im Rahmen der „Asozialen-Aktion" im Juni über 2500 geringfügig vorbestrafte deutsche Juden in Konzentrationslager eingewiesen. Allein aus Berlin kamen 824 Juden in das KZ Sachsenhausen; das war ein Drittel der reichsweit verhafteten Juden.[24]

---

21 Wolf Gruner, „Lesen brauchen sie nicht zu können …". Die „Denkschrift über die Behandlung der Juden in der Reichshauptstadt auf allen Gebieten des öffentlichen Lebens" vom Mai 1938, in: Jahrbuch für Antisemitismusforschung 4 (1995), S. 305–341.
22 Jörg Osterloh, Nationalsozialistische Judenverfolgung im Reichsgau Sudetenland 1938–1945, München 2006, S. 149.
23 Hitler-Rede vom 30. Januar 1939, in: Max Domarus (Hrsg.), Hitler. Reden und Proklamationen 1932–1945, Bd. II, 1. Halbbd. 1939–1940, München 1965, S. 1049.
24 Vermerk SD-Judenreferat vom 8.6. über Sitzung im Sicherheitshauptamt am 1.6. 1938, YV, 051/OSOBI, Nr. 88 (500/1/261), Bl. 30; Interne Mitteilung der Stabskanzlei des SD an II 112, 22.6. 1938, RGVA Moskau 500/1/645, Film I; Vermerk, II 112, 21.6. 1938, ebenda; Mitteilung des Oberabschnitts Ost am 17.6. 1938, ebenda; Eilbericht des SD-Führers des SS-Oberabschnitts Ost an das Sicherheitshauptamt, Zentralabteilung II 1, 24.6. 1938, ebenda (für Kopien der Moskauer Dokumente danke ich Eva Balz und Christoph

Mit dem Fortgang der Vertreibung insgesamt jedoch unzufrieden, forderte Goebbels am 10. Juni vor 300 Polizeioffizieren in Berlin neue Aktionen: „Nicht Gesetz ist die Parole, sondern Schikane. Die Juden müssen aus Berlin heraus. Die Polizei wird mir dabei helfen."[25] Nicht nur die Polizei, sondern auch die Berliner NSDAP verstand die Rede als Aufforderung zum raschen Handeln. SA und Hitlerjungen beschmierten nun in vielen Teilen Berlins Geschäfte jüdischer Inhaber und organisierten Aufmärsche, wie am 13. Juni auf dem Kurfürstendamm und am Bayerischen Platz in Wilmersdorf. Vereinzelte Attacken hatten bereits in den ersten Maitagen begonnen. Mitte Mai markierten SA und HJ im Bezirk Schöneberg Schaufenster mit der Aufschrift „Jude", bald auch in anderen Stadtteilen. Ende Mai wurden in Tegel und Lichtenberg Fensterscheiben von Geschäften zerschlagen. Menschenaufläufe von bis zu 1000 Berlinern bildeten sich, die Polizei nahm die Geschäftsinhaber in „Schutzhaft". Zum Höhepunkt der Ausschreitungen kam es dann in der dritten Juniwoche.[26]

Die Sudetenkrise und die Kriegsgefahr standen dabei allen vor Augen. Am 17. Juni mussten NSDAP-Mitglieder die Verwüstungen auf dem Strausberger Platz im Berliner Bezirk Friedrichshain gegenüber einer mehrheitlich passiven Menge

Kreutzmüller, Berlin). Augenzeugenberichte zu Verhaftungen und der KZ-Internierung finden sich in: Ben Barkow/Raphael Gross/Michael Lenarz (Hrsg.), Novemberpogrom 1938. Die Augenzeugenberichte der Wiener Library, London/Frankfurt a. M. 2008, S. 45–91. Vgl. zum Vorgang: Wolf Gruner Der Geschlossene Arbeitseinsatz deutscher Juden. Zur Zwangsarbeit als Element der Verfolgung 1938 bis 1943, Berlin 1997, S. 43; Christian Faludi (Hrsg.), Die „Juni-Aktion" 1938. Eine Dokumentation zur Radikalisierung der Judenverfolgung, Frankfurt a. M./New York 2013.

25 Einträge vom 11. und 22. 6. 1938, in: Die Tagebücher des Joseph Goebbels. Sämtliche Fragmente, hrsg. v. Elke Fröhlich im Auftrag des Instituts für Zeitgeschichte und in Verbindung mit dem Bundesarchiv, Teil I: Aufzeichnungen 1924–1941, Bd. 1–4, München/New York/London/Paris 1987, Bd. 3, S. 452 und 463.

26 Eilbericht des SD-Führers des SS-Oberabschnitts Ost an das Sicherheitshauptamt, Zentralabteilung II 1, 24. 6. 1938, RGVA Moskau 500/1/645, Film I. Vgl. zu den Vorgängen ausführlich: Peter Longerich, Politik der Vernichtung. Eine Gesamtdarstellung der nationalsozialistischen Judenverfolgung, München 1998, S. 175–180; Christian Dierks: Die „Juni-Aktion" 1938 in Berlin, in: Beate Meyer/Hermann Simon (Hrsg.), Juden in Berlin 1938–1945 (Begleitband zur gleichnamigen Ausstellung in der Stiftung „Neue Synagoge Berlin – Centrum Judaicum"), Berlin 2000, S. 33–43; vgl. auch Christoph Kreutzmüller, Ausverkauf. Die Vernichtung der jüdischen Gewerbetätigkeit in Berlin 1930–1945, Berlin 2012, S. 141–151.

verteidigen. Sie argumentierten, es passiere hier in Berlin genau das Gleiche, was auch mit „unseren Volksgenossen in der Tschechei gemacht wird".[27] Genau andersherum interpretierte die Ereignisse der Architekt Alfred Müller. Er deutete vor Publikum auf die eingeschlagene Fensterscheibe des Räucherwarengeschäfts Samuelis in Berlin-Neukölln: „Halten Sie das wohl für richtig? Eine Schweinerei ist und bleibt es doch. [...]. Unsere Sudetendeutschen stehen heute im Kampf und da macht man sowas."[28]

Partei, Staat, Sicherheitspolizei und der Sicherheitsdienst der SS realisierten zugleich mehr und mehr, dass die Folgen solch antijüdischer Gewaltaktionen wie in Berlin eine rasche Emigration der Juden eher behinderten als beförderten. Im Geheimen Staatspolizeiamt diskutierten die Beamten dies am 21. Juni anlässlich eines Angriffs auf die Umschichtungsstelle der Reichsvertretung der Juden in Niederschönhausen. Mehr als 200 Personen hatten das Gelände in Niederschönhausen, wo Juden sich auf ihre Emigration vorbereiteten, besetzt und in Ess- und Schlafsälen randaliert. Aus alldem resultierte eine taktische Modifikation: Parteiaktionen seien künftig in Absprache mit der Polizei zu organisieren, Plünderung und Gewalt dürften keine Nichtjuden treffen.[29] Noch am gleichen Tag wiesen Polizeipräsident Helldorf, der stellvertretende Gauleiter Staatsrat Görlitzer sowie SA-Obergruppenführer von Jagow auf einer Sitzung alle Kreisleiter an, das Beschmieren von Geschäften zu verbieten. Hitler habe dies persönlich gefordert und Reichswirtschaftsminister Funk deswegen via Göring bei Goebbels interveniert.[30]

---

27 106. Polizeirevier, Bericht vom 17. 6. 1938, Landesarchiv Berlin (LAB), A Pr. Br. Rep. 030, Tit. 95, Nr. 21619, Bd. 4, Bl. 149+RS.

28 216. Polizeirevier, Bericht über politischen Vorfall vom 20. 6. 1938 an Stapo, LAB, A Pr. Br. Rep. 030, Tit. 95, Nr. 21619, Bd. 4, Bl. 171–172RS. Vgl. Wolf Gruner, Die Berliner und die NS-Judenverfolgung. Eine mikrohistorische Studie individueller Handlungen und sozialer Beziehungen, in: Rüdiger Hachtmann/Thomas Schaarschmidt/Winfried Süß (Hrsg.), Berlin im Nationalsozialismus. Politik und Gesellschaft 1933–1945 (Beiträge zur Geschichte des Nationalsozialismus, Bd. 27), Göttingen 2011, S. 69.

29 Vermerk von II 112 o C 4212 Hg/ Pi (25. 6. 1938), RGVA 500/1/261, Bl. 36; Bericht von Kuh, dem Leiter der Ausbildungsstätte am 21. 6. 1938 (22. 6. 1938), ebenda, Bl. 38; Schreiben von G II 112 18 – 4 Hg/ Pi an den SD-Führer des SS-Oberabschnitts Süd, z. H. Gengenbach (undatiert), ebenda, Bl. 40.

30 Interne Mitteilung der Stabskanzlei des SD an II 112, 22. 6. 1938, RGVA 500/1/645, Film I; vgl. Eilbericht des SD-Führers des SS-Oberabschnitts Ost an das Sicherheitshauptamt, Zentralabteilung II 1, 24. 6. 1938, ebenda. Vgl. auch Erwähnung eines persönlichen

Die wochenlange Gewalt und die Massenverhaftungen beschäftigten auch die Opfer. Manche kritisierten die Ausschreitungen, einige planten offenbar sogar Selbstverteidigung durch Attentate auf NS-Größen.[31] Immer mehr erwogen eine rasche Emigration, immer weniger sahen eine Zukunft in Deutschland. In der *CV-Zeitung* sprach Alfred Hirschberg von einer zunehmenden Selbstdeportation statt einer Auswanderung zum planvollem Neuaufbau. Mit Blick auf die anstehende Évian-Konferenz unterstrich er die Notwendigkeit der „räumliche[n] und grossenteils auch berufliche[n] Umstellung einiger Hunderttausender Juden".[32] In der Zeitschrift *Der Morgen* fragte sich Eva Reichmann etwas später, ob die Delegierten der Konferenz die „Wucht von hunderttausenden andrängenden Menschenschicksalen" spürten.[33] Auch die Reichsvereinigung hoffte auf einen „großzügigen Auswanderungsplan".[34]

Zwar ging die NS-Führung nun verstärkt zur Koordinierung der Verfolgungspläne über, da offensichtlich nur eine zentralisierte Politik „Erfolg" in der Vertreibung versprach. Doch weder Terror noch Ministerialerlasse konnten das Grundproblem der antijüdischen Politik, die wachsenden Emigrationshemmnisse, lösen. Schon vor Wochen hatte der Sicherheitsdienst der SS konstatiert, „daß die Möglichkeiten für die Auswanderung sich im gleichen Maße vermindert

---

Befehls des Führers, hier am 21. 6., aus Berchtesgaden, in: Wildt, Judenpolitik des SD, S. 57. Nach einem anderen Dokument wurde die Berliner Aktion „am 22. 6. auf hohen Befehl abgebrochen". Auf „Befehl des Führers" ist im Original durchgestrichen, Hagen (SD II 112) an SD-OA Süd am 29. 6. 1938, YV Jerusalem, 051/OSOBI, Nr. 88 (500/1/261), Bl. 40–41RS. Goebbels musste sich später auch vor den Ministern Funk und Ribbentrop verteidigen, die einen „legalen" Kurs favorisierten; Einträge vom 22. 6. u. 6. 7. 1938, in: Die Tagebücher des Joseph Goebbels. Sämtliche Fragmente, Teil I, Bd. 3, S. 463 u. 473. Vgl. Wolf Gruner, Judenverfolgung in Berlin 1933–1945. Eine Chronologie der Behördenmaßnahmen in der Reichshauptstadt, 2. vollst. korrigierte und stark erweiterte Aufl., Berlin 2009, S. 28 f.

31 Bericht Geheimes Staatspolizeiamt II A 2 Berlin vom 27. 6. 1938, in: Otto Dov Kulka/Eberhard Jäckel (Hrsg.), Die Juden in den geheimen NS-Stimmungsberichten 1933–1945, Düsseldorf 2004, CD-Nr. 246.
32 CV-Zeitung, Nr. 23 vom 9. Juni 1938, S. 1. Zit. bei Johann Nicolai, „Seid mutig und aufrecht!" Das Ende des Centralvereins deutscher Staatsbürger jüdischen Glaubens 1933–1938, Berlin 2016, S. 280.
33 Der Morgen vom 4. 7. 1938, S. 133. Zit. bei Nicolai, „Seid mutig und aufrecht!", S. 280.
34 Zit. bei Nicolai, „Seid mutig und aufrecht!", S. 284.

haben wie der Auswanderungsdruck gestiegen ist".[35] Als einzige reale Perspektive erschien inzwischen eine bilateral organisierte Kollektivemigration. Allerdings sei bisher kein Land „für eine Masseneinwanderung" gefunden, konstatierte Reichsinnenminister Frick am 14. Juni in einem Göring, Himmler, Funk und Hitlers Stellvertreter Heß zugestellten Memorandum.[36]

Noch bestand in der NS-Führung allerdings Hoffnung, dass andere Staaten eine Massenaufnahme akzeptieren würden. In Évian-les-Bains am Genfer See diskutierten die Delegierten von 32 Regierungen sowie Vertreter von Hilfsorganisationen vom 6. bis 15. Juli das Thema der jüdischen Flüchtlinge ausführlich. Da England aber seine Kolonien als schon überfüllt oder für eine Masseneinwanderung als ungeeignet ansah und auch andere Länder keine konkreten Zusagen gaben, ging die Konferenz bis auf eine vage Option in der Dominikanischen Republik und der beabsichtigten Gründung eines Komitees ergebnislos zu Ende.[37] Vertreter jüdischer Organisationen, wie Siegfried Moses, äußerten sich desillusioniert und zweckoptimistisch: „Statt die große Chance zu realisieren, hat die Konferenz eine neue, bescheidenere Chance geboren, das ist ein enttäuschendes Ergebnis, aber ein Ergebnis, das wir in unserer gegenwärtigen Lage nicht geringschätzen dürfen."[38] Das *Israelitische Familienblatt* vom 21. Juli 1938 titelte: „Einwanderungs-Plan

---

35 Wildt, Judenpolitik des SD, Dok. Nr. 29, S. 186.
36 Schreiben des RMdI vom 14. 6. 1938 (NG 3937), in: Akten der Parteikanzlei der NSDAP, Teil I, Bd. 2, Mikrofiche-Nr. 20700228-37. Vgl. Genschel, Verdrängung, S. 168 f.; sowie Uwe-Dietrich Adam, Judenpolitik im Dritten Reich, Düsseldorf 1972, S. 181.
37 Vgl. Susanne Heim, „Deutschland muß ihnen ein Land ohne Zukunft sein." Die Zwangsemigration der Juden 1933–1938, in: Beiträge zur nationalsozialistischen Gesundheits- und Sozialpolitik, Bd. 11: Arbeitsmigration und Flucht, Berlin 1993, S. 48–81; Juliane Wetzel, Auswanderung aus Deutschland, in: Wolfgang Benz (Hrsg.), Die Juden in Deutschland 1933–1945: Leben unter nationalsozialistischer Herrschaft, München 1988, S. 423–425; Nicolai, „Seid mutig und aufrecht!", S. 286–292. Siehe jetzt Online-Ausstellung mit Dokumenten und Zeitzeugen-Interviews: https://evian1938.de/ [24. 10. 2019].
38 Siegfried Moses über die Konferenz in Evian vom 14. Juli 1938, Central Zionist Archives (CZA) Jerusalem 57/693, unfol. Siegfried Moses (1887–1974), Jurist; 1923–1929 Direktor der Schocken-Warenhäuser in Zwickau, 1933–1937 ZVfD-Vorsitzender, 1937 Auswanderung nach Palästina, 1939–1949 Direktor der Haavara, Präsident der Vereinigung der in Israel ansässigen Einwanderer aus Europa, 1955–1975 Mitbegründer und Präsident des Leo Baeck Instituts; Susanne Heim (Bearb.), Verfolgung und Ermordung der europäischen Juden, Bd. 2: 1938–1939, Berlin 2009, S. 214 (im folg. VEJ).

in Aussicht", unterstrich aber, dass die Tagungsteilnehmer nur Empfehlungen und keine Beschlüsse verabschiedet hätten. Die Zeitung erklärte, dass während lateinamerikanische Staaten „landwirtschaftliche Einwanderer" wünschten, sich die europäischen Staaten gegen weitere Zuwanderungen sträubten. Eine Gruppeneinwanderung stünde kaum in Aussicht, stattdessen möglicherweise Erleichterungen der Einzelwanderung. Das wäre allerdings ein Tropfen auf den heißen Stein, denn allein in Deutschland kämen 200 000 Juden für eine Emigration infrage.[39]

NS-Massenmedien, wie etwa der *Völkische Beobachter*, begrüßten die politische Zurückhaltung der ausländischen Regierungsvertreter gegenüber Deutschland. Zur Konferenzentschließung hieß es:

„Sie befriedigt im Grunde genommen niemanden, denn sie sieht weder konkrete Maßnahmen für die Unterbringung der überall unerwünschten Juden vor, noch enthält sie irgendeinen Protest gegen die deutschen Rassengesetze. Sie geht vielmehr von der Notwendigkeit einer weiteren jüdischen Auswanderung als einer gegebenen Tatsache aus. Nur möchte man diese Auswanderung in geordnete Bahnen lenken und vor allem die Mitnahme der jüdischen Vermögen sichern."[40]

Schon Tage vor dem Ende der Konferenz hatten deutsche Leser auf der ersten Seite des *Völkischen Beobachters* allerdings die höhnische Schlagzeile finden können: „Keiner will sie haben". Das NS-Zentralorgan behauptete im Leitartikel, die meisten Delegierten seien davon überzeugt, eine wirkliche Lösung könne nur gefunden werden, „indem ein geeignetes Gebiet bereitgestellt wird, wo die Juden ‚unter sich' sind und wohin außer den deutschen Emigranten im Laufe der Zeit die Millionen polnischer und anderer Juden abgeschoben werden können".[41]

Während diese postulierte „Lösung" mehr dem damaligen Wunschdenken der NS-Propagandisten geschuldet gewesen sein mochte, zeichneten sich hier

---

39 Israelitisches Familienblatt, Nr. 29 vom 21. 7. 1938, S. 1 f.
40 Das Ergebnis der Judenkonferenz. Eigener Bericht des VB, in: Völkischer Beobachter (Berliner Ausgabe) vom 16. 7. 1938, S. 7. Abdruck in: VEJ, Bd. 2, Dok. Nr. 64, S. 225.
41 Völkischer Beobachter (Norddeutsche Ausgabe) vom 13. 7. 1938.

früh bereits die Konturen der Idee eines „Judenreservats" in europäischem Maßstab ab. Diese wurde in der NS-Regierung offensichtlich bereits ernsthaft diskutiert, denn Reichsfinanzminister Graf Schwerin von Krosigk schloss in einem Rundschreiben an die Reichsminister, den Stellvertreter des Führers und den Reichsführer SS bereits einen Monat nach der Évian-Konferenz eine solche „territoriale Lösung" in einem Überseegebiet wegen der prekären Devisensituation Deutschlands kategorisch aus.[42] Erst nach der Eroberung Polens und halb Westeuropas sollten sowohl das Auswärtige Amt als auch das bei Kriegsbeginn gegründete Reichssicherheitshauptamt im Sommer 1940 mit dem Madagaskarplan eine solche Idee mehrere Monate lang ernsthaft und detailliert erneut diskutieren.[43]

Der Sicherheitsdienst der SS zeigte sich im August 1938 sogar noch skeptischer als der Reichsfinanzminister und konstatierte resigniert, dass eine rasche und vollständige Vertreibung der deutschen Juden sogar mit deutschen Devisen und finanzieller Hilfe ausländischer Organisationen kaum noch zu realisieren sei.[44] In Wien, wo die Vertreibung vom SD von Beginn an maßgeblich mitbestimmt wurde, versuchte jener daher mit der Gründung der „Zentralstelle für jüdische Auswanderung", Behördenhindernisse abzubauen und den Auswanderungsprozess effizienter zu gestalten. Insbesondere sollte durch die Ausplünderung vermögender Flüchtender die Emigration verarmter Juden finanziert werden.[45]

Wenn aber die NS-Regierung keine Devisen wegen der Kriegsvorbereitung mehr bereitstellen wollte, war nur Wochen nach der Évian-Konferenz an eine vollständige Vertreibung der Juden durch eine „legale" Massenemigration nicht mehr

---

42 RFM an die Reichsminister, RFSS, StdF am 23. 8. 1938, in: Akten der Parteikanzlei der NSDAP, Teil I, Bd. 2, Mikrofiche-Nr. 20700222-27.
43 Siehe genetell zu diesen Plänen: Magnus Brechtken, „Madagaskar für die Juden": Antisemitische Idee und politische Praxis 1885–1945, München 1997.
44 Lagebericht des SD-Judenreferats für August 1938, S. 9, YV, 051/OSOBI, Nr. 47, unfol.
45 Die Methode und deren im August geschaffene Institution, die „Zentralstelle für jüdische Auswanderung", wollte der SD auch auf das Altreich übertragen, um dadurch mehr Einfluss auf Konzeption und Durchführung der Verfolgungspolitik zu erringen; ausführlich dazu Gabriele Anderl/Dirk Rupnow, Die Zentralstelle für jüdische Auswanderung als Beraubungsinstitution, mit Hilfe von Alexandra-Eileen Wenck, Wien 2004; sowie Safrian, Eichmann-Männer, S. 36–46.

zu denken, weder auf individuellem Weg und durch Repression noch durch eine Massenansiedlung nach internationalen Absprachen. Auf diese Situation reagierend, setzte die NS-Führung dennoch wieder auf das Mittel forcierter Innenpolitik, um den Emigrationsdruck noch zu steigern.

In Berlin erließ am 20. Juli 1938 Polizeipräsident Helldorf 76 Richtlinien, um die Hauptstadt „von den Juden und insbesondere dem jüdischen Proletariat weitgehendst zu befreien". Für dieses Ziel habe die Polizei alle vorhandenen Bestimmungen exzessiv auszulegen. Goebbels applaudierte: „Auf diese Weise treiben wir die Juden in absehbarer Zeit aus Berlin heraus."[46] Durch die jetzt zentral geleitete „Arisierung" sowie Berufs- und Gewerbeverbote wurden Juden sukzessive in den nächsten Wochen der Möglichkeit eigenständigen Erwerbs beraubt. Arbeitslosigkeit und Abhängigkeit von der öffentlichen Wohlfahrt im NS-Staat nahmen unter den Verfolgten immer gravierende Ausmaße an.

Trotz Massenemigration waren im Sommer 1938 über 60 000 Juden arbeitslos, fast doppelt so viele wie zu Beginn der Diktatur.[47] Immer mehr hilfsbedürftige jüdische Deutsche stellten Anträge auf öffentliche Wohlfahrtsunterstützung. Darauf reagierten lokale Fürsorgebehörden mit immer rigideren Praktiken. Im Deutschen Gemeindetag diskutierten Kommunalbeamte und Bürgermeister weitergehende Ausgrenzungen aus dem staatlichen Sozialsystem. Eine entsprechende Verordnung wurde vom Reichsinnenministerium bereits vorbereitet.[48] Der geplante Ausschluss aller hilfsbedürftigen Juden in Deutschland aus der Fürsorgepflicht würde die jüdischen Gemeinden und Einrichtungen absehbar vor kaum lösbare Probleme stellen. Zum einen arbeitete die jüdische Sozialfürsorge bisher nur „caritativ" und ergänzte durch ihre Hilfen – wie andere Konfessionen auch – die staatliche Fürsorge. Zum anderen hatten jüdische Wohlfahrtsstellen seit 1933 mit immer krasseren Finanzproblemen zu kämpfen, wenn kommunale Subventionen für die

---

46 Eintrag vom 27. 7. 1938, in: Die Tagebücher des Joseph Goebbels. Sämtliche Fragmente, Teil I, Bd. 3, S. 492. Vgl. Gruner, „Lesen brauchen sie nicht zu können ...", S. 305–341.
47 Avraham Barkai, Der wirtschaftliche Existenzkampf der Juden im Dritten Reich 1933–1938, in: Arnold Paucker (Hrsg.), Die Juden im nationalsozialistischen Deutschland. The Jews in Nazi Germany 1933–1943, Tübingen 1986, S. 156. Vgl. Clemens Vollnhals, Jüdische Selbsthilfe bis 1938, in: Benz, Die Juden in Deutschland, S. 314–411, hier S. 374.
48 Wolf Gruner, Öffentliche Wohlfahrt und Judenverfolgung. Wechselwirkungen lokaler und zentraler Politik im NS-Staat (1933–1942), München 2002, S. 130–156.

Fürsorgetätigkeit jüdischer Heime gestrichen wurden und mit der massenhaften Emigration bisheriger Spender die Mittel für wohltätige Zwecke rapide sanken.[49]

Hatte sich die bisherige Vertreibungspolitik also weitgehend selbst blockiert, so ergab sich mit der „Sudetenkrise" Anfang September 1938 eine grundlegend verschärfte Situation. Hitler drohte, die Sudetendeutschen gegen die angebliche tschechische Gewalt zu verteidigen.[50] Ein Krieg schien jederzeit möglich. Insbesondere nach der aggressiven Hitlerrede am Ende des „ersten Reichsparteitags Grossdeutschlands" am 12. September, in der er die angebliche Unterdrückung der Deutschen durch die Prager Regierung als verbrecherisch verurteilte, brach sich die Gewalt im Sudetenland Bahn.[51]

Ausgehend von nächtlichen Kundgebungen, die einen Anschluss an Deutschland forderten, wurden in diversen sudentendeutschen Orten, vor allem im Egerland, „bei jüdischen und tschechischen Geschäften" Scheiben eingeschlagen, woraufhin Juden und Tschechen begannen zu fliehen.[52] Der tschechische Staat verhängte Mitte September aufgrund dieser Entwicklung das Standrecht über diverse Bezirke im Sudetengebiet und Nordböhmen. Dessen ungeachtet attackierten Henleins Nazi-Sympathisanten weiter jüdische und nichtjüdische Tschechen. Jüdische Prominente erhielten Todesdrohungen. Die Fluchtwelle nahm jetzt ein solches Ausmaß an, dass z. B. von 3000 in Karlsbad lebenden Juden 2000 in Prag Hilfe suchten.[53]

Ein Krieg stand vor der Tür. Der Sicherheitsdienst der SS plante daher neue radikale antijüdische Maßnahmen, die von einer Emigration ganz absahen und Heydrich sofort unterbreitet wurden: Im Kriegsfall sollten jüdische Funktionäre

---

49 Gruner, Judenverfolgung in Berlin, S. 17–33; vgl. Lagebericht Sicherheitsdienst der SS (SD) D II 112 vom 25.6.1936, in: Wildt, Judenpolitik des SD, S. 82–84, Dok. Nr. 6; Informationsblätter, hrsg. von der Reichsvertretung der Juden in Deutschland 6 (1938) 1/2, S. 4.
50 Zum folgenden vgl. Osterloh, Nationalsozialistische Judenverfolgung im Reichsgau Sudetenland, S. 165–184; Wolf Gruner, Die Judenverfolgung im Protektorat Böhmen und Mähren. Lokale Initiativen, zentrale Entscheidungen, jüdische Antworten 1939–1945, Göttingen 2016, S. 33–37.
51 Vgl. zu den entsprechenden Redepassagen Hitlers: Max Domarus (Hrsg.), Hitler. Reden und Proklamationen 1932–1945, Bd. I, 2. Halbbd. 1935–1938, München 1965, S. 900–906.
52 Meldung SD-Hauptamt, Amt III, vom 28.9.1938 mit Reisebericht Mitarbeiter SS-Oberführer Tittmann und Anlage I „Auswirkungen der Verlegung der Volksgruppenführung in das Reich im Sudentendeutschtum", RGVA Moskau, 500-1-967zII, Nr. 79, Bl. 56–58.
53 Gruner, Die Judenverfolgung im Protektorat Böhmen und Mähren, S. 35.

verhaftet und die übrigen deutschen Juden in von der SS bewachte Arbeitslager eingewiesen werden.[54] Himmler ließ zugleich konkrete Möglichkeiten allgemeiner Ghettoisierung prüfen.[55]

Parallel entwickelten Beamte in einigen Reichsministerien bereits verschiedene Isolierungsvorhaben für die deutschen Juden. Diese gingen auf den ersten Blick nicht ganz so weit wie die Lagerpläne der SS, doch sie waren nicht weniger radikal, da sie ohne Krieg als Vorwand und Voraussetzung auskamen. Dabei griffen sie österreichische Ideen auf. In Wien setzte das Arbeitsamt bereits jüdische Erwerbslose massenhaft zwangsweise und separat zur Arbeit ein. Zur gleichen Zeit fanden umfangreiche „Umsiedlungsaktionen" jüdischer Mieter in bestimmte Bezirke statt. Für das Reich diskutierten die Ministerialbeamten deshalb die Einführung und Organisation eines „geschlossenen Arbeitseinsatzes" jüdischer Erwerbsloser sowie ein Gesetz zur Exmittierung jüdischer Mieter.[56] Am 22. September erörterten im Reichsjustizministerium Vertreter mehrerer Ministerien, des Generalbauinspektors für die Reichshauptstadt und des Stellvertreters des Führers „die Aufhebung des Mieterschutzes für Juden, deren Verarmung und mögliche Ghettoisierung". Das Reichsinnenministerium befürchtete allerdings, dass die absehbar eintretende Massenobdachlosigkeit den Kommunen Probleme bereiten würde. Der Vertreter des Stellvertreters des Führers wollte hingegen die Juden sich selbst überlassen, gegebenenfalls könne man die Kommunen beauftragen, Barackenlager zu bauen.[57]

54 Zuerst sollten die Juden in „besonderen Lagern" untergebracht werden, um sie „für Munitions- und sonstige Arbeiten" zu verwenden, zwei Wochen später wurden SS-Lager für die Unterbringung gefordert; Vermerk SD II 112 (Hagen) für II 1 am 3. 9. 1938, YV, 051/OSOBI, Nr. 49 (500-3-318), Bl. 15–18; Vermerk SD II 112 vom 16. 9. 1938, ebenda, Nr. 92, Bl. 37; Verfügung SD II 112 an Gestapa vom 16. 9. 1938, ebenda, Bl. 34.
55 Auf einer Sitzung im RJM zur Aufhebung des Mieterschutzes erfuhren Ministerialvertreter von diesem Plan: Protokoll des Generalbauinspektors für die Reichshauptstadt, Referent: Dr. Fränk, zu einer Besprechung im Reichsjustizministerium am 22. 9. 1938, BArch, R 46.06, Nr. 157, Bl. 205–207.
56 Ebenda; sowie Gruner, Geschlossener Arbeitseinsatz, S. 47–49; Gruner, Zwangsarbeit und Verfolgung, S. 47–51.
57 Protokoll des Generalbauinspektors für die Reichshauptstadt, Referent: Dr. Fränk, zu einer Besprechung im Reichsjustizministerium am 22. 9. 1938, BArch, R 46.06, Nr. 157, Bl. 205–207. Zu dieser Sitzung siehe auch: LAB, A Rep. 009, Nr. 31419, Bl. 39+RS. Zu den Vorgängen: Susanne Willems, Der entsiedelte Jude. Albert Speers Wohnungsmarktpolitik für den Berliner Hauptstadtbau, Berlin 2002, S. 72–80.

Ende September gaben Großbritannien und Frankreich – den Ausbruch eines Krieges fürchtend – den von Hitler in Nürnberg offen ausgesprochenen Forderungen nach Selbstbestimmung der Sudetendeutschen und Gebietsabtritt nach. Damit konnte Hitler das Sudetengebiet, wo ungefähr 27 000 Juden lebten, annektieren. Das Münchner Diktat vom 30. September 1938 teilte die junge Tschechische Republik de facto in drei Teile: Das Sudetengebiet ging an Deutschland, und die Slowakei erhielt eine weitgehende Autonomie. Sofort nach dem Einmarsch der deutschen Truppen setzten im Sudetengebiet Attacken gegen Geschäfte von Juden ein, Läden wurden zum Beispiel in Karlsbad, Eger und Franzensbad demoliert. Die Gestapo verhaftete fast unverzüglich Zehntausende „Feinde des Reiches", was eine neue Fluchtwelle auslöste.[58]

In den nächsten Tagen und Wochen verstopften „jüdische und marxistische Flüchtlinge" die Züge und Bahnhöfe in der Tschecho-Slowakei. Um eine weitere, langwierige Einzelemigration aus einem neu annektiertem Gebiet wie in Österreich zu vermeiden, versuchte die NS-Führung, mit Gewalt die Flucht der restlichen sudetendeutschen Juden zu erzwingen. Angeblich wurde diese Aktion von Hitler in Wien befohlen, dann vom dortigen Reichskommissar für die Wiedervereinigung Österreichs mit dem Reich, Josef Bürckel, und Wiener Gauleiter Odilo Globocnik zusammen ausgeführt. Nach der Besetzung suchte die Gestapo jedenfalls im Oktober im sudetenländischen Grenzgebiet Juden auf und ließ diese Verpflichtungserklärungen unterschreiben, binnen wenigen Tagen das Reichsgebiet zu verlassen. Unter den Juden kam es zu Selbstmorden, wie im Fall des Rechtsanwaltes Dr. Rudolf Lederer aus Teplitz, der sich von einem Turm stürzte. Nach kurzer Zeit blieben kaum noch 2000 Juden im Sudetengebiet übrig. Diese neuen Vertreibungen führten wieder zu diplomatischen Verstimmungen, denn angesichts der wachsenden Flüchtlingskrise in Prag verweigerte die Tschecho-Slowakische Regierung die Aufnahme der Ausgewiesenen.[59]

Die Preisgabe der „Sudetengebiete" durch die Westmächte stärkte Deutschland im internationalen Kräfteverhältnis. Ein Krieg schien aber in den Augen der NS-Führung nur kurzzeitig abgewendet, denn sie bereitete sich bereits vor, den tschechischen Reststaat spätestens im nächsten Frühjahr mit Waffengewalt

---

58 Gruner, Die Judenverfolgung im Protektorat Böhmen und Mähren, S. 35 f.
59 Ebenda, S. 37 f.

zu zerschlagen. Bis dahin, also binnen fünf Monaten, musste die Mehrheit der Juden aus dem eigenen Herrschaftsgebiet vertrieben werden, denn das potenzielle Schließen der Grenzen im Krieg bedeutete in jedem Fall das Ende der Emigration.[60] Am 14. Oktober 1938 berief Ministerpräsident Göring eine erste große Konferenz zur Koordination von Judenverfolgung und Kriegsvorbereitung ein. Er kündigte den Teilnehmern offen an, die „Judenfrage" jetzt mit allen Mitteln lösen zu wollen, erklärte aber zugleich, keinerlei Devisen zur Finanzierung einer Massenemigration bereitstellen zu wollen. Damit blockierte er den einzigen legalen Weg einer raschen Vertreibung. Wenn die Austreibungspolitik scheitere, so Göring lakonisch, müssen wir eben „Ghettos in den einzelnen Großstädten" einrichten.[61]

Als einzigen Ausweg aus dem selbstgeschaffenen Dilemma sah die NS-Führung daher wieder den Griff zur Gewalt, um vor dem herannahenden Kriegsausbruch möglichst viele Juden aus dem Land zu treiben. Erstes Opfer wurden die Juden polnischer Herkunft. Als die polnische Regierung eine Passüberprüfung im Ausland mit Termin 30. Oktober 1938 anordnete, die sich speziell gegen die polnischen Juden in Deutschland richtete und diesen im Ausland Lebenden die Staatsangehörigkeit entziehen wollte, nutzte die NS-Führung das als Vorwand zu der bereits seit Sommer in Planung befindlichen Kollektivausweisung aller Juden polnischer Staatsangehörigkeit aus dem Deutschen Reich.[62]

In Absprache mit dem Auswärtigen Amt beauftragte Reinhard Heydrich am 26. Oktober 1938 die Landesbehörden, polnischen Juden ab dem 30. Oktober

---

60 Kurt Pätzold (Hrsg.), Verfolgung, Vertreibung, Vernichtung. Dokumente des faschistischen Antisemitismus 1933–1942, Leipzig 1983, S. 144; Philippe Burrin, Hitler und die Juden. Die Entscheidung für den Völkermord, Frankfurt a. M. 1993, S. 35.

61 Besprechung bei Göring am 14. 10. 1938, in: Der Prozess gegen die Hauptkriegsverbrecher vor dem Internationalen Militärgerichtshof, Nürnberg 14. November 1945–1. Oktober 1946, veröffentlicht in Nürnberg, Deutschland 1947, Bd. XXVII, Dok. PS-1301, S. 160–164. Ausführlicher dazu Gruner, NS-Judenverfolgung und die Kommunen, S. 102 f.

62 Gruner, Kollektivausweisung, S. 24–27. Ausführlich dazu und zum folgenden: Jerzy Tomaszewski, Auftakt zur Vernichtung: Die Vertreibung polnischer Juden aus Deutschland im Jahre 1938, Osnabrück 2002. Siehe auch Sybil Milton, The Expulsion of the Polish Jews, in: Leo Baeck Institute Year Book XXIX (1984), S. 169–199; Maurer, Abschiebung und Attentat, S. 52–73.

gültige Aufenthaltsverbote zuzustellen.[63] Einen Tag später ordnete Werner Best für den Reichsführer SS und Chef der Deutschen Polizei an, jene Juden sofort „in Abschiebungshaft zu nehmen und unverzüglich nach der polnischen Grenze in Sammeltransporten abzuschieben". Eine möglichst große Zahl, insbesondere Männer, sollten vor dem 30. Oktober über die Grenze geschafft werden.[64]

Daraufhin führte die Polizei in vielen deutschen Städten Razzien durch. Weil es keine genauen Richtlinien gab, geschah dies überall auf unterschiedliche Weise. Wurden in Württemberg, Hessen und Sachsen ganze Familien verhaftet, traf es in Baden nur Männer. Brachte die Polizei an einigen Orten die Opfer in Gefängnisse, so kamen sie anderswo in improvisierte Sammellager, die in Gaststätten und Ballsälen eingerichtet wurden. Nur mit Handgepäck, oftmals von ihren Familien getrennt, wurden die Betroffenen in Bussen oder Sonderzügen an die Grenze gebracht und dort zum Teil mit Gewalt nach Polen getrieben.[65]

Die Gesamtzahl der „Abgeschobenen" betrug 17 000, so erfuhr Hitler später.[66] Zwar stellte das eine quantitativ neue Dimension kollektiver Vertreibung dar. Doch nachdem Tausende die Grenze passiert hatten, weigerte sich die polnische Regierung strikt, noch mehr der vom NS-Staat ausgewiesenen Juden aufzunehmen. Daraufhin musste die Aktion am 30. Oktober gestoppt werden. Viele Menschen harrten wochenlang unter schwierigen Bedingungen im Niemandsland aus, manche kamen später in ihre Heimatorte zurück.[67]

---

63 Schnellbrief (i. V. Heydrich) vom 26. 10. 1938, Landeshauptarchiv Sachsen-Anhalt Magdeburg, C 20 I b, 1948 V, Bl. 242 (Teilabdruck in: Dokumente zur Geschichte der Frankfurter Juden 1933–1945, hrsg. v. der Kommission zur Erforschung der Geschichte der Frankfurter Juden, bearbeitet von Dietrich Andernacht und Eleonore Sterling, Frankfurt a. M. 1963, X 1, S. 422).
64 Blitz-Fernschreiben RFSSuChDtPol am 27. 10. 1938, Sächsisches Landeshauptarchiv (SLHA) Dresden, Ministerium des Innern, Nr. 11180, Bl. 5 (auch: US-Holocaust Memorial Museum, Washington, RG 14.011 M).
65 Gruner, Kollektivausweisung, S. 26–29. Für Berlin vgl. Alina Bothe/Gertrud Pickhan unter Mitarbeit von Christine Meibeck (Hrsg.), Ausgewiesen! Berlin, 28. 10. 1938. Die Geschichte der „Polenaktion", Berlin 2018.
66 FS der Gestapo Nürnberg-Fürth (Dr. Heigl) an den Inspekteur der Sicherheitspolizei München vom 8. 11. 1938, BArch, R 58, Nr. 6678, unfol.
67 Lagebericht SD-Zentral-Abt II/1 vom 1. 10.–31. 10. 1938, YV, 051/OSOBI, Nr. 47 (Moskau 500-3-317), Bl. 256+RS.

Wie Ulrich Herbert früh und zu Recht betonte, wurde die „Polen-Aktion" in ihrer Bedeutung für die weitere Entwicklung von der Forschung unterschätzt.[68] Abgesehen von der Brutalität des Vorgehens machten sowohl der Reichsführer SS als auch vor Ort die Gestapo die Erfahrung, dass man eine Massendeportation besser langfristig vorbereite. Noch musste sich die NS-Führung dem energischen Widerstand der polnischen Seite beugen.[69] Hitler zeigte sich daher höchst unzufrieden mit der „Abmachung, die mit Polen getroffen worden ist". Anstelle einer diplomatischen Lösung neigte er eher zu der Meinung, man „sollte es tatsächlich auf verschiedenes ankommen lassen".[70]

Hitlers Wille zu einer brutalen und kurzfristigen Lösung speiste sich auch aus der seit der Évian-Konferenz überaus klaren Erkenntnis, dass sich auf absehbare Zeit keine Länder für eine freiwillige koordinierte und organisierte Masseneinwanderung finden würden. Da ein Krieg aus seiner Sicht mit dem Münchner Abkommen nur kurzzeitig abgewendet worden war und spätestens in drei oder vier Monaten ausbrechen würde, musste die Austreibung dennoch kurzfristig, ohne Rücksicht auf Verluste im eigenen Land wie auch ohne Rücksicht auf das Ausland beschleunigt werden. Da er hierin mit Goebbels und Himmler übereinstimmte, genügte ihnen der nächste Anlass, das Attentat auf einen deutschen Botschaftsangestellten in Paris, um gegen alle Juden im Reich mit bisher unvorstellbarer Gewalt vorzugehen.

Im Zuge des zentral organisierten Novemberpogroms 1938 wurden Hunderte jüdische Deutsche ermordet. Die Konzentrationslager und Gefängnisse waren überfüllt, denn Heydrich hatte die Massenverhaftung von 30 000 jüdischen Männern angeordnet, um den Druck zur Auswanderung zu erhöhen. Tausende jüdische Einrichtungen, Heime, Geschäfte und Synagogen wurden gebrandschatzt, zerstört und geplündert.[71] In Berlin attackierten SA und SS, aber auch Mitglieder

---

68 Zum Stellenwert der Razzia: Ulrich Herbert, Best. Biographische Studien über Radikalismus, Weltanschauung und Vernunft 1903–1989, 2. durchges. Aufl., Bonn 1996, S. 217 f. Vgl. auch Maurer, Abschiebung, S. 73.
69 Vgl. Raul Hilberg, Die Vernichtung der europäischen Juden, Frankfurt a. M. 1990, Bd. 2, S. 413.
70 Protokoll der Ministerkonferenz zur Judenfrage am 12. 11. 1938, in: Der Prozeß gegen die Hauptkriegsverbrecher, Bd. XXVIII, S. 522, Dok. PS-1816.
71 Zum Pogrom: Kurt Pätzold/Irene Runge, Pogromnacht 1938, Berlin 1988; Dieter Obst, „Reichskristallnacht", Frankfurt a. M. u. a. 1991; Wolf-Arno Kropat, „Reichskristallnacht". Der Judenpogrom vom 7.–10. November 1938 – Urheber, Täter, Hintergründe,

der HJ und des NS-Kraftfahrkorps jüdische Einrichtungen, zerstörten Hunderte Geschäfte sowie Privatwohnungen. Von zwölf Synagogen brannten bis auf drei alle aus. Mindestens sieben Menschen wurden in der Hauptstadt ermordet.[72]

Das landesweite Pogrom hatte verheerende Wirkungen auf die jüdische Bevölkerung. Bisher noch unberücksichtigt sind die materiellen und psychischen Auswirkungen der bislang fast völlig übersehenen, systematischen und flächendeckenden Verwüstung und Plünderung von wohl weit über zehntausend Privatwohnungen, die im ganzen Reichsgebiet sowohl in kleinen Dörfern wie in großen Städten stattfanden. In manchen Orten wurden drei Viertel aller Wohnungen jüdischer Inhaber oder Mieter zerstört, ebenso wie deren Aussichten auf eine Zukunft in Deutschland.[73] Viele jüdische Deutsche begingen Selbstmord. Unter Aufgabe aller Habe versuchten viele verzweifelt, das Land zu verlassen. Obwohl als Folge der brutalen Gewaltwelle, wie beabsichtigt, die Emigrationszahlen rasant hochschnellten, blieben dennoch Hunderttausende zurück, die keine Visa finden oder kein Reisegeld aufbringen konnten.

Nach dem brutalen Novemberpogrom 1938 erarbeitete deshalb die NS-Führung auf mehreren Konferenzen in Berlin eine einheitliche Verfolgungsstrategie, die einerseits die Vertreibung der jüdischen Bevölkerung noch einmal forcieren

Wiesbaden 1997; Alan Steinweis, Kristallnacht 1938, Belknap 2009; vgl. kürzlich die ausführliche Lokalstudie zu Düsseldorf: Novemberpogrom in Düsseldorf, hrsg. von der Mahn- und Gedenkstätte Düsseldorf, Düsseldorf 2017; Wolf Gruner/Steve Ross (Hrsg.), New Perspectives on Kristallnacht: After 80 Years, the Nazi Pogrom in Global Comparison (= Casden Annual), West Lafayette 2019.

72 Vgl. Augenzeugenberichte in: Barkow, Novemberpogrom, S. 215–250; Sopade, Nr. 11 vom November 1938, S. 1194 f.; Hermann Simon, Die Zeit des Nationalsozialismus (1933–1945), in: ders./Andreas Nachama/Julius H. Schoeps (Hrsg.), Juden in Berlin, Berlin 2001, S. 193 f.; sowie ders., Bilder, die sich Dante nicht vorstellte, denn die Höllenpeinigungen haben das Raffinement ihres jeweiligen Jahrhunderts, in: Vom Pogrom zum Völkermord. November 1938. Dokumentation einer Veranstaltung des Vereins Porta Pacis am 7. November 1998 im Gedenken an die Reichspogromnacht vor 60 Jahren, Berlin 1999, S. 16–46; Martin Gilbert, Kristallnacht. Prelude to Destruction, New York u. a. 2007, S. 42–52. Mehr Quellenangaben: Gruner, Judenverfolgung in Berlin, S. 31 und 116 f.; ders., Die Berliner und die NS-Judenverfolgung, S. 70–75.

73 Zur bisher weitgehend übersehenen Zerstörung der Wohnungen detailliert: Wolf Gruner, Totale Verwüstung. Die vergessene Massenzerstörung jüdischer Häuser und Wohnungen im Novemberpogrom 1938, in: Zeitschrift für Geschichtswissenschaft 67 (2019) 10, S. 793–811.

sollte, andererseits bereits die Separierung jener in allen Lebensbereichen vorsah, die bis zu einem nahen Kriegsausbruch nicht flüchten konnten. Allerdings führte die Frustration, den gordischen Knoten mit der Gewaltwelle nicht endgültig zerschlagen zu haben, gleichzeitig aber vor neuen Annexionen bzw. Eroberungen zu stehen, zu immer radikaleren Vorstellungen.

Am 30. Januar 1939 erklärte Hitler vor dem neuen Großdeutschen Reichstag, dass nur eine Ausweitung des Lebensraumes die Ernährung des deutschen Volkes sicherstellen könne. Da die Juden an dem Unglück Deutschlands Schuld hätten, könne Europa nur zur Ruhe kommen, wenn die „jüdische Frage ausgeräumt ist". Er warf den Demokratien Heuchelei vor, die statt dem „armen, gequälten jüdischen Volk zu helfen", keinen Raum für Einwanderung bereitstellten, außerdem von Deutschland verlangten, für die Aufnahme der Juden einen Kapitalbeitrag zur Einwanderung zu leisten. Er endete diesen Teil der Rede mit den folgenschweren Sätzen: „Ich will heute wieder ein Prophet sein: Wenn es dem internationalen Finanzjudentum in und außerhalb Europas gelingen sollte, die Völker noch einmal in einen Weltkrieg zu stürzen, dann wird das Ergebnis nicht die Bolschewisierung der Erde und damit der Sieg des Judentums sein, sondern die Vernichtung der jüdischen Rasse in Europa."[74]

Im März 1939 machte die deutsche Armee mobil, um in das Territorium des Tschecho-Slowakischen Rumpfstaates einzurücken. Obwohl Hitler den tschechischen Staatspräsident Emil Hácha erfolgreich erpressen konnte und die daraus folgende Annexion Böhmens und Mährens völlig unerwartet erneut ein Blutvergießen vermied, verringerte dies nur kurzzeitig die Kriegsgefahr, erhöhte aber wiederum massiv die Zahl der Juden im deutschen Machtbereich. Der Einmarsch der Deutschen, die Errichtung des semi-autonomen Protektorats und die von der Gestapo gestartete Verhaftungswelle führten zu einer jüdischen Flüchtlingswelle, die aber zugleich auf Kosten der Emigrationszahlen in Deutschland ging und das latente Vertreibungsproblem weiter verschärfte.[75]

Inzwischen lebten die nicht auswanderungsfähigen, im Inland verbleibenden deutschen und österreichischen Juden per Gesetz bereits in einer Zwangs-

---

74 Hitler-Rede vom 30. Januar 1939, in: Domarus (Hrsg.), Hitler. Reden und Proklamationen 1932–1945, Bd. II, 1. Halbbd. 1939–1940, S. 1053, 1056–1058.
75 Vgl. Gruner, Judenverfolgung im Protektorat, S. 44–55.

gemeinschaft: Sie waren aus öffentlichen Schulen und der staatlichen Fürsorge ausgeschlossen. Sie durften kein Gewerbe mehr ausüben, und jene, die noch Geschäfte und Firmen besaßen, mussten sie verkaufen. Kommunen begannen, jüdische Mieter zu exmittieren und sie in sogenannte Judenhäuser einzuquartieren. Erwerbslose mussten Zwangsarbeit leisten. Alle jüdischen Deutschen waren nun Zwangsmitglieder der neu gegründeten „Reichsvereinigung der Juden in Deutschland", die allein für ihre Wohlfahrtsversorgung, Schulbildung und Zwangsemigration aufkommen musste.[76] Als das Dritte Reich dann am 1. September 1939 in Polen einmarschierte, schlossen die Grenzen, und sowohl individuelle als auch Massenemigration fiel als Lösungsoption der NS-Judenpolitik fortan aus. Dies führte einerseits zu einer enormen Radikalisierung der Politik gegen die polnischen Juden und andererseits zur sofortigen Planung von Massentransporten deutscher, österreichischer und tschechischer Juden in das neu eroberte polnische Territorium und ihrer Ansiedlung in einem Reservatsgebiet.[77]

Zusammenfassung

Bereits gegen Ende des Jahres 1937 begann die NS-Führung zu realisieren, dass die bisherige Vertreibungspolitik zum Scheitern verurteilt war. Sowohl die rapide Verarmung der jüdischen Deutschen im Inland als auch die sinkende Aufnahmefreudigkeit im Ausland verlangsamten, ja blockierten die individuelle Auswanderung. Mit der Annexion Österreichs zerstoben dann alle bisherigen Vertreibungserfolge des NS-Staates. Mehr Juden als je zuvor lebten im ausgeweiteten deutschen Herrschaftsbereich.

Jede neue Maßnahme, ob Gewalt oder zentralisierte Koordination der Verfolgung, produzierte zudem mehr Armut und verlangsamte die Vertreibung, statt sie zu beschleunigen. Zudem wuchs die Kriegsgefahr von Tag zu Tag, von Woche zu Woche seit dem Beginn der sogenannten Sudetenkrise im Mai. Hitler und die NS-Regierung bereiteten bereits für den Herbst den Krieg gegen die Tschechoslowakei konkret vor, wollten aber die meisten Juden im Kriegsfall außer Landes

---

76 Gruner, NS-Judenverfolgung und Kommunen, S. 108–110.
77 Gruner, Kollektivausweisung, S. 29–35.

wissen. Während ausländische Juden ausgewiesen werden konnten, ging das mit inländischen Juden normalerweise nicht. Zwar schienen mehr Juden denn je zuvor als Resultat der antijüdischen Politik willig, ihr Heimatland zu verlassen, doch fehlende Mittel, Einwanderungsbarrieren und das Nichtzustandekommen eines Abkommens mit einem Aufnahmeland behinderten eine Massenemigration.

Die von der USA für Juli 1938 einberaumte Évian-Konferenz sollte das ändern. Die NS-Führung hoffte insbesondere, dass ein Land sich für eine organisierte Masseneinwanderung bereit erklären würde. Doch nicht nur brachte die Konferenz kein konkretes Ergebnis, sondern als Resultat der Kriegsvorbereitung wollte der NS-Staat nun auch keine Devisen mehr für eine Massenauswanderung aufwenden, die für die Rüstung gebraucht wurden. Selbst wenn die Évian-Konferenz positiv ausgefallen wäre, hätte das vermutlich die Auswanderungssituation für die deutschen Juden nicht wesentlich geändert. Dies schuf einen scheinbar unlösbaren Widerspruch. Auf der einen Seite sollten alle Juden aus dem deutschen Machtbereich rasch vertrieben werden, auf der anderen Seite durfte das aber kein Geld bzw. keine Devisen kosten. Drei Faktoren führten vermutlich zum Beschluss der NS-Führung, mit Gewalt und Brutalität diesen gordischen Knoten der Vertreibungspolitik zerschlagen zu wollen: Die Erkenntnis des langfristigen Scheiterns der Idee einer Massenauswanderung, die drohende Kriegsgefahr in der Sudetenkrise und das Ziel, in wenigen Monaten auch die Resttschechei und Polen anzugreifen.

Aus diesen Gründen griff die NS-Führung im Herbst 1938 wiederholt zu immer brutaleren Gewaltmaßnahmen gegen die Juden im NS-Staat: Erst mit der Vertreibung Zehntausender sudetendeutscher Juden nach der Annexion des Sudetengebiets, dann mit der Massendeportation Zehntausender polnischer Juden und schließlich mit den Morden, Massenverhaftungen und Attacken auf Wohnungen, Geschäfte und Synagogen während des Novemberpogroms gegen die jüdische Bevölkerung im „Großdeutschen Reich".

Obwohl viele Juden unter Aufgabe aller Habseligkeiten flüchteten, blieben gleichwohl viele mittellose Juden auf absehbare Zeit zurück. Da ein Krieg mit der Resttschechei und Polen vor der Haustür stand, diskutierten Hitler und die NS-Führung immer radikalere Maßnahmen: Zunächst wurden die nicht auswanderungsfähigen jüdischen Deutschen und Österreicher in einer Zwangsgemeinschaft separiert, dann wurde nach der Eroberung Polens mit dem kriegsbedingten Ende der regulären Auswanderung ihre Massendeportation dorthin vorbereitet.

MARION KAPLAN

The Évian Conference and the Americas

The irony of my contribution to this conference is that the two countries I have focused on in recent research—the Dominican Republic that took in under 2,000 refugees and Portugal that allowed around 80,000 refugees to transmigrate in order to embark for the Americas—had, respectively, limited or no connection to Évian.[1] But first a few words about the context, starting with the United States—a rather well-known story—and moving southward to Latin America and then to the sunny Caribbean, the Dominican Republic. As is well-known, although Americans strongly opposed refugees,[2] President Roosevelt called for a conference on the refugee crisis in July 1938.[3] Yet, even before Évian, the United States

1 A few months after Évian, Portugal was invited to join the Intergovernmental Committee on Refugees set up by Évian, but Portugal declined the invitation. Avraham Milgram, Portugal, Salazar, and the Jews, Jerusalem 2011, p. 60, n. 3.
2 Even after the violence of the Austrian annexation, 67 percent of Americans did not want to let in more refugees. See Robert A. Rockaway, The Roosevelt Administration, the Holocaust and the Jewish Administration, in: Reviews in American History 3/1 (March 1975), p. 114. The U.S. had 11 million unemployed that year. Also: Edwin Harwood, American Public Opinion and U.S. Immigration Policy, in: Annals of the American Academy of Political Science 487 (Sept. 1986), p. 202.
3 Eric Estorick, The Evian Conference and the Intergovernmental Committee, in: Annals of the American Academy of Political and Social Science 203 (May 1939), p. 136 at http://links.jstor.org/sici?sici=0002-7162%28193905%29203%3C136%3ATECATI%3E2.0.C0%3B2-B [Sept. 19, 2018]. See also Michael R. Marrus, The Unwanted: European Refugees in the Twentieth Century, Oxford 1985, p. 170. According to Estorick, the following countries were officially represented: Australia, the Argentine Republic, Belgium, Bolivia, Brazil, United Kingdom, Canada, Chile, Colombia, Costa Rica, Cuba, Denmark, Dominican Republic, Ecuador, France, Guatemala, Haiti, Honduras, Ireland, Mexico, the Netherlands, New Zealand, Nicaragua, Norway, Panama, Paraguay, Peru, Sweden, Switzerland, the United States, Uruguay, and Venezuela. The Union of South Africa sent an observer, and Polish and Rumanian representatives attended in an unofficial capacity.

had promised that no country would be asked to raise its immigration quotas.[4] Surveys of that time show "Roosevelt's policies of speaking out against Hitler's atrocities, but yet doing nothing to facilitate more Jews to enter the United States as refugees…"[5] One might add that by not setting an example of raising its quotas, the U.S. set precisely the opposite example.

That fall, even after the cruelty of the November Pogrom and despite American public opinion being "solidly against the Nazis' treatment of Jews," only 23 percent of Americans surveyed would have allowed more refugees into the country.[6] To make matters worse, until 1938 the U.S. had admitted only a small percentage

---

4   David S. Wyman, Paper Walls: America and the Refugee Crisis, 1938–1941, Amherst, MA 1968, p. 43. In resisting refugees, the United States did not stand alone at Évian. The representative of the United Kingdom considered it "fully populated" with considerable unemployment. Regarding its territories and colonies, the British declared that local conditions hindered significant immigration—a direct allusion to Arab opposition to Jewish immigration into Mandatory Palestine as well as anxiety about racial and political tensions in other parts of an unstable British Empire. France's delegation believed it had reached "the extreme point of saturation" and smaller European nations agreed to admit only refugees in transit. Sparsely populated lands, like Australia and New Zealand, also declined. On Latin America, see Estorick, Evian Conference, p. 137; Ronald Sanders, Shores of Refuge: A Hundred Years of Jewish Emigration, New York 1989, p. 440. Herbert Strauss shows 38,400 German Jews entering Palestine from 1933 through 1938. See: Herbert Strauss, Jewish Emigration from Germany: Nazi Policies and Jewish Responses, part II, in: Leo Baeck Institute Yearbook (1981), p. 346; Wyman, Paper Walls, p. 49 and Paula Hyman, The Jews of Modern France, Berkeley 1998, p. 153; Australia absorbed between 7,000 and 8,000 refugees between 1933 and 1939. See also Sanders, Shores of Refuge, p. 441–442 and Holocaust Centre of New Zealand, at http://www.holocaustcentre.org.nz/remember/refuge-in-nz/government-response [Sept. 6, 2016]; Ecuador and the Dominican Republic had offered land for agricultural settlements in 1935. Jeff Lesser, Welcoming the Undesirables: Brazil and the Jewish Question, Berkeley 1995; Marion Kaplan, Dominican Haven: The Jewish Refugee Settlement in Sosúa, 1940–1945, New York 2008; "Too many," in: Haim Avni, The War and the Possibilities of Rescue, in: Asher Cohen/Yehoyakim Cochavi/Yoav Gelber (eds.), The Shoah and the War, New York 1992, pp. 384–388; and idem, Latin America and the Jewish Refugees. Two Encounters, 1935–1938, in: Judith Laikin Elkin/Gilbert W. Merkx (eds.), The Jewish Presence in Latin America, Boston, MA 1987.
5   Susan Welch, American Opinion Toward Jews During the Nazi Era: Results from Quota Sample Polling during the 1930s and 1940, at www.researchgate.net/publication/260604054_American_Opinion_Toward_Jews_During_the%20Nazi_Era_Results_from_Quota_Sample_Polling_During_the_1930s_and_1940s [May 29, 2018].
6   Ibid.

of its yearly quota of people from Germany and Austria, and these immigrants included non-refugee Germans and non-Jewish refugees.[7] Only in response to the open violence against Jews in Germany on November 9, 1938, did the US fulfill its yearly quota of German-Austrian immigrants. We don't have to rehearse the world-wide Great Depression, American unemployment, or American antisemitism at this conference, but like the situation today, the Asst. Sec. of State, Breckinridge Long insisted in June 1940: "We can delay and effectively stop for a temporary period of indefinite length the number of immigrants into the United States. We could do this by simply advising our consuls, to put every obstacle in the way and to require additional evidence and to resort to various administrative devices which would postpone and postpone and postpone the granting of the visas."[8] Nearly 200,000 quota places from Germany and Axis-occupied countries sat unused during the Roosevelt years, and the U.S. quota for immigrants from Germany was filled in only one of those twelve years (and in most of them, it was less than one-quarter filled).

Canada, it should be noted, proved even more reluctant than the United States, admitting only 5,000 Jewish refugees in the 1930s. A book entitled *None is too Many: Canada and the Jews of Europe, 1933–1948* captures Canadian government and public opinion between 1933 and 1948.[9]

---

[7] 1933: 5,3%; 1934: 13,7%; 1935: 20,2%; 1936: 24,3%; 1937: 42,1%. In: Strauss, Emigration, p. 359.

[8] Memo from Assistant Secretary of State Breckinridge Long, to State Department Officials dated June 26, 1940, outlining effective ways to obstruct the granting of U.S. visas at https://www.facinghistory.org/rescuers/breckinridge-long-memorandum [May 29, 2018]. Today, "the flow of refugees to the United States has slowed nearly to a halt, demonstrating that what President Trump's administration could not achieve by executive order, it is accomplishing by bureaucracy. The administration has cut the staff that conducts clearance interviews overseas and intensified the screening process for refugees. As a result, if the trickle of refugees admitted continues at its current pace, just 20,000 are projected to enter the United States by the end of this year, the lowest figure since the resettlement program was created with passage of the Refugee Act in 1980," in: The New York Times, May 16, 2018 at https://www.nytimes.com/2018/05/16/us/refugee-admissions.html [May 29, 2018].

[9] Harald Troper/Irving Arbella, None is too Many: Canada and the Jews of Europe, 1933–1948, Toronto 1983. Canada accepted about 35,000 Jewish refugees in the ten years after the war.

At the grassroots, as Jews realized that the countries they had aimed for refused them asylum and they could not use the new languages they had studied, gallows humor made the rounds of a small German town: "'What language are you learning?' 'The wrong one, of course.'"[10] More sadly, one refugee summed up: "Every door and portal is firmly locked and bolted—and so is every heart…"[11] By the end of the war, the U.S. admitted 35 percent and the rest of the world 65 percent of the refugees—all could have taken more.[12]

This can be said for Latin American countries as well. Altogether, these governments officially permitted about 84,000 Jewish refugees to immigrate between 1933 and 1945, less than half the number admitted during the previous fifteen years.[13] Two examples can suffice: Argentina, which had allowed 79,000 Jewish

10   Marion A. Kaplan, Between Dignity and Despair: Jewish Life in Nazi Germany, Oxford 1999, p. 59.
11   Salamon Dembitzer, Visas for America: A Story of an Escape, Sydney 1952, p. 201.
12   Dennis Ross Laffer, The Jewish Trail of Tears: The Evian Conference of July 1938, University of South Florida, 2011, p. 388 and Appendix A, Graduate Theses and Dissertations at http://scholarcommons.usf.edu/etd/3195 [August 7, 2019]. Laffer gathered data from 1933–1945 and assumed that additional thousands of Jewish refugees found shelter in places like South Africa, Japan, Spain, and Portugal. Totals included: United States, 200,000; Palestine, 138,000; Latin America, 85,000; and Great Britain, 70,000. His statistics included: Canada 5,000; Australia 15,000; Switzerland 22,000; Shanghai 18,000; Sweden 12,000 for a total of 565,000. To enter Great Britain, 14,000 Jewish women agreed to work as domestic servants. See Deborah Dwork/Robert Jan van Pelt, Flight from the Reich: Refugee Jews, 1933–1946, New York 2009, p. 150. Even some of those in transit through the U.S. to Canada faced hostility, since many Americans saw them as enemies rather than as victims, in: The Globe and Mail, April 24, 2009 (Toronto) at http://www.theglobeandmail.com/news/national/serpa-pinto-voyages-of-life-and-death/article1196753/?page=all [Nov. 5, 2014]. Fleeing eastward between 1939 and 1941, about 250–300,00 Polish Jewish refugees crossed into the Soviet Union where its government deported many to remote areas, including Siberia and Central Asia. Still, most survived.
13   USHMM stats from 1933–1940. Of these 25,000 went to Argentina, 15,000 to Brazil, 10,000 to Chile, 9,000 to Bolivia, 2,900 to Cuba, and 21,000 to other countries. Others give higher figures, see: Avraham Milgram (ed.), Entre la aceptación y el rechazo. América Latina y los refugiados judios del nazismo, Jerusalem 2003. Laikin Elkin shows that over 29,000 Jews entered Brazil (1931–1942), in: idem, Jews of the Latin American Republics, Chapel Hill, NC 1980, p. 56. Strauss estimated that about 20,000 to 30,000 Jews entered Argentina between 1933 and 1943, about one third without legal papers. See Strauss, Jewish Emigration from Germany, pp. 371–374.

immigrants between 1918 and 1933, officially admitted only 24,000 between 1933 and 1943. Brazil allowed in 96,000 Jewish immigrants between 1918 and 1933, but only 12,000 between 1933 and 1941.[14] Jews, were certainly not the only refugees seeking admittance in the 1930s and 1940s, and non-Jews had better prospects. Mexico, for example, allowed in 16,000 refugees of the Republican side of the Spanish Civil War (1938–1945) compared to only 1,850 Jewish refugees (1933–1945), and also issued over 1,400 visas to Catholic Polish refugees between 1939 and 1941. These governments claimed difficulties although they had a surfeit of unpopulated land. They argued that low wages and unemployment inhibited the absorption of new populations. And, some of the countries, like Brazil and Argentina, had large German populations and trade arrangements with Germany.[15] They viewed German reactions to Jewish immigration both domestically and internationally with trepidations. Antisemitism played a role too, as Nativist, Nazi, or Christian groups frequently opposed Jewish entry and representatives privately announced they already had "too many Jews."[16] Additionally, Latin American countries needed farmers, not the urban, middle-class businesspeople or professionals that were fleeing Central Europe. By the end of the 1930s, Latin American governments passed increasingly tight immigration laws. Noting their flowery excuses and apologies at Evian, Henry Feingold concluded that "representatives of the Jewish organizations despaired as […] hope for immediate action drowned in a sea of Latin eloquence."[17]

Additional Jews, however, entered these countries through semi-legal or illegal channels. For example, another 20,000 Jews entered Argentina illegally, crossing the border from neighboring countries. Refugees crossed borders illegally

---

14   Strauss, Jewish Emigration from Germany, 371–374. For example, Brazil had instituted a series of Jewish quotas in 1937 and https://www.ushmm.org/wlc/en/article.php?ModuleId=10007824 [May 28, 2018].
15   The largest numbers entered Argentina, Brazil, Chile, and Bolivia. For an evocative description of a small group of Jewish Bolivian settlers, see: Leo Spitzer, Hotel Bolivia, New York 1998.
16   See Patrik von zur Mühlen, Alternative Lateinamerika. Das deutsche Exil in der Zeit des Nationalsozialismus, Berlin 1994.
17   Henry L. Feingold, Politics of Rescue: The Roosevelt Administration and the Holocaust, 1938–1945, New Brunswick, MJ 1970, p. 32.

or without proper visas, bribed consuls or port officials, and even converted to Catholicism. Some did this with the help of the future Pope John XXIII, who authorized baptismal certificates without conversions.[18] Argentina later legalized some 10,000 illegal Jewish immigrants between 1948 and 1950. Werner T. Angress tells the story of how his father and he, having fled Berlin for Amsterdam, entered the consulates of "one South American legation after another." They got nowhere, although some officials "said they could do something for us if we would, as they delicately expressed it, cross their hands with silver, which Papa refused to do."[19]

In contrast, to these Latin American countries, the Dominican government invited Jews to come as farmers if the American Jewish Joint Distribution Committee supported them. Moreover, unlike other Latin American governments, Dominican officials in Ciudad Trujillo, the capital city (renamed by Rafael Trujillo, the Dominican dictator, after himself in 1938), encouraged Jewish immigration. Dominican governments and society had allowed Jews to integrate earlier, in the nineteenth century, and in 1882, its leaders had even invited a mass immigration of Jews fleeing Russian pogroms. And in the twentieth century, they offered admittance to Jews starting in 1933 and continued to accept Jewish refugees from Shanghai even after the war.

Clearly, other countries took in more Jews. At its height, Sosúa amounted to no more than 500 Jewish settlers, although another 200 had passed through. Still, the Dominicans may have saved over 3,000 lives, if one includes those living in the capital and those possibly saved as a result of holding Dominican visas.[20]

Why did this country swim against the tide and take in these hapless refugees? First, a brief background: The Dominican Republic, had offered land for agricultural

18 Conversions were required by Colombia and Venezuela. Laikin Elkin, Jews of the Latin American Republics, p. 79, 86.
19 Werner T. Angress, Witness to the Storm: A Jewish Journey from Nazi Berlin to the 82nd Airborne, 1920–1945, Durham, NC 2012, p. 177.
20 Statistics fluctuate due to the different years for which they are available, whether 1933–1943, 1931–1942, or 1933–1940. The US Holocaust Memorial Museum's statistics from 1933 until 1940 show 84,000 refugees entered Latin America, among whom 25,000 went to Argentina, 15,000 to Brazil, 10,000 to Chile, 9,000 to Bolivia, 2,900 to Cuba, and 21,000 to other countries. Others give higher figures, see: Milgram, Entre la aceptación y el rechazo. Laikin Elkin shows that over 29,000 Jews entered Brazil (1931–1942), idem: Jews of the Latin American Republics, p. 56.

settlements in 1935. Soon after Evian, the Dominican government made a confidential offer of land for settlement to the Intergovernmental Committee on Refugees and again in "strict confidence" in August 1939.[21] It proposed to receive 50,000 to 100,000 settlers. And, the DR did not just make a one-time offer. At the end of 1940, its dictator, Rafael Trujillo, anticipated providing another 50,000 acres to establish another 1,000 colonists during 1941. In those days, his proposals appeared extremely generous, "little short of a miracle."[22] In hindsight, the offer looks even better, considering that by the time the war broke out and immigration slowed to a standstill, only 95,000 Jews had entered the United States, 60,000 went to Palestine, 40,000 to Great Britain, and about 75,000 to Central and South America.

So, what motivated the Dominican government? From 1930 to 1961, Rafael Trujillo ran the Dominican Republic as his own personal possession and with the approval of the U.S. He terrorized and murdered opponents, broke unions, became one of the world's richest men, owned vast tracts of land, held monopolies on salt, and to a large degree controlled the butter, cattle and milk industries.[23] There are many theories to consider. Of most immediacy was Trujillo's attempt to attain some positive publicity, especially in the United States, after the scandal caused by the Dominican massacre of Haitians in October 1937, just nine months prior to Évian. A long history of racial tension, beginning with the Haitian occupation of the Dominican Republic from 1822 to 1844, affected the relationship between the people of that island. Moreover, border disputes continued into the twentieth century as did Haitian immigration. Many Haitian immigrants took on the most arduous work, such as sugar cane cutters, and remained in the Dominican Republic, especially near the border. Trujillo formulated his own solution to the "problem" of Haitians living on the Dominican side of the border. He murdered them. The numbers were staggering, with estimates fluctuating between

21 Telegram from Johnson, Chargé in the U.K. to the Secretary of State, August 12, 1938, in: Foreign Relations of the United States: Diplomatic Papers, 1938, vol. 1, Washington, DC 1955, 764 [Document 840.48 Refugees/655: Telegram 753].
22 Barbara Schwartz, "El Benefactor" of the Dominican Republic and his 300 Jews, in: World Jewry 2 (April 1959), p. 12 quoted by Allen Metz, Why Sosúa? Trujillo's Motives for Jewish Refugee Settlement in the Dominican Republic, in: Contemporary Jewry 11/1 (1990), p. 4.
23 Charles A. Thomson, Dictatorship in the Dominican Republic, in: Foreign Policy Reports (April 15, 1936) in: Joint Archives, folder #40 Administration: Publicity, 1936, 1939–1941.

12,000 and 20,000.[24] Trujillo's gesture towards the refugees was an attempt to distance himself from his own atrocities and recover some stature in world opinion.[25] One observer considered his post-Evian offer "one of the boldest masterstrokes of modern press agentry."[26]

Moreover, since Trujillo's genocide had depopulated land, left crops untended, and reduced harvests, he may have hoped that the Jews would make up for the Haitian farmers he had lost. And, Jewish Dominicans would not be a burden on the state since Jewish organizations, specifically those in the United States, would supply the funding, the machinery, and the subsistence of the new settlers until they got on their own feet. Jews could repopulate part of the island while bringing in needed capital with which to increase agricultural production. The Dominicans would thus derive real and symbolic capital, energizing their northern agricultural economy and winning gratitude from the refugees and those who hoped to save them.[27]

24 For 12,000 see Eric Paul Roorda, The Dictator next Door: The Good Neighbor Policy and the Trujillo Regime in the Dominican Republic, 1930–1945, Durham 1998, chap. 5 and for 15,000 see: Richard Lee Turits, Foundations of Despotism: Peasants, the Trujillo Regime, and Modernity in Dominican History, Stanford 2003. Some articles and websites refer to 20,000, such as the article used here, by Metz.
25 Turits, Foundations of Despotism, p. 197.
26 Metz, Why Sosua?, p. 11 citing German E. Ornes, Trujillo: Little Caesar of the Caribbean, New York 1958, p. 94.
27 Trujillo may also have known that the Dominican government had welcomed Jews before. In fact, Sephardic Jews had come there in the early 19th century from other Caribbean islands. A small group of merchants, they identified with the Dominicans when Haiti invaded the Dominican part of the island in 1822. When the Haitians were driven back in 1844, Jews integrated into Dominican elite society, welcomed for their commercial skills and for their light skin color. Some decades later, in 1882, General Luperon, leader of the Dominican Republic, wrote to Baron Rothschild in France and to the Alliance Israélite Universelle. The pogroms in Eastern Europe had sparked a mass migration of Jews toward Western Europe and the United States. Luperon, who sought to industrialize his own country as well as to populate it (this has to be understood as "with non-Haitians") wrote the following: "I have heard of the persecution of the Jews in several European countries. Here your coreligionists will be received with open arms. [...] The republic aims at becoming an asylum for the persecuted Jews of the world. The Jews would find a hospitable people here, a true fatherland." Letter by Luperon to the Alliance Israélite Universelle, in: Mark Wischnitzer, The Historical Background of Settlement of Jewish Refugees in Santo Domingo, in: Jewish Social Studies IV/1 (January 1942).

Whiteness surely played a role. After the massacre of the Haitians, Trujillo was "desperately anxious to introduce [...] white immigration stock [...]."[28] Even though he had allied with Franco, he had invited refugees from the Spanish Civil War who were anti-fascists to live in the Dominican Republic because "we are white and we can breed," according to one of them.[29] Thus, his "obsessive concern" to transform the Dominican Republic into a "white" country further explains his invitation to people who were considered racially "inferior" in Germany and Austria as well as in some Latin American countries. For example, in Bolivia, legislators debated a bill in 1942 that would have barred "Jews, Negroes, and Orientals" from immigrating.[30] In these lands Jews fell on the "wrong" side of the imaginary color line, whereas in Brazil resident Jews were regarded as "non-black" and a privileged part of the social hierarchy while potential immigrant Jews were considered "nonwhite" and undesirable.[31]

But government motivations are only part of the picture. How did the refugees, mostly urban business and professional people, adjust to an abandoned United Fruit plantation with some barracks and running water? When they arrived in Sosúa they had a "wonderful view. Before us lay the ocean with a snow-white beach. The water was light blue and so clear that one could see to the bottom of the sea. We were thrilled."[32] Yet, they faced an *Alltag* for which they were not prepared. After a day that started before dawn and included a siesta, male settlers had hard physical work behind them, having tended fields, built roads and homes, worked with farm animals, or manufactured cheeses and processed meats. They

---

28 Metz, Why Sosúa?, p. 5, citing Oden and Olivia Meeker, Sosúa: A Unique Colony for Jewish Refugees in the Dominican Republic, in: Tomorrow 6 (May 1945), p. 23.
29 Freda Kirchwey, Caribbean Refuge, in: The Nation 150 (April 13, 1940), p. 468.
30 Spitzer, Hotel Bolivia, p. 168; Avni, The War and the Possibilities of Rescue, pp. 378–379.
31 Lesser, Welcoming the Undesirables, pp. 4–6. Finally, in 1924, when the U.S. withdrew its occupation it took over customs collections in order to have foreign loans repaid by the Dominicans. This customs receivership proved a contentious issue and, in 1930, when Rafael Trujillo took power, he pressed for an end to the customs control. Sosúa could provide a bargaining chip for the dictator. This history has been discussed in many books. See, for example: G. Pope Atkins/Larman Wilson, The Dominican Republic and the United States: From Imperialism to Transnationalism, Athens, GA 1998.
32 Horst Wagner, memoir, Leo Baeck Institute, New York (hereafter LBI), written in 1975, p. 12.

also fenced pastures, combated malaria by finding mosquito havens, transported individuals to the clinic and children to the schools, mostly via horse-drawn wagons. Men who could not build or farm worked in crafts shops, dairy and meat processing factories, the local grocery (*colmado*) and the offices of the Joint. Women worked in the "female" areas of the communal kitchen and laundry. They also worked in the crafts shops, hospitals and schools, and with small children, volunteered for social and cultural events, rode horses, and some even tended the fields. Married women, thus, functioned as actual housewives as refugees acquired homesteads and as communal housewives as well.

These northern European urban newcomers often approached their new jobs with a mixture of frustration and humor. Kurt Teller from Vienna, for instance, landed his first assignment in the community's chicken farm, a fate that he described with amused irony. He hated feathered animals, could not eat chicken or smell it without getting sick. Now he had to touch, kill, and pluck them. Writing in 1944, he noted that he still could not eat chickens but certainly had learned how to work with them. After his stint with chickens, he worked the fields using fertilizers and searching for caterpillars.[33]

Horst Wagner, who had fled Berlin after the November Pogrom and had lived in a refugee camp in Switzerland, first toiled in the stable. There he fed the calves and noticed with some pleasure that after a while the calves recognized him. But large animals proved challenging and frightening. Luckily, jobs changed rapidly, since the Joint intended to give the settlers broad training and, ultimately, also find them suitable jobs. Miriam Sondheimer, from Heidelberg via Gurs internment camp, received further nursing training in Ciudad Trujillo and then started her work life in the small Sosúa hospital. She quickly learned about tropical diseases. Yet, in her diary she summed up, "everything is so difficult here."[34]

Evenings and weekends gave settlers a chance to study Spanish and agriculture. Many settlers learned their "first Spanish" from the many Dominican workers who helped on the farm. Agricultural books and materials were written in German and

---

33 Kurt Teller, Bericht über die Gruppe #4, Schweizergruppe, 1944, p. 3, in: Administration: General Settlers' Council from DORSA file #11a.
34 Miriam Sondheimer diary, March 20, 1942, Sosúa Archive, and Kaplan's "Sosúa/SondheimerMiriam" file: IMG_0096.JPG.

lessons were also held in German. In fact, some of the older settlers only managed a hesitant Spanish their whole lives. Free time also allowed the settlers to simulate some of their urban European customs. Two cafes, Café Stockmann and Café Goldmann, owned by private families, provided a variety of Viennese coffees and pastries, including mango strudels. Sundays offered time for the beach and for sports. For a small minority, Saturdays meant observing Sabbath rituals. The small congregations also held Passover services at the beginning and end of the holiday week and celebrated weddings, births, and Bar Mitzvahs as well.[35]

Most of the refugees underline the extraordinary openness and friendliness of Dominicans. The Dominicans with whom the Jews interacted accepted these strangers, worked for them, and did business with them. Indeed, one could argue that without Dominican helpers, the project would have failed. From all reports, Sosúan Jews encountered not the slightest bit of antisemitism, for which they remained grateful for the rest of their lives. They insisted that the word *judío* did not carry negative connotations.[36] Yet, at least one refugee noticed some class hesitation to befriend the newcomers. Ernst Hofeller observed that "the better-class Dominicans [...] rejected us totally and without exception."[37] This remoteness changed somewhat by the early 1950s, when at least one Sosúan belonged to "the best club" in Puerto Plata.[38]

On their part, refugees showed even more reserve than some elite Dominicans. Central European Jews generally did not adapt immediately or easily to cultures

---

35 Koch Newsletter p. 9 in: Sosúa Archive and Kaplan, May 25, 2006.
36 This though one settler, still in Sosúa in 1967, noted that when Dominicans spoke among themselves, they used the term "*judío*," but when they spoke to the Jewish settlers, they referred to them as "*colón*" (colonist or settler). See Siegfried Kätsch/Elke Maria Kätsch/ Henry Philipp David, Sosúa, verheissenes Land: Eine Dokumentation zu Adaptionsproblemen deutsch-jüdischer Siedler in der Dominikanischen Republik, Münster 1970, pp. 193, 272.
37 Ernst Hofeller, "Refugee," memoir, LBI, p. 37.
38 This, according to a talk given by Rafael Trujillo, referring to Mr. Rosenzweig, the first settler to administer Sosúa. Rosenzweig also became a Senator from Puerto Plata in the Dominican Congress (and, as a supporter of Trujillo, had to flee when Trujillo was assassinated). See, Minutes of a reception at the Lotos Club, New York, February 27, 1953, in honor of Rafael Trujillo, in: Administration: Reports (Sosúa) 1948–1956 from DORSA file #45.

foreign to them. In the United States, children of refugees recalled that "bei uns" meant "no chewing gum, soda pop, or spongy white bread."[39] This preference for the culture in which they grew up may have also provided a conscious or unconscious way in which to slow social assimilation into the new, foreign context.[40]

The cultural insularity of Central European Jews would have taken time to overcome. Also, many settlers felt unsure that they would remain on the island and may have hesitated to invest in new friendships. In addition, most had come from societies which had increasingly turned against them and ultimately purged them. They had been forced to live in an ever more isolated Jewish world. After such an experience, they might have felt some legitimate comfort among Jews.

European racial prejudices against people of color may have played a role as well. Luis Hess from Erfurt spoke fluent Spanish before arriving in the Dominican Republic. He met a Dominican woman at a dance in Puerto Plata: "After that, I visited her by horseback. It took 2 ½ hours through sugar fields. […] We married in March '41, a few months after we met."[41] Hess broke a taboo as the first settler to intermarry. Married 59 years, Hess concluded: "She was the luck of my life." Looking back in 2006, Hess believed that the refugees held prejudices against Dominicans that limited social mixing and intermarriage: "There were people among us who had apparently forgotten what Jews had suffered in Germany. They had an almost colonial relationship to the local people."[42] Nevertheless, the Joint estimated as many as twenty intermarriages between Jewish men and Dominican women. These statistics, compared to the 108 married Jewish couples in 1951, would make up about one fifth of the married couples and are not insignificant.[43] Also, other refugee men lived with their Dominican partners and

---

39 Carol Ascher/Renate Bridenthal/Atina Grossmann/Marion Kaplan, Fragments of the German-Jewish Heritage in Four "Americans", in: Abraham J. Peck (ed.), The German-Jewish Legacy in America, 1938–1988, Detroit, OH 1989, pp. 180, 182, 185.
40 Herbert J. Gans, Towards a Reconciliation of "Assimilation" and "Pluralism", in: The International Migration Review 31/4 (Winter 1997), pp. 875–892.
41 Marion Kaplan, interview with Luis Hess, May 25, 2006.
42 http://www.spiegel.de/panorama/zeitgeschichte/0,1518,456564,00.html [August 7, 2019].
43 Sosúa: Vital Statistics 1951–1961, in: DORSA Files (NY: JDC) quoted in: Hyman Kisch, Sosúa: The Golden Cage, unpublished ms., in Lili Wronker Papers, USHMM archives, Acc. 2000.220, p. 101.

children without marriage.[44] Thus, friendly contacts, especially between young Jewish men and Dominican women, must have preceded marriage and certainly extended to European and Dominican friends and relatives thereafter.

Settlers and Dominicans did jointly attend events in Sosúa, ranging from small local occasions to larger gatherings. A Dominican band played at the first New Year's Eve party in Sosúa, and the next day "guests from Puerto Plata" came for another party.[45] Sosúa also hosted a dance for Dominicans and settlers, entertained by a Dominican dance band.[46] Sometimes settlers joined the Dominican musicians, such as during an outdoor chamber music concert played by a Viennese man and three Dominican upper-level civil servants, all of whom entertained for the pleasure of doing so.[47]

Sports provided another venue in which Dominican and refugee men could participate together. A Sosúan calisthenics troupe of three friends performed their routines at a little theater in Puerto Plata, invited there by a Dominican friend.[48] Competitive sports proved even more popular. One of the Sosúan basketball teams played against a Dominican team from Puerto Plata "resulting in much friendly rivalry and more friendly social relations among the youth of Sosua and Puerto Plata […]"[49] Sosúa also had a soccer team. It competed all over the island, making it to third place in the Dominican Republic in 1943 and 1944.[50] Further, horse races

44 Kätsch, Sosúa, pp. 240–241. A Dominican Law of 1940 gave the same rights to all children, whether in or out of wedlock once the father recognized them. Sosúa sent a revised list of babies born between 1951 and 1961 to its New York office including all those born out of wedlock since "the legal status […] is exactly the same as if they were legitimate." Sosúa: Vital Statistics 1951–61, DORSA (New York) quoted by Kisch, Golden Cage, p. 101. See also: Others claim as many as twenty intermarriages. Frances Henry, Strangers in Paradise: The Jewish Enclave at Sosúa, in: Caribbean Review 14/4 (1985), p. 39.
45 Ein Rueckblick des kulturellen Lebens Sosúas gesehen von Klaus Rodewald, 1941, in: Kätsch, Sosúa, p. 81.
46 Kätsch, Sosúa, p. 121.
47 Letter from Jacob Sondheimer, Sept. 14, 1941, Sosúa archive, Kaplan's Sosúa/Gerber file: IMG_0137 (Letter 9_14_41) and IMG 0138 (Letter 9_14_41p. 2).
48 Felix Bauer, Memoir, LBI, p. 36.
49 Walter E. Sondheimer, Notes concerning Sosúa Settlement, July 1945, 38, in: Reports Sosúa 1940–1945 from DORSA file #43. They collected $40,00.
50 La Vega, in: Ein Rueckblick des kulturellen Lebens, in: Kätsch, Sosúa, p. 82. Third place in: Report by W.E. Sondheimer on Sosúa [date has to be at end of 1943], in: Reports Sosúa 1940–1945 from DORSA file #43.

on their homemade race track not only brought viewers "from the province" but also led to a "good market for the settlers' breed."[51] Finally, in 1946 the settlers formed a Sport Club with 95 members divided into basketball (for men and women), gymnastics (for women), ping-pong, badminton, etc. It maintained connections with Dominican sports organizations in Puerto Plata, Santiago, and Ciudad Trujillo.[52]

Many Sosúans reached beyond sports, however, joining provincial meetings in Puerto Plata, hosting events in Sosúa, and observing Dominican national holidays. In 1943, Sosúa sent official representatives to take part in the year-long preparation for the Centenario, the 100th anniversary of the independence of the Dominican Republic from Haiti, to be celebrated in 1944. The Sosúans also tried to heighten awareness of Dominican culture in their school, in their musical and art presentations, and even when celebrating Jewish holidays. The Sosúa newsletter, for example, attempted to connect Jewish and Dominican holidays, as in 1945, when Purim fell on Dominican Independence Day.[53]

Some Sosúans also began to do business with Dominicans. Horst Wagner first drove other refugees and mostly local Dominicans to Puerto Plata, often to the hospital there, with his "taxi." Later, he bought a tiny "autobus" as his business expanded and next traded that in for a truck (into which he had an icebox built). By this time, he had become familiar with towns in the area and sold Sosúan dairy and meat products to small shopkeepers from Santiago to Moca and La Vega and into the mountains.[54] Wagner was more enterprising and less isolated than many Sosúans, perhaps also because he had married a Dominican woman and his language facility had quickly improved.

Friendly, formal, and casual acquaintanceships notwithstanding, most refugees and local Dominicans interacted while at work. There, DORSA managers unhappily observed refugee arrogance toward Dominican laborers. Solomon Arons, the American resident manager, reacted angrily, reprimanding them: "You, of all people in the world, being thrown out of Germany and being treated

---

51   Report by W. E. Sondheimer on Sosúa [date must be at end of 1943], 6, in: Reports Sosúa 1940–1945 from DORSA file #43.
52   Vital Statistics in Administration: Reports 1946–1947 from Dorsa file #44.
53   See, Mitteilungsblatt der Jüdischen Gemeinde Sosúa, Feb. 27, 1945, in: Kätsch, Sosúa, p. 135.
54   Wagner, Memoir, pp. 16, 18.

like that, you should not act that way."[55] In contrast, a good number of younger Jews made good, lasting friendships.

What problems did they face? The size of the population in Sosúa remained its most significant problem as the organizers found themselves stymied by getting enough settlers to the Dominican Republic in the chaos of war.[56] The war, the lack of transportation out of Europe, and the purposeful foot dragging of the United States government that required a transit visa slowed down the flow of refugees able to enter the Dominican Republic. But the imbalance of women to men also discouraged settlers. The Joint had preferred men whom it assumed would be able to build farms and tend large animals. By June 1942, 472 refugees then living in Sosúa included 104 married couples, 158 single men and 38 single women (including widowed mothers of younger settlers) as well as children.[57] These numbers are even more disproportionate when one realizes that of the single women in 1944, 24 (53 percent!) were over the age of 50, often the widowed mothers of settlers.[58]

Although the Dominican government had hoped for such intermarriages,[59] most Jews having fled persecution as Jews, hoped to continue the Jewish community by marrying within it and, more than ever, considered exogamy a betrayal. In

---

55   Memo of Mrs. Arons with James Rosenberg, May 14, 1943, in: Reports and Letters 1943 from DORSA file #5. Arons came from the United States, a land that segregated its own African Americans, including those fighting Hitler in Europe.
56   Minutes of June 12, 1940 of DORSA directors, 4–5 in: Administration Minute Books, May 1940–March 1941, DORSA #35A.
57   Brookings Institution, Refugee Settlement in the Dominican Republic: A Survey Conducted under the Auspices of the Brookings Institution, Washington, DC 1942, pp. 286–287, 296.
58   Report on visit to Sosúa by David Stern, August 1944, p. 11, in: Reports Sosúa 1940–1945 from DORSA #43. Between 1940 and 1947 the population consisted of married couples and:

	June 1940	Dec. 1942	April 1944	May 1947
Single men	158	158	137	74
Single/widowed women	38	42	45	31

59   Those men who did not seek permanent relationships with Dominican women had two choices: temporary trysts with Dominican women, which appear to have occurred, and competing with other single men for the few single women at Sosúa. Moreover, "the married women found themselves in great demand, resulting in a fair number of affairs." Hofeller, "Refugee," pp. 31, 35–36. Hess suspected that racism, too, was involved in the

addition, children who aspired to high school or college would have to leave Sosúa to live in distant cities, something parents hoped to avoid by leaving the island entirely to settle in a city with educational institutions. And, although some farms succeeded—and those settlers stayed on—farming required too much effort from inexperienced people with too little result. Those settlers moved on after the war, heading toward the U.S. or other Latin American states that they had intended to immigrate to in the first place and where they might start businesses or practice their professions.

Today the settlement no longer exists although some of its residents and their children remained, perhaps two dozen families. The original synagogue offers Friday night services once a month as well as during holidays. Although the idea of turning urban Jews into farmers did not catch on for most, some did remain to become successful farmers and most of the others were saved from the Nazi genocide by the Dominican Republic—its government and workers—and by the Joint.

Since I started with the two countries that had limited or no connection to Évian, I'd like to end with Portugal from where many of the Dominican settlers embarked. Why Portugal? As we learn from *Casablanca*, Lisbon was "the great embarkation point" for the "freedom of the Americas." After the fall of France, Lisbon became the best way station for Jews to escape Europe for North and South America. Portugal's dictator, António de Oliveira Salazar, ambivalently and ambiguously offered a (relatively) safe haven to the largest number of Jews fleeing westward, between 40,000 and 100,000 people, some 90 percent of all refugees in Portugal.[60] Even so, he demanded that these refugees move on quickly, setting

---

lack of intermarriages period. See, Spiegel Online, Panorama, Dec. 26, 2006. http://www.spiegel.de/panorama/zeitgeschichte/0,1518,456564,00.html [August 7, 2019].

60 "Largest number," in: Yehuda Bauer, American Jewry and the Holocaust: The American Jewish Joint Distribution Committee, 1939-1945, Detroit 1981, p. 47 and "100,000" in Review of the Year 5704, in: American Jewish Year Book 45 (American Jewish Committee, 1943-1944), p. 238. The numbers, varying wildly, lie somewhere between Bauer's "American Jewry," estimate of 40,000 Jews passing through Portugal in 1940-1941 (p. 61) and the *American Jewish Yearbook* (1944) estimate of 100,000 mostly Jewish refugees, a figure the same as that of the JDC (between 1936 and 1944). JDC archives [hereafter JDC], Files 896-897, p. 365. Michael Marrus, The Unwanted: European Refugees from the First World War Through the Cold War, Philadelphia, PA 2001, p. 265 suggested 100,000. Jewish sources however, cannot tell the whole story, since Jews also passed

his secret police to harass them when they lingered through no fault of their own. By October 1940, Eugen Tillinger reported his findings in the *Aufbau*: "Im Zentrum der Stadt, hört man kaum ein Wort Portugiesisch. Hingegen vernimmt man so ziemlich sämtliche Sprachen [...] vor allem aber Französisch, Englisch und Deutsch [...]. Lissabon ist ausverkauft."[61] Portuguese reluctance and the dizzying visa procedures notwithstanding, Lisbon soon became "the refugee capital of Europe, the nerve center of various relief agencies, and the principal port of embarkation on the European continent."[62] Luckily, most refugees left in good time, heading across the Atlantic. However, lacking proper documents and ship tickets, thousands of Jewish refugees, as many as 14,000 at one point, remained in Portugal, often for months and sometimes for years.[63] And even when their numbers declined significantly, a third stream of refugees arrived in late 1942, when the Germans marched into southern France. In fact, refugees continued to slip in—often illegally—until the end of the war. Unlike those who had safely made it to the Americas and were trying to adjust to new living conditions in sites of

---

through Portugal without the assistance of Jewish organizations. Some also left Lisbon by air at their own expense. Ronald Weber, The Lisbon Route: Entry and Escape in Nazi Europe, New York 2011, p. 13, https://www.youtube.com/watch?v=-pYG1Vbgq0o. Using Jewish and non-Jewish sources, Irene Flunser Pimentel, Refugiados entre portugueses (1933–1945), in: Vértice (Nov.–Dec. 1995), p. 103 suggests 60,000–80,000 refugees, and Patrik von zur Mühlen, Fluchtweg Spanien–Portugal: Die deutsche Emigration und der Exodus aus Europa 1933–1945, Bonn 1992, pp. 124, 151–152, suggests 80,000. Zur Mühlen gives a 90 percent estimate of Jews among all refugees and states that German Jews made up about two third of Jewish refugees. For estimates of 200,000, see W. Howard Wriggins, Picking up the Pieces from Portugal to Palestine: Quaker Refugee Relief in World War II, a Memoir, Lanham, MD 2004, p. 18, and "200,000 have Fled via Lisbon," in: New York Times, August 19, 1941, Proquest Historical Newspapers, http://ezproxy.library.nyu.edu:2122/hnpnewyorktimesindex/docview/105990980/fulltextPDF/E1339 1B04C4A4BF4PQ/1?accountid=12768 [Feb. 1, 2014]. Mark Wischnitzer, Visas to Freedom: The History of HIAS, Cleveland, OH 1956, p. 172, suggests that about 30,000 non-Jews—Americans and other travelers—also passed through Lisbon.

61 Aufbau, October 12, 1940, p. 5.
62 Marrus, The Unwanted, p. 263.
63 Yehuda Bauer cites 8,000 for the end of 1940, statistics that only include people supported by the JDC, in: American Jewry, p. 47. The 14,000 statistic comes from Augusto D'Esaguy, Repaying a Debt, Four Centuries Old, June 4, 1941, JDC, File 896 (2 of 3), 2, and von zur Mühlen, Fluchtweg, p. 152, lists 14,000 for November 1940.

refuge like the Dominican Republic, Portugal served as a transitional time and a provisional space, underlining a key moment in the refugee experience—living in limbo. Whereas those in Portugal had to continue onwards, those in the Dominican Republic were grateful for a respite, hopeful that they might succeed, or expectant that they would eventually move on to more developed countries in the Americas.

PAUL R. BARTROP

Learning the Lessons of Évian:

The Dominions and the Commonwealth, Then and Now

The Évian Conference was a joint global effort which had, as its major objective, the quest to do nothing.[1] It set out to enable an exchange of information among the states attending, and nothing more. Contrary to what has become post-Holocaust popular wisdom, the delegates did not meet for the purpose of opening doors for refugee Jews; or of forcing certain countries to ease their restrictions; or of saving Jews from the Holocaust. In 1938 there was, as yet, no Holocaust from which Jews needed saving. There was, however, a refugee crisis, and consequently the various nations of the world were confronted with a situation that has many parallels to our own time. Questions abounded: Should an open-door policy be permitted for anyone claiming refugee status? Would discussions need to be made as to numbers and eligibility? Should refugees be permitted entry on a short-term, long-term, or permanent basis? Should refugees be allowed in regardless of the prevailing economic situation? Should refugees of a different religious or ethnic background be given the opportunity to arrive? If they be allowed to stay, would they transform the existing social fabric?

In 1938 there were five self-governing British Dominions, essentially independent countries within a larger British family of nations. These countries—Canada, Australia, New Zealand, South Africa, and Ireland—had been guaranteed their independence of action by the Statute of Westminster 1931, by which the laws of the Dominions could no longer be overruled from London. A sixth

---

1   For a detailed analysis of the Evian Conference, see Paul R. Bartrop, The Evian Conference of 1938 and the Jewish Refugee Crisis, London 2017.

Dominion, Newfoundland, had suspended its status with the consent of London in 1934 due to economic difficulties and an inability to pay its way as an independent state, and consequently had to defer to the Colonial Office in matters relating to foreign affairs.[2]

Except for Eire (as Ireland was termed from 1937), the Dominions were all immigrant-receiving countries, considered by many people to be ideal locations for easing the Jewish refugee crisis. Four attended the conference: Australia, Canada, New Zealand, and Eire. South Africa declined to attend officially.

Where the Conference has been considered relative to the British Empire, a good deal of writing in the past has pertained to the role of Britain or the United States, and has only rarely examined smaller countries. Of the Dominions, Canada and Australia have been the focus of most attention, but even here it should be borne in mind that at the beginning of 1938 both countries had only the rudimentary outline of what could be deemed a refugee policy. Government ministers, uncertain of what to do in view of the increasing number of applications for entry from German Jews, consciously decided to do nothing in the hope that the problem would either clear up or go away. Given that this did not happen, both countries found themselves committed to attending the Conference, though their responses were hardly conducive to finding a solution that would assist the persecuted Jews of Germany and Austria.

Pre-existing attitudes were of course important in helping to determine the Dominions' policies, but so, too, were their sources of information. In this, the British government and its representatives featured significantly. Historian Eric M. Andrews has shown how the approach of the Dominions throughout the 1930s was based largely on loyalty to Britain, in exchange for the physical security offered by the British fleet.[3] Despite this, Canada worked hard during the 1930s to develop an isolationist stance regarding its foreign policy, to

---

2   See Gerhard P. Bassler, "We should first look to British stock:" The Refugee Experience in Newfoundland, 1933–45, in: Paul R. Bartrop (ed.), False Havens: The British Empire and the Holocaust, Lanham, MD 1995, pp. 253–279; see also ibid, Sanctuary Denied: Refugees from the Third Reich and Newfoundland Immigration Policy 1906–1949, St. John's 1992.

3   Eric M. Andrews, The Writing on the Wall: The British Commonwealth and Aggression in the East, 1931–1935, Sydney 1987, p. 18.

a large degree following the lead of the Americans. Australia's attitude towards the world beyond its own shores was, by comparison, determined by its relative unwillingness to engage directly in foreign relations. The Australians were quite prepared to let Britain run their external affairs in most cases and rely on Imperial consultation in others. This ideal had been established during the 1920s and early 1930s, with Canada, Australia, New Zealand, Newfoundland, South Africa, and Eire all deferring to the might of Britain as a world power.[4] Although the Dominions often referred back to London regarding the broader aspects of the refugee question, however, when it came to actual admission or rejection of immigrants all the Dominion governments made up their own mind on every occasion.

These twin approaches in foreign affairs, consultation and autonomy, merged when the United States issued its invitation to certain countries to attend a conference for the purpose of "facilitating the emigration from Austria, and presumably from Germany, of political refugees," in March 1938.[5] All the Dominions (save Eire) received invitations. The Canadians were never more than lukewarm, though the options were clearer for the Australians, where the government responded with an awareness of the importance of such a gathering. New Zealand said it would attend, though with misgivings; South Africa declined the invitation, but sent an observer in order to remain in touch with developments.

The Dominions, all of them (except for Eire) countries that accepted immigrants, were seen by many as ideal locations for easing the refugee crisis. While based on domestic concerns, however, the policies framed by the Dominions had to be located in a world context owing to their position as component parts of Britain's global empire; as a result, their response was influenced by Britain—not at Britain's behest, but more often than not because the Dominions considered they should attach themselves to Britannia's apron-strings while navigating the uncharted waters of international diplomacy.

---

4   See, for example, Anthony Clayton, The British Empire as a Superpower, 1919–39, London 1986.
5   The National Archives (henceforth TNA), London, Dominions Office DO 35, file 716/M576/1, memorandum to His Majesty's Government in the United Kingdom from the Embassy of the United States, London, March 24, 1938.

Norman Bentwich, a British-born Professor of Law and a leading figure in the Council for German Jewry in London, was also heavily involved with the Jewish Agency for Palestine and had been a former Attorney General in the Palestine Mandate. As early as April 7, 1938 he commented to Roger Makins at the British Foreign Office that "as regards the British Empire his main hopes were now centred on Australia and New Zealand." These hopes, he thought, might be realized at the forthcoming conference.[6] Bentwich was later to recall that Australia had become a "blessed word" to the victims of persecution in Europe,[7] and this image was reinforced time and time again by numerous other commentators and public figures.

The representatives chosen by the Dominions give a good indication as to the stance each adopted. Australia was represented by Sir Thomas White, the Minister for Trade and Customs in the conservative United Australia Party government of Joseph A. Lyons. White was not sent specifically from Australia for the Conference; he had been in London for trade talks, and as a senior Cabinet minister it was decided that he could serve Australia's interests accurately. The Canadian delegate was (Humphrey) Hume Wrong, Canada's envoy at the League of Nations in Geneva. New Zealand was represented by Cyril Blake Burdekin, at that time a low-ranking diplomat at the New Zealand High Commissioners' Office in London. The lack of a formal invitation to attend did not stop the Irish from doing so, however, and the government of Taoiseach Éamon de Valera sent Francis T. Cremins, the Irish envoy at Geneva, in any case.

The Record of the Dominions at the Evian Conference

On the opening morning of the conference at Évian Sir Thomas White of Australia sought out the representatives of the United Kingdom and the other Dominions and a short consultation took place between them.[8] It will never be entirely clear

6   TNA, FO 37, file 21748, Foreign Office minute by Roger Makins, April 7, 1938.
7   Norman Bentwich, "The Evian Conference and After," in: Fortnightly 144 (September 1938), p. 289.
8   National Archives of Australia (henceforth NAA), Canberra, A434, file 50/3/41837, "Refugees from Austria: Special Committee Proposed by U.S.A., Evian," High Commissioner's Office, London, to Secretary, Department of External Affairs, Canberra, July 13, 1938.

what was discussed at this meeting, though it may be surmised that a general exchange of information, rather than a deliberation over tactics, took place. And a sharing of information was needed: it has been recorded that "even when the Government representatives had already gathered at Evian there was very little information forthcoming as to the Agenda of the Conference and its specific aims."[9] Further, a measure of uncertainty prevailed as to "whether the Conference would take in not only the actual problem of German and Austrian refugees," but also "the potential problem as it existed in Poland, Romania, and Hungary and also of course in such other countries as Spain."[10] There was clearly a great deal of which the delegates had to become apprised before the meeting actually got under way, and the Dominion representatives, possibly overawed by the Pandora's Box before them, sought safety in numbers right from the outset.

Australia soon had the chance to make a statement, White speaking on the second day. He drew attention to the special position of the Dominions relative to the policy of Britain, putting forth the view that they were "free partners in the British Commonwealth and arbiters of their own economies and national destinies." He continued that "Australia has her own particular difficulties," and that, where migration played any part in easing those difficulties, only British settlers were preferred. Despite this, he said, the government had, over recent years, given much consideration to "the problem of foreign migration;" with this in mind, and recognizing "the unhappy plight" of Jews in Germany and Austria, "they have been included on a pro rata basis, which we venture to think is comparable with that of any other country."

Having established Australia's legitimacy as a tolerant and welcoming immigrant-receiving country, White then added, in a speech that has since become notorious for its callousness:

"Under the circumstances, Australia cannot do more, for it will be appreciated that in a young country man power from the source from which most of its citizens have come is preferred, while undue privileges cannot be given

9 Board of Deputies of British Jews Archives, London, File E3/282/1, "Inter-Governmental Conference on Refugees Held at Evian, July 6, 1938," unsigned report.
10 Ibid.

to one particular class of non-British subjects without injustice to others. It will no doubt be appreciated also that, as we have no real racial problems, we are not desirous of importing one by encouraging any scheme of large-scale foreign migration."[11]

The speech continued for another few minutes, but it could easily have stopped there. White had effectively declared Australia to be a country out of bounds for Jewish refugees. Not only did he not realize that Jewish refugees were of an entirely different order than other "non-British subjects," he also completely missed the point regarding their status as persecuted people in need of sanctuary.

One of the myths coming from the Évian Conference is that while White made his "no real racial problems" speech, he also announced a liberalization of Australian refugee policy. The juxtaposition of the two themes, however, is also based on an entirely flawed reading of history. On December 1, 1938, the Australian Minister for the Interior, John McEwen, announced a new policy to admit 15,000 refugees (not specifically Jewish) over the next three years. This policy had nothing to do with Évian, but was, rather, a response to Germany's *Kristallnacht* pogrom of November 9–10 three weeks earlier. Because White spoke in Parliament regarding McEwen's new policy on December 1, however, the impression was created for many that it was somehow linked to Évian back in July. Nothing, however, could be further from the truth. At Évian, White went out of his way to demonstrate that Australia was neither prepared to relax the immigration machinery nor to accommodate the needs of the refugees. On December 1, 1938 the government announced enthusiastically that it was going to make a significant contribution to easing the refugee problem.[12]

The linkage between the Évian Conference and the announcement on December 1 remained, however, and over time the two became merged in the public mind. A published government document from 1979 strengthened the fallacy

---

11   Proceedings of the Intergovernmental Committee, Evian, July 6th to 15th, 1938: Verbatim Record of the Plenary Meetings of the Committee, Resolutions, and Reports (henceforth, Proceedings), pp. 19–20.
12   Paul R. Bartrop, Australia and the Holocaust, 1933–1945, Kew (Victoria) 1994, chap. 6.

with the following comment: "As a result of the Evian meeting, Australia agreed to accept, over a three-year period, 15,000 Jewish refugees who had fled Germany, Austria and Sudetenland as a result of Hitler's anti-Semitic policies."[13]

The logic behind White's statement that Australia did not want to "import" a racial problem by allowing a Jewish refugee presence was evidence that perhaps Australia already did have such a problem. Further, White hoped that other delegates would realize that Australia was confining migration principally "to those who will engage in trades and occupations in which there is an opportunity for work without detriment to the employment of our own people."

His final words demonstrated the extent to which Australia's participation in the efforts of the conference was prepared to go:

"What the United Kingdom is doing, together with our own efforts and those of others already related, will probably, we trust, encourage members of this inter-governmental committee here assembled to formulate further plans for cooperation towards the solution of a tragic world problem and thus bring hope to many unhappy people."[14]

This overlooked the fact that Australia's "efforts" were directed towards keeping Jews out, rather than letting them in, and that no "further" plans could be formulated by the committee, because no initial plans had yet been devised.[15]

White was followed immediately by the Canadian delegate, Hume Wrong. From the start, he had not been enthusiastic for the job he had been given. In late June he had confided to Oscar D. Skelton, Under-Secretary of State for External Affairs in Ottawa, that:

---

13 Australian Population and Immigration Council (APIC), Population Report (prepared by the Committee on Refugee Issues of APIC), Canberra 1979.
14 Proceedings, p. 20.
15 Australia's position regarding refugees from Nazi persecution has been dealt with comprehensively in several studies. See, for example, Bartrop, Australia and the Holocaust; Michael Blakeney, Australia and the Jewish Refugees, 1933–1948, Sydney 1985; and Suzanne D. Rutland, Edge of the Diaspora: Two Centuries of Jewish Settlement in Australia, Sydney 1988.

"It looks as though the Evian Conference were going to be a most unpleasant affair. It has originated in one of Mr. Roosevelt's sudden generous impulses and is not the product of any well thought out scheme. To have to participate in it is for me an unwelcome duty. I am sorry that we accepted the invitation although I can see how hard it would be for us to refuse."[16]

He was of the opinion, moreover, that the Conference preparations looked "very amateurish."[17] After a few more days of worrying, he cabled Prime Minister Mackenzie King in Ottawa along the following lines: "Outlook for Conference continues to be gloomy. There seems to have been no effective diplomatic or technical preparation. I think meeting should be as short as possible."[18] On this point, he need not have worried. The first day of the meeting would give him a lead after country after country essentially stated the same thing: lengthy debate would not take place, nor would much time be spent by committees sorting out the practical problems of refugee resettlement.

A career diplomat, Hume Wrong spoke for Canada immediately after Australia's White. He began with the following words:

"I have not much to add to what has already been said, but I do not wish to let this general discussion close without expressing the sympathy and concern of the Canadian Government for the victims of change of regime and of racial and class conflict. Appreciating the humane and generous motives which led President Roosevelt to suggest the creation of this Committee, my government has been glad to participate in its work in the hope that the enquiry to be undertaken will bring some real measure of alleviation."[19]

---

16 Library and Archives of Canada (henceforth LAC), Ottawa, RG G1, vol. 1870, file 327c, pt. 1, Hume Wrong (Geneva) to Dr. O.D. Skelton (Ottawa), June 21, 1938.
17 Ibid. This attitude was reiterated once the Conference got underway, as Wrong declared to King the "Deficient preparations and arrangements have hampered work at Evian." See LAC RG 76, vol. 432, file 644452, pt. 1, Hume Wrong to W.L. Mackenzie King, July 9, 1938.
18 Ibid., Wrong to King, June 29, 1938.
19 Proceedings, p. 20.

The essence of the Canadian position came in the third paragraph of Wrong's seven-paragraph statement:

> "Canadian legislation does not permit the establishment of immigration quotas. For the last eight years, immigration to Canada from the European continent has been limited (except for certain classes of agriculturalists and their near relatives of those already in Canada, exceptions which do not include many political refugees) to persons who, in each case, by special order are exempted from a general prohibition of entry. Unfortunately, the continuance of serious unemployment and of economic uncertainty and disturbance still limits severely Canadian power to absorb any considerable number of immigrants."

Canada had certainly been hard-hit by the Depression, but, as in Australia and almost every other attending country, the state of the economy was employed by the Canadians as a convenient excuse for the exclusion of refugee migrants who would have been unwanted in any case.[20]

Wrong had little to say beyond his main point concerning Canada's uncertain economic position. He reiterated, however, the reason for Canada's attendance at the conference: "The Canadian Government, while necessarily reserving fully the decision as to future policy on the subject of immigration, is taking part in this Committee with a view to the freest exchange of information on the present situation and consideration of the problems which it involves."[21] Henceforth, no-one could be in any doubt as to what Canada was prepared to do. The Canadian government was happy to listen, to talk, and to exchange information, provided these activities did not have as their object a specific commitment that Canada would undertake to do anything. Wrong later cabled to Prime Minister Mackenzie King to the effect that there was "little chance that this meeting can reach any clear

---

20 The most complete treatment of Canadian refugee immigration policy during the period of the Third Reich is Irving Abella/Harold Troper, None is too Many: Canada and the Jews of Europe, 1933–1948, Toronto 2012. In what has since become an otherwise large literature, see also the essays in L. Ruth Klein (ed.), Nazi Germany, Canadian Responses: Confronting Antisemitism in the Shadow of War, Montreal 2012.

21 Proceedings, p. 20.

conclusions."²² This approach aligned directly with the terms of reference set out in the conference agenda, and such news must have had a particularly pleasing tone to it back in Ottawa.

New Zealand had never been a haven for all comers. From the very beginning, as historian Ann Beaglehole has shown, "New Zealand's settlers were carefully selected," with British immigrants always preferred over those from foreign countries. Further, for Jewish refugees from Nazism prior to September 1939, "obtaining the sough-after entry permit for New Zealand was a matter of luck, chance, contacts and money," as "New Zealand did not want these refugees as settlers."²³ The tiny Jewish community sought to overturn this attitude, though always with an eye to what was acceptable to the New Zealand government. Moreover, despite the relative freedom given to New Zealand to chart its own course by the Statute of Westminster 1931, the government felt it was under pressure from Britain (though this was unstated officially) to accept Jewish refugees as a way to reduce the flow of refugees to Britain and to Palestine.²⁴

As Beaglehole shows, New Zealand did not have "a set of rules that applied in each and every case" when it came to the admission of foreign immigrants, and each application was treated strictly on its merits.²⁵ Moreover, there seemed to be a good deal of secrecy governing how the criteria were made or applied when it came to acceptance or rejection. The result was that "the guidelines adopted for processing applications and the way these were interpreted ensured that most refugees were prevented from entering New Zealand."²⁶

This was the context into which C. B. Burdekin, the representative of New Zealand from the High Commissioner's Office in London, gave a short address

---

22 LAC RG 76, vol. 432, file 644452, pt. 1, Wrong to King, July 9, 1938.
23 Ann Beaglehole, Jewish Refugee Immigration to New Zealand, 1933–52, in: Bartrop, False Havens, pp. 187–188.
24 Ann Beaglehole, A Small Price to Pay: Refugees from Hitler in New Zealand, 1936–1946, Wellington 1988, p. 9.
25 Archives New Zealand, Wellington, Industries and Commerce Department, file IC 20/86, part 1, memorandum from E. D. Good, Comptroller of Customs, to New Zealand Trade and Tourist Commissioner, Brussels, on the admission to New Zealand of foreign European nationals, March 3, 1939.
26 Beaglehole, Jewish Refugee Immigration to New Zealand, 1933–52, p. 190.

to the conference on July 9, the third day of sessions. It followed what were by now predictable lines. New Zealand, he said, desires "to express its sincere sympathy with those unfortunate persons who, at the present time, are compelled to leave their own countries and to seek new homes." As a result, within "the limits of its immigration laws," New Zealand had already accepted some refugees "and is prepared to consider individual applications" of others. Importantly, though, "it would only be raising false hopes" to suggest that New Zealand could accept many. Moreover, the number able to be admitted "is, of course, largely governed by economic conditions." Nonetheless, the New Zealand government was "keenly interested" in any steps decided on at the conference that involved facilitating the migration of an increased number of refugees.[27]

The last Dominion to offer a position was Eire, which had, in 1937, adopted a new constitution that to a large degree completed the process of separation from the United Kingdom. In this, religious freedom for Jews was addressed explicitly, though this did not mean automatically that Jewish refugees were going to be granted immediate or easy access by simply applying to come in. Indeed, the law relating to the admission of foreign refugees (as all other foreigners) was contained in a law predating 1937, the Aliens Act 1935. According to an order made pursuant to the Act, "an alien coming to Ireland had to be in possession of a permit issued by the Department of Industry and Commerce addressed to his prospective employer." This was not so easy to obtain, as such a permit was only issued "when the Department of Industry and Commerce was satisfied that 'no suitable Irish citizen is available' to fill the post."[28] Once an alien had entered the country he or she could only remain to work or practise a profession with the permission of the Minister of Justice. For Jews coming from Germany and Austria, this was intensified when, in 1938, a visa scheme was also introduced.

The Évian Conference gave the Irish government an opportunity to make known its policy on refugees formally. Although not initially invited, the Irish

---

27 Proceedings, p. 25. The best accounts of New Zealand's refugee policy as it developed can be found in Beaglehole, A Small Price to Pay; and Freya Klier, Promised New Zealand: Fleeing Nazi Persecution, Dunedin 2009.
28 Dermot Keogh, The Irish Free State and the Refugee Crisis, 1933–45, in: Bartrop, False Havens, p. 217.

government was determined that its views should be heard, so Taoiseach Eamon de Valera sent Francis T. Cremins, the Irish envoy at the League of Nations in Geneva from 1934 to 1940, to represent the official line that refugees were not especially welcome. Cremins led a three-man delegation, and on July 11 he informed the Conference that the Irish economic situation had led to a situation in which large numbers of young Irish people were being forced to emigrate; while such emigration "remains imposed upon our national economy, it is obvious that we can make no real contribution to the resettlement of refugees."[29]

Where professionals were concerned—many of whom would be those most likely to come from Germany and Austria—he stated that Ireland was closed:

> "[I]t will suffice to say that, in our medical schools, there qualify every year more doctors than are required to care for the health of our people. And similar conditions of over-crowding apply to the other professions. It is for these various reasons that we are not in a position to contribute in any appreciable degree to the solution of this urgent problem, and we are naturally anxious not to promise more than we could hope to perform."

The only alternative solution, he posited, "is the opening-up of new or under-developed territory," of which Ireland had none. In a gesture of goodwill, he then concluded by saying that owing to the situation the Irish government was reluctant to urge "the taking by other Governments of measures in which they themselves could not participate."[30] The words were nice, but in reality they masked a deeper meaning: Ireland was shutting the door completely on all refugees.[31]

Although the Union of South Africa did not attend the Évian Conference, as a British Dominion its policy regarding Jews from Germany and Austria is worth considering in order to contextualize the others, particularly the three immigrant-receiving countries. An Aliens Act, which came into force on February 1, 1937,

---

29 Proceedings, p. 34.
30 Ibid.
31 The preeminent scholar dealing with the Jewish refugee issue and Ireland is Dermot Keogh. See his Jews in Twentieth Century Ireland: Refugees, Anti-Semitism and the Holocaust, Cork 1998; and Ireland and Europe, 1919–1948, Dublin 1988.

closed down the possibilities of Jewish refugee immigration based on the fear of South Africa "being submerged by a tide of undesirable European *émigrés*," many of whom, the Minister of the Interior, Richard Stuttaford, believed lived according to standards that were different from those "that we wish to live up to in South Africa."[32] The Act did not mention Jews as such, but, rather, remained vague in its description of who was, and who was not, desirable. When it became operative, however, it was, in the view of a Cape Town newspaper, applied with "merciless stringency."[33]

What this represented was a South Africa which, by the time of the Évian Conference, had already made it clear that this would not be a country of refuge for Jews from Germany and Austria. As historian Edna Bradlow has concluded, between February 1, 1937 and December 31, 1938, fewer than eighteen hundred "aliens of Hebrew origin" arrived in South Africa, with only "two main categories of Jewish immigrants [...] allowed residence rights; those with capital and those joining close relatives already established in the Union."[34] Under these circumstances there is little wonder that South Africa, unlike the other Dominions, had no interest in attending the meeting at Évian. It was already out of bounds for Jewish refugees regardless of what conclusions were to be drawn at the Conference.

Overall, where do the records of the Dominions at Évian stand in relation to the rest of the world? The most accurate answer would probably be that they were about on par with the other states. Canada, certainly, has little to be pleased about—unless one can be pleased over an act of indifference emanating from utter self-interest. Australia, for its part, went out of its way to inform the nations of the world that it had neither an interest in, nor a desire to help the resolution of, the refugee problem. New Zealand reaffirmed its distaste for foreigners, while Eire gate crashed a meeting to which it was not originally invited in order to say that the subject of the meeting bore no consequence to its interests. Taken as a group, the British Dominions at Évian shared one thing in common, however; their sense of being able to take charge of their own affairs.

---

32 Edna Bradlow, South African Policy and Jewish Refugee Immigration in the 1930s, in: Bartrop, False Havens, p. 246.
33 Ibid.
34 Ibid., pp. 246–247.

The three immigrant-receiving countries (Australia, Canada, and New Zealand) were attractive locations for the victims of persecution. Their entire histories since the start of European colonization had been founded on immigration; they had political systems based on British traditions of constitutional parliamentary democracy; and they were believed to have an untainted freshness devoid of the prejudices of the Old World. Ireland was also somewhat appealing in that it was still viewed as a "British" country (despite its recent war of independence from the United Kingdom), simultaneously part of the Empire and of Europe. Yet as things turned out, all four of the Dominions at the conference showed that they would only adopt a tolerant and welcoming attitude when and if it suited their interests, regardless of how extreme the needs of those seeking entry might be.

Évian and its Legacy: The Commonwealth Countries Since World War II

How may we assess the impact of the actions not taken at Évian for the countries that were there—countries that evolved from Dominions into the modern-day Commonwealth of Nations?

In Australia, under Prime Minister Malcolm Fraser between 1975 and 1983, the plight of refugees—in particular, the so-called "boat people" from Vietnam—were straightforward. As Fraser himself was reputed to have said, his government had two options: "Say yes. Say no." Saying "yes" meant responding humanely to the crisis. It meant introducing a formal refugee policy with quality resettlement programs and services, and figures from the Department of Immigration show that by the time Fraser left office in 1983 the department's budget was four times larger than it had been in 1975–1976. Between 1975 and 1983, Fraser's government admitted almost 100,000 refugees.

Fraser was born in 1930 and was certainly an aware young man by the time World War II ended. For some time, there were rumors that Fraser was so touched by the Holocaust and the Free World's relative failure to stop it that he sought to open Australian refugee immigration to all who needed sanctuary. This rumor has never been substantiated but is consistent with Fraser's post-parliamentary concern for human rights in places such as apartheid South Africa and elsewhere.

During the early 1990s, asylum seekers from Cambodia began to arrive in Australia. In response, the government of Paul Keating instituted a mandatory detention policy aimed at deterring refugees. Under this, anyone entering the Australian migration zone without a visa would be placed in a holding facility while security and health checks were performed. Additionally, the validity of the person's claim to asylum would be assessed by the Department of Immigration and Citizenship. In the mid-1990s, numerous boats carrying Chinese and Vietnamese refugees were returned to their place of origin after asylum claims were denied. In 1999, refugees from conflicts in the Middle East began to arrive in large numbers, and the government of John Howard extended the time they spent in mandatory detention.

Following the September 11, 2001 attacks in the United States, anti-Muslim rhetoric increased in Australia, and on October 28, 2001 Howard, in a well-publicized statement, announced that "We will decide who comes to this country and the circumstances in which they come." The previous month the government introduced a new policy that became known as the Pacific Solution, redirecting arriving refugees to nearby island nations such as Papua New Guinea and Nauru. There, they languished in camps while undergoing a lengthy asylum process before they could be admitted to Australia. While detained offshore, asylum-seekers under the Pacific Solution were denied access to Australian lawyers and protection under Australian law.

In 2015, the government of Tony Abbott rejected suggestions that it would accept Rohingyas from Myanmar. Later that year, however, the government unexpectedly increased its intake of refugees to accommodate persecuted minorities from the conflicts in Syria and Iraq, with a one-off intake of 12,000 resettlement places for refugees fleeing the conflicts in those countries. Under the Refugee and Humanitarian Program, Australia has a set number of visas to resettle people for humanitarian reasons (offshore resettlement) and for grants of asylum in Australia (onshore protection). In 2018–2019 this was increased to 18,750, although that number is now referred to as a "ceiling."

After World War II, refugees became a significant part of Canada's immigration flow. In the postwar labor shortage Canada admitted tens of thousands of displaced persons, among whom were Jewish survivors from the Holocaust. During the 1950s and 1960s, Canada also responded to the plight of refugees from countries such as Hungary and Czechoslovakia by setting aside its normal immigration procedures. In the years that followed, Canada again made special allowance for refugees from political upheavals in Uganda, Chile, and elsewhere. In each of these cases, the refugees were admitted as an exception to the immigration regulations.

In 1978 Canada enacted a new Immigration Act that affirmed Canada's commitment to the resettlement of refugees. Accordingly, admission of refugees was now part of Canadian immigration law, and refugees would no longer be admitted as an exception. The first major refugee resettlement program under this new legislation was during the early 1980s, when Canada welcomed refugees from Indochina.

Beyond these official channels, Canada has been forced to deal with those who make their way to Canada independently and claim refugee status. It is then the responsibility of Canadian officials to determine the legitimacy of that claim. If it is agreed that the person is a legitimate refugee, they are granted the right to stay in Canada as an immigrant. If not, they can be deported.

In 1983 a book co-authored by the Canadian historians Irving Abella and Harold Troper was published in Toronto. Entitled "None is Too Many: Canada and the Jews of Europe 1933–1948," its appearance described Canada's restrictive immigration policy towards Jewish refugees during the period of the Holocaust. The book had an enormous impact on public and political discourse in Canada, focusing as it did on issues relating to ethics and morality in government, righting historic wrongs, shaping Canadian immigration and refugee policies, and the responsibility of bystanders in history. Interestingly, a book by this author in Australia, "Australia and the Holocaust, 1933–1945," which dealt with largely the same issues in similar depth and insight from an antipodean perspective (and was reviewed favorably in most national newspapers), was largely shunned by Australian policy makers. "None is too Many" helped to jog memories of Canada's shortcomings during the Third Reich years, which, in turn, played a role in helping to frame a more compassionate Canadian refugee policy.

That said, things did get more difficult. In 1986 the United Nations awarded Canada the Nansen Medal for displaying exceptional humanitarianism in refugee resettlement, but ironically, only a few months after this, the government of Progressive Conservative Prime Minister Brian Mulroney began drafting legislation to make it more difficult to claim asylum. By 1989 Parliament had passed Bill C-84, creating the Immigration and Refugee Board; this would review claims for refugee status, and created a new mechanism for detaining and rejecting claimants.

More recently, the government of Prime Minister Stephen Harper came in for criticism within Canada with its claims that while the country could take in more refugees from Syria, the best course of action would be to prioritize stopping the conflict in the Middle East first.

New Zealand signed on to the UN High Commission of Refugees Convention on Refugees in 1960. Yet successive New Zealand governments, especially those of Prime Minister Robert Muldoon in the mid-1970s and early 1980s, emphasized the British character of the country, and did not encourage immigration from Europe. In accordance with the Immigration Act 1987 the country had an annual resettlement quota of 800 places, a quota that was chipped away at until it was only 750 places in 1997.

The 1990s were watershed years for New Zealand, with foreigners arriving in large numbers and from non-traditional places of origin such as China. In 2009, under Prime Minister John Key, a new Immigration Act was passed which aimed to enhance border security—at the same time introducing a new refugee and protection system.

The government of Jacinda Ardern, Prime Minister since October 2017, has suggested that the refugee intake might grow to 1500 places in the future, but as of now New Zealand receives relatively few asylum seekers. In the decade 2007–2016 the top three refugee resettlement countries of origin were Myanmar, Bhutan, and Colombia. Across the decades, however, New Zealand has accepted refugees in small numbers from a wide variety of backgrounds, including Hungarian refugees after 1956, Czechoslovaks after the 1968 Prague Spring, as well as refugees from Uganda, Chile, the Soviet Union, Indochina, and many other countries right through to Syria in 2017 and 2018.

Overall, what can we conclude about Commonwealth attitudes toward refugees when we compare the 1930s with the recent past? Clearly, we are looking at two highly distinct periods which bear little resemblance to each other—one in which the focus was on racial preference, the other on genuine need irrespective of race, religion, or ethnicity. One was concerned with the international ramifications of taking in refugees; the other with the humanitarian effects of not doing so. In both periods, however, policies were built on the premise that a refugee problem must be faced up to and acknowledged as an issue for government consideration. Australians, Canadians, and New Zealanders in the 1930s might have said that that problem was not one for their country to solve alone, while eighty years later most would endorse the view that no man is an island; but both positions would clearly find themselves on the same ground in appreciating that the problem requires both a government position *and* a public response. The recognition by governments is a vital first step towards reducing distress. Public opinion, lobbying, and other forms of pressure then have something to work from—and their success or otherwise, in light of the failures of the 1990s, is the true test of a society's moral worth.

WINFRIED MEYER

Mission Bestseller –
Die internationale Flüchtlingskonferenz von Évian
in Hans Habes Roman „Die Mission"

Die aktuellen Debatten um die Seenotrettung und die Aufnahme Geflüchteter haben die internationale Flüchtlingskonferenz in Évian vom 6. bis 15. Juli 1938 als historischen Präzedenzfall für den Umgang der Staatenwelt mit Flucht und Migration in den Blickpunkt gerückt. Zum 80. Jahrestag der Konferenz wurde nicht nur die Ausstellung „Geschlossene Grenzen" des Zentrums für Antisemitismusforschung der Technischen Universität Berlin gezeigt.[1] In verschiedenen Ländern erschienen auch erstmals Monografien zum Thema, in Großbritannien Paul Bartrops „The Evian Conference and the Jewish Refugee Crisis",[2] in Frankreich Diane Afoumados „Indésirables"[3] und in Deutschland – etwas weniger wissenschaftlich angelegt – „Evian 1938. Als die Welt die Juden verriet" von Jochen Thies.[4]

Bis dahin war in Deutschland über die Flüchtlingskonferenz von 1938 nur in kleineren Formaten oder in größeren Zusammenhängen für ein ausgesprochenes

---

1   Die von der Kulturstiftung des Bundes, dem Auswärtigen Amt, der Friede Springer Stiftung und der Stiftung EVZ geförderte Ausstellung war vom 26. Juli bis zum 5. Oktober 2018 in der Gedenkstätte Deutscher Widerstand und anschießend im Rathaus Plettenberg und dem Dokumentationszentrum Prora zu sehen und ist jetzt unter https://evian1938.de/ abrufbar.
2   Paul R. Bartrop, The Evian Conference of 1938 and the Jewish Refugee Crisis, Basingstoke 2018.
3   Diane Afoumado, Indésiables. 1938: la Conference d'Évian et les refugiés juifs, Paris 2018.
4   Jochen Thies, Evian 1938. Als die Welt die Juden verriet, Essen 2017. Vgl. auch die Rezension von Susanne Heim in: Einsicht 2018. Bulletin des Fritz Bauer Instituts, Frankfurt a. M. 2018, S. 86.

Anzeige für „Die Mission"
in: Allgemeine Wochenzeitung
der Juden in Deutschland,
Nr. XIX/49 vom 5. März 1965, S. 29
Landesarchiv Berlin

> Der aufsehenerregende neue Roman von
>
> **HANS HABE**
>
> **Die Mission**
>
> Roman. Umfang ca. 400 Seiten. Leinen DM 19,80 – Erscheint Ende März
>
> Hans Habe enthüllt in diesem neuen großen Roman an Hand einer erstaunlichen Materialfülle eines der unbegreiflichsten und sensationellsten Ereignisse der jüngsten Zeitgeschichte:
>
> Am 6. Juli 1938 trat in dem französischen Kurort Evian-les-Bains am Genfer See eine Konferenz zusammen, die Präsident Franklin D. Roosevelt in letzter Stunde einberufen hatte, um Millionen Juden vor der Vernichtung zu bewahren.
>
> Da erscheint als ungebetener Gast der berühmte Chirurg Professor Heinrich von Benda, der soeben aus dem Gefängnis entlassen wurde. Er soll im Auftrag des Statthalters der «Ostmark» der Konferenz mitteilen, daß Deutschland bereit ist, seine Juden unter gewissen Bedingungen zu verkaufen. Der Preis: zweihundertfünfzig Dollar «pro Stück».
>
> Die Mission Bendas, die absolut geheim war, und die Konferenz scheiterten an der Trägheit der Herzen. Die Welt mußte, die Welt sollte diese Konferenz vergessen.
>
> Nur ein Romancier, der zugleich Zeuge der historischen Ereignisse war, konnte dieses gewaltige Thema meistern. Hans Habe ist mit diesem neuen Roman ein Werk gelungen, dem ein Platz in der großen Romanliteratur gewiß ist.
>
> *Auslandsausgaben in 12 Ländern*
> VERLAG KURT DESCH MÜNCHEN · WIEN · BASEL

Fachpublikum berichtet worden.[5] Wesentlich stärker als von den mehr oder weniger wissenschaftlichen und in sehr überschaubaren Auflagen erschienenen Darstellungen von Zeitzeugen, Journalisten und Historikern dürfte das Bild der Évian-Konferenz von einem schon vorher in hoher Auflage erschienenen literarischen Werk geprägt worden sein, von Hans Habes Roman „Die Mission". Der Roman erschien 1965 im Münchner Verlag Kurt Desch in einer Startauflage von 10 000 Exemplaren und mit bereits zwölf angekündigten Auslandsausgaben.[6] Dabei war

---

5   S(alomon) Adler-Rudel, The Evian Conference on the Refugee Question, in: Leo Baeck Institute Year Book XIII (1968), S. 235–273; Rolf Vogel, Ein Stempel hat gefehlt. Dokumente zur Emigration deutscher Juden, München/Zürich 1977; Fritz Kieffer, Judenverfolgung in Deutschland – eine innere Angelegenheit? Internationale Reaktionen auf die Flüchtlingsproblematik 1933–1939, Stuttgart 2003; Günter Schubert, Der Fleck auf Uncle Sams weißer Weste. Amerika und die jüdischen Flüchtlinge 1938–1945, Frankfurt a. M./New York 2003.

6   Werbezettel des Kurt Desch Verlags für „Die Mission", Anfang 1965, Landesarchiv Berlin (LAB), E Rep. 200-45, Nr. 391.

eine ein Jahr später im Aufbau Verlag in der DDR erschienene Lizenzausgabe noch nicht mitgerechnet.[7] Gleichzeitig kam eine Lizenzausgabe für die Desch-eigene Buchgemeinschaft „Welt im Buch – eine Gemeinschaft der Freunde anspruchsvoller Bücher" heraus sowie eine deutsche Taschenbuchausgabe im Ullstein Verlag.[8]

Die Originalausgabe des Romans schaffte es zwar nicht wie Hans Habes Vorgängerroman „Der Tod in Texas" an die Spitze der Bestseller-Liste des *Spiegels*, konnte sich dort aber über Monate in den Top Ten behaupten.[9] Es folgten Auflage um Auflage und Lizenzausgabe um Lizenzausgabe. Die Gesamtauflage des Romans dürfte also erheblich gewesen sein, lässt sich aber nicht mehr ermitteln, da sich nach einer von Hans Habe eingereichten Klage ab 1974 herausstellte, dass der Verleger Kurt Desch gegenüber seinen Autoren nicht korrekt abgerechnet und insbesondere Einnahmen aus Lizenzausgaben verschwiegen hatte.[10]

Auch international war Habes Roman außerordentlich erfolgreich. Schon ab Januar 1966 veröffentlichte die New Yorker deutsch-jüdische Wochenschrift *Aufbau* eine vom Autor gekürzte Version der deutschen Originalfassung.[11] Als die englischsprachige Ausgabe zeitgleich am 16. Juni 1966 in Großbritannien und den USA erschien, konnte Habes englischer Verleger darauf hinweisen, dass „Die Mission" bereits ein Bestseller in Deutschland, den Niederlanden und Ungarn sei und von der US-Ausgabe schon vier Nachdrucke durch Vorbestellungen verkauft seien.[12] Damit sowie mit den lobenden Stimmen zahlreicher Prominenter warb auch Habes amerikanischer Verlag, der zudem darauf verweisen konnte, dass „The

---

7   Hans Habe, Die Mission, Berlin/Weimar 1966.
8   Hans Habe, Die Mission. Roman (Welt im Buch Wahlband Nr. 783), München 1966 (alle folgenden Angaben aus dem Roman, wenn nicht ausdrücklich anders angegeben, nach dieser Ausgabe); Hans Habe, Die Mission. Roman (Ullstein Buch Nr. 569), Frankfurt a. M./Berlin 1966.
9   Bestseller, Der Spiegel Nr. 29/1965 vom 14. Juli 1965 (Platz 9); Bestseller, Der Spiegel, Nr. 39/1965 vom 22. September 1965 (Platz 10), LAB, E Rep. 200-45, Nr. 394.
10 Vgl. Heidi Dürr, Doppelter Desch. Mit 78 Jahren will Verleger Kurt Desch noch einmal neu anfangen, Die Zeit, Nr. 11/1981 vom 6. März 1981; https://www.zeit.de/1981/11/doppelter-desch [3. 6. 2019].
11 Manfred George, Im nächsten „Aufbau" Beginn des Dokumentar-Romans von Hans Habe: „Die Mission". Eine erschütternde und zum großen Teil unbekannte Episode aus unserer Zeit, in: Aufbau, 31. Dezember 1965, S. 28.
12 George G. Harrap, Ltd., Werbezettel für „Hans Habe's unforgettable documentary novel The Mission", 11. Juni 1966, LAB, E Rep. 200-45, Nr. 392.

Hans Habe (Mi.) bei Dreharbeiten für „Die Mission" in Évian-les-Bains, 1966
Landesarchiv Berlin

Mission" vom Book-of-the Month Club empfohlen worden war.[13] Zu den zitierten Prominenten gehörte auch der Filmregisseur Otto Preminger, dem Habe offensichtlich schon vor Abgabe seines Manuskriptes den Stoff angeboten hatte. Schon im Dezember 1964 hatte er sich gegenüber dem Verlag ausbedungen, dass „Herr Otto Preminger [...] auf die Verfilmung die Vorhand" haben solle.[14]

Zu einer Verfilmung in Hollywood kam es dann zwar nicht, aber in Deutschland dürften Verfilmungen wesentlich zur Verbreitung des Romans beigetragen haben. Schon 1966 gab der Bayerische Rundfunk eine Verfilmung mit dem sehr populären Schauspieler Martin Held in der Hauptrolle und Aufnahmen an den

---

13 Coward-McCann Inc., Werbezettel für „The Mission by Hans Habe", Juni 1966, LAB, E Rep. 200-45, Nr. 395.
14 Kurt Desch, Aktennotiz für die Herren Dr. Mundt, Kuntze, Zeilnhofer, Fischer, Lachenwitz, 11. Dezember 1964, S. 6, LAB, E Rep. 200-45, Nr. 391.

ARD-Programm für Donnerstag, 8. November 1984 in „Bildwoche", Nr. 44/1984
Landesarchiv Berlin

Originalschauplätzen in Auftrag.[15] Die Verfilmung hielt sich eng an die Romanvorlage, deren Autor nicht nur Einfluss auf die Besetzungsliste genommen, sondern die Dreharbeiten auch persönlich begleitet hatte.[16] Das Fernsehspiel wurde erstmals am 30. März 1967 im Ersten Deutschen Fernsehen gezeigt und am 15. Mai 1969 sowie am 8. November 1984 als Wiederholung ausgestrahlt.[17] Eine Neuverfilmung des Stoffs unter dem Titel „Küldetés Evianba" (Mission nach Évian) erfolgte 1988 in Ungarn unter der Regie von Erika Szántó und wurde am 25. August 1994 auf Arte gesendet.[18]

In Habes Roman werden Örtlichkeiten, Verlauf und vor allem Atmosphäre der Konferenz im mondänen französischen Kurort Évian-les-Bains anschaulich beschrieben, die Beiträge der Delegierten sinngemäß und die hämischen Berichte der deutschen Presse sogar wörtlich wiedergegeben. Außerdem war dem Roman eine „Dokumentation" beigegeben, die einen „Kommentar des Autors" (S. 365 ff.),

---

15 Von 19 Drehtagen zwischen dem 8. August und dem 30. September 1966 waren für die ersten drei Aufnahmen an Originalschauplätzen in Évian-les-Bains vorgesehen, auf der Terrasse des Hotels Royal, vor und im Hotel Léman, vor einer Boutique, an der Uferpromenade sowie auf dem Korridor des Hotels Royal (Intertel Television GmbH: Vorläufige Drehfolge/Film: Die Mission, 1966 LAB, E Rep. 200-45, Nr. 393).
16 Intertel Television GmbH an Hans Habe, 19. Juli 1966, LAB, E Rep. 200-45, Nr. 393.
17 https://www.filmportal.de/film/die-mission_46e001ae74e946f1a4bdc08df6225934 [3. 6. 2019]; Bildwoche Nr. 44/84, Programm für 8. November 1984, 23.00 Uhr, Bild und Funk, Nr. 19/69: Programm für den 15. Mai 1969, 20.05 Uhr, LAB, E Rep. 200-45, Nr. 207.
18 https://www.filmdienst.de/film/details/59535/mission-nach-evian [3. 6. 2019].

eine Chronologie „Evian und die Weltereignisse" (S. 368–372) sowie Listen der „Delegationen in Évian" (S. 373–377), „Andere[r] Teilnehmer an der Konferenz" (S. 378), der „bei der Konferenz vertretenen privaten Organisationen" (S. 378 f.) sowie der „Weltpresse" (S. 379 f.) und schließlich „Das Budget der Konferenz" (S. 381) umfasst. Während der Kommentar, die Chronologie der globalen militärischen, politischen und kulturellen Ereignisse an den zehn Konferenztagen und die Angaben zu den Pressevertretern vom Autor stammen, sind die anderen Listen dem offiziellen Protokoll der Konferenz entnommen worden.[19]

Der Autor war über Verlauf und Ergebnisse der Konferenz deswegen bestens informiert, weil er selbst als Journalist aus Évian berichtet hatte. Hans Habe, als János Békessy 1911 in Budapest geboren, war in Wien aufgewachsen, wohin sein Vater, der Journalist und Verleger Imre Békessy, nach dem Sturz der Räterepublik in Ungarn 1920 geflohen war. Nach dem Abitur hatte er 1929 ein Semester Germanistik in Heidelberg studiert, das Studium aber nach Anfeindungen wegen seiner jüdischen Herkunft abgebrochen. Anschließend arbeitete er als Journalist für verschiedene österreichische Zeitungen und ab 1935 als Korrespondent beim Völkerbund in Genf für das *Prager Tagblatt*.[20] Ab 1937 nannte er sich Hans Habe (nach den gesprochenen Initialen von Hans Békessy), um Verwechslungen mit seinem ebenfalls journalistisch tätigen Vater zu vermeiden, zu dem er ein gespanntes Verhältnis hatte, nachdem Imre Békessy als Verleger von Boulevard-Zeitungen 1926 nach der Aufdeckung erpresserischer Praktiken seiner Blätter („Revolver-Journalismus") fluchtartig über Paris nach Ungarn zurückgekehrt war.[21]

Unter dem Pseudonym Hans Habe hatte János Békessy 1937 seinen ersten Roman „Drei über die Grenze. Ein Abenteuer unter deutschen Emigranten" im kleinen Genfer Verlag „Editions Union" veröffentlicht, der in 18 Sprachen übersetzt und in 800 000 Exemplaren verkauft wurde. Noch Ende 1937 ließ die Gestapo den „üblen Hetzroman" von der Reichsschrifttumskammer auf die „Liste

---

19   Proceedings of the Intergovernmental Committee, Évian, July 6th to 15th, 1938. Verbatim Record of the Plenary Meetings of the Committee, Resolutions and Reports, Chambéry 1938, S. 5–7, 49 und 56.
20   Habe, Hans, in: Österreichisches Biographisches Lexikon, Online-Edition, Lfg. 2 [15. 3. 2013].
21   Békessy, Imre (Emmerich), in: Österreichisches Biographisches Lexikon, Online-Edition, Lfg. 1 [1. 3. 2011].

Johann Békessy in Genf, um 1933
Archives d'état de Genève

des schädlichen und unerwünschten Schrifttums" setzen.[22] Nachdem Habe drei Monate später vom annektierten Österreich ausgebürgert worden war, beschaffte ihm sein Vater mit seinen Verbindungen zum Horthy-Regime einen ungarischen Pass. Bei der Flüchtlingskonferenz in Évian war er noch unter der französischen Form seines Geburtsnamens als Jean Békessy und als Berichterstatter für das *Prager Tagblatt* und die ungarische Tageszeitung *Ujság* registriert und im Hotel Splendide untergebracht.[23] Habes Berichte erschienen im *Prager Tagblatt* ohne,[24] in *Ujság* mit namentlicher Nennung des Autors.[25]

Habes Roman bezieht seine Dramatik und seine moralische Fallhöhe aber weniger aus der atmosphärisch dichten Schilderung des Konferenzgeschehens im Hotel Royal als aus der titelgebenden Mission des Protagonisten: Dieser, Heinrich von Benda, ein jüdischer Nierenspezialist aus Wien, wird nach der Entlassung aus

---

22 Geheimes Staatspolizeiamt an Präsidenten der Reichsschrifttumskammer, 16. November 1937, Reichsschrifttumskammer an Geheimes Staatspolizeiamt, 21. Dezember 1937, BArch R9361V/41892.

23 Visitenkarte Jean Békessy mit Akkreditierungsnummer und Hotel-Vermerk, League of Nations Archives, Genf, S543, Akte 9.

24 Prager Tagblatt, 63. Jg. Nr. 157 vom 7. Juli 1938, S. 1; Nr. 158 vom 8. Juli 1938; S. 1 f.; Nr. 159 vom 9. Juli 1938, S. 2; Nr. 160 vom 10. Juli, S. 1 f.; Nr. 161 vom 12. Juli 1938, S. 4; Nr. 162 vom 13. Juli 1938, S. 2; Nr. 163 vom 14. Juli 1938, S. 2; Nr. 164 vom 15. Juli 1938, S. 2; Nr. 166 vom 16. Juli 1938, Nr. 165 vom 16. Juli 1938, S. 1 f.

25 Ujság, 5. Juli 1938, S. 3 f.; 10. Juli 1938, S. 9; 12. Juli 1938, S. 5 f., 12. Juli 1938, S. 6.

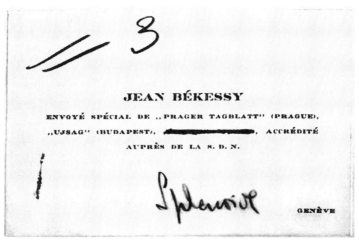

Visitenkarte von Jean Békessy mit Nummer der Presse-Akkreditierung
und Angabe der Unterkunft in Évian im Hotel Splendide
United Nations Archives, Genf

kurzer Haft unter dem Vorwand einer Nierenbehandlung zum Reichsstatthalter in Wien, Arthur Seyß-Inquart, gerufen. Der Reichsstatthalter beauftragt ihn, als Vertreter der Jüdischen Kultusgemeinde Wien an der Konferenz in Évian teilzunehmen und den Konferenzteilnehmern das Angebot des Deutschen Reiches zu unterbreiten, für einen Kopfpreis von 250 Dollar, bei kinderreichen Familien für einen Gesamtpreis von 1000 Dollar, die im Deutschen Reich lebenden Juden freizugeben. Für die Freigabe der etwa eine halbe Million deutschen und österreichischen Juden sollen also 125 Millionen Dollar gezahlt werden, gern auch in Raten – Ware gegen Geld. Bei Hinterlegung weiterer drei- bis vierhundert Millionen Dollar in einem „Judenfonds" wären auch die ca. fünf Millionen Juden Europas vor „Eventualitäten" geschützt, soll der Arzt den Teilnehmern der Konferenz ausrichten. (S. 54 ff.)

Diesem Angebot wird mit einem Ultimatum Nachdruck verliehen, das ein Gestapo-Agent dem Professor zur Weitergabe an die Konferenzteilnehmer übermittelt: Falls die Konferenz das deutsche Freikauf-Angebot nicht annähme und als erste Zahlung bis zum 1. August nicht zehn Millionen Dollar auf ein Konto in der Schweiz eingegangen seien, würden 40 000 österreichische Juden in Konzentrationslager eingewiesen und ermordet werden (S. 145). Im Roman werden Angebot und Ultimatum vom Protagonisten an die Konferenzteilnehmer weitergeleitet

Taschenbuchausgaben von 1966 und 1974, Ullstein Verlag, Frankfurta. M./Berlin

und von einem Unterkomitee der Konferenz beraten – letztlich ohne Reaktion auf Angebot und Ultimatum (S. 151). Damit ist von Bendas Mission gescheitert, der bei der Rückkehr nach Wien im Eisenbahnabteil stirbt (S. 360 f.).

Dieser Kern der Handlung von Habes Roman rückt die Flüchtlingskonferenz von Évian in den unmittelbaren Kontext des Holocaust, da er suggeriert, schon zum Zeitpunkt der Konferenz im Sommer 1938 habe das NS-Regime nicht mehr die möglichst vollständige Vertreibung des jüdischen Bevölkerungsteils angestrebt, sondern sich bereits auf die physische Vernichtung nicht nur der deutschen und österreichischen, sondern auch der europäischen Juden festgelegt gehabt. Unter dieser Prämisse hätten dann die Teilnehmer der Évian-Konferenz die ihnen vom Wiener Medizinprofessor gebotene Gelegenheit ungenutzt verstreichen lassen, diesen Völkermord zu verhindern.

Die bewusste Verschiebung der Évian-Konferenz in den Kontext des Holocaust diktierte auch die Auswahl der Titelillustrationen einiger Lizenzausgaben des Romans. Auf dem Titel der deutschen Erstausgabe war noch eine allenfalls Assoziationen an Lager und Grabsteine ermöglichende Grafik, und auf der amerikanischen Erstausgabe eine Zeichnung des einsamen Protagonisten zu sehen.[26]

26 Hans Habe, Die Mission. Roman (Welt im Buch Wahlband Nr. 783), München 1966; ders., The Mission. A novel, New York 1966.

Bereits die ersten Taschenbuchausgaben zeigten aber Grafiken oder Fotos von Motiven, die zu Emblemen des Völkermords an den europäischen Juden geworden waren: Träger des Judensterns von 1941 oder den sich ergebenden Jungen aus dem Warschauer Ghetto-Aufstand von 1943.[27]

Man könnte nun Habes Plot als rein literarische Fiktion abtun, wenn der Autor nicht im Kommentar zum Roman versichert hätte, dass das reale Vorbild seines Protagonisten, der Wiener Hals-, Nasen- und Ohrenarzt Heinrich Neumann von Héthars, dem der Roman gewidmet ist, mit genau der vom Autor beschriebenen Mission an der Konferenz von Évian teilgenommen habe.

Heinrich Neumann, geboren 1873 im ungarischen Héthars, war seit 1919 Leiter der Hals-, Nasen- und Ohrenklinik der Universität Wien. Schon als Mitarbeiter und Assistent August Politzers, seines berühmten Vorvorgängers in dieser Funktion, hatte er bahnbrechende operative Methoden für das Innenohr entwickelt, die er auf Konferenzen in zahlreichen Ländern vorgestellt hatte.[28] Während des Ersten Weltkriegs war Neumann als Oberstabsarzt II. Klasse zunächst am Wiener Garnisonsspital, dann als Konsiliarius in Wien und an der Tiroler Front eingesetzt.[29] In Anerkennung seiner Verdienste wurde seine Familie von Kaiser Karl I. mit dem Adelstitel „von Héthars" ausgezeichnet, der nach der Abschaffung des Adels in Österreich als Namenszusatz weitergeführt wurde.[30] Neumann behandelte zwar auch mittellose Patienten, stand aber international vor allem in dem Ruf, der „Chirurg der gekrönten Häupter" zu sein: Er hatte die Könige von Rumänien, Griechenland und Spanien behandelt und im Herbst 1936 auch den Duke of Windsor, zu dieser Zeit als Edward VIII. König von Großbritannien.[31]

---

27 Hans Habe, Die Mission. Roman (Ullstein Buch Nr. 569), Frankfurt a. M./Berlin 1966 und 1974.
28 Victor Urbantschitsch, Inhaltsangabe von wissenschaftlichen Arbeiten des Prof. Dr. Heinrich Neumann, Juni 1918, Universitätsarchiv Wien (UAW), Med PA 370.
29 K. und K. Garnisons-Spital Nr. 1 in Wien: Vormerkblatt für die Qualifikations-Beschreibung, Österreichisches Staatsarchiv/Kriegsarchiv, Pers Quall HR (Neumann, Heinrich); Prof. Dr. Heinrich Neumann. Curriculum Vitae, o. D. (1919), UAW, Med PA 370.
30 Edith Stern, Heinrich Neumann von Héthars at the Evian Refugee Conference (1938), in: Korot. The Israel Journal of the History of Medicine and Science 13 (1998/99), S. 206 f.
31 Hugo deLaehne, Surgeon of Sovereigns. Professor Von Neumann, Celebrated Specialist, is Equally Noted as Healer of the Poor, in: The American Hebrew, 19. März 1937, S. 1012 und 1016 f.

Heinrich Neumann (re.) mit
Edward VIII. in Wien, September 1936
Josephinum – Ethik, Sammlungen und
Geschichte der Medizin, MedUni Wien

Einen Tag nach der formellen Annexion Österreichs wurde Neumann festgenommen unter der Beschuldigung, einem Werbefonds für die von Bundeskanzler Kurt von Schuschnigg angesetzte und auf Druck Hitlers schließlich abgesagte Volksabstimmung über die Unabhängigkeit Österreichs eine größere Geldsumme zur Verfügung gestellt zu haben.[32] Neumanns Inhaftierung erregte weltweit Aufmerksamkeit und veranlasste die Jewish Agency, ihm und Sigmund Freud Genehmigungen für die Einreise nach Palästina auszustellen.[33] Es war aber wohl eine Intervention des Duke of Windsor, die dazu führte, dass Neumann nach zehntägiger Haft im Wiener Polizeigefängnis Rossauer Lände freigelassen wurde, während das Berliner Propagandaministerium noch die Durchführung eines Verfahrens wegen Devisenvergehen gegen ihn ankündigte.[34]

32 Jews of Vienna Flee as Nazis Plunder Shops, in: Chicago Daily Tribune, 15. März 1938, S. 1.
33 Palestine Permit for Dr. Neumann and Freud, in: The Manchester Guardian, 26. März 1938, S. 17.
34 Goering in Vienna, in: The Manchester Guardian, 26. März 1938, S. 17. Im Zusammenhang mit Neumanns Inhaftierung wurde wiederholt kolportiert, er sei 1935 gebeten

Schon am Tag seiner Inhaftierung hatte die Medizinische Fakultät beim Unterrichtsministerium beantragt, Neumann wegen Abwesenheit zu beurlauben und einen kommissarischen Klinikleiter zu ernennen.[35] Nachdem er selbst einen Tag nach seiner Haftentlassung auf Druck der Fakultät selbst um seine Beurlaubung nachgesucht hatte, wurde er am 22. April 1938 mit anderen Professoren jüdischer Herkunft zunächst beurlaubt.[36] Mit Wirkung von Ende Mai 1938 schließlich versetzte ihn das Unterrichtsministerium in den „zeitlichen Ruhestand".[37]

Im April 1938 gründete Neumann gemeinsam mit dem ebenfalls aus der Haft entlassenen Josef Löwenherz, Amtsdirektor der Israelitischen Kultusgemeinde in Wien, sowie dem Bankier Berthold Storfer ein „Komitee zur Regelung der jüdischen Auswanderung aus Österreich". Die Mitglieder des Komitees, das von weiteren namhaften jüdischen Persönlichkeiten in Wien unterstützt wurde, wollten vor allem ihre internationalen Kontakte nutzen, um Geldmittel für die Finanzierung der Auswanderung der österreichischen Juden einzuwerben. Im Mai und Juni 1938 bemühten sie sich um die Anerkennung durch die zuständigen Reichs- und die deutschen Behörden in Wien, wobei sie sich von dem nichtjüdischen Rechtsanwalt und Komponisten Ludwig Rochlitzer vertreten ließen.[38]

---

worden, Adolf Hitler wegen einer Stimmbandentzündung zu behandeln, habe das aber mit der Begründung abgelehnt, dass im Falle eines Misserfolgs seiner Behandlung seine jüdischen Glaubensgenossen dafür würden büßen müssen (z. B. Sigrid Schulte, Nazi Police Jail 1,742 Foes in Vienna, in: Chicago Daily Tribune, 23. März 1938, S. 1). Das wurde von Neumann selbst in einem wenige Tage nach seiner Haftentlassung dem *Paris Soir* gegebenen Interview als bloßes Gerücht zurückgewiesen, als er erklärte: „Had I been called, I would have gone as I would have gone to any patient, […]. For physicians there is no question of race or political opinion, but only of people suffering." (Dr. Neumann Denies Refusing to Treat Hitler; Will Continue Work in Vienna, in: Jewish Telegraphic Agency, 1. April 1938).

35 Universität Wien/Medizinische Fakultät an Bundesministerium für Unterricht, 14. März 1938, UAW, Med PA 370.
36 Prof. Dr. Heinrich Neumann an das Österreichische Unterrichtsministerium, 26. März 1938; Österreichisches Unterrichtsministerium an Rektorat der Universität Wien, 22. April 1938, UAW, Med PA 370.
37 Prof. Dr. Heinrich Neumann, Bestätigung, 31. Mai 1938, UAW, Med PA 370.
38 Vgl. Gabriele Anderl, „9096 Leben". Der unbekannte Judenretter Berthold Storfer. Mit einem Vorwort von Arno Lustiger, Berlin 2012, S. 98 ff.

Um diese Zeit bereitete das Judenreferat des Sicherheitsdienstes der SS in Berlin, noch maßgebliche Instanz für die Formulierung der NS-Judenpolitik, eine indirekte Einflussnahme auf die Konferenz in Évian vor, da das Auswärtige Amt eine offizielle Zusammenarbeit mit der Konferenz bereits ausgeschlossen hatte.[39] Unter Kontrolle des SD hatten schon Repräsentanten der deutschen Juden an einem Vorbereitungstreffen jüdischer Organisationen am 12./13. Juni 1938 in Paris teilnehmen können und bei Vernehmungen durch die Gestapo ausführlich darüber berichtet.[40] Nun sollten Vertreter der Reichsvertretung, des Hilfsvereins und des Palästina-Amtes auf Abruf bereitstehen, um nach Évian zu reisen. Dort sollten sie der Konferenz ein mit dem SD abgestimmtes Memorandum der Reichsvertretung übergeben, in dem die Dringlichkeit der jüdischen Auswanderung aus Deutschland betont und die Auswanderungsfähigkeit des Großteils der deutschen Juden mit sozialstatistischem Material untermauert wurde.[41]

Wegen der „wesentlichen Verschiedenheit der Situation der Juden in Österreich" wies das SD-Judenreferat den Führer des SD-Oberabschnitts Oberösterreich, Adolf Eichmann, am 2. Juli 1938 an, eine ähnliche Delegation der österreichischen Juden nach Évian zu schicken.[42] Da für Auswahl und Instruierung einer solchen Delegation nur wenige Tage zur Verfügung standen, lag es nahe, Heinrich Neumann, Josef Löwenherz und Berthold Storfer, die als Sprecher des „Komitees zur Regelung der jüdischen Auswanderung" in intensivem Austausch mit den NS-Behörden gestanden und auf ihre internationalen Verbindungen hingewiesen hatten, als Vertretung der Israelitischen Kultusgemeinde Wien nach Évian zu entsenden.

Die österreichische Delegation traf schon am Eröffnungstag der Konferenz, die deutsche aber erst einige Tage später in Évian ein.[43] Deswegen stießen die

---

39 Vgl. Susanne Heim, „Deutschland muss ihnen ein Land ohne Zukunft sein". Die Zwangsemigration der Juden 1933 bis 1938, in: Beiträge zur nationalsozialistischen Gesundheits- und Sozialpolitik 11 (1993), S. 61 ff.
40 SD II/112: Vermerke, 15., 21. und 30. Juni sowie 2. Juli 1938, Russisches Staatliches Militärarchiv (RGWA), 500-1-649, Bl. 12 und 23 ff., 25 und 33 f.
41 Reichsvertretung der Juden in Deutschland, Zur Konferenz in Evian, o. D. [Juli 1938], PA AA, R 127880.
42 Fernschreiben Sicherheitsdienst der SS II/112 an SD-Oberabschnitt Oberösterreich, 2. Juli 1938, S. 2, RGWA, 500-1/649, Bl. 27.
43 Otto Hirsch und Paul Eppstein für die Reichsvertretung der Juden in Deutschland, Werner Rosenfeld für den Hilfsverein und Michael Traub für das Palästina-Amt reisten erst

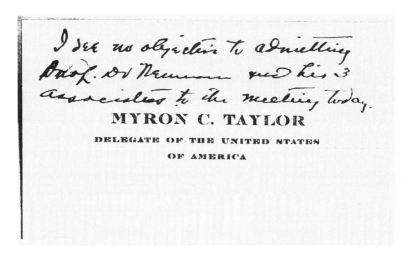

Visitenkarte Myron C. Taylors mit Zulassung Heinrich Neumanns und seiner Begleiter zu einer Konferenzsitzung | United Nations Archives, Genf

Österreicher auf wesentlich mehr Interesse bei den Pressevertretern und Konferenzteilnehmern. Neben der Tatsache, dass die brutale Judenverfolgung in Österreich und der Massenexodus österreichischer Juden den Anstoß zur Konferenz gegeben hatten, dürfte dazu auch das internationale Renommee Heinrich Neumanns beigetragen haben. Während Josef Löwenherz sich auf Gespräche mit den Vertretern jüdischer Hilfsorganisationen konzentrierte, gelang es Neumann, allein oder mit seinen Kollegen zu den Konferenzsitzungen zugelassen und von den Delegationsführern der wichtigsten Teilnehmerstaaten empfangen zu werden – dem Amerikaner Myron C. Taylor, dem Briten Lord Winterton, dem Franzosen Henry Bérenger, dem Argentinier Thomas Le Breton, dem Brasilianer Helio Lobo und dem Schweizer Fremdenpolizeichef Heinrich Rothmund.[44]

Im Nachwort zu seinem Roman behauptet nun Hans Habe, Neumann habe sich in Évian ständig einsam gefühlt und deswegen seine Abende mit ihm

am späten Abend des 7. Juli 1938 aus Berlin nach Évian ab (SD II/112c: Vermerk, 8. Juli 1938, RGWA, 500-1-649, Bl. 35).
44 Evian: World Refugees Conference Opens, in: The Jewish Chronicle, 8. Juli 1938, S. 13 ff.; Evian conference's hopeful development, in: The Jewish Chronicle, 15. Juli 1938, S. 17 ff.

verbracht, mit dessen Familie er in Wien verkehrt und den selbst er als Vierzehnjährigen operiert hatte: „Wir wohnten im Hotel Esplanade, Tür an Tür. Obwohl ich nur siebenundzwanzig Jahre alt war, schloss er mich in sein Vertrauen; wir verbrachten Stunden, ja halbe Nächte zusammen." In den nächtelangen Gesprächen habe Neumann ihm seine Mission offenbart. Er, der Autor, habe seine Notizen von diesen Gesprächen aufbewahrt und zur Grundlage der Darstellung in seinem Roman gemacht. Außerdem hätten die *New York Times* vom 7. Juli 1938 sowie der Londoner *Daily Express* und das *Prager Tagblatt* vom 12. Juli 1938 „nur andeutungsweise" von der Mission Neumanns berichtet, die während der Konferenz „in eingeweihten Kreisen lebhaft diskutiert" worden sei. Er selbst habe sein Wissen von dieser Mission „über fünfundzwanzig Jahre wie eine Last und eine Verpflichtung" mit sich getragen, und bei seiner Darstellung handele es sich um Tatsachen: „Ohne jeden Zweifel hat das Deutsche Reich vierzigtausend österreichische Juden zum Kauf angeboten und das Ultimatum vom 1. August 1938 gestellt." (S. 365 f.)

Welche Bedeutung dieses Nachwort und die Versicherung der historischen Authentizität der im Roman beschriebenen Mission für dessen Vermarktung hatten, geht aus einem internen Vermerk des Desch-Verlages vom Dezember 1964 hervor: „Die Mission" sollte der Auftaktband zu einem geplanten Zyklus von 14 Romanen Hans Habes über „weiße und schwarze Engel" werden, in dem sich der Autor mit jeweils einer der sieben Kardinaltugenden und der sieben Todsünden befassen wollte. Das sollte aber nur angedeutet werden, da der Verlag fürchtete, andernfalls die Presse zu verführen, „diese ungeheure Zahl von 14 Romanen zu glossieren". Da aber der Auftaktband unbedingt ein kommerzieller Erfolg werden musste, sollte „Die Mission" in einem „Sondereinsatz des Verlages" beworben werden als „bedeutendes Buch wegen der nachgerade sensationellen zeitgeschichtlichen Enthüllungen". Deswegen erklärte der Verlag das Nachwort mit dem „wahren historischen Hintergrund des Romans" für „eminent wichtig".[45]

---

45 Aktennotiz Kurt Desch Verlag, 11. Dezember 1964, S. 1 ff., LAB, E Rep. 200-45, Nr. 391. Aus dem zunächst geplanten Nachwort „im Namen des Verlages" wurde dann ein „Kommentar des Autors". Auf dem Schmutztitel der Erstausgabe ist der Name des Zyklus „Die weißen und die schwarzen Engel" und als Gegenstand des ersten Bandes „Die Trägheit des Herzens" angegeben.

Ein Werbezettel des Verlages pries den Roman als „ein Stück Weltgeschichte" und als „faszinierende geschichtliche Dokumentation" an.[46] In Anzeigen wurde er ebenfalls als „faszinierende Dokumentation" oder gar als „die Wahrheit über den 6. Juli 1938" annonciert und versichert, Habe enthülle in dem Roman „anhand einer erstaunlichen Materialfülle eines der unbegreiflichsten und sensationellsten Ereignisse der jüngsten Zeitgeschichte", und „nur ein Romancier, der zugleich Zeuge der historischen Ereignisse war", habe „dieses gewaltige Thema meistern" können.[47]

Auch die Verleger der britischen und der amerikanischen Ausgabe warben mit der Versicherung, in dem Roman werde „a long-suppressed chapter in European history"[48] bzw. „in the history of a people" erzählt: „the incredible story of Hitler's secret proposal to sell the Jews of Germany and Austria for $ 250 a head […]".[49] In Ergänzung dieser Werbekampagne erklärte Hans Habe der Zeitschrift der Anti-Defamation League, „why he waited so long to reveal the story of Europe's doomed Jews".[50]

In Reaktion auf diese Werbekampagnen konzentrierten sich auch die meisten Rezensionen des Romans auf die „sensationellen Enthüllungen", während die literarische Qualität überwiegend als mäßig empfunden wurde: „Der Roman ‚Die Mission' ist die Dokumentation eines noch weithin unbekannten internationalen Versagens, das möglicherweise die Mordpläne von Hitler und den Seinen mitgefördert hat. […] Der Leser wird also zu unterscheiden haben. Er darf sich nicht vom Rankenwerk eines üppigen, aber oft wenig geglückten Prosaversuchs abschrecken lassen: darunter ist der harte Kern eines bedeutenden und durchaus angemessen dargestellten Themas verborgen."[51]

---

46 Werbezettel des Kurt Desch Verlages für „Die Mission", LAB, E Rep. 200-45, Nr. 391.
47 Anzeigen des Kurt Desch Verlages im Börsenblatt für den deutschen Buchhandel, Nr. 15 vom 23. Februar 1965, S. 1033, und in der Allgemeinen Wochenzeitung der Juden in Deutschland, 5. März 1965, LAB, E Rep. 200-45, Nr. 391.
48 Werbezettel von George G. Harrap, Ltd. für „Hans Habe's unforgettable documentary novel ‚The Mission'", 11. Juni 1966, LAB, E Rep. 200-45, Nr. 392.
49 Werbezettel von Coward-McCann, Inc. Für „The Mission" by Hans Habe, LAB, E Rep. 200-45, Nr. 395.
50 Evian: Secret Conference. An international writer tells why he waited so long to reveal the story of Europe's doomed Jews, in: The ADL-Bulletin, June 1966, S. 7.
51 Christian Ferber, Chronik eines internationalen Versagens. Zwischen Erfindung und Tatsachen: Hans Habes neuer Roman, in: Die Welt vom 15. April 1965, Beilage „Die Welt der Literatur", LAB, E Rep. 200-45, Nr. 394.

In keiner Rezension wurde auch nur der geringste Zweifel an der Faktizität von Habes Darstellung geäußert. Deswegen ist es nicht verwunderlich, dass auch Historiker versucht waren, seinen Roman als historische Quelle zu nutzen. In „Freikauf von Juden" berichtet Yehuda Bauer über die angebliche Mission Neumanns, zwar mit einigem Vorbehalt, aber letztlich doch von deren Authentizität überzeugt: „Es wird sich wohl nicht mehr feststellen lassen, von wem und aus welchem Motiv Neumann seinen Auftrag erhielt. Doch passt eine solche Mission durchaus ins Gesamtbild."[52]

Als Belege führt Bauer die schon von Habe erwähnten Zeitungsberichte, die „literarische Version dieser Episode" bei Habe sowie weitere Informationen von Edith Stern an.[53] Diese hatte 1988 ein 72-seitiges Lebensbild Neumanns verfasst und publizierte zehn Jahre später eine stark gekürzte Version davon.[54] In beiden Versionen aber ist ihre einzige Quelle für Neumanns Aktivitäten nach seiner Entlassung durch die Universität Wien Habes Roman, sodass auch Bauer sich letztlich nur auf diesen stützt. Deswegen erscheint es sinnvoll, sowohl die von Habe angeführten als auch weitere Quellen auf Belege für die angebliche Mission Heinrich Neumanns zu untersuchen:

Als seine wichtigste Quelle nennt Habe die „persönlichen Aufzeichnungen meiner Gespräche mit dem Professor" (S. 365). Aber sowohl an der Intensität dieser Gespräche als auch an der Existenz der Aufzeichnungen sind Zweifel angebracht: Etwas mehr als zehn Jahre nach „Die Mission" hat Habe selbst sein Verhältnis zu Neumann sowie dessen Mitteilsamkeit wesentlich zurückhaltender beschrieben: „Tag und Nacht sieht man den Professor mit der dicken Brille von Delegation zu Delegation wandern, aber wenn er abends in sein Hotel zurückkehrt, bleibt er allein. [...] Nur ein neugieriger Reporter [...] setzt sich zuweilen um ihn. Professor von Neumann – Kaiser Franz Joseph hat ihn geadelt –

---

52 Yehuda Bauer, Freikauf von Juden, Frankfurt a. M. 1996, S. 55.
53 Ebenda, S. 411, Anm. 3.
54 Edith Stern, Im Gedenken an Universitätsprofessor Dr. Heinrich Neumann von Hethars 1873–1939 im österreichischen Gedenkjahr 1938/88, Dokumentationsarchiv des österreichischen Widerstands (DÖW), Wien, Nr. 22547; Edith Stern, Heinrich Neumann von Hethars at the Evian Refugee Conference (1938), in: Korot. The Israel Journal of the History of Medicine and Science 13 (1998/99), S. 204–212.

Heinrich Neumann von Héthars
im Park des Hotel Royal
in Évian, Juli 1938
„News of the Day", Nr. 289 vom
13. Juli 1938, University of California
Los Angeles, Film & Television
Archive, Hearst Collection

schweigt. Nur auf die Frage, ob er zurückkehren werde in das besetzte Wien, nickt er bejahend."[55]

Aufzeichnungen seiner angeblich nächtelangen Gespräche mit Neumann sind von Habe auch niemals zugänglich gemacht worden[56] und offensichtlich auch nicht in die Teilnachlässe Habes im Landesarchiv Berlin und im Howard

---

55 Hans Habe, Leben für den Journalismus, Bd. 1: Reportagen und Gespräche, München/Zürich 1976, S. 196. Das engere Verhältnis zu Heinrich Neumann scheint in Évian auch Habes Vater Emmerich Békessy gehabt zu haben, der nach dem Abschluss der Konferenz ein längeres Porträt Neumanns veröffentlichte, in dem von einem von diesem übermittelten Freikauf-Angebot für die deutschen und österreichischen Juden mit keinem Wort die Rede ist: Neumann. Irta Békessy Imre, in: Ujság, 17. Juli 1938, S. 6.

56 Auf eine Anfrage Barbara McDonald Stewarts von 1966 nach dokumentarischen Belegen für die angebliche Mission Heinrich Neumanns verwies Habe lediglich auf die Wiener Library in London und einen ehemaligen Assistenten Neumanns, der aber bereits vor der Évian-Konferenz in die USA emigriert war und über Neumanns Aktivitäten bei der Konferenz nichts wusste (Barbara McDonald Stewart, United States Government Policy on refugees from Nazism 1933-1940, New York und London 1982, S. 300).

Gotlieb Archival Research Center der Boston University eingegangen.[57] Beide Teilnachlässe enthalten kaum Schriftliches aus der Zeit vor 1940, was sich aus Habes dramatischer Biografie erklärt: Er hatte sich im Oktober 1939 in Paris als Freiwilliger zur französischen Armee gemeldet und war am 21. Juni 1940 in deutsche Kriegsgefangenschaft geraten. Aus dieser konnte er im August 1940 fliehen und sich durch Frankreich und Spanien nach Portugal durchschlagen, von wo aus er Ende 1940 in die USA gelangte.[58] Dass er bei dieser Flucht umfangreiches Schriftmaterial mit sich führen konnte, ist nicht besonders wahrscheinlich.

Auch die von Habe behaupteten „andeutungsweisen Berichte" über die angebliche Mission Neumanns lassen sich in der Berichterstattung der internationalen Presse nicht finden. In der *New York Times* vom 7. Juli 1938 wird lediglich berichtet, die drei Vertreter des österreichischen Judentums würden sich als Beobachter der Konferenz vehement dafür einsetzen, „to facilitate the emigration of Jews, with particular reference in the financial factor", hätten sich aber verpflichtet, „not to say a word about events or conditions in Austria".[59] Näher an der Darstellung Habes scheint ein Bericht derselben Zeitung vom folgenden Tage zu liegen, in dem über Neumanns Gespräche mit Myron Taylor und Henry Bérenger berichtet wird: Neumann habe „an informal German request to have 40,000 Austrian Germans evacuated by Aug. 1" überbracht und Schwierigkeiten gehabt, „in getting the proposal attended to". Er habe erklärt, seine Position sei „very, very difficult since I must go back with a definite number to be evacuated, not promises or investigations by commissions, committees or offices".[60]

Auch bei diesem mit einer Frist versehenen Verlangen ging es nicht um eine Lösegeld-Forderung in dem von Habe beschriebenen Sinne, sondern die Nen-

---

57 Mitteilung Bianca Welzing-Bräutigam, LAB, an den Verf., 14. April 2016; Mitteilung Laura Russo, Howard Gotlieb Archival Research Center, Boston University, an den Verf., 4. September 2018.
58 Über seine Zeit in der französischen Armee und seine Flucht berichtete Habe in: A Thousand shall fall, New York 1941; vgl. die Besprechung A study in disintegration, in: Time, 15. September 1941, LAB, E Rep. 200-45, Nr. 46.
59 Clarence B. Streit, U. S. Spurs Nations to Prompt Action at Refugee Parley, in: The New York Times, 7. Juli 1938, S. 1 und 8, hier S. 8.
60 Clarence K. Streit: Taylor Made Head of Refugee Parley, in: The New York Times, 8. Juli 1938, S. 1 und 7, hier S. 7.

nung einer konkreten Zahl und eines konkreten Datums entsprach der mit den NS-Behörden abgestimmten Strategie der österreichischen Delegation in Évian. Neumann und Storfer berichteten später, sie hätten sich in Évian auf Gespräche mit prominenten Delegationsführern konzentriert, „weil die Konferenz sich mit allen Flüchtlings- und Auswanderungsfragen der Welt, wie z. B. den spanischen, befasst hat und von den andrängenden Hunderttausenden Menschen impressioniert zu sein schien, während wir zunächst auf ein kleines Sofortprogramm bedacht waren".[61]

Was sich die Vertreter der österreichischen Juden von einem solchen „kleinen Sofortprogramm" versprachen, geht aus dem Bericht der *New York Times* vom wiederum nächsten Tag über Neumanns Gespräch mit Lord Winterton hervor. Danach habe er der Presse mitgeteilt, „that he was morally sure that if the conference could arrange for the migration of a number of Jews from Austria the Nazi authorities would let them take out some of their property".[62] Und die von Neumann genannte Zahl von 40 000 österreichischen Juden, denen von der Konferenz innerhalb kürzester Frist Einreisegenehmigungen verschafft werden sollten, hatte ihren Grund darin, dass bei der Israelitischen Kultusgemeinde Wien bis zum 20. Mai 1938 40 000 Ausreisewillige registriert worden waren.[63]

In dem Bericht des Londoner *Daily Express* vom 12. Juli 1938 heißt es lediglich, am Vortag habe die deutsche Regierung die Konferenz indirekt wissen lassen, „that they are willing to allow Jewish refugees from Germany and Austria to take out a small percentage of capital and possessions, provided the conference agrees on a plan to settle them in other countries".[64] In dem Bericht wird Heinrich Neumann, der sicher der Überbringer dieser indirekten Mitteilung war, namentlich nicht erwähnt. Drei Tage vorher aber hatte der *Daily Express* ihm bereits einen längeren Artikel gewidmet: Neumann sei nach Évian gekommen, um den

---

61 Prof. Dr. Heinrich von Neumann/Kommerzialrat Berthold Storfer, Bericht über die Evianer Konferenz, 21. Juli 1938, S. 1, Österreichisches Staatsarchiv Wien/Archiv der Republik (ÖStA/AdR), BKA, Inneres, 100.336WA/38.
62 Clarence K. Streit, Catholic Appeal to Refugee Parley, in: The New York Times, 9. Juli 1938, S. 1 und 4, hier S. 1.
63 Police d'Israel, 6eme Bureau. Bericht des Dr. Josef Löwenherz, Wien, 1960, S. 1, Archiv für Zeitgeschichte/ETH Zürich, NL Avner W. Less, Nr. 69.
64 London fixed as refugee H. Q., in: Daily Express, 12. Juli 1938, S. 2.

Delegierten der Konferenz „the urgent need of Austrian Jews for permits to enter other countries" darzulegen, und habe dem Korrespondenten des *Daily Express* erklärt: „At least 30.000 or 40.000 permits to emigrate from Austria are necessary before the end of this year, and I must return with some results."[65]

Auch Habes eigene Berichte aus Évian enthalten keinerlei Hinweise auf ein von Neumann überbrachtes Freikauf-Angebot mit anschließendem Ultimatum. Im *Prager Tagblatt* vom 12. Juli 1938 berichtete er unter der Überschrift „Prof. Neumanns Mission", Neumann und Löwenherz seien „zu Gauleiter Bürckel beschieden worden und wurden von ihm gefragt, ob sie bereit wären, nach Evian zu reisen und dort dafür zu sorgen, dass der ‚Abtransport' der österreichischen Juden schleunigst erfolge. Wie Prof. Neumann dem Präsidenten Taylor mitteilte, beziffern die Wiener amtlichen Stellen die Zahl der Juden, die Österreich innerhalb eines Jahres verlassen sollen, mit 120 000."[66] Ähnlich hieß es in *Ujság* vom 12. Juli 1938, Neumann habe „ein Mandat von den deutschen Behörden" gehabt, „alles Nötige für die jüdische Auswanderung zu versuchen, die der deutschen Regierung, entsprechend ihrer Politik wünschenswert ist", und nehme „Ergebnisse nach Wien mit, wohin er am Ende der Konferenz zurückkehrt".[67]

---

65 The Duke's specialist pleads for the Jews. Nazis watch him, in: Daily Express, 9. Juli 1938, S. 7.
66 Prof. Neumanns Mission, in: Prager Tagblatt, Nr. 161 vom 12. Juli 1938, S. 4.
67 Hans Habe jelenti Évianból: Harmincmillió dollár: Evian döntö eredménye! [Hans Habe berichtet aus Evian: Dreißig Millionen Dollar: Évians entscheidendes Ergebnis!], in: Ujság, 12. Juli 1938, S. 5 f. Für Übersetzungen aus dem Ungarischen danke ich Eszter Kálmán, Potsdam, und Katalin Kis-Rabota, Köln. In „Leben für den Journalismus" suggeriert Habe, die dortigen Berichte unter dem Titel „Ahasver in Évian" seien wörtlich seinen Berichten für *Ujság* entnommen worden. In dem Reportagenband heißt es u. a. über Neumann: „Wie schwarze Raben umflattern ihn die Gerüchte. Nicht der Herzog von Windsor, heißt es, habe ihn aus dem Kerker geholt, sondern Hitlers Reichsstatthalter in Österreich, der habe ihn mit einer Mission betraut, mit dem Angebot der Ausreise für eine halbe Million Juden, für zweihundertfünfzig Dollar ‚pro Stück'. Diese Juden wolle der Professor nun, munkelt man, den Konferenzteilnehmern ‚verkaufen'." (Hans Habe, Leben für den Journalismus, Bd. 1: Reportagen und Gespräche, München/Zürich 1976, S. 192 und 196). Tatsächlich lässt sich die zitierte Passage aber in keinem der namentlich gekennzeichneten Berichte Habes aus Évian finden und ist offensichtlich erst bei der Zusammenstellung des Reportagenbandes, also zehn Jahre nach „Die Mission", entstanden.

Wenn schon nicht in der Presse, müsste in den Berichten von Neumanns Gesprächspartnern in Évian wie dem Amerikaner Myron C. Taylor und dem Schweizer Heinrich Rothmund an ihre vorgesetzten Stellen das vermeintliche Freikauf-Angebot zumindest erwähnt worden sein: Myron C. Taylor legte dem US-Außenminister am 20. Juli 1938 einen 20-seitigen Bericht über seine Aktivitäten im Zusammenhang mit der Évian-Konferenz vor. In diesem Bericht beschrieb er zwar ein Treffen mit Otto Hirsch, dem Vorsitzenden der Reichsvertretung der Juden in Deutschland, in Paris im Vorfeld der Konferenz relativ ausführlich, erwähnte die Abordnung der österreichischen Juden in Évian aber explizit mit keinem Wort. Als indirekte Erwähnung könnte allenfalls die Bemerkung gewertet werden, er habe in Bezug auf die geplanten Verhandlungen mit Deutschland einige Belege dafür erhalten, „that there is at least a disposition in certain German quarters to cooperate in an orderly solution of this problem".[68] Da Taylor es nach Abschluss der Konferenz als seine Hauptaufgabe betrachtete, den erfolgversprechendsten Weg zu Verhandlungen mit der Reichsregierung zu erkunden, hätte er ein deutsches Freikauf-Angebot sicher nicht unerwähnt gelassen, da ein solches Angebot gewissermaßen den Auftakt zu Verhandlungen bedeutet und deren Inhalt vorherbestimmt hätte.

Im Gegensatz zu Taylor berichtet Rothmund in seinem 18-seitigen Bericht an den Chef des Eidgenössischen Justiz- und Polizeidepartements vom 22. Juli 1938 von einem Gespräch der schweizerischen Delegierten mit Neumann und Löwenherz. Diese hätten den Wunsch der Israelitischen Kultusgemeinde in Wien nach sofortiger Aufnahme einer großen Zahl von Flüchtlingen in der Schweiz übermittelt, und er habe ihnen erklärt, warum die Schweiz diesem Wunsch nicht nachkommen könne – auch hier kein Wort von einem Freikauf-Angebot oder einem Ultimatum.[69]

Wenn die vermeintliche Mission Heinrich Neumanns während der Konferenz „in eingeweihten Kreisen lebhaft diskutiert" (S. 367) worden wäre, müssten sich zumindest prominentere Konferenzteilnehmer später daran erinnert haben.

---

68 Myron C. Taylor an Secretary of State, 20. Juli 1938, S. 17, National Archives and Records Administration (NARA)/USA, RG 59, E. A-1409, B. 6, Evian Verbatim Reports.
69 Heinrich Rothmund an den Chef des Eidgenössischen Polizei- und Justizdepartementes, 22. Juli 1938, S. 17, Schweizerisches Bundesarchiv (BAR), E 4800.1, 1000867, Bd. 59.

Barbara McDonald Stewart, die Tochter James McDonalds, des ehemaligen Flüchtlingskommissars des Völkerbunds und Chefberaters der US-Delegation in Évian, hat nach Erscheinen von „The Mission" in den USA noch zwei von ihnen befragen können. George L. Warren, als Migrations-Spezialist Geschäftsführer des President's Advisory Committee on Refugees und Berater der US-Delegation in Évian, ließ die Tochter seines verstorbenen Kollegen am 19. Oktober 1966 wissen, dass er, wenn ein solches Angebot der amerikanischen Regierung gemacht worden wäre, mit Sicherheit davon erfahren und es mit James McDonald diskutiert hätte, was nicht der Fall gewesen sei.[70]

Norman Bentwich hatte nicht nur als Vertreter des Council for German Jewry an der Konferenz teilgenommen, sondern war auch intensiv in ihre Vorbereitung und die Konferenzregie eingebunden gewesen. In einem schon im September 1938 publizierten Bericht erwähnte er auch die Delegationen aus Berlin und Wien, die nicht vor der Konferenz aufgetreten seien, sondern mit den wichtigsten Delegierten gesprochen hätten, von denen „nobody could hear their tale without being moved by it".[71] Auf Barbara McDonald Stewarts Anfrage nach einem Freikauf-Angebot teilte Bentwich mit: „[I] never heard a word or whisper of such offer." Obwohl er den „Austrian Jewish Doctor of Vienna" gut gekannt und ihn in Évian mehrmals getroffen habe, habe dieser „never breathed a word of any such offer", sondern lediglich versucht, „to find countries for the immigration of Jews from Austria".[72]

Wenn nicht in den Berichten von Neumanns Ansprechpartnern und in der Erinnerung wichtiger Konferenz-Teilnehmer, so müssten sich Hinweise auf Freikauf-Angebot und Ultimatum doch sehr wahrscheinlich in den Berichten der österreichischen Delegation an ihre Auftraggeber und vielleicht auch in persönlichen Aufzeichnungen Neumanns finden lassen.

Die Delegation der österreichischen Juden legte den NS-Stellen zwei Berichte über ihre Teilnahme an der Konferenz vor, einen bereits am 19. Juli 1938 von Josef Löwenherz und Berthold Storfer verfassten „Bericht über die Reise nach Evian"

---

70 Barbara McDonald Stewart, United States Government Policy on Refugees from Nazism 1933–1940, New York/London 1982, S. 300 f.
71 Norman Bentwich, The Evian Conference and After, in: The Fortnightly, September 1938, S. 288.
72 McDonald Stewart, Policy on Refugees, S. 301.

für Eichmanns SD-Oberabschnitt in Wien sowie einen von Heinrich Neumann und Storfer zwei Tage später verfassten Bericht, der für die Gestapo Wien, das Wanderungsamt im ehemaligen Bundeskanzleramt sowie das Reichskommissariat für Privatwirtschaft bestimmt war.[73] Beide Berichte enthielten neben allgemeinen Angaben zu Ablauf und Ergebnissen der Konferenz nur sehr pauschale Informationen zu den Aktivitäten der Delegation, die weitgehend mit der Berichterstattung der internationalen Presse übereinstimmen.

Löwenherz und Storfer berichteten, in Évian habe „für die österreichische Delegation […] großes Interesse" bestanden, und hoben hervor, „dass Herr Prof. Heinrich von Neumann mit besonderer Wertschätzung und Hochachtung behandelt wurde und dass seine gemeinsam mit den 2 anderen Delegierten unternommenen Bemühungen im Interesse der Juden aus Österreich volles Verständnis gefunden haben".[74] Ihrem Bericht beigefügt war ein ebenfalls vom 19. Juli stammender separater Bericht von Löwenherz über seine Gespräche mit den jüdischen Organisationen in Évian und die Zusage des American Jewish Joint Distribution Committee, der Israelitischen Kultusgemeinde Wien noch einmal 100 000 Dollar für Auswanderungszecke zur Verfügung zu stellen.[75]

Am selben Tag berichtete Löwenherz auch bei einer Besprechung des Gemeindevorstands mit Eichmann über „die Konferenz in Evian und seine Bemühungen zur Erlangung neuer Devisen für die jüdische Auswanderung sowie die Bemühungen der Konferenz, neue Einwanderungsmöglichkeiten zu schaffen", und fügte hinzu, dass „eine Immigration in höherem Maße jedoch nur dann Erfolg habe, wenn ein Geld- und Warentransfer bewilligt werden wird", und dass „ausländische Delegierte der Konferenz […] diesbezüglich mit der Reichsregierung verhandeln" würden.[76]

---

73 Josef Löwenherz/Berthold Storfer, Bericht über die Reise nach Evian, 19. Juli 1938, RGWA, 500-1/649, Bl. 90 ff.; Prof. Dr. Heinrich von Neumann/Kommerzialrat Berthold Storfer, Bericht über die Evianer Konferenz, 21. Juli 1938, ÖStA/AdR, BKA, Inneres, 100.336WA/38.
74 Josef Löwenherz/Berthold Storfer, Bericht über die Reise nach Evian, 19. Juli 1938, S. 9, RGWA 500-1/649, Bl. 98.
75 Amtsdirektor der Israelitischen Kultusgemeinde Wien an Geheime Staatspolizei Wien, 19. Juli 1938, RGWA, 500-1-649, Bl. 88.
76 Police d'Israel, 6eme Bureau. Bericht des Dr. Josef Löwenherz, Wien, 1960, S. 1R, Archiv für Zeitgeschichte/ETH Zürich, NL Avner W. Less, Nr. 69.

Auch Neumann und Storfer versicherten, in Évian „die beste Aufmerksamkeit gefunden" und wesentlich dazu beigetragen zu haben, Paris als Sitz des aus der Konferenz hervorgegangenen Zwischenstaatlichen Komitees zu verhindern in der Annahme, „dass ein solches Domizil im deutschen Reiche nicht angenehm sein könnte". In ihren Einzelgesprächen mit den wichtigsten Staatenvertretern seien sie immer wieder darauf hingewiesen worden, „dass die Auswanderer einen Teil ihres Vermögens transferieren dürfen, um den Einwanderungsstaaten nicht zur Last zu fallen, wie ja überhaupt das ganze Problem der Auswanderung und Ansiedlung in neuen Staaten eine Geldfrage ist".[77]

Aus diesen Berichten geht also nur hervor, dass die Delegation der österreichischen Juden in Évian innerhalb des Rahmens der zu dieser Zeit gültigen NS-Politik, möglichst viele Juden zur Auswanderung zu zwingen, agiert und dabei jüdische Interessen wahrzunehmen versucht hat: Während die Staatenvertreter in Évian zu einer schnellen Aufnahme einer größeren Zahl jüdischer Flüchtlinge gedrängt wurden, wurden ihre Stellungnahmen als Argumente genutzt, um die NS-Behörden von der Notwendigkeit einer großzügigeren Regelung der Vermögensmitnahme zu überzeugen. Deswegen konnten Neumann und Storfer „mit ruhigem Gewissen" versichern, „dass wir unsere Mission nicht nur im Interesse aller auswandernden Juden, sondern auch in den Intentionen der staatlichen Behörden ausgeführt haben".[78]

Ende Juli 1938 schließlich erstellte das SD-Judenreferat einen abschließenden 15-seitigen Bericht über die „Flüchtlingskonferenz in Evian". Darin hieß es zu den Verhandlungen der Delegationen aus Berlin und Wien lapidar: „Bei den Besprechungen wurde darauf hingewiesen, dass die deutschen Behörden die Umschichtungsbemühungen und Auswanderungsbestimmungen in großem Maße zu fördern gewillt seien und dass die Auswanderung in raschem Tempo vor sich gehen müsse. Nach Angaben dieser Delegation haben die Regierungsvertreter insbesondere für die Juden aus Österreich lebhaftes Interesse gezeigt."

Für das SD-Referat hatte die Konferenz in Évian deutlich gemacht, „dass bis auf die wenigen Länder, die noch eine Judenauswanderung zulassen können,

---

77 Prof. Dr. Heinrich von Neumann/Kommerzialrat Berthold Storfer, Bericht über die Evianer Konferenz, 21. Juli 1938, S. 2 ff. ÖStA/AdR, BKA, Inneres, 100.336WA/38.
78 Ebenda.

entweder aus sozialen Beweggründen oder vom Standpunkt einer nicht offen ausgesprochenen rassischen Abneigung gegen die jüdische Einwanderung heraus ein nennenswerter Zustrom von Juden allgemein abgelehnt wird" und dass „die Zukunft der bisher betriebenen Auswanderungspolitik demnach in sehr starkem Maße von den Bestimmungen des intergouvernementalen Komitees abhängen" werde. Da die Reichsregierung diesem aber in keiner Frage Konzessionen zu machen bereit sei, müsse man annehmen, „dass die jüdische Auswanderung aus Deutschland stetig abnehmen" werde. Daraus ergebe sich die Notwendigkeit einer schleunigen Erhöhung des Auswanderungsdrucks, um „soviel Juden wie möglich unter den gegenwärtig bestehenden Bedingungen bzw. solange, als Entschließungen des neuen Komitees noch nicht vorliegen, zur Auswanderung zu bringen".[79]

Auch in dem SD-Bericht findet sich kein Wort über das angebliche Freikauf-Angebot und ein damit verbundenes Ultimatum. Zwar war das Judenreferat des SD eine nachgeordnete Instanz, deren Kompetenzen in der Judenpolitik zudem wenig später vollkommen auf die Gestapo übergingen. Der Abschlussbericht wie auch der Vorbericht zur Konferenz von Évian wurden aber an Heydrich und von diesem an Himmler weitergeleitet, ohne die die in dem angeblichen Ultimatum angedrohte Verschleppung von 40 000 österreichischen Juden in Konzentrationslager nicht zu realisieren gewesen wäre.[80] Über Heydrich gingen sie auch an den Beauftragten für den Vierjahresplan Göring, Außenminister Ribbentrop und Bormann in der NSDAP-Parteizentrale, ohne deren Wissen und Zustimmung wiederum Freikaufangebot und Ultimatum nicht denkbar gewesen wären.[81]

In ihrem Konferenz-Bericht für die NS-Behörden hatten Neumann und Storfer es für notwendig erklärt, „in Österreich eine geregelte zentrale Auswanderungsorganisation" zu schaffen, und dafür ihr „Komitee bestehend aus prominenten Juden

---

79 SD II/112: Bericht Flüchtlingskonferenz in Evian, 29. Juli 1938, S. 13 und 15, RGWA, 500-1-649, Bl. 121 ff.
80 Vgl. den Vermerk des Referates mit der Frage „Soll der Vorgang an C. geleitet werden?" und einem rotem „Ja" (RGWA, 500-1-649, Bl. 52) sowie das Anschreiben Heydrichs an Himmler zur Übersendung des Abschlussberichtes (Der Reichsführer-SS/Der Chef des Sicherheitshauptamtes an Reichsführer-SS und Chef der Deutschen Polizei, 15. August 1938, RGWA, 500-1-612, Bl. 17).
81 Vgl. die Entwürfe für Anschreiben des Reichsführer-SS/Chef des Sicherheitshauptamtes an Reichsaußenminister von Ribbentrop, Ministerpräsidenten und Feldmarschall Göring und den Stab des Stellvertreters des Führers, o. D., RGWA, 500-1-649, Bl. 67, 68 und 71.

zur Verfügung stellen" wollen.[82] Um die Anerkennung der Behörden als „zentrale Auswanderungsorganisation" zu bekommen, ließ sich das „Komitee zur Regelung der nichtarischen Auswanderung" nun aber nicht mehr von dem den NS-Stellen missliebigen Ludwig Rochlitzer vertreten, sondern von dem altgedienten Nationalsozialisten Carl Graf Chorinsky-Ledske.[83] Der Vorschlag des Komitees wurde schließlich ohne dessen Beteiligung realisiert, als am 20. August 1938 die Wiener „Zentralstelle für jüdische Auswanderung" geschaffen wurde, in der unter der faktischen Leitung Adolf Eichmanns alle mit der Auswanderung von Juden zusammenhängenden Verwaltungsvorgänge zentralisiert wurden. Ein Vermerk im Amt des Reichskommissars Bürckel besiegelte fünf Tage später das Ende des „Komitees zur Regelung der nichtarischen Auswanderung": „Die Vorschläge der Evianer Konferenz und des Grafen Chorinsky haben damit ihre sachliche Erledigung gefunden. Es ist nicht mehr erforderlich, auf die Angelegenheit weiter einzugehen."[84]

Nach dem Ende des Komitees engagierte sich Heinrich Neumann zunächst für eine Niederlassung der amerikanischen ORT Federation in Wien. Die 1880 in Russland gegründete ORT (Obshchestvo Remeslennago i Zemledelecheskago Truda Sredi Evreev v Rossi = Gesellschaft für Handel und landwirtschaftliche Arbeit für die Juden Russlands) organisierte seit 1921 weltweit die Ausbildung von Juden vor allem in handwerklichen und landwirtschaftlichen Berufen. Die Wiener

---

82 Prof. Dr. Heinrich von Neumann/Kommerzialrat Berthold Storfer, Bericht über die Evianer Konferenz, 21. Juli 1938, S. 3, ÖStA/AdR, BKA, Inneres, 100.336WA/38.
83 Pg. Carl Graf Chorinsky an Reichskommissar Gauleiter Bürckel, 27. Juli 1938, ÖStA/AdR, Znck RK, Materie 1700, 1762-3. Rochlitzer, der vielen seiner jüdischen Kollegen aus Justiz und Musik bei der Flucht aus Österreich behilflich war, wurde im Frühjahr 1941 wegen des Verdachts, „bei der Verschiebung von wertvollem Schmuck in das Ausland mitzuwirken", vorübergehend in Schutzhaft genommen (DÖW, Erkennungsdienstliche Kartei der Gestapo Wien, http://www.doew.at/php/gestapo/index.php?c=detail&l=de&id=8674 [1. 7. 2019]) und erst im Januar 1942 wieder entlassen, nachdem er gegenüber der Devisenstelle Wien eine Unterwerfungserklärung abgegeben hatte (Devisenstelle Wien: Unterwerfungsverhandlung, 15. Dezember 1941, ÖStA/AdR, 01-PK-Rochlitzer, Ludwig). Chorinsky wurden in einem schließlich eingestellten Verfahren vor dem Gaugericht Wien noch im Sommer 1943 seine Verbindungen zu Storfer und Neumann und „insbesondere die Tonart, die er gegenüber den Juden anschlug", als „völlig verfehlt und eines Nationalsozialisten unwürdig" zum Vorwurf gemacht (NSDAP-Gaugericht Wien: Urteil AV 442/41 vom 13. Juli 1943, BArch R 9361 II/141294).
84 Reichskommissar für die Wiedervereinigung Österreichs mit dem Deutschen Reich, Ref. III F: Vermerk, 25. August 1938, ÖStA/AdR, ZNsZ RK, Materie 1700, 1762-3.

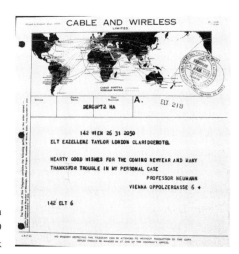

Telegramm Heinrich Neumanns an
Myron C. Taylor, 1. Januar 1939
Franklin D. Roosevelt Library, Hyde Park

Niederlassung sollte mit der Ausbildung junger Jüdinnen und Juden in solchen Berufen deren Auswanderungschancen erhöhen.[85]

Neumann selbst hatte schon während der Konferenz Offerten von Kliniken in New York und Boston erhalten, die er „from obvious reasons" ausgeschlagen hatte.[86] Aber auch die Vertreter der Regierungen Großbritanniens und der USA sowie jüdischer Organisationen in diesen Ländern hatten ihn eingeladen, sich bei persönlichen Besuchen weiter um die finanzielle Förderung der Auswanderung der österreichischen Juden zu bemühen.[87] Bei der Beschaffung eines amerikanischen Visums war ihm wahrscheinlich Myron C. Taylor behilflich, dem Neumann am 1. Januar 1939 telegrafisch Neujahrswünsche sowie „many thanks for trouble in my personal case" nach London übermittelte.[88]

85 ORT opens Vienna School: Doctor there is Organizer, Vladek announces, in: The New York Times, 24. Oktober 1938, S. 8.
86 Clarence K. Streit, Taylor Made Head of Refugee Parley, in: The New York Times, 8. Juli 1938, S. 1 und 7, hier S. 7.
87 Englisch-französisch-amerikanische Einigung in Évian. Erster praktischer Schritt: Verhandlungen mit Deutschland, in: Prager Tagblatt, Nr. 162 vom 13. Juli 1938, S. 2; Prof. Dr. Heinrich von Neumann/Kommerzialrat Berthold Storfer, Bericht über die Evianer Konferenz, 21. Juli 1938, S. 4, ÖStA/AdR, BKA, Inneres, 100.336WA/38.
88 Fernschreiben Professor Neumann an Exzellenz Taylor, 1. Januar 1939, Franklin D. Roosevelt Library, Hyde Park, N. Y., Myron C. Taylor Papers, Box 6.

Schließlich erteilte auch die Gestapo Neumann die Genehmigung, Anfang April 1939 eine Reise in die Niederlande, nach Frankreich, Großbritannien und schließlich in die USA anzutreten, „um auf Grund seiner persönlichen Beziehungen im Ausland Gelder zur Förderung der Auswanderung von Juden aus Deutschland flüssig zu machen". Neumann musste sich aber bei den jeweiligen deutschen Vertretungen an- und abmelden und auf deren Aufforderung sofort nach Deutschland zurückkehren.[89] Nach Aufenthalten in Amsterdam, Paris und London traf er am 7. Juni 1939 in New York ein.[90] Dort führte er Gespräche mit Vertretern des American Jewish Joint Distribution Committe und lebte ansonsten zurückgezogen in einem kleinen Hotel an der New Yorker Westside.[91]

Er plante, gemäß den Auflagen der Gestapo, nach sechs Monaten nach Wien zurückzukehren: „I cannot leave Austrian Jewry alone and helpless, […] therefore I intend definitely to return to Vienna."[92] Am 6. November 1939, dem Vortag seiner geplanten Rückkehr, starb er an einem Magengeschwür im Beisein seiner Frau Melitta und seines Sohnes John, während seine beiden Töchter erst zehn Tage später in New York eintrafen.[93] Nach einer Trauerfeier mit mehr als 500 Teilnehmern wurde Neumann auf dem New Mount Carmel Cemetery beigesetzt, ohne irgendwelche schriftlichen Aufzeichnungen über seine Aktivitäten während der Évian-Konferenz zu hinterlassen.[94]

In allen erhaltenen Quellen lässt sich also nicht der geringste Hinweis auf die Authentizität der angeblichen Mission Heinrich Neumanns in Évian finden. Welchem historischen Kontext hat Habe dann aber seinen zentralen Plot zum Freikauf-Angebot für die österreichischen und deutschen oder gar die europäischen

---

89 Geheime Staatspolizei an Auswärtiges Amt, 19. April 1939, PA AA, R 99367.
90 Bullitt Sails on Holiday, in: The New York Times, 8. Juni 1939, S. 14.
91 Find King's Doctor Here, in: Chicago Herald and Examiner, 7. August 1939, S. 2.
92 Neumann, Vienna Ear Specialist, Sails for Princeton Lectures; Goes Back in 6 Months, in: Jewish Telegraphic Agency, 8. Juni 1939.
93 Dr. Neumann dies, noted Ontologist. Vienna Ear Specialist Succumbs To Stomach Ailment after a Visit to Lake Placid. Ex-Kings his Patients. Was working on Jewish Refugees Problem Here – Nazis Gave Permit for Trip, in: The New York Times, 7. November 1939, S. 26; Italian Ship Brings German Refugees, in: The New York Times, 18. November 1939, S. 4.
94 Dr. von Neumann Rites. Private and Public Services are Held for Ear Authority, in: The New York Times, 9. November 1939, S. 23.

Heinrich Neumann von Héthars in New York, 1939
Library of Congress, Washington, D. C., George Grantham Bain Collection

Juden entnommen? Er selbst gibt im Nachwort zu seinem Roman einen Hinweis, wenn er schreibt, der Mission Neumanns sei in Évian, „damals, viele Jahre vor dem Menschenhandel in Ungarn, […] wenig Glauben geschenkt" worden (S. 367).

Gemeint war Eichmanns von Joel Brand den Briten in Istanbul überbrachtes Angebot vom Mai 1944, eine Million ungarischer Juden zu verschonen gegen die Lieferung von 10 000 Lastwagen für die Ostfront und diverser Lebensmittel.[95] Dieser Menschenhandel war zur Zeit der Planung und Entstehung von Habes Roman ein viel diskutiertes Thema, das im Eichmann-Prozess in Jerusalem wie auch im Frankfurter Auschwitz-Prozess angesprochen wurde. Schon 1956 war Alex Weissbergs auf Mitteilungen Brands beruhender Bericht über dessen Mission erschienen,[96] und fünf Jahre später wurde auch der zunächst in

---

95 Vgl. dazu Bauer, Freikauf von Juden, S. 231 ff.
96 Alex Weissberg, Die Geschichte von Joel Brand, Köln 1956.

Israel erschienene Bericht Rudolf Kastners „über Eichmanns Menschenhandel in Ungarn" in deutscher Übersetzung veröffentlicht.[97] Heinar Kipphardts Drama „Joel Brand. Geschichte eines Geschäfts" wurde zwar erst am 5. Oktober 1965, also nach dem Erscheinen von Habes Roman, an den Münchener Kammerspielen uraufgeführt.[98] Es war aber bereits ein knappes Jahr zuvor, als Habe gerade mit der Arbeit an seinem Manuskript begonnen hatte, im November 1964 im Fernsehen gezeigt worden.[99]

Möglicherweise inspiriert von Weissbergs 1956 publiziertem Buch und vielleicht schon im Hinblick auf seinen geplanten Roman legte Habe schon in seinen ebenfalls 1956 erschienenen Lebenserinnerungen eine erste falsche Spur, als er kurz die Konferenz in Évian erwähnte, „deren nobelste und unvergesslichste Erscheinung der Wiener Professor Dr. Heinrich von Neumann war, der größte Laryngologe der Welt, ein Jude, den die Gestapo nach Evian gesandt hatte, mit der einzigartigen Mission, die österreichischen Juden gegen Dollars zu ‚verkaufen' – eine zwiespältig-tragische Mission, der sich der greise Professor mit unglaublichem Mut entledigte, und nach deren Erfüllung er selbst in den Wiener Kerker zurückkehrte."[100]

Die nachfolgenden Veröffentlichungen und nicht zuletzt Kipphardts Drama dürften den Romancier Habe dann in dem Entschluss bestärkt haben, die Episode aus der Schlussphase des Holocaust in dessen Vorzeit zu verlegen, um den Protagonisten seines Romans mit der menschlichen Tragik Joel Brands ausstatten zu können, welcher zur Rettung von Menschenleben als Sendbote von Menschenhändlern und Mördern agieren musste. Mit der historischen Authentifizierung dieser Verschiebung durch den vermeintlichen Zeitzeugen Habe hat sein Roman sicher erheblich dazu beigetragen, dass die Évian-Konferenz lange ausschließlich aus der Perspektive des Holocaust und nicht aus der des Umgangs der Staatengemeinschaft mit Flucht und Migration gesehen wurde.

---

97 Der Kastner-Bericht über Eichmanns Menschenhandel in Ungarn, München 1961.
98 Manfred Brauneck, Die Welt als Bühne. Geschichte des europäischen Theaters, Bd. 6: Register, Stuttgart 2007, S. 198.
99 Kipphardt: In jedem Geschäft, in: Der Spiegel, 41/1965 vom 6. Oktober 1965, https://magazin.spiegel.de/EpubDelivery/spiegel/pdf/46274498 [28. 10. 2019].
100 Hans Habe, Ich stelle mich. Meine Lebensgeschichte, Wien/München/Basel 1954, S. 305 f.

Der Journalist Habe hatte im *Prager Tagblatt* nüchtern, aber durchgehend positiv über die Konferenz berichtet und Myron Taylors Meldung an Roosevelt über einen „erfolgreichen Konferenz-Abschluss" zustimmend referiert.[101] In *Ujság* hatte er der Konferenz bescheinigt, „mit großem und sichtbarem Erfolg" geendet zu haben, und gar von einer „gigantischen Manifestation der Solidarität […], deren Name Evian ist", gesprochen.[102] Noch in seinen Lebenserinnerungen bezeichnete er das Treffen in Évian als „bedeutsame und erfolgreiche Konferenz".[103] Die vom Romancier Habe konstruierte und vom Zeitzeugen Habe beglaubigte Darstellung in „Die Mission" aber führt zwangsläufig zur Anklage gegen die Teilnehmer der Konferenz, aus „Trägheit des Herzens" eine Gelegenheit ungenutzt gelassen zu haben, den Völkermord an den europäischen Juden zu verhindern. Dieses Verdikt hat Barbara McDonald Stewart schon 1982 zutreffend beurteilt: „There is much to be condemned at Evian, but it seems unfair to make the delegates seem even more heartless than they were."[104]

---

101 Öffnung Kenyas für Flüchtlinge. Mitteilung Lord Wintertons in Evian. Taylor an Roosevelt: Ich melde erfolgreichen Konferenz-Abschluss, in: Prager Tagblatt, Nr. 165 vom 16. Juli 1938, S. 1.
102 Hans Habe jelenti Évianból: Harmincmillió dollár: Evian döntö eredmenye! [Hans Habe berichtet aus Evian: Dreißig Millionen Dollar: Evians entscheidendes Ergebnis!], in: Ujság, 12. Juli 1938, S. 5 f.
103 Habe, Ich stelle mich, S. 305.
104 McDonald Stewart, United States Government Policy, S. 301.

ROLAND BANK

Die Bedeutung der Évian-Konferenz für den Flüchtlingsschutz nach dem Zweiten Weltkrieg

„The United Kingdom is not a country of immigration. It is highly industrialized, fully populated and is still faced with the problem of unemployment. For economic and social reasons, the traditional policy of granting asylum can only be applied within narrow limits." In diesem Zitat von Lord Winterton, dem britischen Delegierten auf der Konferenz, finden sich einige Aspekte, die für die Wahrnehmung der eigenen Rolle beim Schutz der bedrohten Juden zentral waren: Die Bereitschaft zum Schutz stand unter dem Vorbehalt des wirtschaftlichen Eigeninteresses und der sozialen und einwanderungspolitischen Überlegungen.

Vergleichbare Ausführungen und Begründungen, weshalb eine Aufnahme von Juden aus dem Deutschen Reich zum damaligen Zeitpunkt nicht oder jedenfalls nur in geringem Umfang möglich gewesen sei, fanden sich in den Einlassungen fast aller Staatenvertreter auf der Konferenz von Évian im Sommer 1938. Dabei wurde der grundsätzliche Schutzbedarf der Betroffenen oft gar nicht in Abrede gestellt. Die innenpolitischen Hürden für ein umfassendes, weltweites Aufnahmeprogramm für von den Nationalsozialisten verfolgte Juden wurden aber als zu hoch eingeschätzt oder definiert. Die Konferenz scheiterte mit ihrem Kernanliegen, und die betroffenen Juden waren zu ganz großen Teilen in der Folgezeit ihren Verfolgern schutzlos ausgeliefert. Mangels aufnahmebereiter Staaten hatten viele keine Chance, dem Machtbereich der Nationalsozialisten zu entkommen.

Nach dem Zweiten Weltkrieg wurde unter dem Eindruck der unter dem nationalsozialistischen Regime verübten Verbrechen sowie der Situation von Flucht und Vertreibung am Ende des Krieges die Genfer Flüchtlingskonvention erarbeitet und am 28. Juli 1951 verabschiedet.[1] Zwar sind die Erfahrungen aus

1 Abkommen über die Rechtsstellung der Flüchtlinge vom 28. Juli 1951, www.refworld.org/cgi-bin/texis/vtx/rwmain/opendocpdf.pdf?reldoc=y&docid=48ce50912 [13. 9. 2019].

Évian auf den ersten Blick nicht für direkte Parallelen zum Flüchtlingsschutz nach dem Zweiten Weltkrieg geeignet: Bei den Menschen, über deren Schutz in Évian 1938 weitgehend erfolglos verhandelt wurde, ging es nicht um Flüchtlinge im Sinne der Genfer Flüchtlingskonvention von 1951, da sich die verfolgten Menschen nicht außerhalb ihres Heimatlandes befanden. Dennoch bildete der Hintergrund der Verfolgung im Heimatland genau die Situation ab, die Anlass für den Flüchtlingsschutz ist: Wem schwere Menschenrechtsverletzungen im Heimatland drohen, und zwar aus einer bestimmten Motivation seitens des Verfolgers, hier dem rassistischen Hass auf eine Bevölkerungsgruppe, dem soll in anderen Ländern ein Leben in Sicherheit und mit bestimmten Rechten gewährleistet werden. Allerdings gilt dieses Recht auch heute erst nach dem Verlassen des Heimatlandes. Das Problem, dass es kein Recht auf *Zugang* zum Schutz in anderen Ländern gibt, besteht weiterhin fort und bildet die Achillesferse des Menschenrechtsschutzes.

Die Lehre aus der Konferenz von Évian, dass der Schutz von durch schwerste Rechtsverletzungen und gar von Völkermord bedrohten Menschen nur im Ausland möglich ist, hat also nur in einzelnen Gesichtspunkten Niederschlag im Schutzsystem der Nachkriegsordnung gefunden. Insbesondere dürfen Menschen, die von Verfolgung im Sinne der Genfer Flüchtlingskonvention bedroht sind, nicht in ihr Heimatland zurückgeschickt oder abgeschoben werden. Dieses Prinzip ist als Non-Refoulement-Gebot in der Genfer Flüchtlingskonvention ausdrücklich anerkannt, wird zudem aus verschiedenen Menschenrechtsabkommen abgeleitet und genießt mittlerweile Geltung als Völkergewohnheitsrecht. In seinen Schutz kommen allerdings nur die Menschen, denen es gelungen ist, ihr Heimatland zu verlassen oder zumindest einen Grenzposten eines Nachbarlandes zu erreichen und dort um Schutz nachzusuchen. Die Grenzen für Flüchtlinge offenzuhalten, durch Verfolgung bedrohte Menschen aus dem Verfolgerstaat zu evakuieren oder das Recht, Menschen in einer solchen Situation Einreise zu gewähren, hat dagegen keine völkerrechtliche Verankerung gefunden.

Dennoch dürften einige Aspekte, welche die Konferenz und die von den vertretenen Staaten eingenommenen Positionen geprägt haben, für die Schaffung und Ausgestaltung des Flüchtlingsschutzsystems von zentraler Bedeutung gewesen sein. In diesem Sinne kann die Konferenz als ein wichtiger Schritt in die Richtung verstanden werden, dass Flüchtlings- und Menschenrechtsschutz als internationale Aufgabe verstanden wird (1). Zudem zeigte sich auf der Konferenz, dass die Vermengung von Flüchtlingsschutz und migrationspolitischen Interessen den Flüchtlingsschutz zu lähmen vermag – die Antwort im Nachkriegssystem ist die Gewährung eines völkerrechtlich verankerten Anspruchs auf Schutz (2). Auch im Hinblick auf den Ansatz der Zwischenkriegszeit, auf entstehende Krisen von Flucht und Vertreibung jeweils ad hoc zu reagieren und auf einzelne Krisen bezogene Mechanismen zu schaffen, hat das Scheitern der Konferenz gezeigt, dass ohne einen allgemeinverbindlichen und situationsunabhängig gültigen Rahmen der Schutz unmittelbar bedrohter Menschen von tagespolitischen Erwägungen und Interessen abhängig gemacht werden kann (3). Schließlich zeigte sich, dass der mit der Konferenz geschaffene Mechanismus mangels eines institutionellen Rahmens ein schwacher Akteur für den Flüchtlingsschutz bleiben musste (4).

Flüchtlingsschutz als internationale Aufgabe

Den internationalen Charakter der Aufgabe unterstrich Myron Taylor, Repräsentant der USA auf der Konferenz von Évian, in seinem Eröffnungsstatement: „The problem is no longer one of purely private concern. It is a problem for intergovernmental action."[2] Trotz des Scheiterns in konkreten Ergebnissen, die eine Aufnahme und den Schutz von bedrohten Juden bedeutet hätten, war die Konferenz von Évian dennoch insofern für die Weiterentwicklung des Flüchtlings- und Menschenrechtsschutzes bedeutsam, als die Bedrohungssituation für eine bestimmte Bevölkerungsgruppe in einem einzelnen Land als internationale Angelegenheit angesehen wurde. Mit ihrer Teilnahme erkannten die 32 eingeladenen Staaten an, dass es sich beim Schutz der bedrohten Juden um eine solche internationale Aufgabe handelte, die nicht von einem Land allein behandelt und gelöst werden sollte oder konnte. Dies wog das Versagen bei der Übernahme von Verpflichtungen zur Aufnahme von Juden aus dem Dritten Reich in keiner Weise auf, stellte aber einen wichtigen Schritt dahin dar, eine solche Situation globaler

---

2 Myron Tayler, Representative of the USA, Opening Statement, zit. nach: Learning from History, online module: The Holocaust and Fundamental Human Rights, Doc. 5, The Opening Public Session, http://learning-from-history.de/sites/default/files/book/attach/opening-public-session.pdf [13. 9. 2019].

anzugehen und unter Umständen die Verantwortung unter mehreren Staaten aufzuteilen.

Die Wahrnehmung als internationale Aufgabe zeigt sich gerade auch daran, dass von den 32 Staaten, die an der Konferenz teilnahmen, einige zum Zeitpunkt der Ausrichtung der Konferenz von jüdischen Flüchtlingen nicht oder nur sehr selten angesteuert wurden.[3] Trotzdem entsandten auch diese von der Situation nicht unmittelbar betroffenen Staaten Delegationen an den Genfer See, und nur drei der eingeladenen Staaten sagten ab.

Évian zeigt auf drastische Art und Weise, wie man Flüchtlingsschutz durch internationale Zusammenarbeit und Teilung der Verantwortung hätte leisten können – und welche Konsequenzen es haben kann, wenn die Teilung der Verantwortung misslingt. 500 000 Personen, deren Ausreise zum Zeitpunkt der Konferenz nach amerikanischen Schätzungen noch gesichert werden musste, hätten zwar eine erhebliche Herausforderung für ein einzelnes Land dargestellt, nicht zuletzt vor dem Hintergrund einer infolge der Weltwirtschaftskrise schwierigen ökonomischen Situation in den meisten Ländern und der wachsenden weltpolitischen Instabilität. Bei 32 involvierten Staaten hätte eine Aufnahme zu gleichen Teilen jedoch bedeutet, dass bei Zugrundelegung der oben genannten Zahlen rechnerisch auf jedes Land 15 625 Personen entfallen wären. Das ist eine – vorsichtig gesagt – überschaubare Größenordnung, bei der eine Situation der wirtschaftlichen und sozialen Überforderung, wie es immer wieder auf der Konferenz vorgebracht wurde, schwerlich nachvollziehbar erscheint. Hätte man den Ansatz einer Teilung der Verantwortung ernst genommen, hätte durch die recht hohe Zahl der beratenden Staaten ein niedriger Anteil pro Land herauskommen können, und eine entsprechende Übernahme wäre für jeden Staat realistisch gewesen.

Wenngleich auch in der Nachkriegsordnung des Flüchtlingsschutzes kein Schlüssel zur Teilung der Verantwortung festgeschrieben ist, enthält die Präambel der Genfer Flüchtlingskonvention dennoch einen Passus, der anerkennt, dass internationale Solidarität bei der Lösung von Flüchtlingskrisen erforderlich sein kann. So wird im Text der Präambel festgestellt, „dass sich aus der Gewährung

---

3 Beteiligt waren neun europäische Staaten, 20 amerikanische und drei aus dem britischen Empire (Kanada, Australien und Neuseeland).

des Asylrechts nicht zumutbare schwere Belastungen für einzelne Länder ergeben können und dass eine befriedigende Lösung des Problems, dessen internationalen Umfang und Charakter die Organisation der Vereinten Nationen anerkannt hat, ohne internationale Zusammenarbeit unter diesen Umständen nicht erreicht werden kann".

Nach dem Zweiten Weltkrieg gab es mehrfach Situationen, in denen diese Passage aus der Präambel in der Praxis angewandt wurde, indem nicht unmittelbar betroffene Länder auf größere Fluchtbewegungen mit der Einwilligung zur Aufnahme geantwortet haben. So flüchteten beispielsweise nach der Niederschlagung der Demokratiebewegung in Ungarn über 190 000 Menschen zunächst nach Österreich, von denen die meisten auf westliche Länder verteilt wurden. Die USA und Kanada nahmen dabei je 35 000 Personen auf, Großbritannien 20 000, die Bundesrepublik 15 000 und 33 weitere Staaten kleinere Kontingente.[4] Auch bei der Aufnahme von Flüchtlingen nach dem Prager Frühling beteiligten sich zahlreiche westliche Staaten. Vietnamesen wurden meist aus anderen südostasiatischen Staaten als „boat people" von Ländern wie den USA (400 000), Kanada, Australien und Frankreich (je 100 000) oder Japan (11 300) aufgenommen.[5] In all diesen Fällen wurden die Entscheidungen zugunsten des solidarischen Einsatzes für den Flüchtlingsschutz sicherlich dadurch begünstigt, dass damit die betroffenen Menschen vor Verfolgung durch den kommunistischen „Feind" gerettet wurden und die Aufnahme somit als politischer Akt willkommen war. Im Fall der Aufnahme von Vietnamesen bestand nach dem Abzug der amerikanischen Truppen aus Vietnam eine besondere Verantwortung der USA, die schon durch die unmittelbare Aufnahme von zehntausenden Unterstützern direkt beim oder nach dem Abzug zum Ausdruck gekommen war. Zudem erfolgte die Aufnahmebereitschaft der betreffenden Staaten in einer Situation eines gewissen wirtschaftlichen Aufschwungs oder einer wachsenden Prosperität.

Auch wenn diese Beispiele einen beeindruckenden Kontrast zum Scheitern der Évian-Konferenz bilden, sind die Forderung an die internationale Gemeinschaft, Fluchtbewegungen als ihre Aufgabe anzuerkennen und anzunehmen, und die Lösung durch eine Verteilung auf zahlreiche Länder auch in der Nachkriegs-

---

4   Philipp Ther, Eine Frage der Vernunft, in: Die Zeit, Nr. 33 vom 9. August 2018, S. 17.
5   Ebenda.

ordnung des Flüchtlingsschutzes keineswegs selbstverständlich. Beispiele, in denen sich die solidarische Aufnahme von Flüchtlingen, die in hoher Zahl in Erstaufnahmeländern angekommen sind, im Wege von „Resettlement" – also durch die Aufnahme aus einem Erstzufluchtsland, in dem sie nicht sicher sind oder in dem die Strukturen ihren medizinischen, psychologischen oder ähnlichen Bedürfnissen nicht gerecht werden – schwierig gestaltet, gibt es viele. Selbst in der größten Flüchtlingskrise der Gegenwart mit über 5,6 Millionen Flüchtlingen aus Syrien, die hauptsächlich in den Nachbarländern aufgenommen wurden, konnten seit 2014 bis einschließlich 2018 nur gut 123 000 Menschen aus diesen Nachbarländern in anderen Ländern untergebracht werden.[6] Die Zahl von Flüchtlingen weltweit, die durch ein Resettlement in ein neues Aufnahmeland zum Zweck des Flüchtlingsschutzes Schutz gefunden haben, hat sich von 2016 auf 2017 praktisch halbiert (von 126 000 auf 65 000 Personen) und ist 2018 nochmals weiter gesunken (auf ca. 55 000 Personen).[7] Da der Hochkommissar der Vereinten Nationen für Flüchtlinge (UNHCR) den Resettlementbedarf auf 1,4 Millionen Flüchtlinge weltweit schätzt,[8] wurden im Jahr 2018 also nur ca. 3,9 Prozent der betreffenden Flüchtlinge in Ländern aufgenommen, in denen sie in angemessener Weise geschützt werden können. Die schwierigen Verhandlungen auf der Ebene der Europäischen Union im Verlauf des starken Zugangs in den Jahren 2015 und 2016 über eine Verteilung von neu auf dem Territorium von EU-Mitgliedstaaten angekommenen Flüchtlingen und Schutzsuchenden und die Weigerung einzelner EU-Mitgliedstaaten, sich an einer Teilung der Verantwortung durch Aufnahme in ihrem Land zu beteiligen, selbst nach einem rechtskräftigen Beschluss zur Verteilung von in Griechenland oder Italien angekommenen Schutzsuchenden, sprechen ebenfalls Bände.

Dennoch hat gerade vor dem Hintergrund dieser jüngsten Erfahrungen das Thema Teilung der Verantwortung wieder Konjunktur. Das ist der Kerngedanke der New Yorker Erklärung zu Flüchtlingen aus dem Dezember 2016 und des auf

6 UNHCR, Resettlement Data Finder, https://rsq.unhcr.org/en/#1Vjy [16. 9. 2019].
7 UNHCR, Resettlement Total Number of Submissions and Departures in the Last Five Years, https://www.unhcr.org/resettlement-data.html [16. 9. 2019].
8 UNHCR, Projected Global Resettlement Needs 2019, S. 10, https://www.unhcr.org/protection/resettlement/5b28a7df4/projected-global-resettlement-needs-2019.html?query=global%20resettlement%20needs%202019 [16. 9. 2019].

dieser Grundlage verabschiedeten Globalen Pakt für Flüchtlinge vom Dezember 2018, die jeweils von der UN Generalversammlung verabschiedet wurden und darauf abzielen, internationale Kooperation und Solidarität zu mobilisieren und dadurch große Fluchtbewegungen besser bewältigen zu können.

Flüchtlingsschutz und migrationspolitische Interessen

Die Konferenz von Évian ist ein Lehrbeispiel für Diskussionen, in denen der existenziell notwendige Schutz von Menschen und die Interessen an Einwanderung miteinander vermischt werden. Die Differenzierung und Hierarchisierung zwischen den grundverschiedenen Anlässen unterbleiben hierbei. Auf dieser Grundlage konnten sich die interessengesteuerten Überlegungen letztlich ungebremst durchsetzen.

So unterstrichen fast alle teilnehmenden Staaten den humanitären Handlungsbedarf, legten dann aber dar, dass sie selbst nur wenig oder nichts tun könnten. Zur Begründung wurde vorgetragen, dass die Aufnahme von bedrohten Juden aus dem Dritten Reich die Leistungsfähigkeit des eigenen Landes übersteige oder daran kein Interesse bestehe. So verwiesen etwa der französische und der britische Vertreter auf die Erschöpfung der Absorptionsfähigkeit der eigenen Gesellschaft. Frankreich wies auf die bereits vorliegenden hohen Aufnahmezahlen, auch von Flüchtlingen aus dem spanischen Bürgerkrieg, hin. Das Vereinigte Königreich unterstrich, kein Einwanderungsland zu sein, insbesondere angesichts seiner hohen Industrialisierung und Besiedlungsdichte, und suggerierte damit, eine weitere Einwanderung wäre nicht zu verkraften. Andere Länder beriefen sich darauf, in Anbetracht der herrschenden Rezession und Arbeitslosigkeit sei die Zulassung von Juden wirtschaftlich nicht darstellbar. Diese Situation werde auch dadurch verstärkt, dass die Juden nach ihrer Ausreise aus dem Reich mittellos seien. Einige lateinamerikanischen Länder hielten ein anderes Profil an Qualifikationen für erforderlich; sie benötigten Landarbeiter und Bauern, keine Intellektuellen und Geschäftsleute.

Australien wollte nach Angaben seines Vertreters vermeiden, ein „Rassenproblem" zu importieren, das bei einer Einwanderung in großem Ausmaß entstehen könnte: „As we have no real racial problem, we are not desirous of importing one by encouraging any scheme of large-scale foreign migration."[9] Unverhohlen antisemitisch äußerte sich der Vertreter der Schweiz, der keineswegs die Juden, sondern die Schweiz für schutzbedürftig hielt: „Switzerland, which has as little use for these Jews as has Germany, will herself take measures to protect Switzerland from being swamped by Jews."[10]

Die Debatte fokussierte also darauf, dass die Einwanderung von Juden den betreffenden Ländern keinen Nutzen bringe oder zumindest eine zu große gesellschaftliche oder wirtschaftliche Herausforderung darstelle. Dass diese Argumente eigentlich in einer Situation, in der die jüdische Bevölkerung bereits weitgehend entrechtet, täglichen Übergriffen, Inhaftierung und massivem rassistischem Hass ausgesetzt war, nicht tragen konnten, wurde offenbar nicht gesehen. Das Fehlen dieser argumentativen Differenzierung überrascht zunächst vor dem Hintergrund der Tatsache, dass die erst kurz zuvor verabschiedete Konvention über die Flüchtlinge aus Deutschland vom Februar 1938 genau diese Differenzierung aufgegriffen hatte. Dort wurden als „Flüchtlinge aus Deutschland" Personen definiert, die die deutsche Staatsbürgerschaft haben oder hatten, „who are proved not to enjoy in law or in fact, the protection of the German Government".[11]

Eingeschränkt wurde der Schutzbereich der Konvention dadurch, dass Personen „who leave Germany for reasons of purely personal convenience", nicht unter die Definition fallen sollten. Damit wurden Verpflichtungen für Personen, die nicht in einem Sinne entrechtet wurden, dass sie faktisch staatenlos waren, ausgeschlossen. Hier wurde eine Trennung vollzogen zwischen Personen, denen wegen einer konkreten Behandlung durch den Heimatstaat geholfen werden musste, und solchen, die Überlegungen einer interessenbasierten Einwanderungspolitik unterlagen. Diese Unterscheidung war allerdings zum damaligen Zeitpunkt noch nicht

---

9   Lt. Colonel Thomas Walter White, Australian Delegate, Statement, zit. nach: Learning from History, online module: The Holocaust and Fundamental Human Rights, Doc. 6, Positions and arguments of the other delegates, http://learning-from-history.de/online-lernen/content/13324 [13. 9. 2019].
10 Dr. Heinrich Rothmund, Swiss Delegate, Statement, zit. nach ebenda.
11 Convention Concerning the Status of Refugees Coming From Germany, League of Nations Treaty Series, Vol CXCII No. 4461, S. 59, www.refworld.orf/docid/3dd8d12a4.html [16. 9. 2019].

wirkmächtig. Die Konvention von 1938 wurde nur von sieben Staaten unterzeichnet und nur von zwei Staaten ratifiziert.

Angesichts der geringen Beteiligung an dieser Konvention erlangte sie keine praktische Relevanz. Die ihr zugrunde liegende Differenzierung ist indes für das Flüchtlingsschutzsystem nach dem Zweiten Weltkrieg fundamental. Die Kernverpflichtung des Flüchtlingsschutzes, das „Refoulement-Verbot", also das Verbot, schutzsuchende Menschen der tatsächlichen Gefahr einer schwerwiegenden Menschenrechtsverletzung aus Gründen beispielsweise der Rasse, politischen Überzeugung oder Religion auszusetzen, gilt nur für Flüchtlinge, die aufgrund dieser Gefahr die Voraussetzungen der Flüchtlingseigenschaft erfüllen. Die Formel des Refoulement-Verbots hat nach dem Zweiten Weltkrieg eine solche Wirkkraft erlangt, dass sie nicht nur in der Genfer Flüchtlingskonvention ausdrücklich verankert wurde, sondern durch die konsistente Anerkennung der Staatengemeinschaft mittlerweile als völkergewohnheitsrechtlich anerkannt gilt. Ergänzt wird dieser flüchtlingsvölkerrechtliche Schutz durch den menschenrechtlichen Refoulement-Schutz, der eine Abschiebung in eine Situation verbietet, in der Folter, unmenschliche oder erniedrigende Behandlung drohen. Auch diese Ausprägung des Verbots einer Zurückweisung oder Abschiebung hat völkergewohnheitsrechtliche Geltung.

Dieser Schutz vor konkreten Bedrohungen dürfte auch gesellschaftlich weitgehend konsensfähig sein und als staatliche Verpflichtung hohe Anerkennung genießen. Dagegen unterliegt die Frage, welche zusätzliche Migration im staatlichen Interesse liege und daher hinzunehmen oder aktiv zu fördern sei, der politischen Gestaltung aufgrund eines entsprechenden Diskurses innerhalb der Gesellschaft und durch die Organe der politischen Entscheidungsfindung. Trotz der völkerrechtlich klaren Differenzierung im Nachkriegssystem zwischen Flüchtlings- und Menschenrechtsschutz einerseits und Einwanderungspolitik andererseits sowie der Annahme, dies bilde die Grundlage für die gesellschaftliche Akzeptanz von Flüchtlingsschutz, bleibt allerdings zu konstatieren, dass in der politischen Praxis die unterschiedlichen Kategorien auch in der Gegenwart oftmals nicht sorgfältig getrennt werden.

Situationsunabhängiger und allgemeinverbindlicher Rechtsrahmen

Versuche in der Zwischenkriegsphase, eine kontextunabhängige Regelung oder Institution für Flüchtlinge zu schaffen, scheiterten. Der Ansatz – auch außerhalb der Konferenz von Évian – bestand immer darin, auf bestimmte Situationen zu reagieren. So wurden beispielsweise für russische oder armenische Flüchtlinge Schutzregime geschaffen. Die Schaffung eines allgemeinen Mandats einer Flüchtlingsorganisation des Völkerbundes oder gar eines allgemeinen Refoulement-Verbots fand keine Unterstützung durch die meisten Staaten.

Dieser ad hoc-Ansatz mag jedenfalls zu einem Scheitern von Évian beigetragen haben. Die in Évian verhandelte Situation – die Aufnahme von verfolgten Menschen direkt aus dem Verfolgerstaat – hätte auch in der Nachkriegsordnung nicht mit einer rechtlichen Schutzverpflichtung korrespondiert. Dennoch hätte die Anerkennung einer solchen Verpflichtung auch für diese Verhandlungssituation erhebliche Bedeutung gehabt. Nicht nur hätte die Anerkennung der Verpflichtung, die Betroffenen nach Verlassen des Heimatlandes als Flüchtlinge zu schützen, die Berufung auf wirtschaftliche und andere Interessen zumindest erschwert. Wichtiger als diese argumentative Verschiebung wäre mutmaßlich die rechtliche Tatsache gewesen, dass das Refoulement-Verbot bereits an der Grenze gilt. Die Nachbarstaaten des Deutschen Reichs hätten also bei Geltung der Genfer Flüchtlingskonvention schutzsuchende Juden nicht an den Grenzposten zurückweisen dürfen. Das hätte dazu geführt, dass zumindest die Nachbarstaaten zur Aufnahme verpflichtet gewesen wären, jedenfalls sofern Grenzposten vorhanden waren, denen gegenüber Schutzgesuche hätten geäußert werden können. Es bedarf keiner großen Fantasie sich vorzustellen, dass dies die Dynamik der Konferenz grundlegend geändert hätte. Statt aus eigener Wahrnehmung unbeteiligter Staaten wären einige Staaten direkt betroffen gewesen und hätten auf die anderen Staaten Druck ausüben können.

In der Konferenzsituation von Évian konnten mangels entgegenstehender Verpflichtungen alle Staaten auf ihren wirtschaftlichen oder anderen Interessenabwägungen bestehen, die zum Nachteil der Schutzsuchenden ausfielen. Ohne allgemeingültige Regelungen zum Flüchtlingsschutz konnten die teilnehmenden Staaten auch rein situationsspezifisch agieren, ohne sich über die Bedeutung für ein System des Flüchtlingsschutzes Gedanken machen zu müssen. Mangels eines

Refoulement-Verbots an der Grenze brachte es Schutzsuchenden auch praktisch nichts, sich mit einem Schutzgesuch an die Grenzbehörden eines Nachbarstaats zu wenden. Eine Einreise ohne Visum führte dann zur Abweisung.

Dies wurde im nach dem Zweiten Weltkrieg geschaffenen Flüchtlingsschutzsystem im Hinblick auf ein Refoulement-Verbot grundlegend geändert, während der Sonderfallcharakter in der Genfer Flüchtlingskonvention zunächst in einem gewissen Maß beibehalten wurde. Die Genfer Flüchtlingskonvention enthält Bestimmungen, die eine zeitliche und geografische Limitierung der mit einer Ratifizierung übernommenen Verpflichtungen der Entscheidung des beitretenden Staats ermöglichen. Somit ist vorgesehen, dass die Flüchtlingsdefinition und ihre Rechtsfolgen nur auf Personen angewendet werden, die in Europa verfolgt wurden und in ein anderes Land fliehen mussten. Auch ist es möglich, die Verfolgungshandlungen auf einen Zeitraum vor 1951 zu limitieren. Beide Bestimmungen blieben in der Praxis lange Zeit ohne weitreichende Bedeutung. Die geografische Limitierung auf Europa wurde nur von wenigen Staaten erklärt.[12] Beide Beschränkungen wurden durch das Protokoll von 1967 aufgehoben.[13] Auch das Mandat des UNHCR ist zunächst auf einen begrenzten Zeitraum von drei Jahren erteilt worden und bezog sich auf Flüchtlinge aufgrund von Ereignissen vor 1951.[14] Immer wieder wurde das Mandat des UNHCR nach jeweils drei Jahren erneuert und dabei auch von den Ereignissen vor 1951 losgelöst. Eine Entfristung des Mandats erfolgte allerdings erst im Jahr 2003 durch die UN-Generalversammlung, indem der UNHCR mit dem Einsatz für den Flüchtlingsschutz beauftragt wurde – „until the refugee problem is solved".[15]

Damit ist grundsätzlich anerkannt worden, dass eine Verpflichtung zum Flüchtlingsschutz unabhängig vom Zeitpunkt und Kontext der Verfolgungs-

---

12 Durch Kongo, Madagaskar, Monaco und die Türkei.
13 Allerdings hat die Türkei die geografische Beschränkung aufrechterhalten, was in dem derzeit quantitativ wichtigsten Aufnahmeland für Flüchtlinge weltweit erhebliche Bedeutung hat, weil praktisch keiner der sich dort aufhaltenden Flüchtlinge unter die Verpflichtungen der Türkei nach der Genfer Flüchtlingskonvention fällt. Madagaskar hat das Protokoll gar nicht erst ratifiziert.
14 UN General Assembly Resolution 428 (V) on 14 December 1950.
15 UN General Assembly Resolution 58/153 (A/RES/58/153), https://undocs.org/en/A/RES/58/153 [17. 9. 2019].

situation besteht, und zwar für den Staat, in dem sich der Flüchtling außerhalb des Heimatlandes aufhält. In Évian ging es zwar um Menschen, die den Verfolger- und Heimatstaat noch gar nicht verlassen hatten. Die im Deutschen Reich sich aufhaltenden Juden wären auch nach den Nachkriegsstandards keine Flüchtlinge gewesen. Die rechtlichen Verpflichtungen der Konvention hätten aber nicht erst nach erfolgreichem Verlassen des Landes gegriffen, vielmehr hätte der Schutz vor Abweisung bereits bei Erreichen der Grenze eines potenziellen Schutzstaates gegolten und auf dieser Grundlage dem Bedarf an internationaler Teilung der Verantwortung eine völlig andere Dynamik verleihen können.

Institutioneller Rahmen

Das Ergebnis der Évian-Konferenz war die Einsetzung eines „Intergovernmental Committee for Political Refugees" mit Sitz in London, das die Aufgabe hatte, Verhandlungen mit den beteiligten Staaten einschließlich der NS-Regierung zu führen, um die Auswanderungsprozesse zu ordnen. Vorstöße des Präsidenten des Komitees, das jüdische Vermögen auch für die Auswanderung zu nutzen (und nicht nur, wie von den Nationalsozialisten praktiziert, für die Kriegsmaschinerie des Deutschen Reichs) wurden bald nach der Konferenz von Großbritannien und Frankreich blockiert, die offenbar verhindern wollten, dass das Komitee direkt mit der Reichsregierung verhandelte. Ein institutioneller Rahmen, der das Komitee einigermaßen unabhängig von den Regierungen gemacht hätte, fehlte – das Komitee stand außerhalb des Völkerbundes und konnte sich nur auf die Schlussresolution der Évian-Konferenz stützen.

Die nach dem Krieg geschaffene Einrichtung des UNHCR ist dagegen Teil des UN-Systems. Dank der Einsetzung durch die UN-Generalversammlung, die nicht von einer einstimmigen Bestätigung aller Staaten abhängt, sowie durch die in der Genfer Flüchtlingskonvention kodifizierte Rolle als Beobachter der Umsetzung der Konvention ist die Organisation als solche in gewissem Maße unabhängig von den Staaten. Sie ist unabhängig von eventuellen staatlichen Interessen ihrem allgemein formulierten Mandat und der Flüchtlingskonvention verpflichtet. Diese Unabhängigkeit ist insofern begrenzt, als die Organisation in ihrer konkreten Tätigkeit und Präsenz stets auch auf die Zustimmung des betreffenden Staates angewiesen ist, um operativ auf dem Territorium jenes Staates tätig sein zu können. Zudem benötigt die Organisation mangels fest vorgeschriebener finanzieller Beiträge der Vertragsstaaten der Genfer Flüchtlingskonvention oder der Mitgliedstaaten der Vereinten Nationen Finanzmittel durch eine Vielzahl von Staaten, was ebenfalls gewisse Abhängigkeiten produziert. Dennoch dürfte UNHCR als neutraler humanitärer Akteur kaum so leicht auszumanövrieren sein, wie das offenbar beim Intergovernmental Committee nach der Évian-Konferenz möglich gewesen war. Zudem entstehen durch die ständige Praxis der Organisation informelle Standards und Normierungen, die gegenüber allen Vertragsstaaten der Konvention oder Mitgliedstaaten der Vereinten Nationen gleichermaßen Anwendung finden. Somit trägt auch die Etablierung von prinzipiellen Positionen, die unabhängig vom staatlichen Gegenüber stets durch die Organisation vertreten werden, dazu bei, dass diese unabhängiger von staatlicher Einflussnahme oder Erwartungen agieren kann.

Abschließende Bemerkungen

Bei aller Vorsicht im Hinblick auf direkte Schlüsse vom Scheitern der Évian-Konferenz auf die Ausgestaltung des Flüchtlingsschutzes nach dem Zweiten Weltkrieg und trotz der Situation in Évian, bei der es um die Ausreise verfolgter Menschen ging, denen die Flucht in einen anderen Staat noch nicht gelingen konnte, haben der nachfolgende Völkermord und die fehlenden Möglichkeiten, in anderen Ländern Schutz zu suchen und zu finden, die Gestaltung der Aufgaben des UNHCR und die Einigung auf die Genfer Flüchtlingskonvention veranlasst und maßgeblich geprägt. Zumindest mittelbar dürfte das Scheitern von Évian also eine Rolle gespielt haben.

Jedenfalls lässt sich festhalten, dass einige Schwächen des Rahmens, in dem die Konferenz 1938 stattfand, im Nachkriegssystem des Flüchtlingsschutzes vermieden werden konnten. Auch diese Fortschritte können nicht darüber hinwegtäuschen, dass es weiterhin maßgeblich auf die Bereitschaft und das Engagement von Staaten ankommt, den Flüchtlingsschutz und den Zugang zu diesem Schutz zu gewährleisten. Das haben in jüngster Zeit die Schwierigkeiten bei der internationalen Teilung der Verantwortung für schutzbedürftige Menschen etwa im

Zuge der hohen Zugangszahlen von Asylbewerbern in der EU in den Jahren 2015 und 2016 oder auch die Streitigkeiten um die Verteilung von aus Seenot geretteten Menschen im Sommer 2019 eindrucksvoll gezeigt.

Der frühere Hochkommissar Ruud Lubbers postulierte: „A new low point was reached in 1938, when 32 nations gathered at Évian, France, to discuss ways of resettling Jews fleeing Nazism. The Évian Conference was an abysmal failure, merely confirming the general lack of willingness of countries around the world to offer a lifeline to the Jews."[16]

Um die Wiederholung eines solchen Tiefpunkts zu vermeiden, sind auch in der Gegenwart ständige Arbeiten und Verbesserungen am internationalen System des Flüchtlingsschutzes erforderlich. In diesem Sinne bleibt zu hoffen, dass mit der Verabschiedung des Globalen Paktes für Flüchtlinge im Jahr 2018 und seiner Umsetzung weitere Schritte in dieser Richtung gelingen werden. Wenn Menschen in ihrem Heimatland durch schwere Menschenrechtsverletzungen bedroht sind, kann oft nur die Hilfe durch Aufnahme in einem anderen Staat erfolgen. Hierfür ist es zentral, Regierungen und Gesellschaften immer wieder von der Richtigkeit und Wichtigkeit des Flüchtlingsschutzes zu überzeugen. Die Konferenz von Évian und die auf deren Scheitern folgenden Ereignisse sind hierfür ein mahnendes Beispiel.

---

16 Ruud Lubbers, UNHCR, 2002, Verleihung des Freiheitspreises der Max Schmidheiny Stiftung in St. Gallen, Mai 2002.

DER FALL ROLF PETER SIEFERLE
DIE INTELLEKTUELLE RECHTE
UND IHRE STRATEGIEN

VOLKER WEISS

Rolf Peter Sieferles „Finis Germania"

Der Antaios Verlag und der Antisemitismus

I. Der Gegenstand

Ein deutscher Feuilletonskandal

Im Sommer 2017 wurde das schmale Bändchen „Finis Germania" Gegenstand einer Feuilleton-Debatte um revisionistische Geschichtsdeutung und Antisemitismus.[1] Es stammte aus der Feder des St. Gallener Historikers Rolf Peter Sieferle und war, bald nach dessen Suizid im September 2016, im Antaios Verlag erschienen. Der im sachsen-anhaltischen Schnellroda ansässige Kleinverlag unter Leitung Götz Kubitscheks steht seit seiner Gründung zur Jahrtausendwende im Zentrum eines Netzwerks der Neuen Rechten.[2] Nicht zuletzt im Rahmen der Auseinandersetzung um die Aufnahme von „Finis Germania" in eine gemeinsame Literatur-Bestenliste von *NDR* und *Süddeutscher Zeitung* wurde Antaios einer breiten Öffentlichkeit bekannt. Wie Sieferles Nachlassverwalter, der Sinologe Raimund Th. Kolb, in seinem Nachwort betont, ist „Finis Germania" als „persönliche

---

1 Rolf Peter Sieferle, Finis Germania, Schnellroda 2017. Alle Zitate aus dem Buch werden im Text als „FG" ausgewiesen.

2 Vgl. Helmut Kellershohn, Das Institut für Staatspolitik und das jungkonservative Hegemonieprojekt, in: Stephan Braun/Alexander Geisler/Martin Gerster (Hrsg.), Strategien der extremen Rechten. Hintergründe – Analysen – Antworten, 2. Aufl., Wiesbaden 2016, S. 439–467, sowie ders., Aufrüstung wider den Zeitgeist. Ein gildenschaftliches Netzwerk: Institut für Staatspolitik – Edition Antaios – Junge Freiheit, in: Martin Dietzsch u. a. (Hrsg.), Nation statt Demokratie. Sein und Design der „Jungen Freiheit", Münster 2004, S. 75–94; Volker Weiß, Die Autoritäre Revolte. Die Neue Rechte und der Untergang des Abendlandes, Stuttgart 2017.

Confessio" eines zu Lebzeiten international angesehenen Wissenschaftlers zu lesen, „die seit langem von Dekadenzerscheinungen in Politik und Gesellschaft befeuert" worden sei. (FG, S. 103) All das erhöhte die mediale Aufmerksamkeit für ein nach Einschätzung des Berliner Politologen Herfried Münkler „zutiefst von antisemitischen Vorstellungen getränkt[es]" Buch.[3]

Es waren vor allem zwei Abweichungen von den Routinen des Kulturbetriebs, durch die die Debatte bestimmt wurde: Die Listung unter den „Sachbüchern des Monats" war durch nur ein Jury-Mitglied möglich geworden. Johannes Saltzwedel, Kulturredakteur des Magazins *Der Spiegel*, hatte seine Bewertungspunkte über drei Monate ausschließlich auf Sieferles Text kumuliert, statt diese wie die anderen Juroren auf mehrere Bücher zu verteilen. Nach Bekanntwerden des Buchinhaltes kam es zu Rücktritten aus der Jury, ein Sprecher kritisierte das Manöver und betonte, „keine Instrumentalisierung dieser Liste durch gezielte Platzierung" zu akzeptieren.[4] Als Reaktion auf Saltzwedels Aktion setzten die Medienpartner die Zusammenarbeit mit dem Kritikergremium aus.[5]

Durch diese Vorgänge war der Titel in den Fokus der Öffentlichkeit gerückt, der Versandhändler Amazon listete „Finis Germania" über mehrere Wochen an der Spitze der Buchverkäufe, die Hauszeitschrift des Antaios Verlages, *Sezession*, schrieb im August 2017 von 25 000 Bestellungen.[6] Eine zweite Maßnahme hielt den Fall weiter in den Feuilletons: *Der Spiegel* entschloss sich im Juli 2017, das Buch aus der hauseigenen Bestsellerliste zu streichen. Begründet wurde dieser bislang einmalige Schritt damit, dass der Titel nur durch den Winkelzug eines Hausredakteurs bekannt geworden war. Problematisch daran war nicht nur die

---

[3] https://www.deutschlandfunkkultur.de/herfried-muenkler-zur-finis-germania-debatte-ein-miserables.1270.de.html?dram:article_id=388847 [15. 8. 2019].

[4] Erklärung von Andreas Wang für die Jury der Sachbuch-Bestenliste, Berlin dem 12. Juni 2017, hier zit. nach https://www.buchmarkt.de/meldungen/jury-der-sachbuch-bestenliste-distanziert-sich-von-nominierung-von-finis-germania/ [15. 9. 2019].

[5] NDR-Presseerklärung v. 12. Juni 2017, https://www.ndr.de/der_ndr/presse/mitteilungen/NDR-Kultur-setzt-Zusammenarbeit-mit-Jury-Sachbuecher-des-Monats-aus,pressemeldungndr18630.html?platform=hootsuite [15. 9. 2019].

[6] Günter Scholdt, Der Fall Sieferle, in: Sezession 15 (2017) 79, S. 13. Im Sieferle-Sonderheft der „Sezession" ist mit Stand August von einer Gesamtauflage von 35 000 die Rede, vgl. Benedikt Kaiser, Der Sieferle-Skandal. Ein Verlaufsprotokoll, in: „Sieferle lesen", Sezession Sonderheft, September 2017, S. 14.

Maßnahme selbst, sondern auch eine Formulierung des *Spiegel*-Chefredakteurs Klaus Brinkbäumer, lediglich die „wesentlichen Kapitel", also nicht das ganze Buch, gelesen zu haben.[7] Allerdings waren davor zwei Rezensionen des Magazins bereits zu vernichtenden Urteilen gekommen: Susanne Beyer, die den Verlauf der Affäre nachzeichnete, beschied, es gebe „keinen Zweifel: Das Werk ist rechtsradikal, antisemitisch, geschichtsrevisionistisch".[8] Sebastian Hammelehle nannte in einer vertiefenden inhaltlichen Auseinandersetzung das Buch eine „völkische Angstfantasie im Gewand einer geschichtsphilosophischen Etüde".[9]

Der Literaturwissenschaftler Rüdiger Safranski hingegen verteidigte Sieferle und klassifizierte „Finis Germania" als zeitgenössische Variante einer pessimistisch-melancholischen Einkehr, die dem romantischen Genre der „Nachtgedanken" zuzuschlagen sei. Safranski sah den „Skandal" nicht im Buch, sondern der „schlampigen Lektüre" seiner Kritiker.[10] Michael Klonovsky, Publizist und Mitarbeiter des AfD-Vorstandes, schrieb angesichts der Kritik: „Was sich hier gegen einen freien Geist wie Sieferle in Stellung bringt, ist exakt dieselbe Mentalität, die sich 1933 zu Fackelzug und Judenboykott versammelte."[11] Die hier zitierten Einschätzungen gilt es zu überprüfen, um die Tragweite des Geschehens auszuloten.

Vom deutschen „Sonderweg" und Auschwitz

In „Finis Germania" werden mehrere nachgelassene Texte Sieferles zu einem Ganzen verschmolzen.[12] Es verzichtet auf Belege, ist in der Form fragmentarisch und wirkt im Inhalt teils konfus. Das mag genrespezifisch für ein „Gemüthswerk"

---

7   Susanne Beyer, „Finis Germania" und die Spiegel-Bestsellerliste. Erklärung „in eigener Sache" vom 25. Juli 2017, https://www.spiegel.de/kultur/literatur/finis-germania-und-die-spiegel-bestsellerliste-in-eigener-sache-a-1159667.html [15. 9. 2019].
8   Der Spiegel, Nr. 25, 2017, S. 127.
9   Ebenda, S. 129.
10 Rüdiger Safranski im Gespräch mit Joachim Scholl bei Deutschlandfunk Kultur vom 25. 6. 2017, https://www.deutschlandfunkkultur.de/rolf-peter-sieferle-und-sein-finis-germania-eine.2162.de.html?dram:article_id=389507 [15. 8. 2019].
11 Michael Klonovsky, Acta diurna v. 17. Juni 2017, in: „Sieferle lesen", Sezession Sonderheft, S. 21.
12 Götz Kubitschek spricht von 30 Texten, deren Entstehungszeit in den 1990er-Jahren liege, vgl. „Sieferle lesen", Sezession Sonderheft, S. 25.

sein, dessen Urheber sich den Regeln des wissenschaftlichen Diskurses entzieht und „die zynische Zuspitzung nicht scheut". (FG, S. 101) Den aphoristischen Gedankengängen des Autors können nur jene folgen, die seine von Niedergangsängsten geprägte Zeitdiagnostik teilen. Für ein mit den Kassandrarufen des neurechten Kulturpessimismus weniger vertrautes Publikum ist die Lektüre hingegen irritierend.

„Finis Germania" verbindet Zivilisationskritik mit Überlegungen zu Genese und „Lehren" aus der Shoah und zu deutscher Identität. In seinen Variationen zur „Kollektivschuld" wirkt es wie ein weiterer Beitrag zur deutschen Gedenkkultur, für die Nicolas Berg bereits bilanziert hat, dass „die Problematik zwischen zu viel und zu wenig Erinnerung nicht auflösbar zu sein scheint".[13] Sieferle nun sieht diese insgesamt auf falschem Kurs und gibt entsprechend sein Leitmotiv vor:

„Wenn Deutschland zu den fortgeschrittensten, zivilisiertesten, kultiviertesten Ländern gehörte, so konnte ‚Auschwitz' bedeuten, daß der humane ‚Fortschritt' der Moderne jederzeit in sein Gegenteil umschlagen kann. So hätte jedenfalls eine skeptisch-pessimistische Lehre aus der Vergangenheit lauten können. Die übliche Vergangenheitsbewältigung ging jedoch ganz andere Wege. Da es sich bei ihr um eine direkte Fortschreibung der Entente-Propaganda des Ersten und Zweiten Weltkriegs handelte, mußte Deutschland ein traditionalistisch-vormoderner Sonderweg zugeschrieben werden, wodurch es sich fundamental vom ‚Westen' unterscheiden sollte. Dies hatte vor allem die Funktion, die moderne Welt von der Möglichkeit eines Holocaust zu entlasten." (FG, S. 7 f.)

Zur Rettung des Projekts der westlichen Moderne habe Deutschland „zu einem Land mit halbbarbarischen Traditionen" erklärt werden müssen, „aus denen antisemitische Ressentiments und hunnische Grausamkeit geflossen seien", während „die westliche Modernisierung" dagegen „in unbefleckbarem Gewand" erschien. (FG, S. 8) Als Fortsetzung der britischen Propaganda gegen Deutschland sei dieses Denken vom „naiven amerikanischen Ableger" Großbritanniens

---

[13] Nicolas Berg, Der Holocaust und die westdeutschen Historiker. Erforschung und Erinnerung, Göttingen 2004, S. 13.

zur „Modernisierungstheorie vulgarisiert" worden, mit der man der deutschen Geschichte strafend zu Leibe gerückt sei. (FG, S. 10)

Was genau Sieferle mit der „üblichen Vergangenheitsbewältigung" meint, bleibt im Unklaren. Er übergeht die Tatsache, dass Erforschung und Gedenken der Shoah längst selbst Gegenstände der Wissenschaft geworden sind.[14] Seine Behauptung einer Herleitung des Verbrechens aus dem deutschen Sonderweg aus der „Siegerperspektive" verkürzt die historische Ursachendebatte. (FG, S. 9 ff.) Von einer normativen Entwicklungsvorstellung, wie sie die Formulierung vom „Sonderweg" impliziert, wurde längst Abstand genommen. Heinrich August Winkler etwa, dessen „westlicher" Blickwinkel eigentlich für das von Sieferle beklagte Ressentiment prädestiniert wäre, betonte, dass von einem (preußisch-) deutschen Sonderweg lediglich im Vergleich mit der politischen Struktur anderer westeuropäischer Staaten des 19. Jahrhunderts die Rede sein könne. Einen in den Nationalsozialismus führenden Determinismus, den Sieferle der Geschichtsschreibung unterstellt, verneint Winkler: „Die Machtübertragung [an Hitler] war also kein notwendiges Ergebnis der vorangegangenen Entwicklung."[15] Auch namhafte Vertreter der angelsächsischen Geschichtswissenschaft sehen keine Zwangsläufigkeit und beharren auf Detailanalysen.[16] Das macht Sieferles Eingangsbehauptung, die Vergangenheitsbewältigung sei lediglich die „Fortschreibung der Entente-Propaganda", substanzlos.

Sieferles Sprung zum Thema Shoah übergeht, dass der ursprüngliche Gegenstand der Sonderweg-Debatte der Widerspruch zwischen ökonomischer

---

14 Für einen umfassenden Überblick vgl. ebenda; zudem Volkhard Knigge/Norbert Frei (Hrsg.), Verbrechen Erinnern. Die Auseinandersetzung mit Holocaust und Völkermord, München 2002; Dan Michman (Hrsg.), Remembering the Holocaust in Germany, 1945–2000: German Strategies and Jewish Responses, New York 2002; Peter Novick, Nach dem Holocaust. Der Umgang mit dem Massenmord. Stuttgart/München 2001.

15 Heinrich August Winkler, Der lange Weg nach Westen II: Deutsche Geschichte 1933–1990, Bonn 2004, S. 643.

16 Geoff Eley argumentiert in der Analyse des Kaiserreichs gegen eine „proto-Nazi teleology", macht aber dennoch Kontinuitäten etwa in der Entwicklung der politischen Rechten aus, die er jedoch stets unter dem Aspekt des Wandels betrachtete. Vgl. Geoff Eley, Reshaping the German Right: Radical Nationalism and Political Change after Bismarck, New Haven/London 1980. Richard J. Evans betont, dass bei den „deutschen Besonderheiten" von „Rückständigkeit" keine Rede sein konnte, ders., Das Dritte Reich. Bd. 1: Aufstieg, München 2005, S. 64.

Modernisierung und politischer Stagnation war, der die deutsche Politik im 19. Jahrhundert geprägt hatte. Zwar haben Fritz Fischer und Hans-Ulrich Wehler Kontinuitäten zwischen der wilhelminischen und der nationalsozialistischen Politik nachgewiesen, diese aber aus konkreten Strukturelementen des Deutschen Reichs hergeleitet. Hier die Reflexion zu verweigern hieße, Wehlers eindringliche Mahnung zu ignorieren, „sich den Kontinuitätsproblemen zu stellen und sie zu differenzieren, statt zum Eskapismus zu raten".[17] Kurioserweise bestätigt ausgerechnet Sieferle selbst die Existenz dieser Traditionslinien, wenn er beklagt, dass „der Sieg des Westens 1918 und dann noch einmal 1945" die „deutsche Alternative" in der Geschichte zerschlagen habe. (FG, S. 11) Allerdings will er deren „Programm" positiv gefasst wissen als eine „spezifische Kombination von Gemeinwohlorientierung und technischer Progressivität", als „preußischen oder nationalen Sozialismus" jenseits des Westens, der das Reich in eine „nichtatomistische, nichtliberale Moderne" hätte führen können. (FG, S. 45) Die Verteidigung dieses deutschen Projekts gegen den alle Differenzen nivellierenden Liberalismus ist sein zentrales Anliegen. Die hier dichotom zueinander präsentierten „Sozialmodelle" einer atomistischen Moderne und einer integrierenden nationalen Gemeinschaft zählten bereits im 19. Jahrhundert zu den Strukturmerkmalen eines „nationalen Antisemitismus".[18]

Kritik der destruktiven Moderne

Sieferles These, das Stigma des Sonderwegs sei geschaffen worden, um „die moderne Welt von der Möglichkeit eines Holocaust zu entlasten", hält keiner Überprüfung stand. Der Zusammenhang von Faschismus und Moderne wurde über Jahrzehnte durch Historiker wie Barrington Moore, Ralf Dahrendorf und Wolfgang Schieder thematisiert. Jeffrey Herf hat den Nationalsozialismus als „Reactionary Modernism" interpretiert.[19] Sieferle hingegen trägt seinen Hinweis auf

---

17 Hans-Ulrich Wehler, Das Deutsche Kaiserreich 1871–1918, Göttingen 1988, S. 238.
18 Vgl. Klaus Holz, Nationaler Antisemitismus. Wissenssoziologie einer Weltanschauung, Hamburg 2001, S. 162.
19 Jeffrey Herf, Reactionary Modernism: Technology, Culture, and Politics in Weimar and the Third Reich, Cambridge 1985.

diese Zusammenhänge nun im Gestus einer völlig neuen Erkenntnis vor. Dabei kokettiert er offensichtlich mit der philosophischen Tradition, die seine Generation geprägt hat. Immerhin war die Erkenntnis, dass Fortschritt und Moderne „in ihr Gegenteil umschlagen" können, wie es Sieferle formuliert, bereits die Quintessenz der Kritischen Theorie. Ihre Vertreter reflektierten den Zusammenhang von Auschwitz und der westlichen Industriemoderne als dialektisches Resultat der Aufklärung. Max Horkheimer und Theodor W. Adorno hatten 1944 das große Versprechen der Moderne, die kreatürlichen Zwänge zu überwinden, mit der Erkenntnis konfrontiert, „daß die Menschheit, anstatt in einen wahrhaft menschlichen Zustand einzutreten, in eine neue Art von Barbarei versinkt".[20] Die in „Finis Germania" geforderte „skeptisch-pessimistische Lehre" ist also noch von den Zeitzeugen der Shoah selbst gezogen worden.

Sieferles eigene „Lehre aus Auschwitz" hingegen ist als Rettung der deutschen Geschichte angelegt, indem er den „manifesten Zusammenbruch des Fortschrittsglaubens" konstatiert. In dieser Konsequenz sei die „Geschichte der Projekte des 18. und 19. Jahrhunderts [...] dann die eines totalen Scheiterns, das im 20. Jahrhundert offenbar wurde: Moralisch vom Weltkrieg bis zu Auschwitz, technisch-ökonomisch in der Umweltkrise des ausgehenden Jahrhunderts". In der Identifikation der „Deutschen" als faktische Täterseite sieht er lediglich eine „besondere Pointe", mit der es der Menschheit gelungen sei, sich „im Gegensatz zur Umweltkrise" aus der Affäre zu ziehen. (FG, S. 78 f.)

Dieser Gestus des Zivilisationskritikers ignoriert die vielfältigen Brüche im Fortschrittsoptimismus des 20. Jahrhunderts, die von der Kritischen Theorie bis zur Ökologiebewegung reichen. Sieferles Reduktion auf entweder „die Moderne" oder „die Deutschen" vermeidet, die Judenvernichtung einerseits abstrakt als Resultat fehlgeleiteter Moderne und andererseits konkret als ein Ergebnis fehlgeleiteter deutscher Geschichte begreifen zu müssen. Entgegen seiner Behauptung,

---

20 Max Horkheimer/Theodor W. Adorno, Dialektik der Aufklärung. Philosophische Fragmente, Frankfurt a. M. 1993 [1944], S. 1, Vgl. hierzu auch den Abschnitt „Antisemitismus und moderne Vergesellschaftung" mit dem Hinweis, die Autoren der Kritischen Theorie „bemühen sich, Antisemitismus aus der westlichen Zivilisationsgeschichte, der bürgerlichen Gesellschaft und ihrer Rationalität heraus zu erklären", in: Lars Rensmann, Kritische Theorie über den Antisemitismus. Studien zu Struktur, Erklärungspotential und Aktualität, Berlin/Hamburg 1998, S. 129 ff.

der „Westen" deute die Shoah als außerhalb der „modernen Welt", ist in den wissenschaftlichen Debatten die Zuordnung des Vernichtungsprojekts zur Moderne ebenso unstrittig wie die deutsche Urheberschaft. Schon Raul Hilberg, in dessen Grundlagenforschung die Täterseite zentral war, analysierte die Shoah Anfang der sechziger Jahre mit Rückgriff auf die Verwaltungstraditionen des Deutschen Reiches. Mit der Bürokratie als einer „Abfolge alltäglicher Erledigungen", die in diesem Fall in einen „gewaltigen Vernichtungsprozeß" mündeten, widmete er sich einem Element moderner Gesellschaften per se.[21] Anfang der neunziger Jahre, noch während Sieferle seine Thesen zu Papier brachte, gab Zygmunt Bauman erneute Impulse für eine Debatte um den Zusammenhang von Moderne und Shoah. Sein Hinweis, dass der „Holocaust [...] inmitten der modernen, rationalen Zivilgesellschaft konzipiert und durchgeführt" wurde, also „einer hochentwickelten Zivilisation und im Umfeld außergewöhnlicher Leistungen" entstammte und daher „als Problem dieser Gesellschaft, Zivilisation und Kultur betrachtet werden" müsse, fand ein weites Echo.[22] Bauman schlug vor, „die Lehren aus dem Holocaust in die vorherrschenden Theorien der Moderne und des Zivilisationsprozesses aufzunehmen", was erneut Sieferles Ausgliederungsthese widerlegt.[23] Dasselbe gilt auch für Shmuel Eisenstadts Einwurf, dass die „grundsätzliche Negation des anderen [...] sich nur in der Moderne vollständig entfaltet hat".[24] Der Zusammenhang von Shoah und Moderne war bei der Entstehung von „Finis Germania" bereits erschöpfend diskutiert worden. Eine tatsächliche Ausgliederung Deutschlands und der Shoah aus der westlichen Moderne leistete hingegen ausgerechnet der in neurechten Kreisen hochgeschätzte Historiker Ernst Nolte mit der These von der „asiatischen Tat" des Holocaust.[25]

---

21 Raul Hilberg, Die Vernichtung der europäischen Juden. Die Gesamtgeschichte des Holocaust, Berlin 1982, S. 673.
22 Zygmunt Bauman, Dialektik der Ordnung. Die Moderne und der Holocaust, Hamburg 1992, S. 10.
23 Ebenda, S. 13.
24 Shmuel Noah Eisenstadt, Antinomien der Moderne und Antisemitismus. Zur Vorgeschichte der Barbarei, in: Michael Werz (Hrsg.), Antisemitismus und Gesellschaft. Zur Diskussion um Auschwitz, Kulturindustrie und Gewalt, Frankfurt a. M. 1995, S. 63.
25 Vgl. Ernst Nolte, Vergangenheit, die nicht vergehen will, in: Frankfurter Allgemeine Zeitung vom 6. Juni 1986, S. 25.

Schuld, Verantwortung und Antisemitismus

„Finis Germania" versucht nicht das Verhältnis von Besonderem und Allgemeinem auszuloten, sondern flieht in eine Dichotomie, nach der entweder alle verantwortlich sind oder keiner. Die Frage nach konkreter Täterschaft gilt als unzulässige Personalisierung. „Geschichte", schreibt Sieferle, „erscheint so ganz archaisch als Heldenepos mit Bösewichtern, Opportunisten und Heiligen. Vorbild für diese Inszenierung ist die Personality Show des Fernsehens; strukturelles Geschehen wird in die Intimsphäre zurückübersetzt". (FG, S. 13) Dies hätte ein möglicher Ansatz zur Kritik eines kulturindustriellen Gedenkspektakels sein können, doch Sieferles Text sucht keine wissenschaftliche Auseinandersetzung, sondern setzt auf Agitation und Selbstmitleid. Für ihn ist Geschichtsbewältigung gleichbedeutend mit nationalem Substanzverlust und kultureller Entfremdung durch Fremdeinflüsse. „In dem Augenblick", heißt es, „da Deutschland wirkungsvoll verwestlicht worden war, ist das Ritual der Vergangenheitsbewältigung zu bloßem Politikkitsch geworden, zur reinen abstrakten Übung der (selbst-)gerechten Gesinnung". (FG, S. 8) Er zieht die längst formulierte Kritik an der floskelhaften Aufarbeitung weg vom Drang nach Aufklärung hin ins Schicksalhafte. Erneut Ressentiments gegen den angelsächsischen Kultureinfluss mobilisierend, schreibt er: „Es gibt tragische Völker, wie die Russen, die Juden und die Deutschen, an denen sich Paradoxien geschichtlicher Prozesse in ihrer ganzen Schärfe vollziehen. Dann gibt es untragische Völker, an denen Geschichte abperlt, wie Wasser von einem gut eingefetteten Stiefel. Zu ihnen gehören in erster Linie die Angelsachsen." (FG, S. 9 f.) Die Shoah wird bei ihm zu einem Beispiel historischer Determination und Nachweis von Seelentiefe. Vor diesem völkerpsychologisch anmutenden Befund macht Sieferle einen Zusammenhang zwischen „Verwestlichung" und „Vergangenheitsbewältigung" aus. Die oberflächliche, schicksalslose Art der Sieger könne die tiefen Antriebe nicht verstehen, die zu den Verbrechen geführt hätten. Nur wer wie die Angelsachsen selbst von den metaphysischen Kräften des Schicksals verschont sei, könne andere naiv nach Verantwortung fragen.

Ein ähnliches Abwehrmuster kommt bei der Frage des Antisemitismus zum Tragen. Inmitten der säkularisierten Welt, in der Sexualität oder Gotteslästerung keinerlei Beschränkungen mehr erführen, sei lediglich ein „Tabu" geblieben, klagt Sieferle: „der Antisemitismus". Alles dürfe man heute kritisieren, nur „Kritik an den Juden dagegen muß auf die sorgfältigste Weise in die Versicherung eingepackt werden, es handle sich dabei keineswegs um Antisemitismus. Die Gründe dafür liegen auf der Hand. Der Nationalsozialismus, genauer gesagt Auschwitz, ist der letzte große Mythos einer durch und durch rationalisierten Welt geworden". Ein „Mythos", bestimmt Sieferle weiter, „ist eine Wahrheit, die jenseits der Diskussion steht". Er brauche sich „nicht zu rechtfertigen", bereits „die Spur des Zweifels, die in der Relativierung liegt", werde als Tabubruch geahndet. „Hat man nicht gar die ‚Auschwitzlüge' als eine Art Gotteslästerung mit Strafe bedroht?" (FG, S. 63 f.)

Mit der These, nicht die Judenvernichtung selbst liege einem angeblichen Bann des Antisemitismus zugrunde, sondern ein aus ihr geschaffener „Mythos", verkürzt Sieferle erneut mehrere Aspekte. Nach seiner Sicht ist Auschwitz in ein Dogma überführt worden, das sich der Diskussion entziehe. Als Gegenstand jahrzehntelanger Deutungskontroversen erfüllt die Shoah jedoch nicht das Kriterium eines „Mythos", der nicht mehr diskutiert werden könne. Weder verliefen diese in den von Sieferle skizzierten Bahnen, noch standen sie seit Beginn der Bundesrepublik im Zentrum des Erinnerns.[26] Die Frage, ob das Shoah-Gedenken gesellschaftlich die Funktion eines Mythos übernehmen könne, wie von Sieferles Verteidigern behauptet, wird mit der These vom „Tabu" des Antisemitismus nicht gestellt.[27] Sie ist längst Teil der erinnerungspolitischen Auseinandersetzung und damit kaum ein Tabubruch. Die Assoziation seiner These mit Shoah-Leugnung vollzieht Sieferle selbst durch den Hinweis auf die Verbotslage, die allerdings mit § 130, Abs. 3 StGB nicht Erforschung, Diskussion und Relativierung, sondern öffentliche Billigung, Leugnung oder Verharmlosung sanktioniert.

Sieferles Darstellung ist an diesem Punkt demagogisch verzerrend, stellt aber die historische Realität der Shoah nicht infrage. Der Eindruck, dass der Autor selbst in diesen trüben Gewässern fischt, wird erst durch Sieferles spätere Frage bestärkt, welche „Lehre", aus den „ominösen sechs Millionen" Opfern zu ziehen sei. (FG, S. 78) Kritiker machten anhand der umgangssprachlichen Bedeutung von „ominös" im Sinne von „zweifelhaft" eine Nähe zu Leugnungspositionen

---

26 Vgl. Berg, Historiker und Holocaust; Michman, Remembering; Novick, Nach dem Holocaust.
27 Vgl. Siegfried Gerlich, Zur Genese des „Auschwitz-Mythos", in: Sezession Sonderheft „Sieferle lesen", S. 38–42.

aus, die die Opferzahlen der Shoah bestreiten. Antaios-Verlagschef Kubitschek argumentierte, der Begriff werde auch mit „von schlimmer Vorbedeutung" und „unheilvoll" übersetzt.[28] Demnach wären die Opfer als ein Omen für die destruktiven Potenziale der technischen Moderne zu interpretieren. Dieser Lesart steht allerdings entgegen, dass Sieferle selbst die Shoah bereits als Abschluss eines epochalen Scheiterns der Moderne benannt hat: als „endgültige Ernüchterung, nach dem Ersten Weltkrieg und nach dem Gulag unwiderrufbar". (FG, S. 78) Die Shoah würde zur warnenden Vorahnung eines Prozesses, den sie doch zugleich endgültig bestätigt. Sie kündigt das Scheitern der Moderne an, das sich, wie Sieferle selbst schreibt, in ihr bereits voll entfaltet hat. Diese Deutung Kubitscheks vermag nicht zu überzeugen und rechtfertigt den Verdacht, dass der Autor mit seiner Formulierung die Opferzahl bezweifeln wollte.

Relativierend sind auch Sieferles Überlegungen zur Eschatologie von Auschwitz. Das „Menschheitsverbrechen" der Juden, die Kreuzigung Christi, habe zu ihrer Stigmatisierung, aber auch zum Erlösungsgedanken des Christentums geführt. (FG, S. 67) In den Augen des Westens seien heute die Deutschen die Parias, die zur Sinnstiftung benötigt würden. So hätten sich Deutsche und Juden negativ aneinander angeglichen. Damit stellt derselbe Autor, der die angebliche Transformation des historischen Ereignisses in einen Mythos beklagte, den Kreuzigungsmythos auf eine Stufe mit einem historischen Ereignis. In der Fortführung des Gedankens greift er ganz in seiner Vorstellung einer einstmals spezifisch deutschen Sozialform auf nationale und antisemitische Stereotypen zurück: „Da die Juden aber keinen Anteil an der christlichen Ehre haben konnten, nisteten sie sich in den Nischen dieser Gesellschaft ein, als Wucherer und Händler. Auch hier eine Affinität zu den Deutschen, die von Helden zu Händlern geworden sind, von aller Welt verachtet und auf ihren Vorteil bedacht." (FG, S. 68)

Dieses von Werner Sombart inspirierte Bild steigert sich schließlich in der Beschreibung eines deutschen Sühnestolzes. Denn im Unterschied zu den Juden, die ihre Schuld am Gottesmord nie anerkannt hätten, seien die Deutschen heute beflissen, vor aller Welt die ihre einzugestehen. Jetzt erfüllten beide die gleiche Funktion auf Erden: „Die Welt braucht offenbar Juden oder Deutsche, um sich

---

28 Götz Kubitschek, Panikreaktionen. Sezession online v. 12. Juni 2017, https://sezession.de/57290/panikreaktionen---sieferle-auf-platz-1 [17. 9. 2019].

ihrer moralischen Qualitäten sicher zu sein." (FG, S. 68) Beide hätten sich nun auf ihre Weise mit der Situation arrangiert: „Die Menschen, welche in Deutschland leben, haben sich ebenso daran gewöhnt, mit dem Antigermanismus fertig zu werden, wie die Juden lernen mußten, mit dem Antisemitismus zurechtzukommen." (FG, S. 77) Unterstrichen wird diese Figur durch eine Kapitelüberschrift zum angeblichen Antisemitismus-Tabu, die mit der Formel „Der ewige Nazi" das bekannte Motiv vom „ewigen Juden" spiegelt. (FG, S. 63) Sieferle spannt den Bogen seiner Abwehrerzählung gegen die „übliche Vergangenheitsbewältigung" von der „Entente-Propaganda des Ersten und Zweiten Weltkriegs" über das Raunen von den „ominösen sechs Millionen" bis hin zur Gleichsetzung von Deutschen und Juden. Offensichtlich will er die Shoah ihrer spezifischen Wahrnehmung als singuläres Verbrechen entreißen, in der er nur das Produkt einer „Neuen Staatsreligion" sehen kann: „Du sollst keinen Holocaust neben mir haben." (FG, S. 69 f.) Seine eigene Konsequenz aus der Vergangenheit ist dagegen denkbar trivial und macht jedes Gedenken überflüssig: „Worin kann die Lehre aus Auschwitz eigentlich bestehen? Daß der Mensch, wenn er die Gelegenheit dazu findet, zum Äußersten fähig ist? Wer dazu Auschwitz benötigt, möge dies daraus lernen." (FG, S. 78)

Klaus Holz beschreibt solche Deuteleien am Status der jüdischen Opfer als ein wesentliches Merkmal des „Antisemitismus nach der Shoah". Durch ihre Erfahrung könne „kaum etwas eindeutiger sein, als daß die Juden die Opfer sind. Will man den Antisemitismus fortsetzen, müssen die Juden aus dieser Position verdrängt werden".[29] Sieferle vollzieht diese Bewegung vor allem dadurch, dass er den Juden die Deutschen als Opfer zur Seite stellt: Zunächst habe man sie in zwei Weltkriegen ihrer Geschichte und Identität beraubt und sie im Anschluss im Ansehen der Welt auf einen Paria-Statuts reduziert, der dem traditionellen der Juden gleiche: „Damit ist das Volk der Nazis zum negativ auserwählten Volk geworden." (FG, S. 71) In den von ihm aufgerufenen Motiven des Gottesmordes der Juden, ihrem unheroischen Dasein als „Wucherer und Händler" sowie der verweigerten Einsicht in die eigene Schuld vermischen sich Sozialmodelle und Stereotypen des klassischen und modernen Judenhasses. Sieferles Umgang mit der Vergangenheit entspricht dem von Gideon Botsch beschriebenem Muster extrem rechter

---

29 Klaus Holz, Die Gegenwart des Antisemitismus. Islamistische, demokratische und antizionistische Judenfeindschaft, Hamburg 2005, S. 60.

Geschichtsaneignung, „die an historischen Entwicklungen, Fakten und Überlieferungen nur instrumentell interessiert ist". Stattdessen arbeitet diese collagenartig mit „Spekulationen, Mutmaßungen, widerlegten Thesen und teilweise auch mit Phantasien", um eine „historisch-fiktionale Gegenerzählung" zu installieren.[30] In diesem Sinne will Sieferle mit seinen Angriffen auf den „Mythos" der Shoah und die damit verbundenen Gedenkformen Raum schaffen für eine neue Deutung der Geschichte als eine deutsche Opferpassion.

II. Die Referenzrahmen

Antigermanismus

Einen wichtigen Schlüssel zur Bewertung von „Finis Germania" bilden die historischen Verweise im Text. Schon der von Sieferle bemühte „Antigermanismus" zählt fest zum Agitationsrepertoire der äußersten deutschen Rechten. Bereits der rechtskonservative Publizist Caspar von Schrenck-Notzing argumentierte ähnlich wie Sieferle und wies auf einen angeblich dem Antigermanismus „vergleichbare[n] Antisemitismus" hin: „Wenn Deutschland der Träger einer Abirrung vom Hauptstrom der Weltzivilisation ist, dann muß es weltanschauungslogisch auch eine solche Weltzivilisation geben. Der Antigermanismus, der da glaubt, daß der deutsche Charakter negative Besonderheiten besitzt, die ihn zum dauernden Brutbett von Verschwörungen gegen die Zivilisation machen, bedingt weltanschauungslogisch den Panhumanismus, der eine Formel für die ideologische und organisatorische Zusammenfassung aller Völker in einer Weltgesellschaft oder einem Weltstaat anbietet."[31] Der gleichen Denkschule entstammt Karlheinz Weißmann, der ebenfalls mit dem Konstrukt „Antigermanismus" operiert.[32] Insgesamt verschwimmen

---

30 Gideon Botsch, Die historisch-fiktionale Gegenerzählung des radikalen Nationalismus. Über den rechtsextremen Zugriff auf die deutsche Geschichte, in: Jahrbuch für Politik und Geschichte 2 (2011), S. 28.
31 Caspar von Schrenck-Notzing, Charakterwäsche. Die Politik der amerikanischen Umerziehung in Deutschland, München 1981, S. 61.
32 Vgl. Karlheinz Weißmann, Rückruf in die Geschichte. Die deutsche Herausforderung. Alte Gefahren, neue Chancen, Frankfurt a. M. 1992, S. 162 ff.

die ohnehin dünnen Grenzlinien innerhalb der Rechten in der Annahme eines dem Antisemitismus vergleichbaren Antigermanismus, wie Zitate aus dem neonazistischen Milieus belegen: „So wie die Leistungskraft und Zuverlässigkeit der Deutschen einen weltweiten Antigermanismus begründet hat, so hat der jüdische Anspruch, als auserwähltes Volk der Mittelpunkt der Welt zu sein, den Antisemitismus hervorgebracht."[33] Der NPD-Abgeordnete Jürgen Gansel sprach 2005 im Sächsischen Landtag mit Blick auf den alliierten Luftkrieg von einem „Bomben-Holocaust" und sah dessen Ursachen in einem „eliminatorischen Antigermanismus", einer Adaption des Begriffs vom „eliminatorischen Antisemitismus".[34]

Die Konstruktion eines „Antigermanismus" ist nicht neu, sie diente bereits im 19. Jahrhundert als Rechtfertigung des Antisemitismus. Der Gründer der Antisemitenliga Wilhelm Marr stellte 1879 in der Schrift „Der Sieg des Judenthums über das Germanenthum" den Antisemitismus als Antwort auf jüdische Aggressionen dar. Er setzte sich darin von den traditionellen, religiös motivierten Angriffen gegen das Judentum ab und suchte nach einer zeitgemäßen Argumentation. Seine These war, dass sich das Judentum in einem grundsätzlichen Kriegszustand mit anderen Völkern befinde. Für Deutschland wähnte er den Kampf bereits verloren und konstatierte eine Notwehrlage: „Nicht von einer ‚Judenhatze' kann mehr die Rede sein, wo die ‚Germanenhatze' heult, so bald nur ein nichtjüdisches Element sich hervorwagt."[35] Mit Marr teilt Sieferle nicht nur den Kulturpessimismus, sondern auch eine Formel, die er leicht verfremdet ins 21. Jahrhundert transferierte. Marrs Pamphlet schloss mit dem Satz: „Finden wir uns in das Unvermeidliche,

---

33 A. E. Stremme, „Das andere Salz der Erde." Antisemitismus und Zionismus. Eine politisch-historische Studie, Gilching 2014, S. 305. Ähnlich argumentieren Gustav Sichelschmidt, Der ewige Deutschenhass. Hintermänner und Nutznießer des Antigermanismus, Kiel 1992, sowie Gerd Sudholt (Hrsg.), Antigermanismus. Eine Streitschrift zu Dachau und zum „Auschwitz-Gesetz", Berg am Starnberger See 1986.
34 Zit. nach Michael Sturm, Schicksal, Heldentum, Opfergang. Der Gebrauch von Geschichte durch die extreme Rechte, in: Martin Langebach/ders., Erinnerungsorte der extremen Rechten, Wiesbaden 2015, S. 49.
35 Wilhelm Marr, Der Sieg des Judenthums über das Germanenthum vom nicht confessionellen Standpunkt aus betrachtet, Bern 1879, S. 32. Vgl. zu Marr auch Werner Bergmann, Ein „weltgeschichtliches ‚Fatum'". Wilhelm Marrs antisemitisches Geschichtsbild in seiner Schrift: „Der Sieg des Judentums über das Germanenthum", in: ders./Ulrich Sieg (Hrsg.), Antisemitische Geschichtsbilder, Essen 2009, S. 61–82; Moshe Zimmermann, Wilhelm Marr, The Patriarch of Antisemitism, Oxford u. a. 1986.

wenn wir es nicht ändern können. Es heißt: ‚Finis Germaniae'."[36] Sieferle wie Marr scheinen sich larmoyant dem Unvermeidlichen zu ergeben, ermächtigen sich dabei aber zugleich, mit Konventionen zu brechen, was zu schreiben noch schicklich sei. In beiden Fällen war das Ergebnis ein inszenierter Tabubruch.[37]

Ernst Jünger, Werner Best und der „Heroische Realismus"

Die Überschrift „Ernst Jünger als Erzieher" des IV. Teils von „Finis Germania" ist zunächst eine weitere Anleihe an das Geistesleben des 19. Jahrhunderts. Sie verweist auf den Bestseller „Rembrandt als Erzieher" (1890) von Julius Langbehn, einem Autor, mit dem Sieferle die pessimistische Zivilisationskritik und mangelnde Systematik teilt.[38] Vor allem aber schlägt die Nennung Jüngers eine Brücke zur Publizistik des deutschen Radikalnationalismus der Zwischenkriegszeit, dem von Armin Mohler kanonisierten historischen Bezugspunkt der Neuen Rechten.[39] Auf denselben Zeitraum spielt auch eine Passage aus dem Nachwort von „Finis Germania" an, in dem Raimund Th. Kolb die Deutungsrichtung vorgibt. Demnach sei der Historiker anders als Ernst Jünger nicht für den „Waldgang" bestimmt gewesen, sondern „wollte als ‚heroischer Realist' (W. Best) allzeit ‚seismographischer Beobachter' sein und auch noch als herabstürzender Ikarus die Augen offenhalten". (FG, S. 10)

Der Hinweis auf den „heroischen Realismus" als Haltungsideal mitsamt seinem Schöpfer Werner Best ist bemerkenswert. Immerhin handelte es sich bei diesem um einen „führenden Ideologen der Gestapo und in weiterem Sinne auch

---

36 Marr, Sieg des Judenthums, S. 48.
37 Götz Kubitschek berichtet, die Verfremdung des korrekten „Finis Germaniae" (Das Ende Deutschlands) zum titelgebenden Finis Germania („Du endest, Deutschland!" bzw. „Dein Ende, Deutschland!") sei der ausdrückliche Wunsch des Autors gewesen („Sieferle lesen", S. 22.). Ein kalkulierter Nebeneffekt der Titelwahl dürfte zudem die Assoziation mit Thilo Sarrazins „Deutschland schafft sich ab" gewesen sein.
38 Rembrandt der Erzieher. Von einem Deutschen [d. i. Julius Langbehn], Leipzig 1890. Vgl. Johannes Heinßen, Kulturkritik zwischen Historismus und Moderne: Julius Langbehns „Rembrandt als Erzieher", in: Bergmann/Sieg (Hrsg.), Antisemitische Geschichtsbilder, S. 121–137.
39 Vgl. Volker Weiß, Die „Konservative Revolution", geistiger Erinnerungsort der „Neuen Rechten", in: Martin Langebach/Michael Sturm (Hrsg.), Erinnerungsorte der extremen Rechten, Wiesbaden 2015, S. 101–120.

der SS", wie Ulrich Herbert hervorhebt.[40] Als wissenschaftliche Referenz ist Best deplatziert, die Forschung zu seiner Biografie steht gerade für einen umfassenden Deutungsansatz „jenseits von Intentionalismus und Strukturalismus", der „den Blick auf die vormals immer als widersprüchlich wahrgenommenen Bereiche von Weltanschauung und Bürokratie, ideologischem Radikalismus und pragmatischem Verwaltungshandeln lenkte".[41] Keine der Vorhaltungen, die Sieferle der jüngeren Geschichtswissenschaft macht, trifft auf diese zu. Doch geht es in „Finis Germania" ohnehin zu keinem Zeitpunkt um eine akademische Auseinandersetzung, Best passt dafür hervorragend in den weltanschaulichen Rahmen. Der Jurist pflegte engen Austausch mit historischen Idolen der heutigen Neuen Rechten wie Edgar Julius Jung und Ernst Jünger, nach 1933 zählte er als höherer SS-Dienstgrad bald zum engsten Kreis um Heinrich Himmler. Herbert beschreibt das Weltbild Bests als „radikal nationalistisch, antiliberal" und „antisemitisch".[42] Durch seine Herkunft aus völkisch-akademischen Verbänden war er einem elitären Habitus verhaftet, der nicht nur die SS prägen sollte, sondern auch in der heutigen Neuen Rechten als stilbildend gilt. Seine Überlegungen zum „heroischen Rationalismus" entstammen dem Essay „Der Krieg und das Recht" in dem Sammelband „Krieg und Krieger", der 1930 von Ernst Jünger herausgegeben wurde.[43] Bests Heroischer Realismus harmoniert als „Bejahung des Kampfes auf verlorenem Posten für eine verlorene Sache" mit Kolbs Bild von Sieferle als fallendem Ikarus.[44]

Auch die Angriffe Sieferles auf den westlichen Liberalismus entsprechen diesem Denken, das sich als „Antinomie zu den Ideen von Liberalismus und Individualismus" präsentierte.[45] Best parierte unter dem Einfluss von Autoren wie Edgar

---

40 Ulrich Herbert, Best. Biographische Studien über Radikalismus, Weltanschauung und Vernunft, 1903–1989, Bonn 1996, S. 11.
41 Berg, Holocaust und westdeutsche Historiker, S. 649.
42 Herbert, Best, S. 90.
43 Werner Best, Der Krieg und das Recht, in: Ernst Jünger (Hrsg.), Krieg und Krieger, Berlin 1930, S. 135–161. Armin Mohler erklärte Jüngers Schrift „Der Arbeiter" zur „Bibel des ‚heroischen Realismus'". Armin Mohler, Die konservative Revolution in Deutschland 1918–1933. Ein Handbuch, Graz/Stuttgart 1999, S. 125 f.
44 Best, Krieg und Recht, S. 152.
45 Herbert, Best, S. 92. Sieferles Bild ist zudem an ein Motiv Spenglers angelehnt: „Und wir Menschen des 20. Jahrhunderts steigen sehend hinab." Oswald Spengler, Der Mensch und die Technik, Beitrag zu einer Philosophie des Lebens, München 1931, S. 12.

Julius Jung, Carl Schmitt und Wilhelm Stapel ein damals angestrebtes universales Völkerrecht mit der Forderung nach einem völkisch-partikularistischen Recht.[46] Ganz in diesem Sinne wird auch Sieferles Text als Zeichen gegen das „infantil-utopische Finalkonstrukt einer ‚weltbürgerlichen Kollektivität'" gelesen. (FG, S. 102) Der Verweis auf Best zeigt, wie sehr die Neue Rechte vom Weimarer Nationalismus geprägt ist. In dieser Zeit wurde auch der Antisemitismus des 19. Jahrhunderts weiterentwickelt. So findet sich die Verschränkung von Antigermanismus und Antisemitismus bei Bests Stichwortgeber Wilhelm Stapel, der sie 1928 zur Begründung seines kulturell motivierten Antisemitismus neu ausformuliert hatte.[47]

Angesichts der deutlichen Verortung in dieser Tradition irritiert Sieferles Vorwurf, Deutschland sei propagandistisch aus dem „Westen" verstoßen worden, umso mehr. Schließlich war es seit dem 19. Jahrhundert vor allem die konservative Kulturkritik, die im Sinne von Autoren wie Richard Wagner und Julius Langbehn selbst auf einer Distanz Deutschlands zum „Westen" beharrte.[48] Die darauf fußende „Konservative Revolution" verstand sich in den Augen ihrer führenden Vertreter als Antithese zur Aufklärung sowie den Idealen der Französischen Revolution und den „westlichen" Konzepten des Materialismus, Liberalismus und der Republik.[49] Der Verweis auf Jünger, Best und den „Heroischen Realismus" ruft diese Tradition mitsamt dem darin enthaltenen Antisemitismus auf. Ernst Jünger hatte sich im Rahmen seiner nationalrevolutionären Phase während der Weimarer Republik strikt gegen die jüdische Assimilation positioniert. Eine deutsch-jüdische Symbiose schloss er aus und entwarf 1930 in seinem Artikel

---

46 Vgl. ebenda, S. 88 ff.
47 Wilhelm Stapel, Antisemitismus und Antigermanismus. Über das seelische Problem der Symbiose des deutschen und des jüdischen Volkes, Hamburg u. a. 1928. Darin (S. 78) findet sich eine Passage, die Sieferles Lamento über die Tabuisierung des Antisemitismus noch aus der Perspektive vor der Shoah antizipiert: „Man darf Antikapitalist, Antichrist, Antibolschewik, man darf ein Gegner angelsächsischen oder französischen Wesens sein, aber Antisemit? Shocking!" Von der Verbreitung des Begriffspaares zeugt auch ein antisemitischer Text des ebenfalls im Jungkonservatismus angesiedelten Paul Fechter: Antisemitismus oder Antigermanismus, in: Burschenschaftliche Rundschau 42 (1928) 7, S. 102.
48 Vgl. Thomas Rohrkämper, „The West" in German Cultural Criticism During the Long Nineteenth Century, in: Riccardo Bavaj/Martina Steber (Hrsg.), Germany and „The West". The History of a Modern Concept, New York/Oxford 2015, S. 201–215.
49 Vgl. Stefan Breuer, Anatomie der Konservativen Revolution, Darmstadt 1995, S. 49 ff.

„Über Nationalismus und Judenfrage" das Bild einer durch deutsche Identitätsfindung forcierten Trennung: „Im gleichen Maß jedoch, in dem der deutsche Wille an Schärfe und Gestalt gewinnt, wird für den Juden auch der leiseste Wahn, in Deutschland Deutscher sein zu können, unvollziehbarer werden, und er wird sich vor seiner letzten Alternative sehen, die lautet: in Deutschland entweder Jude zu sein oder nicht zu sein."[50] Ein ähnlich identitäres Muster bediente Wilhelm Stapels Kampf gegen die „Durchsetzung und Zersetzung des deutschen Volkstums durch jüdisches Volkstum".[51] Insgesamt war das Weltbild des Neuen Nationalismus im Vergleich zu den Nationalsozialisten zwar weniger auf die „Judenfrage" zentriert, setzte jedoch grundlegende völkische Differenzen als unstrittig voraus. Auch die „Konservativen Revolutionäre" sahen Geschichte als Feld der Konfrontation spezifischer Wesensarten und folgerten daraus, dass im „Antisemitismus irgendeine Wahrheit, irgendein Recht stecken" müsse.[52]

Die Neue Rechte und die Shoah

Neben diesen historischen Bezügen ist schließlich ein Blick auf bereits vorhandene Diskursmuster zum Thema Vergangenheitsbewältigung, Judentum und Antisemitismus im publizistischen Umfeld von „Finis Germania" nötig. Die Nähe zu einer neurechten Deutungstradition unterstreicht Sieferle selbst. Als Überschrift für Kapitel III wählt er das Kürzel „VB" für „Vergangenheitsbewältigung". (FG, S. 63) Es wurde bereits vor Jahrzehnten durch den Privatsekretär Ernst Jüngers, Armin Mohler, eingeführt. Seine Schriften können als Blaupause zu „Finis Germania" gelten, denn wie Sieferle kam schon Mohler zu dem Schluss, „daß die VB den gleichen Weg beschritten" habe wie das von ihr bekämpfte Ressentiment: „Sie wendet sich nun gegen ein bestimmtes Volk, und zwar ausdrücklich bis in die kommenden Generationen hinein. Die Deutschen sollen zu den neuen Juden gemacht werden."[53]

---

50 Ernst Jünger, Über Nationalismus und Judenfrage, in: ders., Politische Publizistik. 1919–1933, herausgegeben und kommentiert von Sven Olaf Berggötz, Stuttgart 2001, S. 592.
51 Stapel, Antisemitismus und Antigermanismus, S. 19.
52 Ebenda, S. 68.
53 Armin Mohler, Im Dickicht der Vergangenheitsbewältigung, in: Bernhard Willms (Hrsg.), Handbuch zur deutschen Nation, Bd. 2: Nationale Verantwortung und liberale Gesellschaft, Tübingen 1987, S. 107.

Mohler wurde zum Gründervater der Neuen Rechten.[54] Er hatte den Kampf gegen die Aufarbeitung deutscher Verbrechen zu seinem Lebensthema gemacht und damit eine Linie vorgegeben. Schon für die Wochenzeitung *Junge Freiheit*, aus der sich der Kreis von Antaios und der *Sezession* entwickelt hat, war „die permanente Agitation gegen eine kritische Auseinandersetzung mit der NS-Geschichte und dem Holocaust" typisch.[55] Das historische Ereignis Shoah selbst ist in der neurechten Publizistik hingegen ein blinder Fleck. Das „Staatspolitische Handbuch" des Antaios Verlags bietet zum Begriff „Holocaust" lediglich einen Eintrag zur gleichnamigen Fernsehserie, die wie auch „Schindlers Liste" als Ausdruck von Hollywoods „ritualisierter Schuldkomplexe und politischer Instrumentalisierungen" gilt.[56] Selbstkritische Reflexion wird als „Schuldkult" abgelehnt, der im Verdacht steht, die deutsche Identität zerstört und Deutschland in eine „Schuldkolonie" verwandelt zu haben.[57] Eine Denkfigur, die mit dem thüringischen AfD-Chef Björn Höcke auch ein Weggefährte Kubitscheks bediente, als er vom „Gemütszustand" eines „total besiegten Volkes" sprach und eine „erinnerungspolitische Wende um 180 Grad" forderte.[58]

---

54 Vgl. Weiß, Revolte, S. 39 ff.
55 Britta Schellenberg, Junge Freiheit, in: Wolfgang Benz (Hrsg.), Handbuch des Antisemitismus, Bd. 6, Berlin u. a. 2013, S. 389.
56 Erik Lehnert (Hrsg.), Staatspolitisches Handbuch, Bd. 5: Deutsche Daten, Schnellroda 2017, S. 193. Auschwitz findet sich einzig im ausgiebigen Beitrag zum „Berner Fußballfeld" der WM 1954 als Gegensymbol genannt, Bd. 4, „Deutsche Orte" (2014), S. 39. Vgl. zur Kritik an der Aufarbeitung den Eintrag „Geschichtspolitik" in Bd. 1: Leitbegriffe, Schnellroda 2009, S. 67–69.
57 Vgl. das Gespräch zwischen Kubitschek und dem *Junge-Freiheit*-Autor Thorsten Hinz über „Literatur aus der Schuldkolonie Deutschland", in: Sezession 8 (2010) 37, S. 8–10, bzw. das Buch gleichen Titels von Hinz bei Antaios (2010).
58 Rede Höckes in Dresden am 17. Januar 2017, zit. nach der Volltextdokumentation: https://www.tagesspiegel.de/politik/hoecke-rede-im-wortlaut-gemuetszustand-eines-total-besiegten-volkes/19273518-all.html [23. 9. 2019]. Vgl. zur vergangenheitspolitischen Position der AfD Samuel Salzborn, Von der offenen zur geschlossenen Gesellschaft. Die AfD und die Renaissance des deutschen Opfermythos im rechten Diskurs, in: Stephan Grigat (Hrsg.), AfD & FPÖ. Antisemitismus, völkischer Nationalismus und Geschlechterbilder, Baden-Baden 2017, S. 29–40, und Marc Grimm/Bodo Kahmann, AfD und Judenbild, eine Partei im Spannungsfeld von Antisemitismus, Schuldabwehr und instrumenteller Israelsolidarität, in: ebenda, S. 41–59.

Während das historische Ereignis Shoah in der neurechten Publizistik kaum Beachtung findet, gilt das Recht auf Auschwitz-Leugnung als Nagelprobe für die nationale Souveränität. So machte sich bereits Armin Mohler für den Shoah-Leugner Fred Leuchter stark. Eine entsprechende Kolumne Mohlers führte 1992 gar zum Bruch mit der *Jungen Freiheit*.[59] Deren Chefredaktion fand es unklug, die Debatte um „historische Schuld und Singularität" überhaupt aufzugreifen, da die Rechte dabei nur verlieren könne.[60] Der von Verlagschef Kubitschek verehrte Publizist Hans-Dietrich Sander bot in seiner Zeitschrift *Staatsbriefe* dem Holocaustleugner Germar Rudolf ein Forum.[61] Aufgrund von Texten in den *Staatsbriefen*, die u. a. unter dem Pseudonym „Ole Caust" erschienen, wurde Sander 1998 wegen Volksverhetzung verurteilt.[62] Sein Anwalt war der ehemalige Vorsitzende des NPD-Studentenverbandes NHB und heutige *Sezessions*-Autor Thor von Waldstein.[63]

Im allgemeinen Aufschwung der Szene sind die Positionen in den letzten Jahren wieder offensiver geworden. Kubitschek hat 2013 die Essays von Mohler mit einem apologetischen Kommentar neu aufgelegt. Dabei ist man sich der schwierigen Beschaffenheit des Terrains bewusst. Noch 2016 stellte der Verlagschef im

---

59 Armin Mohler, Souveränität über die Geschichte. „Forces morales" und die Fragen der Revisionen, in: ders., Notizen aus dem Interregnum, Schnellroda 2013, S. 60 f.
60 Götz Kubitschek, Streit im Interregnum, in: Mohler, Interregnum, S. 78.
61 Vgl. Rainer Erb, Staatsbriefe, in: Benz, Handbuch Antisemitismus, Bd. 6, S. 664–668.
62 Vgl. Michael Puttkamer, „Jedes Abo eine konservative Revolution." Strategien und Leitlinien der ‚Jungen Freiheit', in: Wolfgang Gessenharter/Thomas Pfeiffer (Hrsg.), Die Neue Rechte – eine Gefahr für die Demokratie? Wiesbaden 2004, S. 218 f. Als Beispiel der Würdigung Sanders im Antaios-Milieu vgl. Götz Kubitschek, Hans-Dietrich Sander – eine Ausschreibung, Sezession online v. 25. Januar 2019, https://sezession.de/60080/hans-dietrich-sander-eine-ausschreibung60080 [21. 9. 2019], und Siegfried Gerlich, Der letzte Ghibelline. Über Werk und Wirken Hans-Dietrich Sanders, in: Sezession 15 (2017) 81, S. 4–9. Der Verlag bezeichnet Sander in der Ankündigung des Heftes als „nationalen Dissidenten".
63 Vgl. Richard Gebhardt, Hauptfeind Liberalismus. Ein Portrait des extrem rechten Juristen und Publizisten Thor von Waldstein, in: Der Rechte Rand (2018) 173, https://www.der-rechte-rand.de/archive/3461/thor-von-waldstein-liberalismus/ [23. 9. 2019], und Erb, Staatsbriefe, S. 667. Waldsteins Tätigkeit gilt bei Antaios als Kampf für die „Meinungsäußerungsfreiheit von Andersdenkenden", https://antaios.de/listing/index/sCategory/109 [23. 9. 2019].

Gespräch mit dem AfD-Politiker Marc Jongen fest: „Wir bewegen uns ja fraglos sofort in tabubewehrten Zonen, wenn wir über die weltgeschichtliche Bedeutung des Judentums, des Zionismus oder der Holocaustindustrie nachdenken und unsere Gedanken äußern."[64] Die *Sezessions*-Autorin Caroline Sommerfeld forderte, wie Sieferle Leugnung mit Forschung vermischend, „Holocaust-Forschung muß freie Forschung sein dürfen".[65] Antisemitismus gilt aus dieser Perspektive als ungerechtfertigte Konstruktion. Daher zeigte sich im Zuge der Affäre um die antisemitischen Schriften des AfD-Abgeordneten Wolfgang Gedeon der *Sezessions*-Autor Erik Lehnert befriedigt, dass die „Antisemitismuskeule" nicht mehr wirke.[66] Als sich der damalige FPÖ-Chef und Vizekanzler Hans-Christian Strache vom antisemitischen Liedgut einer Burschenschaft distanzierte, griff ihn Sommerfeld scharf an. Strache habe „den Priestern der Zivilreligion durch sein Katzbuckeln signalisiert: ich habe verstanden. Der Preis fürs Mitregierendürfen ist Kriecherei". Das „Theaterstück" werde aber nichts nützen, sondern nur schaden. „Wer sich entschuldigt, wer sich der Sprache des Feindes andient, wer kriecht, wird dadurch weder erhört [...] noch erhöht [...] werden."[67]

In den grundsätzlichen Erörterungen der *Sezession* werden zwar allzu plumpe Verschwörungstheorien abgelehnt, der Blick auf das Judentum ist jedoch deutlich antisemitisch geprägt. So wird wissenschaftlich verbrämt über eine angebliche „jüdische Gruppenstrategie" diskutiert, mittels „eugenische[r] Bestrebungen" Vorteile „im Konkurrenzkampf" mit anderen „Völkern um Ressourcen" zu erlangen. Thesen, wonach sich das Judentum genetisch selbst isoliere, seine

---

64 Gespräch von Götz Kubitschek und Marc Jongen, in: Sezession online v. 30. Juni 2016, https://sezession.de/54541/der-fall-wolfgang-gedeon-ein-austausch-zwischen-marc-jongen-und-goetz-kubitschek [21. 9. 2019]. Zur Gedeon-Affäre vgl. Salzborn, Gesellschaft, S. 33 f.

65 Caroline Sommerfeld, Dialoge mit H. Rahmenbedingungen, in: Sezession online v. 21. Juni 2017, https://sezession.de/57304/dialoge-mit-h-rahmenbedingungen/2 [20. 9. 2019].

66 Erik Lehnert, Wolfgang Gedeon und Martin Hohmann, in Sezession online v. 2. Juli 2016, https://sezession.de/54553/wolfgang-gedeon-und-martin-hohmann [21. 9. 2019]. Lehnert wurde im September 2019 in den Vorstand der AfD-nahen Desiderius-Erasmus-Stiftung aufgenommen.

67 Caroline Sommerfeld, Inländertaxi, Cucking und Quadrille: Wiener Akademikerball, in: Sezession online v. 29. Januar 2018. https://sezession.de/58151/inlaendertaxi-cucking-und-quadrille-wiener-akademikerball [20. 9. 2019]

innere Sozialordnung nach „dem Grad der Rassenreinheit" ausrichte, „jüdische Intellektuelle" jedoch zugleich den „Kosmopolitismus […] als Mittel zur Schwächung der Mehrheitsvölker" förderten, werden unwidersprochen referiert.[68] In einem anderen Text findet sich die jüdische Religion als abstrakt, fanatisch und übergriffig gegenüber seinen „Protektionsvölkern" charakterisiert.[69] Bereits der griechisch-römische Antijudaismus gilt als berechtigte Abwehrbewegung gegen den intoleranten jüdischen Monotheismus, und der Antisemitismus wird als Reaktion auf die „Glaubens- und Lebensformen" sowie den „National-" und „Sozialcharakter der Juden" erklärt.[70] Sieferle setzt dieses Narrativ fort und thematisiert wiederum die Weigerung der Juden, Jesus als Messias anzuerkennen, als ursächlich für ihre Ablehnung. Dabei sei ihre Schuld an der Kreuzigung Christi, anders als die der Deutschen an der Shoah, durch das Christentum getilgt worden. „Sie schlugen somit das Angebot der Erlösung ab. Diese verbrecherische Verstocktheit der Juden war der Christenheit ein enormes Ärgernis", schreibt Sieferle. (FG, S. 67) An dieser Stelle fällt er unmissverständlich in ein antisemitisches Geschichtsbild, das das Judentum als „erstarrt" und in seiner Auswirkung auf die Geschichte schädlich charakterisiert.[71] Eine Untersuchung des Religionsverständnisses der *Sezession* durch Samuel Salzborn kam bereits 2014 zu dem Fazit, dass im Weltbild der Zeitschrift Juden „nicht einfach fremd oder anders, sondern das Andere" sind. Aus ihrer Position stellt dieses „Andere" alles infrage, „wofür die *Sezession* streitet". Daher werden Juden „in der antisemitischen Vorstellung dann auch ident mit der Moderne, der Aufklärung und allen

---

68 Andreas Vonderach, Kevin Macdonald und die jüdische Gruppenstrategie, in: Sezession 11 (2013) 55, S. 50 f.
69 Siegfried Gerlich, Zur Stellung der jüdischen Frage, in: Sezession 8 (2010) 39, S. 17.
70 Siegfried Gerlich, Was heißt „Antisemitismus", in: Sezession 8 (2010) 37, S. 17.
71 Werner Bergmann/Ulrich Sieg, Geschichte als Akklamationsinstanz und Waffe, in: dies., Antisemitische Geschichtsbilder, S. 7–22. Der Zusammenhang von Judentum, Identitätsverlust und Liberalismus findet sich auch in einer Auseinandersetzung in der *Sezession* um den Islam und Israel hergestellt, vgl. Thor v. Waldstein, Thesen zum Islam, in: Sezession online v. 3. April 2018, https://sezession.de/58382/thor-v-waldstein-thesen-zum-islam [20. 9. 2019]. Als Gegenposition: Siegfried Gerlich, Antithesen zum Islam II. Erwiderung auf v. Waldstein, in: Sezession online v. 4. April 2018, https://sezession.de/58379/antithesen-zum-islam-eine-freie-erwiderung-auf-thor-v-waldsteins-thesen-zum-islam-ii [20. 9. 2019].

universalistischen Weltbildern, die dem Menschen Freiheit, Individualität und Glück versprechen, gesetzt".[72]

Fazit

„Finis Germania" ist kein Beitrag zu vergangenheitspolitischen Debatten, sondern Agitation gegen diese. Es ist das Bekenntnis Rolf Peter Sieferles und des Antaios Verlags zu einem antisemitischen Geschichts- und Gesellschaftsbild. Dabei mobilisiert es klassische Stereotype und Relativierungsmuster. Im Zentrum steht die Verweigerung einer kritischen Reflexion von Geschichte, da diese den von Sieferle verteidigten „preußischen oder nationalen Sozialismus" gefährdet. Das darin vorgestellte Szenario eines Identitätsverlusts durch Erinnerung ist lagerübergreifender Konsens der extremen Rechten. Ebenfalls perpetuiert es das seit dem 19. Jahrhundert bekannte Muster eines dem Westen nicht entsprechenden Wesens der Deutschen, das durch einen aufgezwungenen Universalismus zerstört werde. Im Hinweis Raimund Kolbs, dem zufolge Sieferle sich angesichts der „international von langer Hand geplanten und im Herbst 2015 von der deutschen Kanzlerin putschartig ausgelösten akuten Migrationskrise" an eine Überarbeitung des Manuskripts gemacht habe, findet es sich bis in die Gegenwart verlängert. (FG, S. 102) Auch das von Sieferle bearbeitete Themencluster von Geschichtspolitik, Einwanderung und Political Correctness steht mitsamt den von ihm als ursächlich ausgemachten und auf die Sieger von 1945 zurückgeführten Diskursen traditionell im Zentrum einer extrem rechten Propaganda.[73] Deren wesentliche Merkmale erfüllt der Text auch durch die Ignoranz des Autors gegenüber der Fachdebatte und seiner Eigenschaft als sinn- und identitätsstiftende Gegenerzählung.[74] In der Gewichtung der Themenkomplexe „Sonderweg" bzw. „Kollektivschuld"

---

72 Samuel Salzborn, Religionsverständnisse im Rechtsextremismus. Eine Analyse am Beispiel des neurechten Theorieorgans Sezession, in: Jahrbuch öffentliche Sicherheit 15 (2014), S. 285–301, hier S. 297. Die dem Schema zugrunde liegende Figur des „Dritten" findet sich ausgeführt bei Holz, Gegenwart, S. 30 ff.
73 Vgl. Alexander Häusler, Themen der Rechten, in: ders./Fabian Virchow/Martin Langebach (Hrsg.), Handbuch Rechtsextremismus, Wiesbaden 2016, S. 134–180.
74 Vgl. Botsch, Gegenerzählung, und Sturm, Schicksal.

führt der Text exemplarisch vor, dass sich der Antisemitismus der Neuen Rechten primär über Geschichtsrevisionismus artikuliert.

Dabei gilt hier, was Norbert Frei schon mit Blick auf die Debatten der unmittelbaren Nachkriegszeit feststellt: Die „vehemente Kollektivabwehr des im wesentlichen eingebildeten Kollektivschuldvorwurfs" reproduziert nicht nur antisemitische Stereotypen. Der „Popanz Kollektivschuld" eignet sich auch „als eine rhetorische Idealfigur zur Obstruktion" gesellschaftlicher Debatten – heute anders als im Kontext der Kriegsverbrecherprozesse und Amnestiekampagnen nach 1945, aber noch immer im Kontext einer kritischen Reflexion des Nationalsozialismus generell.[75] Bereits in den achtziger Jahren hatte sich gezeigt, dass mit der Kollektivschuld-These antisemitische Ressentiments auch außerhalb des Neonazismus mobilisierbar waren.[76] Die vergleichsweise hohen Absatzzahlen von „Finis Germania" deuten darauf hin, dass die Zahl derer gewachsen ist, die solche Positionen diskutabel finden. Insgesamt bedient Sieferle die spezifischen Merkmale des „Antisemitismus nach Auschwitz". Nach Klaus Holz resultiert dieser vor allem daraus, dass durch das Verbrechen „für Nationalisten eine neue Bedrohungslage entstanden" ist. „Die Erinnerung der nationalsozialistischen Judenvernichtung verhindert eine selbstverständliche, positive Identifikation mit der Nation." Nun ist die „Fortsetzung des Antisemitismus" einerseits naheliegend, da dieser „auf die Formierung von Identität und die Abwehr der Bedrohung von Identität spezialisiert ist". Andererseits steht „der Antisemitismus nun unter dem Rechtfertigungsdruck", wie man „trotz Auschwitz noch Antisemit sein kann". Das schafft die neue Situation, dass „man heute gerade wegen Auschwitz Antisemit werden kann. Denn (die Erinnerung an) Auschwitz bedroht ‚unsere Identität'".[77] Damit ist auch Sieferles Position präzise gefasst.

---

75 Norbert Frei, 1945 und wir. Das Dritte Reich im Bewußtsein der Deutschen, München 2005, S. 154 f.

76 Hajo Funke, Bitburg und „die Macht der Juden". Zu einem Lehrstück anti-jüdischen Ressentiments in Deutschland/Mai 1985, in: Alphons Silbermann/Julius H. Schoeps (Hrsg.), Antisemitismus nach Auschwitz. Bestandsaufnahme und Erscheinungsformen in deutschsprachigen Ländern, Köln 1986, S. 41–52.

77 Klaus Holz, Die Paradoxien der Normalisierung. Drei Gegensatzpaare des Antisemitismus vor und nach Auschwitz, in: Klaus Michael Bogdal/ders./Matthias N. Lorenz (Hrsg.), Literarischer Antisemitismus nach Auschwitz, Stuttgart/Weimar 2007, S. 37–57, hier S. 49.

HANS-JOACHIM HAHN

Metaphern des Posthistoire

Geschichtsdenken, Umweltkrise und Rhetorik bei Rolf Peter Sieferle

Sein nachgelassenes Pamphlet „Finis Germania" (2017) hat den St. Galler Professor und Umwelthistoriker Rolf Peter Sieferle posthum nachhaltig ins Gerede gebracht: als Autor der neurechten Szene, der in seiner Polemik gegen die deutsche Vergangenheitsbewältigung auch vor antisemitischen Äußerungen nicht zurückschreckt.[1] In seinem Nachruf auf den 2016 durch Freitod aus dem Leben Geschiedenen hatte Gustav Seibt wenige Monate vor Erscheinen des Buches den Historiker in der *Süddeutschen Zeitung* noch gegen den Vorwurf in Schutz genommen, dieser habe sich nicht nur von kulturpessimistischen Zivilisationstheorien um 1900, sondern auch von den Protagonisten der „Konservativen Revolution" anregen lassen. Seibt vertrat dagegen die Auffassung, Sieferle sei „ein unerschrockener, immer rationaler Denker" gewesen, „der sich auch dann nicht aus der Ruhe bringen ließ, wenn er apokalyptische Möglichkeiten erwog" – und konservativ könne er allenfalls im Hinblick auf sein Bewusstsein für natürliche Grenzen genannt werden. Im Lichte des Nachlassbändchens änderte Seibt allerdings seine Einschätzung, worauf eine redaktionelle Notiz, die der Onlinefassung des Nachrufs hinzugefügt wurde, verweist.[2]

Ein Rezensent beschrieb schon 1997 in einer Besprechung des Buches „Rückblick auf die Natur", das Seibt im Nachruf „das brillanteste Werk" Sieferles nennt,[3] die Vermischung deskriptiver und normativer Elemente, wodurch sich die

---

1 Eine ausführliche Analyse von „Finis Germania" liefert Volker Weiß in diesem Band.
2 Gustav Seibt, Der Unerschrockene, in: Süddeutsche Zeitung, 9. 10. 2016, https://www.sueddeutsche.de/kultur/nachruf-der-unerschrockene-1.3196935 [5. 7. 2019].
3 Ebenda.

historische Analyse zusehends in Zeitkritik verwandle. Dabei seien es „genau diejenigen Argumentationsmuster von Verlust und ohnmächtigem Zuschauen, die Sieferle andernorts als Kennzeichen der konservativen Kulturkritik ausgemacht" habe, die er „nun selbst in seinen Tiraden gegen ‚Baumarktplunder'" verwende: „Nicht umsonst nennt er sein zweites Kapitel anspielungsreich ‚Kulturarbeiten' – so lautete auch der Titel der einflussreichen aesthetischen Arbeiten von Paul Schultze-Naumburg zu Beginn des 20. Jahrhunderts."[4]

Diese Beobachtungen sind hilfreich, um einen zentralen Aspekt – die Bedeutung der sprachlichen Form – vieler Arbeiten Sieferles, gerade auch jener zur Umweltkrise und der von ihm profilierten Umweltgeschichte, genauer zu erfassen. Die Vermischung deskriptiver und normativer Aspekte, die historische Analyse als Zeitkritik und das Aufgreifen von Denkfiguren und Metaphern der „Konservativen Revolution" gehören zur Rhetorik vieler Schriften Sieferles; durch sie und in ihnen erhält dessen Geschichtsverständnis seine spezifische Signatur. Außer dem Nebeneinander von „beeindruckender Sachkompetenz und stilistischer Prägnanz"[5] bestimmt auch die bisweilen unklare Reverenz, die Sieferle schon in Arbeiten aus den 1980er- und 1990er-Jahren unter anderem „Rassentheoretikern" und rechtslastigen Denkern erweist, sein wissenschaftliches und außerwissenschaftliches Werk. Nicht von Anfang an, allerdings bereits Mitte der 1980er-Jahre finden sich in einigen seiner Texte Relativierungen rassistischen Denkens, ein eigenartiger Geschichtsrelativismus und eine Aufwertung „konservativer Revolutionäre". Das soll im Folgenden in kursorischen Lektüren gezeigt werden.

Die Bedeutung des figurativen und metaphorischen Sprechens in Sieferles vielfach aphoristischem Schreiben kann dabei kaum überschätzt werden. Dargelegt sei dies zunächst an der Figur des Ikarus in „Finis Germania":

---

4 Thomas Zeller, Rezension zu: Sieferle, Rolf Peter: Rückblick auf die Natur. Eine Geschichte des Menschen und seiner Umwelt, München 1997 und Büschenfeld, Jürgen: Flüsse und Kloaken. Umweltfragen im Zeitalter der Industrialisierung (1870–1914), Stuttgart 1997, in: H-Soz-Kult, 7. 5. 1998, www.hsozkult.de/publicationreview/id/rezbuecher-440 [5. 7. 2019].
5 Ludger Heidbrink, Frontenwechsel. Rolf Peter Sieferles voluminöser Essay, in: Die ZEIT, 28. 10. 1994, https://www.zeit.de/1994/44/frontenwechsel/komplettansicht [5. 7. 2019].

"Welche Möglichkeit hat eigentlich Ikarus, wenn seine Flügel schmelzen und er in die Tiefe hinabstürzt? Er kann die Augen schließen und so lange schreien, bis die See ihn verschlingt. Er kann aber auch die Augen geöffnet halten und die erhabene Aussicht genießen, solange sie sich bietet. Das Ergebnis ist in beiden Fällen das Gleiche; der Weg ist aber ein völlig gegensätzlicher."[6]

Für den um Ästhetik und Stil bemühten Sieferle ist in diesem Fall der Weg das Ziel. Im Vorwort zu seiner im angesehenen Münchner Beck Verlag erschienenen Studie „Fortschrittsfeinde?" aus dem Jahr 1984 hatte Sieferle die mythische Figur des Abgestürzten nur kurz gestreift, hier in ihrer griechischen Variante als „Ikaros". Neben Prometheus und den lahmen Schmieden Hephaistos und Wieland führt er ihn dort als eine Gestalt an, die für den Makel der Technik stehe, die der Blasphemie oder gar der Rebellion gegen eine göttlich gegebene Ordnung verdächtigt ihre gerechte Strafe finde: Ikaros stürzt ab.[7]

Es bedarf keiner großen interpretatorischen Anstrengungen, um den erneuten Rekurs auf den abgestürzten Himmelsstürmer im Nachlasstext jetzt als eine Reflexionsfigur für Sieferles im Text eingenommene kulturpessimistische Positionierung zu deuten. Tatsächlich „harmoniert" die Figur sogar mit Werner Bests „Bejahung des Kampfes auf verlorenem Posten für eine verlorene Sache", wie Volker Weiß zeigt.[8] Die Verbindung zum SS-Karrieristen Best und dessen „heroischem Realismus" stammt aus dem einzigen Paratext des Bändchens, einem als „Confessio" deklarierten kurzen Nachwort des als Nachlassverwalter Sieferles tätigen emeritierten Sinologen Raimund Theodor Kolb: Sieferle habe „als ‚heroischer Realist' (W. Best) allzeit ‚seismographischer Beobachter' sein" wollen.[9] So wird Sieferles figuratives Sprechen absichtsvoll in die Nähe der Position eines berüchtigten SS-Intellektuellen gerückt, ein durchaus fragwürdiger Freundschaftsdienst, wobei der Freitod des Historikers aufgrund des Fehlens einer „probate[n] existentielle[n] Lösung"[10] zudem wie eine Konsequenz von

---

6 Rolf Peter Sieferle, Finis Germania, Schnellroda 2017, S. 90.
7 Rolf Peter Sieferle, Fortschrittsfeinde? Opposition gegen Technik und Industrie von der Romantik bis zur Gegenwart, München 1984. S. 7.
8 Siehe hierzu den Aufsatz von Volker Weiß in diesem Band.
9 Raimund Th. Kolb, Persönliche Confessio. Ein Nachwort, in: Finis Germania, S. 104.
10 Ebenda.

dessen tragischer Perspektive auf die Verheerungen der Spät- oder Nachmoderne erscheinen soll.

Das Bild vom fallenden Ikarus, dem nur noch die Wahl zur Beobachtung des eigenen Untergangs bleibt, erscheint jedoch auch ohne Kolbs provozierende, gleichwohl kaum abwegige Kontextualisierung mit Bests „heroischem Realismus" irritierend. Denn die Passage besitzt eine ästhetische Dimension, die für Sieferles Schreiben und Selbstverständnis signifikant ist: Zu der Ikarus hier zugeschriebenen Entscheidung gehört, dass er während des Sturzes sehenden Auges „die erhabene Aussicht" genießt.[11] Es geht also darum, den – kollektiv überhöhten, metaphorisch die ungebremste Umweltkrise und eine perhorreszierte, als Bedrohung wahrgenommene Migration aufrufenden – eigenen Todessturz zu ästhetisieren: Die Untergangsvision wird zum erhabenen Schauspiel.

Die Ästhetisierung einer aussichtslosen Lage unter Rückgriff auf eine den antiken Mythen entlehnte Figur verweist auf die gewählte Nähe zu Positionen intellektueller Rechter. So hat Sieferle Ernst Jüngers Stellung zur technischen Zivilisation 1995 in einer biografischen Skizze in drei Phasen eingeteilt, deren letzte nach der Niederringung des Nationalsozialismus durch die Alliierten von der „nach-politischen Fragestellung" bestimmt gewesen sei, „wie ein anarchisch-aristokratisches Individuum in der modernen Welt unpersönlicher Systeme leben könne".[12] Daran schließt „Finis Germania" an. Die Ikarus-Passage befindet sich in einem Abschnitt, der provokativ „Ernst Jünger als Erzieher" überschrieben ist, wodurch nicht nur eine Ehrbezeugung gegenüber Jünger formuliert, sondern absichtsvoll auch der antisemitische Bestseller „Rembrandt als Erzieher" von Julius Langbehn aufgerufen wird.[13] Hier bezeichnet Sieferle die moderne Wirklichkeit als abstoßend, wenn „man sie an den ästhetischen Normen tradierter Hochkulturen" messe.[14] Nach dem Ende der Kritik, deren Möglichkeit mit dem „Abstreifen

---

11 Sieferle, Finis Germania, S. 90.
12 Rolf Peter Sieferle, Die Konservative Revolution. Fünf biographische Skizzen (Paul Lensch, Werner Sombart, Oswald Spengler, Ernst Jünger, Hans Freyer), Frankfurt a. M. 1995, S. 163.
13 Julius Langbehn, Rembrandt als Erzieher, 2. Aufl., Leipzig 1890. Sieferle führt Langbehns Buch im Literaturverzeichnis von „Fortschrittsfeinde" an. Vgl. Sieferle, Fortschrittsfeinde, S. 294.
14 Sieferle, Finis Germania, S. 87 f.

der letzten normativen Elemente" eintrete, bleibe allein noch „ein wechselvolles Spiel der Musterbildung" und die Option, „dieses mit interesselosem Wohlgefallen zu betrachten: und zwar als die letzte und radikalste Form des Erhabenen".[15] Der Rekurs auf die von Edmund Burke in die Philosophie eingebrachte Kategorie des Erhabenen, auf Immanuel Kants Denkfigur des interesselosen Wohlgefallens sowie den ästhetischen Diskurs des 18. Jahrhunderts überhaupt kann hier nicht nur als Ausweis besonderer Belesenheit gedeutet werden. Denn aus der gesamten Passage spricht die Nähe zur „konservativen Revolution"; Setzungen wie die Behauptung, erst „ein konsequenter Nihilismus" öffne „das Tableau einer neuen Ordnung, die sich hinter den Grausamkeiten und Lächerlichkeiten der normativ besetzten Welt auftut", verweisen direkt auf Ernst Jünger.[16]

Lutz Niethammer hat in seiner grandiosen Analyse „Posthistoire. Ist die Geschichte zu Ende?" aufgezeigt, wie Jünger seine Ankündigung des Posthistoire[17] als erdgeschichtliche Konjunktur mit Anzeichen eines Endes der menschlichen Geschichte verband, einer Perspektive, zu der als Summe von Jüngers Geschichtsverständnis jedoch auch alle Schichten seiner früheren Texte, nicht zuletzt die Opposition von „Arbeiter" und „Waldgänger" hinzugetreten seien. Dabei geht es um die Gegenüberstellung der „lebensunwerte[n] Massengesellschaft", eine Vorstellung, in der Jünger Faschismus, Bolschewismus und Amerikanismus zusammenziehe, der gegenüber „jene sich selbst nobilitierenden kleinen Eliten" stünden, „die […] in der ästhetischen Vergegenwärtigung des Mythos alle – sich à la Spengler wiederholende – Geschichte in nuce in ihrer Lebensgeschichte erfahren".[18] Die von Niethammer behandelten Rechts- und Linksintellektuellen, die sich „als Angehörige einer merkwürdigen Diagnosegemeinschaft über Zeit- und Kulturgrenzen hinweg" erwiesen, verzweifelten „angesichts der Lethargie der ‚Massen'" an der Verwirklichung eines jeweils verfolgten „Projekts der Sinnverwirklichung", unabhängig davon, ob dies „konservativer bis faschistischer"

---

15 Ebenda, S. 88.
16 Ebenda, S. 88 f.
17 Der Begriff stammt von Hendrik de Man, der ihn in seinem Buch „Vermassung und Kulturverfall" (1951) prägte, von wo ihn die vormaligen „konservativen Revolutionäre" in der frühen Bundesrepublik übernahmen. Vgl. Lutz Niethammer, Posthistoire. Ist die Geschichte zu Ende? Reinbek bei Hamburg 1989, S. 104.
18 Niethammer, Posthistoire, S. 103.

oder „kommunistischer oder sozialistischer Art" sei, wie Iring Fetscher in seiner Besprechung von Niethammers Studie festhält.[19]

Zu dieser Gruppe elitärer Zeitdiagnostiker, die sich durch ein zyklisches Geschichtsverständnis, in dem „große" Geschichte und Lebensgeschichte konvergieren, und zugleich durch einen besonderen Stilwillen konstituieren, lässt sich auch Sieferle hinzufügen – zumindest ab einem bestimmten, hier nur vorläufig und grob mit der „Zeitenwende" von 1989 zu verbindendem Moment. Das vermittelt der „Sound", aus dem eine Haltung erklingt, die den Jüngerschen Nihilismus ebenso beerbt wie dessen Verachtung der modernen Massenkultur, auf die Sieferle in „Finis Germania" mit der Ästhetisierung und Überhöhung der eigenen Person zur tragischen mythischen Figur des fallenden Ikarus reagiert.

Diesem korrespondiert eine weitere schillernde Figur, in der sich das Credo wissenschaftlicher Neutralität mit konservativ-revolutionärem Pathos verbindet: „Die letzte ästhetische Möglichkeit liegt in der Radikalität einer […] neutralen Beobachterposition, die sich jenseits von Gejammer, von Kritik und Praxiswut ansiedelt."[20] Dabei kann zunächst auch an Niklas Luhmann gedacht werden, der in seiner von Sieferle rezipierten Studie „Ökologische Kommunikation" für sich die „Perspektive eines distanzierten Beobachters" reklamiert, mit der er auf den Alarmismus der Ökologiedebatte in den 1980er-Jahren antwortet.[21] Sieferle beansprucht jedoch eine Sprecherposition, die kaum auf die Distanz wissenschaftlicher Beobachtung abzielt, sondern pathetisch die behauptete eigene Einflusslosigkeit ausstellt: „Der Ruf nach Entscheidung, nach Urteilsbildung, nach Wegweisung und Kritik ist mächtig, und es fällt schwer, sich ihm zu entziehen. […] Der Neutrale [muss] zum Außenseiter werden – oder die Neutralität wird zur letzten Zuflucht des Außenseiters: Der Zynismus ist der Hochmut des Unterlegenen."[22]

Die Selbststilisierung zum „neutralen Beobachter" und stürzenden Ikarus samt der Flucht des vermeintlichen (akademischen) Außenseiters in Zynismus, Ressentiment und Antisemitismus ist in „Finis Germania" offensichtlich.

---

19 Iring Fetscher, Ist die Geschichte am Ende?, in: Die ZEIT, 9. 2. 1990, https://www.zeit.de/1990/07/ist-die-geschichte-am-ende/komplettansicht [15. 7. 2019].
20 Sieferle, Finis Germania, S. 89.
21 Niklas Luhmann, Ökologische Kommunikation. Kann die moderne Gesellschaft sich auf ökologische Gefahren einstellen?, Opladen 1986, S. 16.
22 Sieferle, Finis Germania, S. 91.

Varianten dieser Ich-Figuren sowie zahlreiche rhetorische Elemente, die zu einem rechten Weltbild passen, finden sich jedoch schon früher in Sieferles Schriften, darunter z. B. das Pathos des Unbeteiligten und weitere Metaphern des Posthistoire. Dennoch wohnte den frühen Texten lange eine größere Offenheit inne, die nicht von Anfang an vom kulturpessimistischen Ressentiment bestimmt war. Erst „Epochenwechsel" aus dem Jahr 1994, aus dessen Kontext „Finis Germania" stammt,[23] präsentiert ein weitgehend geschlossenes rechtes Weltbild.

Sieferles wissenschaftlicher Weg wurde dabei grundsätzlich und von Beginn an durch eine spezifische Wahrnehmung der Umweltkrise geprägt, für deren Verständnis er unter anderem auf die Rekonstruktion diverser „rechter" Kulturströmungen seit dem ausgehenden 18. Jahrhundert und rassistischer Theorien zurückgriff. Als in den 1980er-Jahren dominanter Diskurs wohnte dem Sprechen über die Umwelt häufig ein alarmistischer und appellativer Ton inne. Dieser fand in den Texten Sieferles seinen Nachhall, und in sich wandelnder Form verweist er auf dessen sich im Laufe der Jahre offensichtlich verfestigende politische Positionierung. Der neurechte Autor, als der Sieferle uns vom Antaios Verlag posthum präsentiert wird, fiel – im Unterschied zu Ikarus – nicht vom Himmel.

I. Anything goes. Eine werkgeschichtliche Spur

Der Lebensreformer, Architekt, wilhelminische Architekturkritiker und spätere nationalsozialistische Kulturpolitiker Paul Schultze-Naumburg (1869–1949) wird von Sieferle in „Rückblick auf die Natur" nicht explizit erwähnt. Der einzige Hinweis auf den Begründer der „Heimatschutz"-Bewegung zu Beginn des 20. Jahrhunderts findet sich im Titel des zweiten Kapitels, das mit dem von ihm geprägten

---

23 Vgl. Thomas Schmid, Über den Gipfeln ist Ruh'. Das verstörende Werk des Gelehrten Rolf Peter Sieferle, in: Die Welt, 4. 8. 2017, http://schmid.welt.de/2017/08/04/ueber-den-gipfeln-ist-ruh-das-verstoerende-werk-des-gelehrten-rolf-peter-sieferle/ [23. 7. 2019]. Wenig später argumentiert Jacob Eder in einem Artikel, dass „Finis Germania" Aspekte des gesellschaftlichen Konsenses zu NS und Holocaust aus den 1990ern widerspiegele. Vgl. Jacob Eder, Zurück in die Diskursvergangenheit, in: taz, 7. 9. 2017, https://taz.de/Rechte-Mythen-im-Buch-Finis-Germania/!5441743/ [23. 7. 2019].

Begriff der „Kulturarbeiten" überschrieben ist.[24] Diese neunbändige Buchserie „Kulturarbeiten", die Schultze-Naumburg in den Jahren zwischen 1902 und 1917 veröffentlichte, machte ihren Verfasser rasch bekannt und zum begehrten Architekten.

Es stellt sich die Frage, warum Sieferle durch Verwendung des Titels dieser seinerzeit populären und durchaus wirkmächtigen Buchreihe auf Schultze-Naumburg anspielt, ohne ihn jedoch zu nennen. Dass dies mit der Anrüchigkeit des Autors von „Kunst und Rasse" aus dem Jahr 1928 und seiner Entscheidung für den Nationalsozialismus zwei Jahre später zusammenhängen könnte, bietet sich als Erklärung an. Dafür spricht, dass die Anspielung von der Kritik bemerkt und zugleich negativ bewertet wurde, wie die oben angeführte Besprechung von Thomas Zeller beweist, der diese Beobachtung als Ausweis von Sieferles kulturpessimistischer Haltung deutet.[25] Allerdings entging der Besprechung, dass sich im gewissermaßen *esoterischen* Nennen des Begriffs der Hinweis auf eine frühere, ausführlichere Beschäftigung Sieferles mit Schultze-Naumburg verbirgt. Das Zitat des Begriffs „Kulturarbeiten" muss als werkgeschichtliche Spur gedeutet werden, die es, so meine These, „Eingeweihten" erlauben sollte, der unausgewiesenen Anspielung eine über den manifesten Textinhalt hinausgehenden Sinn zuzuweisen.

Vor allem handelt es sich um ein Spiel mit Ambivalenzen. Denn die kontroverse Figur Schultze-Naumburg eröffnet durchaus widersprüchliche Assoziationen und kann für Verschiedenes herangezogen werden. Offensichtlich ist nur, dass Sieferle an anderer Stelle, wie noch zu zeigen ist, im Zusammenhang mit Schultze-Naumburg Thesen formuliert, in denen er historische Zivilisationskritik, „Rassentheorie" und Umweltschutz unter dem Eindruck der Umweltkrise der 1980er-Jahre miteinander verbindet. Einer umfassenderen debattengeschichtlichen Rekonstruktion, die sowohl das Feld der Architekturgeschichte als auch die Ökologiedebatte der 1980er-Jahre genauer in den Blick nimmt, soll überlassen bleiben, Sieferles ambivalente Position eindeutiger zu beschreiben. Hier müssen erste Einsichten genügen.

---

24 Rolf Peter Sieferle, Rückblick auf die Natur. Eine Geschichte des Menschen und seiner Umwelt, München 1997, S. 53.
25 Zeller, Rezension zu Sieferle: Rückblick auf die Natur.

Während der 1980er-Jahre gab es Ansätze zu einer Neubewertung Schultze-Naumburgs. 1979, wenige Jahre bevor Sieferle sich mit dem Werk Schultze-Naumburgs in zwei Texten auseinandersetzen sollte, veröffentlichte der angesehene Architekturhistoriker und Remigrant Julius Posener (1904–1996) in seinem Buch „Berlin auf dem Wege zu einer neuen Architektur" einige Auszüge aus den „Kulturarbeiten".[26] Der aus einer jüdischen Familie stammende Posener war 1933 nach Paris geflüchtet, 1935 nach Palästina emigriert und 1961 einem Ruf auf den Lehrstuhl für Baugeschichte an die damalige Berliner Hochschule der Künste (heute: Universität der Künste) gefolgt. In seinem Geleitwort zu einer Publikation über Schultze-Naumburg aus dem Jahr 1989 erinnerte sich Posener an die „gut gedruckt[en], schön illustriert[en]" Bände der „Kulturarbeiten", die „für uns alle gemeint" waren und von denen einer eines der ersten Bücher darstellte, das Posener las: „Wer von den ‚Kulturarbeiten' spricht, ruft jene Zeit ins Gedächtnis, aus der wir stammen und der wir darum noch angehören, weil der Gedanke der Reform unser Leben recht eigentlich bestimmt hat."[27] Norbert Borrmann, der 2011 im Antaios Verlag eine rechtsradikale Bekenntnisschrift veröffentlichte, versuchte hier offenkundig, Schultze-Naumburgs Arbeiten um 1900 zu retten.[28] Was von ihm bleibe, seien insbesondere die „Kulturarbeiten", neben einer Anzahl von „harmonischen – nicht genialischen – den Wert der Landschaft steigernden Bauten".[29] Allerdings spricht auch Posener Schultze-Naumburgs Argumenten gegen die Moderne, etwa dem von Alexander Mitscherlich wirkmächtig verbreiteten Topos von der Unwirtlichkeit der Städte oder der Monotonie der Bauformen und den abweisenden Baustoffen, in der Gegenwart eine Aktualität zu, während er

---

26 Julius Posener, Berlin auf dem Wege zu einer neuen Architektur. Das Zeitalter Wilhelms II., München 1979, S. 191–222.
27 Julius Posener, Geleitwort, in: Norbert Borrmann, Paul Schultze-Naumburg 1869–1949. Maler, Publizist, Architekt. Vom Kulturreformer der Jahrhundertwende zum Kulturpolitiker im Dritten Reich. Ein Lebens- und Zeitdokument, Essen 1989, S. 7.
28 Ausführlicher zum Rechtsradikalismus Borrmanns siehe Stephan Trüby, Eine „Neue" Rechte gibt es nicht. Für die zeitgenössische Architekturtheorie kann ein Wendepunkt diagnostiziert werden, der einem Aufwachen aus einem kurzen Traum gleichkommt, in: arch+ 235 (2019), S. 18 f. Trüby weist darauf hin, dass sich Borrmanns späterer Rechtsradikalismus bereits in der Klage über die „Entfremdung des Volkes von seiner eigenen Kunst" andeutete, ebenda, S. 18.
29 Borrmann, Paul Schultze-Naumburg, S. 226.

zugleich unmissverständlich die „ideologischen Verirrungen" des späteren Nationalsozialisten kritisiert.[30]

Sieferles Beschäftigung mit Schultze-Naumburg entspringt insofern nicht notwendig der rechts-esoterischen Verehrung für einen rassistischen Zivilisationskritiker, sondern muss im Kontext einer breiteren Neubewertung historischer Reaktionen auf Probleme industrieller Gesellschaften vor dem Hintergrund der Umweltkrise verstanden werden. Zuerst widmete Sieferle in seiner Studie „Fortschrittsfeinde" Schultze-Naumburg mehrere Passagen; im Literaturverzeichnis finden sich neben der neunbändigen Buchserie der „Kulturarbeiten" noch fünf weitere Literaturangaben des Architekten und Publizisten aufgeführt, was auf eine intensive Beschäftigung schließen lässt. Sowohl im Kapitel „Architekturkritik" (S. 174–181) als auch im Kapitel „Blut und Boden" (S. 193–205) referiert und diskutiert Sieferle Positionen Schultze-Naumburgs. Plastisch habe der Architekt zum Ausdruck gebracht, was viele seiner Zeitgenossen fühlten, er sei keineswegs ein Außenseiter gewesen.[31] Im Resultat führt Sieferle hier die Position Schultze-Naumburgs als Bestätigung seiner etwas verklausulierten „These von der taxonomischen Symmetrie bei der Wahrnehmung von Kontraproduktivitäten des Industriesystems" an.[32] Das soll heißen, dass er anhand der von Schultze-Naumburg in den „Kulturarbeiten" vertretenen „utopisch-romantische[n] Position […] Effekte und Tendenzen" aufzeigen möchte, „die denjenigen entgingen, für die traditionelle Strukturen nur etwas waren, worüber der Fortschritt dankenswerterweise hinwegging".[33] Gegenüber der aus der Sicht nach 1945 dominanten Architektur der sogenannten Klassischen Moderne, deren Vertreter hier auf der Seite des „Fortschritts" gemeint sein könnten, stellt sich Sieferle erklärend an die Seite des Traditionalisten Schultze-Naumburg.

Vor allem im „Blut und Boden"-Kapitel der „Fortschrittsfeinde" zeigt sich, wie suggestiv seine Rekonstruktion der Perspektive Schultze-Naumburgs ausfällt. Am Beispiel von dessen ideologischer Entwicklung illustriert Sieferle, „welche Evidenz

---

30 Ebenda. Borrmann widmet u. a. ein eigenes Kapitel seiner Arbeit Schultze-Naumburgs „Kunst und Rasse" (1928) und dessen Apologie des Rassismus. Vgl. ebenda, S. 215–220.
31 Sieferle, Fortschrittsfeinde, S. 174.
32 Ebenda, S. 180.
33 Ebenda.

die rassenhygienische Theorie für die Deutung einer rätselhafter werdenden Wirklichkeit gewinnen konnte".[34] Dort wird zwar keineswegs die „Rassenhygiene" affirmiert, es wird aber versucht, ihre Implementierung in Schultze-Naumburgs Weltbild aus dessen Enttäuschung über die Wirkungslosigkeit seiner Versuche, die wachsenden Zerstörungen der Landschaft infolge des industriellen Aufstiegs Deutschlands aufzuhalten, nicht nur zu verstehen, sondern sie empathisch nachzuvollziehen. Absicht der „Kulturarbeiten" sei es gewesen, „die Wahrnehmungsweisen zu schärfen, einen Sinn für die Harmonien der traditionellen Landschaft und der organischen Ensembles von Siedlungen zu wecken".[35] Dahinter vermutet Sieferle die edukative Vorstellung, die Menschen durch Aufklärung, Appelle und die Errichtung orientierender Architekturvorbilder, die tradierten Bauformen folgen, „wieder zu Harmonie und Schönheitsempfinden zu erziehen".[36] Weil diesen Anregungen allerdings kein nennenswerter Erfolg beschieden war und die von Schultze-Naumburg wahrgenommene Verschandelung von Stadt und Land unaufhaltsam weitergegangen sei, eine Vorstellung übrigens, die Sieferle übernimmt,[37] habe Schultze-Naumburg nach Erklärungen gesucht.

Bisweilen greift Sieferle innerhalb seiner Verstehensbemühungen für den ideologischen Wandel des vormaligen Lebensreformers zu Ausdrucksformen, die dem Stilmittel der *erlebten Rede* entsprechen oder sehr nah daran sind. Dazu nur einige wenige Beispielsätze: „Es drängte sich der Eindruck auf, daß eine sehr elementare Kraft am Werke sein mußte, die diese Zerstörung bewirkte. Was war die Ursache?" Oder: „Ihm dämmerte die Einsicht, daß verschiedene Menschen die ästhetische Qualität der Umwelt unterschiedlich wahrnahmen." Schließlich: „Diese neu aufgetretene innere Spaltung im Gefühlsleben des Volkes, die Zerrissenheit seiner Mentalität, war nun ein Befund, der einem Anhänger des Heimatideals schwer

---

34 Ebenda, S. 198.
35 Ebenda, S. 198 f.
36 Ebenda, S. 199.
37 Vgl. ebenda, S. 175. Sieferle schreibt hier bezogen auf Schultze-Naumburgs Kritik an den historistischen Villen der Gründerzeit: „Diese Villen verfielen vor dem Maßstab der älteren Häuser, z. B. an Gartenstraßen der Biedermeierzeit, einer herben Kritik. Erstaunlich ist, daß man dieser Kritik heute spontan folgen kann, denn diese historistischen Villen sind […] scheußlich, wirken nur im Kontrast zu dem, was heute an ihre Stelle gesetzt werden soll, geradezu arkadisch." Sieferle bedient hier ein Verfallsnarrativ.

zu schaffen machen mußte. Wie war das zu erklären?"[38] Solcherart vorbereitet werden die Leser an Schultze-Naumburgs rassistische Deutung dieses „Befunds" herangeführt: „Das Volk selbst hat sich in seiner Art, seinen *Erbanlagen* geändert oder doch verschoben."[39] Schultze-Naumburg veranschaulicht ja, in Sieferles Darstellung, exemplarisch die „Evidenz" der „Rassentheorie" als Erklärungsmodell für eine zunehmend „rätselhafter" werdende Wirklichkeit. In seiner Rekonstruktion und Plausibilisierung einer zeitgebundenen Perspektive geht Sieferle dabei sehr weit, wie der folgende, Schultze-Naumburgs rassistische Hypothese kommentierende Satz zeigt: „Die Umweltverschlechterung hatte also eine unmittelbar biologische Ursache, sie entsprang einer Verschlechterung der Rasse."[40] Denn in dieser Verknüpfung der historischen, „rassentheoretischen" Perspektive mit Fragen der Umweltzerstörung lassen sich historische Rekonstruktion einer spezifischen Wahrnehmung und gegenwärtiges Erkenntnisinteresse samt Deutungsraster nicht mehr trennen.

In diesem Kapitel geht es Sieferle vor allem um zwei Unterscheidungen, mit denen er ideologische Deutungsmuster der „konservativen" Zivilisationskritik (Schultze-Naumburg) von der „Rassenpolitik" des Nationalsozialismus abhebt. Dabei handelt es sich um eine *strukturelle* und zugleich normativ aufgeladene Differenz, die mir grundlegend erscheint für das Denken Sieferles und die er an anderer Stelle in „Fortschrittsfeinde" am Verhältnis von Konservatismus und Romantik während der ersten Hälfte des 19. Jahrhunderts vermutlich erstmals entwickelt. An diesem Verhältnis zeichne sich nämlich schon „die Struktur ab, die im 20. Jahrhundert die Beziehung von ‚konservativer Revolution' und Nationalsozialismus prägen" werde. Komme es zur „Realpolitik", spielten die „utopische[n] Aspirationen" der „konservativen Revolutionäre" und radikalen Ideologen jedoch keine Rolle mehr.[41] Seine Argumentation zielt darauf ab, zwischen dem Nationalsozialismus und unterschiedlichen zivilisationskritischen Ideen (Heimatschutzbewegung, Rassenhygiene, „Konservative Revolution") möglichst deutliche

---

38 Alle Sätze in Sieferle, Fortschrittsfeinde, S. 199–200.
39 Paul Schultze-Naumburg, Kunst und Rasse, München 1928, S. 136, hier zit. nach Sieferle, Fortschrittsfeinde, S. 200.
40 Sieferle, Fortschrittsfeinde, S. 200.
41 Ebenda, S. 56.

Trennlinien zu formulieren. Dies dient bereits in den frühen Texten der 1980er-Jahre einer Rehabilitierung ambivalenter intellektueller Traditionen. Zugleich birgt es eine problematische Perspektive auf den Nationalsozialismus.

Ganz in diesem Sinne macht Sieferle im „Blut-und-Boden"-Kapitel zwei Unterscheidungen auf: zum einen die Differenz zwischen „zivilisationskritische[r] Rassentheorie" und „rassistische[m] Antisemitismus" und zum anderen zwischen zwei unterschiedlichen Semantiken der Formel „Blut und Boden".[42] Während er für die erste Differenz das nachvollziehbare Argument anführt, dass Antisemitismus und Rassentheorie nicht dieselben historischen Wurzeln hätten, erscheint die behauptete unterschiedliche Verwendung der „Blut-und-Boden"-Formel sehr gewollt. Denn dass „die uralte Bindung von Blut und Boden", so Sieferles assimilierender Sprachgebrauch, „ursprünglich" die identitätsstiftende Verbindung ansässiger Bauern mit ihrem Grund und Boden bezeichnet haben soll, während erst die nationalsozialistische Semantik „Blut" mit der „arischen Rasse" identifizierte, womit alle nichtjüdischen Deutschen gemeint und die Juden ausgeschlossen wurden, sieht von den konkreten Verwendungsweisen etwa in völkischen Bauernromanen während der zweiten Hälfte des 19. Jahrhunderts zugunsten einer idealtypischen Konstruktion offenkundig ab.[43] Zudem avancierte der Vorwurf der „Bodenlosigkeit" bereits Jahrzehnte zuvor etwa in den Schriften des Religionsphilosophen Bruno Bauer zur antijüdischen Chiffre.[44] Sieferle unterstellt außerdem, dass es diese NS-rassistische „Generalisierung" ermöglicht habe, die Formel nun nicht mehr unter dem Aspekt eines antiindustriellen oder großstadtfeindlichen Affekts zu verstehen.[45]

Deutlich zugespitzt erscheint ein Aufsatz aus dem Jahr 1985, in dem Sieferle Schultze-Naumburg in der Architekturzeitschrift *arch+* ausdrücklich würdigt.[46]

---

42 Ebenda, S. 202 und 203.
43 Ebenda, S. 203.
44 Vgl. Nicolas Berg, Luftmenschen. Zur Geschichte einer Metapher, Göttingen 2008, S. 23.
45 „Gegner von Blut-und-Boden waren jetzt nicht mehr Stadtmenschen, Industrie, Technik und Effizienz, sondern Juden und Ausland, sowie deren Agenten im Innern. Auf der Grundlage dieses Begriffs konnte eine Volksgemeinschaft beschworen werden, die Bauern, Arbeiter, Beamte, Ingenieure usw. umfaßte." Sieferle, Fortschrittsfeinde, S. 203.
46 Rolf Peter Sieferle, Heimatschutz und das Ende der romantischen Utopie, in: arch+ 81 (1985), S. 38–42.

Der Architekturhistoriker Stephan Trüby sieht darin bereits die Rechtswende des Umwelthistorikers angelegt.[47] Sieferle übernimmt einige Sätze wortwörtlich aus den eben diskutierten Passagen der „Fortschrittsfeinde". Hier vertritt er eine bemerkenswerte Variante des postmodernen Schlagworts „Anything goes". Seine Diktion ist dabei die der Konfrontation, mit der zugleich Fragen nach historischer Verantwortung abgewehrt werden: „Wer heute seinen Blick für Ensemblewirkungen an den ‚Kulturarbeiten' von Schultze-Naumburg schulen möchte, kann dies mit gutem Gewissen tun. Der Vorwurf ist absurd, solches habe ‚schon einmal' zum Nationalsozialismus geführt."[48] Als Argument führt er an, dass sich Geschichte nicht wiederhole. Solle man etwa für alle Zeiten so bauen wie in den fünfziger Jahren, nur weil Schultze-Naumburg für das „Deutsche Haus" plädiert habe, oder deshalb keine Massenmotorisierung mehr betreiben, weil Hitler Autobahnen hatte bauen lassen? Diese polemische Rhetorik wendet sich gegen ein aus Sieferles Sicht normatives Verständnis der Moderne, dem er vorwirft, sich auf pseudohistorische Begründungen zu stützen. Denn sowohl die konservativen als auch die fortschrittlichen Geschichtsphilosophien des frühen 20. Jahrhunderts seien heute endgültig erledigt. Mit dieser These plädiert der Historiker für ein trotziges „Anything goes", das die Möglichkeit historischen Lernens zugunsten eines extremen Relativismus verabschiedet: „Es steht jedem frei, sich aus der Geschichte zu holen, was ihm gefällt und was er heute, in der Gegenwart, in der er selbst lebt, für angemessen und richtig hält."[49] Dass radikaler Relativismus wiederum häufig Parteinahme für rechte Ideologeme bedeutet, liegt auf der Hand.

II. Vom Engagement zum „Mythos der Vernunft"

Erklärungen für diesen Relativismus ebenso wie den damit verbundenen, später manifesten Geschichtspessimismus Sieferles müssen bei seinen intellektuellen Verstehensbemühungen der Umweltkrise ansetzen. Diese bildet den entscheidenden Erfahrungshintergrund für viele seiner Schriften. Es dürfte kaum übertrieben

---

47 Trüby, Eine „Neue" Rechte gibt es nicht, S. 16.
48 Sieferle, Heimatschutz, S. 42.
49 Ebenda.

sein, darin *den* zentralen lebens- und erfahrungsgeschichtlichen Impuls für seine Forschung insgesamt zu erkennen. Für sein Geschichtsdenken erscheint dieser Hintergrund ähnlich bedeutsam wie die „Zeitenwende" von 1989. Anfang der 1990er-Jahre nennt er die „drohende oder bereits aktuelle Umweltkrise" eine „intellektuelle Herausforderung", die bislang noch kaum angenommen worden sei.[50] Er unterscheidet dort eine ältere umweltdeterministische Forschung von der heute weithin gültigen Auffassung, nach der sich verschiedene Abschnitte der Menschheitsgeschichte bzw. auch „unterschiedliche Kulturtypen" jeweils „exklusiv auf soziale, ökonomische oder geistig-symbolische Prozesse zurückführen" ließen.[51] An den Konzepten dieser Forschung bemängelt er, dass der natürlichen Umwelt darin nur eine marginale Rolle zukomme, was Sieferle vor dem „Erfahrungshintergrund einer modernen Bewegtheit der Geschichte" zugleich für verständlich hält.[52]

Die mit Blick auf die Umweltkrise agierende, neue Umweltgeschichte sieht er mit grundsätzlichen Schwierigkeiten konfrontiert.[53] Die Aufgabe des Umwelthistorikers erscheint dabei als ebenso schwierig wie weitreichend, denn sie bestehe darin, „möglichst die Gesamtheit der Beziehungen einer bestimmten Gesellschaft zu ihrer spezifischen natürlichen Umwelt zu erfassen".[54] Aus diesem Grund könne Umweltgeschichte vor allem als eine Integrationswissenschaft zur Erklärung komplexer Beziehungen verstanden werden, deren Gefahr jedoch darin liege, entweder zu reduktionistisch zu verfahren oder umgekehrt „abstrakte Globalerklärungen mit nur geringem empirischem Gehalt" zu entwerfen.[55]

Erkennbar ist ein ambitioniertes Projekt: Die Entwicklung eines übergreifenden, historisch fundierten Forschungsfeldes, das keine Nische auszufüllen begehrt, sondern sich vornimmt, globale Zusammenhänge am Paradigma des Umweltbegriffs in den Blick zu nehmen. Im Hinblick auf mögliche Reduktionismen

---

50 Rolf Peter Sieferle, Überlegungen zu einer Naturgeschichte der Umweltkrise, in: Jean-Pierre Wils u. a., Natur als Erinnerung? Annäherungen an eine müde Diva, Tübingen 1992, S. 77.
51 Sieferle, Naturgeschichte der Umweltkrise, S. 80.
52 Ebenda.
53 Ebenda, S. 83.
54 Ebenda, S. 84
55 Ebenda.

sowohl einer naturalistisch als auch einer soziologisch verfahrenden Umweltgeschichte, die von der Brisanz der spätestens seit den 1970er-Jahren deutlich erkennbaren Umweltkrise als „Erfahrungsgrundlage" ausgehen, entwickelt Sieferle nichts weniger als ein Modell, das er „im Hinblick auf einen integrativen Ansatz in einer universalgeschichtlich orientierten Umweltgeschichte" entwirft und an vergleichbare Modelle aus der ökologischen Anthropologie anlehnt.[56]

Forschungspraktisch verband sich sein historischer Blick auf die Umwelt zunächst mit Rekonstruktionen der Geschichte der Energieträger sowie einem gesellschaftshistorischen Interesse an Veränderungen der sozialen Frage. An der Universität-Gesamthochschule Essen war er 1980 wissenschaftlicher Mitarbeiter in der interdisziplinären Arbeitsgruppe Umwelt, Gesellschaft, Energie (AUGE) geworden und dort bis 1983 oder 1984 Mitarbeiter des von Klaus Michael Meyer-Abich und Bertram Schefold geleiteten, vom Bundesministerium für Forschung und Technologie in Auftrag gegebenen Forschungsprojekts „Die Sozialverträglichkeit verschiedener Energiesysteme in der industriegesellschaftlichen Entwicklung". Während dieser Zeit erschien 1982 seine von manchen als Standardwerk für den Übergang vom Energieträger Holz auf die Steinkohle angesehene Studie „Der unterirdische Wald. Energiekrise und Industrielle Revolution" im C. H. Beck Verlag. Am Ende des Buches stellt Sieferle das „Angebot" einer auf der Atomenergie aufbauenden „super-backstop-technology" für den Einstieg ins „Atomzeitalter" als einer Utopie der 1950er-Jahre der in den frühen 1980er-Jahren verbreiteten „Angstvision" des „Atomstaat[s]" gegenüber. In dem Gegensatz formuliere sich eine weitreichende Alternative, die keinesfalls nur als eine technisch-ökonomische verstanden werden könne: „Die heutigen ‚Sprecher der Natur' behaupten nicht nur, daß auch ein modernes Solarenergiesystem eine Art ‚backstop-technology' anbietet, wenn auch vielleicht nicht mit den Wachstumsversprechen der Kernenergiefreunde. Sie fordern zugleich ein anderes Verhältnis zur Natur und damit auch zwischen den Menschen. Der Widerstand der Natur und der Protest der Individuen beginnen zu konvergieren."[57]

---

56 Ebenda, S. 88.
57 Rolf Peter Sieferle, Der unterirdische Wald. Energiekrise und Industrielle Revolution, München 1982, S. 265.

Diese Passage ist vor dem Hintergrund späterer Arbeiten Sieferles bemerkenswert. Denn hier wird der Umwelt ein Widerstandspotenzial zugeschrieben,[58] das wegen der konstatierten Konvergenz mit dem Protest der Individuen fast als anthropomorphisiert erscheint. Nicht nur das: Trotz der distanzierten Darstellung lässt sich hierin eine Parteinahme für diesen Widerstand erkennen, womit sich etwa die Wertschätzung des Autors auch im links-alternativen Milieu der 1980er-Jahre erklären ließe.[59] Vor allem aber erweckt dieser emphatische Schluss den Eindruck, dass es den Individuen im Einklang mit der Natur womöglich gelingen könnte, Antworten auf die Bedrohung der Umweltkrise zu finden, die den Fortbestand von Natur und Menschheit sichern würden.[60] Hier scheint ein kurzer Einwurf des Historikers am Ende seiner Darstellung auf die Möglichkeit von Engagement zu zielen; anders gesagt, hier wird die menschliche Vernunft weder abgeschrieben noch verteufelt.

Dagegen offenbart die überwiegende Anzahl späterer Texte Sieferles eine bisweilen polemische Zurückweisung der Vorstellung von menschlicher Autonomie und Vernunftbegabung. Im Beitrag zu dem von ihm 1988 im Suhrkamp Verlag herausgegebenen Sammelband „Fortschritte der Naturzerstörung" liefert er zwar einen instruktiven, dichten Forschungsbericht, in dem er interessante Perspektiven auf eine zukünftige Umweltgeschichte präsentiert und bereits den weitreichenden akademischen Anspruch an diesen Forschungsbereich artikuliert, der in dem Abschnitt eingangs angeführt wurde; zugleich lässt er diesen jedoch mit

---

58 Wenige Seiten zuvor führt Sieferle aus, dass mit diesem „Widerstand", den er hier noch in einfache Anführungszeichen setzt, die Wahrnehmung einer industriellen Wachstumsschranke im Hinblick auf begrenzte Rohstoffreserven oder begrenztes Ackerland gemeint sei, die Natur sich also insofern nicht „vorbehaltlos unter die Abstraktionen der Marktökonomie" zwingen lasse; siehe Sieferle, Der unterirdische Wald, S. 262.

59 Thomas Meyer erinnerte auf dem Workshop zum „Fall Sieferle", der am 13./14. Juni 2018 am Zentrum für Antisemitismusforschung stattfand, daran, dass Anfang der 1990er-Jahre Sieferle in linken Kreisen an der LMU München gelesen wurde.

60 Das lässt auch an Herbert Marcuses Thesen zur „Befreiung der Natur als Mittel der Befreiung des Menschen" denken. Vgl. Herbert Marcuse, Konterrevolution und Revolte (1972), in: ders., Schriften, Bd. 9: Konterrevolution und Revolte/Zeit-Messungen/Die Permanenz der Kunst, Frankfurt a. M. 1987, S. 63. Sieferle bezieht sich in „Fortschrittsfeinde" auf Marcuse; im Literaturverzeichnis nennt er drei Titel, darunter auch „Kulturrevolution und Revolte"; vgl. Sieferle, Fortschrittsfeinde?, S. 294.

einer vernunftkritischen Pointe enden. Dennoch erscheinen viele seiner Beobachtungen erhellend. Etwa, wenn er ein Missverhältnis zwischen dem „aktuellen[n] gesellschaftliche[n] Erklärungsbedarf" und den gravierenden institutionellen Hindernissen konstatiert, die einer Professionalisierung der Einzelwissenschaften zur Umweltgeschichte im Wege stünden.[61] Dabei skizziert er zwei mögliche Alternativen für die weitere Entwicklung des Fachs, bei denen er auf der einen Seite die Äußerung „mehr oder weniger phantastischer Entwürfe durch Außenseiter" erkennt, die versuchten, „Schneisen über Fachgrenzen hinweg zu schlagen" und so die Formulierung „universelle[r] Erklärungen" zu wagen.[62] Diesen Autoren könnten vonseiten der Fachdisziplinen mühelos Fehler in Einzelfragen nachgewiesen werden, wodurch solche „Universalentwürfe" wie „gewaltige Fehlersammlungen" erschienen, was freilich ihre Aufnahme im breiteren Publikum keineswegs verhindere. Sie könnten so durchaus Wirkung erzielen. Ob bewusst oder unbewusst, scheinen Sieferles Beiträge zur Umweltgeschichte dieser Alternative zu folgen. Die Vermutung ist durchaus plausibel, dass sich Sieferle bereits früh als akademischer Außenseiter wahrnahm, der zu gleicher Zeit für ein großes Publikum zu schreiben gedachte. Die andere Alternative läge in der Adaptation des Themas innerhalb der Deutungsschemata der jeweiligen Disziplin, wodurch jedoch gerade die größeren Zusammenhänge verloren gingen, auf die es aus systematischer Perspektive eigentlich ankäme.[63]

Am Ende des Beitrags verabschiedet er die Vorstellung, das Verhältnis von „Mensch" und „Natur" sei einer „ethisch-normativen Steuerung" überhaupt zugänglich. Wenn man den „Naturalismus" radikalisiere, so spekuliert Sieferle, ließe sich zeigen, dass letztlich „auch die anthropozentrische Ethik [...] auf einer optischen Täuschung" beruhe: „Die ‚Umweltkrise' wäre dann als Prozeß der Selbstzerstörung einer bestimmten Struktur, zu deren Elementen auch Menschen gehören, zu begreifen."[64] Im Anschluss an Niklas Luhmanns Systemtheorie schreibt er diesem „dezentrierte[n] System" eine spezifische Komplexität und

---

61 Rolf Peter Sieferle, Perspektiven einer historischen Umweltforschung, in: ders. (Hrsg.), Fortschritte der Naturzerstörung, Frankfurt a. M. 1988, S. 348.
62 Ebenda, S. 349.
63 Ebenda.
64 Ebenda, S. 368.

Trägheit zu, weshalb es für die „korrigierende Beeinflussung durch eigene Subsysteme (also ‚ethische' Besinnung z. B.)" kaum zugänglich sei. Dieser Perspektivwechsel gegenüber dem Ende von „Der unterirdische Wald" wird im Schlusssatz des Aufsatzes in einer Vernunft und Mythos verbindenden Sentenz bekräftigt: „Der Mythos der Vernunft verdunkelt vielleicht ebenso wie der einer natürlichen Teleologie, daß wir uns inmitten eines gewaltigen Naturschauspiels befinden."[65] Bereits hier begegnen wir einer Variante des „erhabenen Schauspiels", dem sich der Ikarus in „Finis Germania" gegenübersieht. Obwohl sich solche Sätze vor dem Hintergrund postmoderner Vernunftkritik Ende der 1980er-Jahre zweifellos anders lasen als heute, zeigt die Analyse, dass Sieferle hier von emanzipatorischen Projekten, die auf die Befreiung von Individuen aus Natur- und anderen Zwängen abzielen, Abstand nimmt. Im Hinweis auf das Naturschauspiel, dem wir während der Selbstzerstörung des Planeten beiwohnen, lässt sich dagegen bereits jener Zug ästhetischer Verklärung zufälliger Ordnungen und Strukturen ausmachen, dem wir in „Finis Germania" begegnen und der sich durch viele von Sieferles Texten seit „Fortschrittsfeinde" zieht.

III. Der Nationalsozialismus als Folge einer „Großkrise der menschlichen Natur"

Schon während der 1980er-Jahre verbindet Sieferle seine Modelle für eine Umweltgeschichte mit geschichtsspekulativen Thesen, die immer wieder um die Frage nach den gegenwärtigen Bewertungen des Nationalsozialismus kreisen. Für die Melange aus historischer Rekonstruktion, für die Sieferle reklamiert, nur „den elementaren Forderungen einer historischen Hermeneutik" zu entsprechen,[66] einem Anspruch, dem er allerdings nicht gerecht wird, erscheint die 1989 wiederum im Suhrkamp Verlag erschienene Studie „Die Krise der menschlichen Natur. Zur Geschichte eines Konzepts" symptomatisch. Darin untersucht er nach eigener Aussage „einen geistesgeschichtlichen Zusammenhang", nämlich „das Verständnis

---

65 Ebenda.
66 Rolf Peter Sieferle, Die Krise der menschlichen Natur. Zur Geschichte eines Konzepts, Frankfurt a. M. 1989, S. 62.

von Stabilität und Krisenhaftigkeit der Natur in der Vergangenheit".[67] Die Abhandlung folgt einer Krisendarstellung, die Sieferle gleich mit den ersten Zeilen seines Buchs beschwört. Die Natur sei „ins Gerede gekommen", überall könne man „Alarmzeichen" vernehmen, die bisherigen Entwicklungen der industriellen Moderne drohten in eine Sackgasse zu führen. Es ist ein apokalyptisches Szenario, mit dem die Abhandlung einsetzt:

„Die Anzeichen einer Naturkrise sind unübersehbar. Wir hören von akuten wie schleichenden Umweltzerstörungen, vom Wäldersterben, von der Vergiftung des Bodens und des Wassers, vom Aussterben zahlreicher Tierarten, von der Gefährdung ganzer Landschaften wie der Alpen und des Wattenmeers, schließlich vom drohenden Klimawandel aufgrund einer vom Menschen ausgehenden Änderung der atmosphärischen Gaszusammensetzung. Weitere Probleme kommen hinzu, denken wir etwa an die Möglichkeit nuklearer Selbstauslöschung oder auch nur an das Vernichtungspotential, das sich bei industriellen Unfällen realisieren kann. Die Menschheit scheint in eine Zone der Gefahr geraten zu sein, innerhalb deren katastrophale Krisen bis hin zur Selbstvernichtung drohen."[68]

Während es angesichts der in den letzten drei Dezennien weiter fortgeschrittenen Umweltzerstörung und der ganz aktuell politische Aufmerksamkeit beanspruchenden Frage nach dem Klimawandel kaum schwerfällt, die Brisanz von Sieferles Gegenstand zu erkennen, zeigt sich bei näherem Hinsehen eine Perspektivierung seiner historischen Rekonstruktionen, die auf den schon bei Erscheinen 1994 durchaus kritisch aufgenommenen „Epochenwechsel"[69] sowie den antisemitischen Nachlasstext „Finis Germania" vorausweisen.

Unmittelbar im Anschluss an das Krisenszenario prognostiziert Sieferle „ein Ende des Selbstverständnisses der Moderne", das er durch einen Wandel der kollektiven Mentalitäten angekündigt sieht.[70] Indem er dieses Selbstverständnis

---

67 Ebenda, S. 12.
68 Ebenda, S. 9.
69 Rolf Peter Sieferle, Epochenwechsel. Die Deutschen an der Schwelle zum 21. Jahrhundert, Berlin 1994.
70 Sieferle, Die Krise der menschlichen Natur, S. 9.

enden lässt und zudem mit dem Ausdruck „Projekt" verbindet, verweist er auf das mit Jürgen Habermas assoziierte Plädoyer für ein noch „unvollendetes" Projekt der Moderne. Habermas fragte in seiner berühmten Rede aus Anlass der Verleihung des Theodor-W.-Adorno-Preises 1980, ob „postmodern" ein Schlagwort sei, „unter dem sich unauffällig jene Stimmungen beerben lassen, die die kulturelle Moderne seit der Mitte des 19. Jahrhunderts gegen sich aufgebracht" habe.[71] Unabhängig davon, ob sich Sieferle jemals als Teil des philosophischen Denkens der Postmoderne verstand, was eher unwahrscheinlich ist, konnte er Habermas' Frage nach einer Beerbung jener „Stimmungen", die in Gegnerschaft zur kulturellen Moderne entstanden, gleichwohl auf sich beziehen.

Die Umweltkrise erscheint Sieferle als evidenter Beleg für das Scheitern menschlicher Vernunft; zugleich nutzt er sie als Instrument, mit dem er die den Vertretern der Moderne zugeschriebene „Herrschaft der Vernunft", die doch „gerade in der Naturbeherrschung" hätte triumphieren wollen, auszuhebeln versucht. Nichts weniger als „das Pathos der vernünftigen Selbstbestimmung des Menschen" sieht Sieferle durch den Entwicklungsprozess der industriellen Moderne grundlegend erschüttert.[72] In seinem Forschungsbericht aus dem Vorjahr hatte er zwar auch schon die Vernunft verabschiedet, es fehlte dort aber die polemische Verbindung und Zuspitzung, mit der jetzt eine Gegnerschaft markiert ist. Im „Epochenwechsel" schließlich ist ein zwölfseitiger Abschnitt „Die Herrschaft der Vernunft" überschrieben, was darauf hindeutet, dass es sich bei Sieferles Versuch, die Vernunft selbst dem Mythos zuzuschlagen, um eine früh ausgebildete und wiederkehrende Trope seiner Geschichtsdeutung handelt.[73]

Während die mit Habermas verbundene vernünftige Selbstbestimmung des Menschen dieser Perspektive von vornherein als erledigt erscheint, knüpft Sieferle bewusst an Horkheimers und Adornos „Dialektik der Aufklärung" (1944/47) an, wenn er diesem einzigen „Bestseller" der Kritischen Theorie den Gedanken zuschreibt, dass der Prozess der Zivilisation selbstzerstörerisch sei.[74] Allerdings

---

71 Jürgen Habermas, Die Moderne – ein unvollendetes Projekt (1980), in: ders., Die Moderne – ein unvollendetes Projekt. Philosophisch-politische Aufsätze 1977–1990, Leipzig 1990, S. 33.
72 Sieferle, Die Krise der menschlichen Natur, S. 10.
73 Sieferle, Epochenwechsel, S. 141–153.
74 Sieferle, Die Krise der menschlichen Natur, S. 11.

hält er seine Ausdehnung dieses Gedankens auf die natürlichen Voraussetzungen menschlichen Lebens für neu: „Wenn die menschlichen Produktionen ihre eigene Naturbasis zerstören, so vernichten sie sich selbst." Es sei dann nicht mehr möglich, diesen Prozess einer Geschichtsdialektik zuzuschreiben, bei der noch die Negativität der Gegenwart einen objektiven Sinn erhalte: „Die Selbstzerstörung, die sich in der totalen Naturkrise andeutet, trägt ihren Maßstab in sich selbst. Sie gilt nicht nur als selbstverschuldete Abweichung von einem ‚Wesen des Menschen', kann nicht mehr als transitorisch notwendiges Stadium eines verwickelten Fortschrittsprozesses verstanden werden. In ihr scheint sich vielmehr eine Krise abzuzeichnen, die auf einen Abschluß deutet: einen Untergang, keinen Übergang."[75]

Die Vorstellung eines dialektischen Umschlags innerhalb des krisenhaften Fortschrittprozesses wird von Sieferle angesichts des Zerstörungspotenzials der industriellen Moderne, die er für die gegenwärtige Umweltkrise verantwortlich macht, und seiner generellen Zurückweisung des Fortschrittsparadigmas nicht mehr geteilt.

Das Erkenntnisinteresse dieser Schrift bezieht sich auf die Frage, ob es während der letzten drei- bis vierhundert Jahre, einem Zeitraum, den Sieferle die „Formationsperiode" der heutigen Industriegesellschaften nennt, bereits Vorstellungen einer totalen Naturkrise gegeben habe und wie intellektuell mit diesen umgegangen wurde.[76] Diese Fragen geht Sieferle im Zusammenhang „realer Problemkontexte" an, was heißen soll, ausgehend von historischen Debatten. Den Gegenstand seiner Studie sieht er in der „Diskussion um zivilisationsbedingte Beeinträchtigungen der menschlichen Natur", wie sie um 1900 geführt wurde.[77] Hinsichtlich einer zweiten Debatte, die Sieferle ebenfalls im Zusammenhang mit einer Krise der Natur verortet, der Angst vor drohender Überbevölkerung, verweist er auf eine spätere Veröffentlichung. Bereits ein Jahr danach erscheint diese „Rekonstruktion der Malthusdebatte"[78] dann ebenfalls bei Suhrkamp.[79]

---

75 Ebenda.
76 Ebenda, S. 13.
77 Ebenda.
78 Ebenda.
79 Rolf Peter Sieferle, Bevölkerungswachstum und Naturhaushalt. Studien zur Naturtheorie der klassischen Ökonomie, Frankfurt a. M. 1990.

Obwohl von den Umweltzerstörungen ausgehend, rückt Sieferle, wie es der Titel seiner Studie ankündigt, die Krise der *menschlichen* Natur ins Zentrum seiner ideengeschichtlichen Rekonstruktion. Das heißt in diesem Fall, dass er sich mit dem Diskurs der Eugenik und der „Rassentheorien" seit der zweiten Hälfte des 19. Jahrhunderts beschäftigt. Diese Engführung erscheint kaum plausibel, zumal nicht begründet wird, warum sich eine Studie, die mit der Umweltkrise der Gegenwart beginnt, ausschließlich mit historischen Wahrnehmungen bzw. Konzepten des Menschen befasst und dabei auf eine Analyse des komplexen Verhältnisses von Mensch und Umwelt fast völlig verzichtet.

Die eigentlichen Probleme der Studie liegen jedoch auf einer anderen Ebene. In der weiteren Darlegung erinnert Sieferle daran, dass „zahlreiche Elemente aus der Debatte um genetische Degeneration und Rassenverschlechterung in die ideologischen Grundlagen des Nationalsozialismus" eingegangen seien.[80] Seinen Verzicht, auf diese Verwandtschaftsverhältnisse zum Nationalsozialismus und dessen „Rassenpolitik", d. h. vor allem auf die Ermordung der europäischen Jüdinnen und Juden, einzugehen, begründet er mit zwei Behauptungen. Zum einen lehne er das Konzept des „Vorläufertums" ab, weil eine Position jeweils aus ihrem eigenen Kontext und nicht aus einem späteren heraus begriffen werden solle. Dabei unterschlägt Sieferle allerdings die Frage nach dem eigenen Erkenntnisinteresse, das auch bei einer historisch adäquaten Rekonstruktion zu klären bleibt. Wie sehr er seine historischen Paraphrasen nämlich einem bestimmten Narrativ unterordnet, soll nachfolgend gezeigt werden. Zum anderen begründet er diesen Verzicht mit der seiner Auffassung nach noch ungenügenden Erforschung der nationalsozialistischen Ideologie. So sei „die innere Logik dieses weltanschaulich-politischen Programms" erst noch zu entschlüsseln. Es fänden sich zwar wichtige Vorarbeiten bei Eberhard Jäckel (1981), Joachim Fest (1973) und „vor allem" bei Rainer Zitelmann in „Hitler. Selbstverständnis eines Revolutionärs", aber „Rassenideologie, Antisemitismus, ‚Sozialdarwinismus', sozialrevolutionärer ‚Meritokratismus'" sowie weitere Elemente nationalsozialistischer Weltanschauung seien noch nicht zusammenhängend und auf breiter Quellenbasis analysiert worden. Solange also nicht feststehe, worin die nationalsozialistische Ideologie eigentlich bestehe, habe es wenig Sinn, ihre Vorläufer zu ermitteln, wenn man sich nicht in leerer

---

80 Sieferle, Die Krise der menschlichen Natur, S. 13.

Beliebigkeit wiederfinden wolle.[81] Im Unterschied zu dieser Argumentation hatte Sieferle in „Fortschrittsfeinde" noch die Ansicht vertreten, dass es missverständlich sei, vom Nationalsozialismus als einer Sammlungsbewegung eine „Konsistenz der Programmatik" zu erwarten.[82] Die bemerkenswerte Einseitigkeit dieser Auswahl an Forschungsliteratur spricht zudem dafür, dass es sich um einen Versuch handelt, die offensichtlichen Kontinuitäten nicht diskutieren zu müssen. Dass er die Dissertation des früheren Maoisten und späteren rechten Aktivisten Rainer Zitelmann, der in den Jahren 1992 und 1993 als Cheflektor der Verlage Ullstein und Propyläen tätig werden sollte, besonders hervorhebt, fällt dabei ebenso auf wie die erstaunliche Zentrierung auf Forschungen zu Hitler, also ausschließlich auf Protagonisten der „intentionalistischen" Forschung. Studien der „Funktionalisten" bleiben ebenso unerwähnt wie Versuche, diesen Gegensatz in den Ansätzen zu überwinden.

Zudem besitzt der Text ein Problem auf der Ebene der Textgestalt. Sieferle gibt auch historisch problematische Auffassungen oft auf eine Weise wieder, dass Rekonstruktion bzw. Paraphrase einer historischen Position und Kommentar nicht mehr eindeutig zu unterscheiden sind. Wir hatten dies bereits im Zusammenhang mit Paul Schultze-Naumburg erwähnt. Das führt verschiedentlich dazu, dass etwa eine Auffassung nicht mehr nur dem Eugeniker Georges Vacher de Lapouge (1854–1936) zugeordnet werden kann, sondern als Meinung Sieferles erscheint. Ein signifikantes Beispiel dafür ist eine Passage, in der zunächst als wörtliches Zitat eine auf Lapouges zyklisches Geschichtsverständnis verweisende Äußerung angeführt wird. Dieser klar zugeordneten Aussage folgt dann ohne Anführungszeichen: „Es gibt kein Gesetz des Fortschritts, wie noch immer viele Zeitgenossen meinen, sondern von dem einmal erreichten Gipfel aus kann es nur noch bergab gehen."[83] Sieferle kokettiert damit, dass dieser Satz als Spitze gegen die eigenen Zeitgenossen verstanden werden muss, weil ununterscheidbar bleibt, ob er selbst damit Lapouge zustimmend kommentiert oder die Aussage einfach von Lapouge stammt. Es handelt sich um eine suggestive Lenkung der Leserinnen und Leser, die in einem wissenschaftlichen Text erstaunlich anmutet.

---

81 Ebenda.
82 Sieferle, Fortschrittsfeinde, S. 204.
83 Sieferle, Die Krise der menschlichen Natur, S. 177.

Vor allem aber zieht Sieferle am Ende seines Buches eine Bilanz, die den Nationalsozialismus als Folge einer „Großkrise" der menschlichen Natur interpretiert. Damit führt er die Weigerung, den Zusammenhang der dem Nationalsozialismus vorausliegenden „Rassentheorien" als „Vorläufer" zu rezipieren, vollends ad absurdum. Dieser Schluss soll hier komplett angeführt werden:

„Gerade das Beispiel der nationalsozialistischen Rassenpolitik hat gezeigt, daß nach Verschwinden der natürlichen Teleologie auf eine antizipierte Großkrise der menschlichen Natur mit erstaunlicher Radikalität reagiert werden kann. Wenn die (moralisch-anthropologische) Naturordnung sich nicht mehr selbst garantiert, wenn mit dem Naturhaushalt auch das Naturrecht in die Zone der Krise und damit der Dezision geraten ist, wird buchstäblich alles möglich. Die Erfahrungen der ersten Hälfte dieses Jahrhunderts haben demonstriert, was geschehen kann, wenn man auf eine (wie auch immer falsch perzipierte) Naturkrise mit der scheinbar gebotenen politischen Konsequenz reagiert."[84]

Der Nationalsozialismus erscheint in dieser Deutung zwar als eine offenkundig falsche Antwort auf eine ebenfalls nur der eigenen Wahrnehmung zuzuschreibende „Großkrise der menschlichen Natur". Vor allem aber bringt Sieferle hier den Nationalsozialismus, verstanden als Reaktion auf eine Krise der menschlichen Natur, in einen Vergleich mit der gegenwärtigen Umweltkrise, was die Fortsetzung des Zitats im prognostischen Duktus zeigt: So werde die zweite Hälfte des 20. Jahrhunderts vermutlich demonstrieren, was geschehe, „wenn man auf eine drohende Naturkrise *nicht* mit der gebotenen politischen Konsequenz reagiert". Darin zeige sich, „daß die Menschheit in eine neuartige Zone der Gefahr geraten ist, in der Handeln oder Nichthandeln fatale Konsequenzen haben kann".[85] Rhetorisch erzeugt der Historiker so eine Drohkulisse, auf die er mit Fatalismus antwortet.

---

84 Ebenda, S. 202 f.
85 Ebenda, S. 203.

IV. Conclusio

Die Veröffentlichung von „Epochenwechsel. Die Deutschen an der Schwelle zum 21. Jahrhundert" im Jahr 1994 markiert gleichwohl gegenüber den Schriften aus den 1980er-Jahren eine entscheidende Zäsur. In diesem ambitionierten, universalgeschichtlichen Großessay, der im gleichen Jahr und im selben Verlag erschien wie „Die selbstbewußte Nation",[86] schlägt Sieferle nach Mauerfall und deutscher Vereinigung erstmals offen nationalistische Töne an, wobei es ihm nun neben dem globalen Strukturwandel des Industriesystems, der Kontrolle der Technikentwicklung sowie der Bewältigung des Umweltproblems ebenso auch „um die Einwanderung in die Wohlstandszonen und die damit verbundenen sozialen und ideologischen Erschütterungen geht".[87] Die globale Migration, so die implizite Behauptung, verschärfe die Umweltkrise, und nach dem Ende der Blockkonfrontation stünden neue Konflikte an. Der kurze Moment nach dem Zusammenbruch des Kommunismus, der zum Teil als Zeitenende oder, in Francis Fukuyamas berühmter Formel, als „Ende der Geschichte" wahrgenommen worden sei, habe sich indessen als Zeiten*wende* entpuppt. In dieser kurzen „Windstille", so mutmaßt der Historiker, formierten „sich bereits die neuen agonalen Kräfte".[88] Der historische Gegenstand mutiert dabei zum „Schlachtfeld der Geschichte",[89] als das Deutschland dem „neutralen Beobachter" erscheint,[90] der in diesem Text so häufig postuliert wird wie in keinem anderen des Autors.[91] Unberührt vom Geschehen soll dieser sich vor allem als Zeitdiagnostiker betätigen: „Der neutrale Beobachter ist nicht darauf aus, sich selbst in dieses Kampfgetümmel zu stürzen, sondern seine

---

86 Heimo Schwilk/Ulrich Schacht (Hrsg.), Die selbstbewußte Nation. „Anschwellender Bocksgesang" und weitere Beiträge zu einer deutschen Debatte, Berlin 1994.
87 Sieferle, Epochenwechsel, S. 12.
88 Ebenda, S. 83.
89 Ebenda, S. 84.
90 „Deutschland, schon seit langem das Schlachtfeld der Völker, wurde in dieser Periode [=vom ausgehenden 18. Jahrhundert bis ins 20. Jahrhundert hinein] zum Schlachtfeld der Prinzipien. Neben Rußland ist es dasjenige Land, welches die Periode der Politik am intensivsten repräsentiert hat und dessen Schicksal als Täter wie als Leidtragender am stärksten mit ihr verbunden ist." Ebenda, S. 84.
91 Die Figur des „neutralen Beobachters" wird im „Epochenwechsel" u. a. auf den S. 83, 123, 338 und 365 genannt.

Neugierde richtet sich lediglich darauf, die Frontlinien der künftigen Auseinandersetzungen so früh wie möglich zu identifizieren."[92]

Mit dem heroischen Unbeteiligtsein seiner Beobachterposition in „Epochenwechsel" ruft der Geschichtswissenschaftler Ernst Jüngers Posthistoire auf. Zugleich stürzt sich der Essayist ins verbale Getümmel, um die deutsche Vergangenheitsbewältigung vehement zu attackieren. In einem besonders geschmacklosen Satz zitiert Sieferle auch den seit Karl Marx gerne als Hoffnungsgestalt zur Vorbereitung der Revolution imaginierten „Maulwurf der Geschichte",[93] von dem er schreibt, dass er „keine Endlösungen" kenne.[94] Solche, den Nationalsozialismus bagatellisierende Äußerungen, gehören in den Kontext einer geschichtspolitischen Polemik, die im sogenannten Historikerstreit aus der Mitte der 1980er-Jahre nichts weniger als „die Begründung eines neuen Mythos", wenn nicht gar „die Schaffung einer neuen Nationalreligion" sieht.[95] Ein knappes Jahrzehnt vor Martin Hohmanns antisemitischer Rede zum Tag der deutschen Einheit am 3. Oktober 2003[96] konstruiert Sieferle einen angeblichen Mythos, durch den „das Volk der Nazis zum negativ ausgewählten Volk geworden" sei.[97] Mitte der 1990er-Jahre formuliert er also Vorstellungen, die sich als Schuldabwehr-Antisemitismus verstehen lassen. Diese bilden den Kernbestand der antisemitischen Konstruktionen in „Finis Germania". In „Epochenwechsel" finden sie sich vor allem im Abschnitt „Vom Nutzen und Nachtteil der Vergangenheitsbewältigung für das Leben" (S. 117–123) versammelt, wo teilweise Sätze stehen, die wörtlich im Nachlasstext wiederbegegnen.[98]

---

92 Ebenda, S. 84.
93 Johann Tirnthal, Der Maulwurf – Hoffnung in finsteren Zeiten. Beitrag in der Reihe „Das philosophische Bestiarium" des Deutschlandfunks, 12. August 2018, https://www.deutschlandfunkkultur.de/das-philosophische-bestiarium-der-maulwurf-hoffnung-in.2162.de.html?dram:article_id=425275 [15. 7. 2019].
94 Sieferle, Epochenwechsel, S. 83.
95 Ebenda, S. 118.
96 Zur Analyse der Rede und des Medienereignisses vgl. Micha Brumlik, Der Fall Hohmann und warum er gar keiner ist, in: Jörg Döring/Clemens Knobloch/Rolf Seubert (Hrsg.), Antisemitismus in der Medienkommunikation, Frankfurt a. M. 2005, S. 129–141.
97 Sieferle, Epochenwechsel, S. 118.
98 Mit einer nur minimalen Variation findet sich z. B. der folgende Abschnitt: „Adam [sic] Hitler wird durch keinen Jesus revoziert [in ‚Finis Germania' statt „revoziert":

Nach „Epochenwechsel" veröffentlichte Sieferle zu Lebzeiten, soweit ich sehe, keine offensiv nationalistischen Texte mehr.[99] Nachdem Mitte der 1990er-Jahre eine größere Skandalisierung ausgeblieben war, obwohl es durchaus eine Reihe kritischer Stimmen gab,[100] veränderte Sieferle offenkundig seine Textstrategie. Vielleicht ist es dieser Tatsache zu verdanken, dass seine eigentliche akademische Karriere noch nach der Veröffentlichung von „Epochenwechsel" stattfinden konnte: Erst 2005 wurde er als ordentlicher Professor an die Universität St. Gallen berufen. Und vielleicht lässt sich so auch erklären, dass Schultze-Naumburg drei Jahre nach Erscheinen des „Epochenwechsel in Rückblick auf die Natur" namentlich nicht mehr genannt wird. Schultze-Naumburg, an dem sich die völkische Radikalisierung eines Vertreters der etablierten Kreise veranschaulicht, diente Sieferle offensichtlich als Identifikationsfigur und weist daher nicht von ungefähr eine auffällige Parallele zu dessen eigener Entwicklung auf.

Festgehalten sei noch der Widerspruch zwischen Sieferles Ökologismus und der Leugnung des Klimawandels bei vielen der Anhänger von „Finis Germania". Dazu passt freilich, dass seine Aufladung als neurechte Symbolfigur weitgehend ohne Kenntnis seiner umweltgeschichtlichen Studien aus den 1980er-Jahren auszukommen scheint.

„aufgehoben"; HJH]; man würde einen solchen Jesus wohl auch schleunigst kreuzigen. Die Schuld bleibt daher total, wird von keiner Gnade kompensiert." Ebenda, S. 118, sowie in Sieferle, Finis Germania, S. 71. Indem Sieferle Hitler zum neuen „Adam" macht, verwandelt er den Nationalsozialismus in einen negativen Gründungsmythos, dessen „Schuld" den Deutschen jedoch nicht mehr vergeben werde, wie noch in der christlichen Basiserzählung Jesus die Schuld der Menschen auf sich genommen hatte.

99   Der 1995 veröffentlichte Band „Die konservative Revolution" verfolgt eine andere Textstrategie als „Epochenwechsel". Wiederum finden sich hier Passagen erlebter Rede, wenn es etwa über die Wahrnehmung der Zeit vor 1914 heißt: „Eine schier unerträgliche prä-apokalyptische Spannung baute sich auf." Vgl. Sieferle, Die konservative Revolution, S. 15. Dafür enthält sich Sieferle offensichtlicher Polemik und des Ressentiments.

100 Thomas Wörtche unterstellt in seiner Besprechung in der *tageszeitung* (*taz*), dass Sieferle mit seinem Buch hatte „ins Gerede kommen" wollen, worin er eine „Karrierestrategie" vermutet. Vgl. Thomas Wörtche, Wiedergekäut von links nach rechts, in: taz, 15. 10. 1994, https://taz.de/!1538444/ [23. 7. 2019].

ANTISEMITISMUS UND RASSISMUS
IM NACHKRIEGSDEUTSCHLAND

PHILIPP LENHARD

Der Fall Benjamin

Hannah Arendt, das Institut für Sozialforschung
und die Frage der Mitschuld

„Sie möchte am liebsten aus uns, die wir ihn schließlich allein
7 Jahre über Wasser gehalten haben, seine Mörder machen."
Theodor W. Adorno, März 1968[1]

Im Januar 1968 erschien in der Zeitschrift *Merkur* der erste von insgesamt drei Teilen eines längeren Essays von Hannah Arendt über den Schriftsteller Walter Benjamin.[2] Dieser Text, der enorme Aufmerksamkeit erregen und Adorno zum zitierten Ausspruch reizen sollte, hatte eine dreißig Jahre zurückreichende Vorgeschichte, die im Folgenden nochmals unter einer bisher nicht betrachteten Perspektive und unter Einbeziehung neuer Quellen aufgerollt werden soll.[3] Der „Fall Benjamin", so die hier vertretene These, wirft nicht nur ein Schlaglicht auf das

---

1   Theodor W. Adorno, Über Walter Benjamin. Aufsätze, Artikel, Briefe, Frankfurt a. M. 1990, S. 98.
2   Hannah Arendt, Walter Benjamin. Teil I: Der Bucklige, in: Merkur 238 (Januar 1968), S. 50–65.
3   Zur *Merkur*-Debatte siehe bereits Burkhardt Lindner, Das Politische und das Messianische: Hannah Arendt und Walter Benjamin. Mit einem Rückblick auf den Streit Arendt – Adorno, in: Fritz Bauer Institut/Liliane Weissberg (Hrsg.), Affinität wider Willen? Hannah Arendt, Theodor W. Adorno und die Frankfurter Schule, Frankfurt a. M./New York 2011, S. 209–230, sowie Liliane Weissberg, Ein Mensch in finsteren Zeiten: Hannah Arendt liest Walter Benjamin, in: ebenda, S. 177–208, besonders S. 190–194; Helgard Mahrdt, „Unausrottbar ist das Poetische solange es noch das Wundern gibt" – Hannah Arendt über Walter Benjamin, in: Wolfgang Heuer/Irmela von der Lühe (Hrsg.), Dichterisch denken. Hannah Arendt und die Künste, Göttingen 2007, S. 31–49.

Verhältnis zwischen Hannah Arendt und dem Institut für Sozialforschung, sondern verdeutlicht auch die Schwierigkeit, im Schatten der nationalsozialistischen Judenverfolgung die Frage von Schuld, Unschuld und Mitschuld zu bestimmen.

Dies gilt speziell für Walter Benjamins Suizid im September 1940 auf der Flucht vor den Häschern des Nazi-Regimes.[4] Nach der Besetzung und anschließenden Teilung Frankreichs im Juni 1940 zwischen einer deutschen Besatzungszone im Norden und der Machtübernahme Marschall Pétains im Süden, der mit den Nazis kollaborierte, hatte Benjamin keinen anderen Ausweg mehr gesehen, als über Spanien und Portugal nach Nordamerika zu fliehen. Das bereits emigrierte Institut für Sozialforschung hatte ihm in allerletzter Minute ein Einreisevisum in die USA verschafft, doch als er mit einem Flüchtlingstreck im spanischen Grenzort Portbou ankam, wurde ihm wegen eines fehlenden Ausreisevisums der Grenzübertritt verweigert. Benjamin, den ein Herzleiden dazu zwang, alle drei bis vier Minuten auf der Straße stehen zu bleiben, nahm sich aus Verzweiflung in der Nacht vom 26. auf den 27. September 1940 mit einer Überdosis Morphiumtabletten das Leben.[5]

Alle an der Debatte im Jahr 1968 Beteiligten – Hannah Arendt, Gershom Scholem, Theodor Adorno und Friedrich Pollock – waren zu Benjamins Lebzeiten eng mit diesem befreundet und schockiert gewesen, als sie die Schreckensnachricht von seinem Tod erreichte. Für alle von ihnen hatte der Tod des von ihnen auf je eigene Weise bewunderten Benjamin etwas Emblematisches. Noch 1947 schrieb Arendt an Scholem, sie habe sich „mit Walters Tod nie abfinden können und [...] infolgedessen in all den Jahren, die seit seinem Tod verstrichen sind, niemals die nötige Distanz gewonnen, um ‚über' ihn schreiben zu können".[6] Scholem veröffentlichte seine Erinnerungen an Walter Benjamin erst 1965, und sogar Adorno, der als erster überhaupt nach Benjamins Tod über diesen schrieb, glaubte,

---

4   Zur Biografie siehe Howard Eiland/Michael W. Jennings, Walter Benjamin: A Critical Life, Cambridge u. a. 2014; Eli Friedlander, Walter Benjamin. Ein philosophisches Portrait, München 2013 sowie Lorenz Jäger, Walter Benjamin. Das Leben eines Unvollendeten, Berlin 2017.
5   Vgl. Bernd Witte, Walter Benjamin. Mit Selbstzeugnissen und Bilddokumenten, Reinbek 1985, S. 132.
6   Hannah Arendt an Gershom Scholem, 19. 3. 1947, in: Detlev Schöttker/Erdmut Wizisla (Hrsg.), Arendt und Benjamin. Texte, Briefe, Dokumente, Frankfurt a. M. 2006, S. 171.

dass „durch diesen Tod [...] die Philosophie um das Beste gebracht worden war, was sie überhaupt hätte erhoffen können".[7] Alle drei fühlten sich verpflichtet, die Erinnerung an Walter Benjamin aufrechtzuerhalten – wer dieser Walter Benjamin allerdings wirklich war, darüber bestand alles andere als Einigkeit.

I. Hannah Arendts Benjamin-Essay

Der Veröffentlichung von Arendts Essay war eine Benjamin-Kontroverse vorausgegangen, die durch eine Rezension der kurz zuvor von Scholem und Adorno herausgegebenen zweibändigen Briefausgabe ausgelöst worden war. Der Schriftsteller Helmut Heißenbüttel hatte im *Merkur* in scharfen Worten eine „Retouche am Spätwerk Benjamins" moniert. Die Herausgeber der Briefausgabe, so stellte er fest, hätten die marxistisch-materialistische Komponente und insbesondere den Einfluss Brechts getilgt. „Das Werk erscheint in einer Uminterpretation, in der der überlebende kontroverse Briefpartner [d. i. Adorno] seine Auffassung durchsetzt."[8] Diese Kritik war Anlass für ein Themenheft zu Benjamin in der der Neuen Linken nahestehenden Literaturzeitschrift *Alternative*. Die im Oktober 1967 erschienene Doppelausgabe wärmte Heißenbüttels Vorwürfe wieder auf und spitzte sie sogar noch zu. Daraufhin erschienen auch in der *Frankfurter Rundschau* und in der Zeitschrift *Argument* zahlreiche kritische Beiträge, sodass sich am Ende sogar der Suhrkamp-Verleger Siegfried Unseld, der Benjamin-Mitherausgeber Rolf Tiedemann sowie Adorno selbst gezwungen sahen, sich zu Wort zu melden.[9]

Arendt nahm nicht an der Auseinandersetzung teil, aber dürfte sie als langjährige Autorin des *Merkur* aufmerksam verfolgt haben, zumal sie seit Langem einen Groll gegen das Institut hegte und schon seit den vierziger Jahren, als sie

---

7   Theodor W. Adorno, Erinnerungen an Benjamin [1966], in: Über Walter Benjamin, Frankfurt a. M. 1968, S. 15.
8   Helmut Heißenbüttel, Vom Zeugnis des Fortlebens in Briefen, in: Merkur 228 (März 1967), S. 240.
9   Siegfried Unseld, Zur Kritik an den Editionen Walter Benjamins, in: Frankfurter Rundschau, 24. Januar 1968; Rolf Tiedemann, Zur Beschlagnahme Walter Benjamins oder Wie man mit der Philologie Schlitten fährt, in: Das Argument 10 (1968) 1/2, S. 74–93; Theodor W. Adorno, Interimsbescheid, in: Frankfurter Rundschau, 6. März 1968, S. 12.

Benjamins Nachlass an Adorno übergeben hatte, mutmaßte, dieser manipuliere Benjamins Werk.[10] Sie fasste den Plan, sich mit einem eigenen Essay zu Wort zu melden, und kontaktierte dafür unter dem Vorwand, ein unbekanntes Manuskript der Geschichtsthesen zu besitzen, Theodor Adorno.[11]

Arendt ging in dem Briefwechsel zwei Fragen nach, die sie besonders beschäftigten. Zum einen erkundigte sie sich bei Adorno nach abweichenden Textversionen von Benjamins Thesen „Über den Begriff der Geschichte". Ihr eigenes handschriftliches Exemplar, das ihr Benjamin kurz vor seiner Flucht in Paris übergeben hatte und das an einigen Stellen von der Version abwich, die in den 1955 von Adorno herausgegebenen „Schriften" abgedruckt war, stellte sie dem Institut bereitwillig als Kopie zur Verfügung.[12] Aber nicht ganz ohne Hintergedanken. Arendt wollte nämlich wissen, ob Adorno, der an der Ausgabe beteiligt gewesen war, in den Text eingegriffen und ihn in seinem Sinne verändert hatte. Dieser verneinte das und wies auf unterschiedliche Versionen hin, die ihm vorlägen – zu Recht, wie wir heute wissen.[13] Interessanterweise fehlt ausgerechnet in Arendts handschriftlicher Version, die wahrscheinlich die älteste existierende ist, die später als These VII veröffentlichte Passage, die mit einem Brecht-Zitat eingeleitet wird.[14]

---

10 Siehe etwa Hannah Arendt an Heinrich Blücher, 2. 8. 1941, in: Schöttker/Wizisla (Hrsg.), Arendt und Benjamin, S. 146, wo es heißt, sie könne „die Schweinebande" vom Institut „alle miteinander glatt morden", weil diese angeblich Benjamins Geschichtsthesen unterschlagen wolle – was nicht der Fall war, denn schon 1942 wurden sie vom Institut publiziert. Zur Beziehung zwischen Arendt und dem Institut siehe auch Seyla Benhabib, Hannah Arendt und die Frankfurter Schule. Geteiltes Schicksal und antagonistische Persönlichkeiten, in: Monika Boll/Raphael Gross (Hrsg.), Die Frankfurter Schule und Frankfurt. Eine Rückkehr nach Deutschland, Göttingen 2009, S. 170–177.

11 Hannah Arendt an Theodor W. Adorno, 30. 1. 1967, in: Schöttker/Wizisla (Hrsg.), Arendt und Benjamin, S. 175. Arendt und Adorno hatten sich bereits um 1930 kennengelernt, als Arendt mit ihrem damaligen Ehemann Günter Stern für einige Zeit in Frankfurt lebte.

12 Walter Benjamin, Geschichtsphilosophische Thesen, in: ders., Schriften, Bd. 1, hrsg. von Theodor W. Adorno und Gretel Adorno unter Mitwirkung von Friedrich Podszus, Frankfurt a. M. 1955, S. 494–506.

13 Vgl. Jeanne Marie Gagnebin, Über den Begriff der Geschichte, in: Burkhardt Lindner (Hrsg.), Benjamin Handbuch. Leben – Werk – Wirkung, Stuttgart/Weimar 2006, S. 284–300.

14 Das Faksimile des Manuskripts ist abgedruckt in: Schöttker/Wizisla (Hrsg.), Arendt und Benjamin, S. 99–119.

Die zweite Frage, die Arendt umtrieb, war die nach Benjamins Baudelaire-Aufsatz, der 1939 in der *Zeitschrift für Sozialforschung* erschienen, aber nicht in die zweibändige Benjamin-Ausgabe eingegangen war.[15] Arendt wusste aus Gesprächen mit Benjamin, dass der Veröffentlichung 1939 tief greifende Diskussionen vorausgegangen waren, da die Redaktion mit dem ursprünglichen Manuskript nicht zufrieden gewesen war. Der Text, den Benjamin der Redaktion mit zeitlicher Verzögerung vorgelegt hatte, war für das Zeitschriftenformat vollkommen ungeeignet, da er alleine vom Umfang her ein gesamtes Heft in Anspruch genommen hätte.[16] Aus pragmatischen Gründen hatte der stellvertretende Institutsdirektor Friedrich Pollock im Rahmen eines Paris-Aufenthaltes Benjamin in einem längeren Gespräch vorgeschlagen, einen der drei Teile des Textes in einen 40- bis 50-seitigen Aufsatz umzuarbeiten, was letztlich auch geschah.[17] Adorno hatte Benjamin zudem in einem langen Brief erhebliche inhaltliche Verbesserungsvorschläge gemacht, worauf dieser, wie man sich vorstellen kann, nicht freudig reagierte, deren Berechtigung er aber teilweise zugestand.[18] Am Ende erschien eine erheblich von der ursprünglichen Version abweichende Fassung – was, wie Gregor Sönke-Schneider gezeigt hat, nicht unüblich für die Zeitschrift war, da die Redaktion oft in Texte eingriff, wenn sie nicht mit diesen einverstanden war.[19] Dies hatte allerdings weniger mit einer einheitlichen theoretischen oder gar politischen Position zu tun als vielmehr mit dem Anspruch, die Texte in einem kollektiven Prüfungsverfahren besser zu machen. Die Zeitschrift war

---

15 Walter Benjamin, Über einige Motive bei Baudelaire, in: Studies in Philosophy and Social Science VIII (1939) 1, S. 50–91.

16 Alle drei Teile sind schließlich 1974 in Band I/2 der von Rolf Tiedemann und Hermann Schweppenhäuser herausgegebenen Gesammelten Schriften [im Folgenden BGS] mit einer Gesamtlänge von 181 Seiten erschienen.

17 Walter Benjamin an Max Horkheimer, 16.4.1938, in: Max Horkheimer, Gesammelte Schriften [im Folgenden: HGS], Bd. 16: Briefwechsel 1937–1940, Frankfurt a. M. 1995, S. 434.

18 Theodor W. Adorno an Walter Benjamin, 10.11.1938, in: Theodor W. Adorno/Walter Benjamin, Briefwechsel 1928–1940, Frankfurt a. M. 1994, S. 364–374; Walter Benjamin an Theodor W. Adorno, 9.12.1938, in: Walter Benjamin, Gesammelte Briefe [im Folgenden: BGB], Bd. VI: 1938–1940, Frankfurt a. M. 2000, S. 181–191.

19 Vgl. Gregor Sönke-Schneider, Keine Kritische Theorie ohne Leo Löwenthal. Die *Zeitschrift für Sozialforschung* (1932–1941/42), Frankfurt a. M. 2014, S. 8–16.

ein Gemeinschaftsprojekt, bei dem zwar Horkheimer das letzte Wort hatte, das aber von den intensiven Debatten innerhalb der Redaktion lebte. Als Arendt sich 1967 an Adorno wandte, um von ihm Genaueres darüber zu erfahren, warum die ursprüngliche Fassung des Textes nicht in seine Benjamin-Ausgabe aufgenommen worden war, erwiderte dieser, ganz in diesem Sinne, „dass nämlich dieser Text mir dem ungeheuren Anspruch, der objektiv von Benjamins Konzeption ausgeht, nicht gerecht zu werden schien".[20]

Arendt hatte damit zwei Vermutungen verifiziert, die nicht unwesentlich dafür gewesen waren, nach all den Jahren einen Essay über Benjamin zu veröffentlichen. Sie war noch immer fest davon überzeugt, dass Adorno Benjamins Werk manipulierte, um ihn in seinem Sinne zu retouchieren. Im Oktober 1967 schickte sie den ersten von insgesamt drei Teilen des Essays an den Chefredakteur des *Merkur*, Hans Paeschke. Dieser zeigte sich angetan und schrieb ihr: „Liebe gnädige Frau, es fällt mir schwer, nicht pathetisch zu werden. Aus 21 ‚Merkur'-Jahren wüsste ich nur ganz wenige Beispiele zu nennen, die sich dieser magistralen und Maßstäbe setzenden Deutung an die Seite stellen lassen [...]. Ich danke Ihnen und bin richtig ein bisschen stolz, dass ich diese Arbeit bringen kann, in den Heften Januar bis März 1968."[21] Schon ahnend, dass die Veröffentlichung Widerspruch erregen würde, fügte er hinzu: „Auf Erwiderungen von Scholem und Adorno werden Sie vorbereitet sein." Doch er beruhigte Arendt und wohl auch ein bisschen sich selbst, indem er ihren gemäßigten Ton lobte: „Ihrem fortiter in re, suaviter in modo gegenüber möchte ich vermuten, dass jedenfalls Adorno nicht viel Laut gibt."[22]

Was aber stand nun in dem Text, dass sich Paeschke schon im Vorhinein so ausgiebig Gedanken über mögliche Reaktionen machte? Arendt porträtierte Benjamin vor allem als *homme de lettres* und kontrastierte ihn damit der Interpretation Adornos, der ihn als Philosophen darstellte, der Scholems, welcher stets Benjamins Interesse am Judentum stark machte, und auch der Brechts, der ihn als Marxisten schätzte. Für sich genommen wäre diese Charakterisierung legitim

---

20 Theodor W. Adorno an Hannah Arendt, 22. 2. 1967, in: Schöttker/Wizisla (Hrsg.), Arendt und Benjamin, S. 179.
21 Hans Paeschke an Hannah Arendt, 27. 10. 1967, in: ebenda, S. 182.
22 Ebenda, S. 182 f.

gewesen, zumal Benjamin sicherlich alle diese Zuschreibungen akzeptiert hätte. Er war Marxist, Schriftsteller, Übersetzer, Literaturkritiker, Dichter, Philosoph und Jude zugleich, daran bestand wenig Zweifel. Es hing dann von der Perspektive ab, welchen Aspekt man jeweils stärker gewichtete, und ohne Frage war Adorno speziell der Brecht-Einfluss auf Benjamin zuwider, während Arendt Adornos Bemühungen verabscheute, Benjamin zu dialektisieren.

Arendt beließ es aber nicht bei ihrer abweichenden Einordnung von Benjamins Werk, sondern verknüpfte diese mit einem schier unglaublichen Vorwurf: Sie gab dem Institut – und speziell Adorno und Pollock – eine Mitschuld am Tod Benjamins! Arendt betonte, dass Benjamin immer sehr vorsichtig gewesen sei, und das gelte besonders für die „letzten, für ihn tödlich ernsten Konflikte[ ] mit dem Institut für Sozialforschung, von dem sein Lebensunterhalt in dauernder Ungewissheit abhing. Wenn er im April 1939 schreibt, er lebe ‚in Erwartung einer über mich hereinbrechenden Unglücksbotschaft', so meinte er damit nicht den kommenden Krieg, sondern die Nachricht, das Institut würde ihm die monatliche Rente nicht mehr zahlen."[23] Zwar erwähnte sie am Ende des Textes, dass das Institut Benjamin ein Ausreisevisum in die USA verschafft und ihn somit zu retten versucht hatte, aber der Vorwurf, am Tod mitschuldig zu sein, überstrahlte diese Konzedenz bei Weitem. Noch einmal: Arendt behauptete, die Konflikte, die Benjamin mit dem Institut über die Höhe seines Gehalts hatte, seien für ihn tödlich ernst gewesen. Angesichts der Tatsache, dass Benjamin sich aus Verzweiflung an der französisch-spanischen Grenze das Leben genommen hatte, ist das ein gravierender Vorwurf.

So gravierend, dass sich Friedrich Pollock, der sich seinerzeit um die finanziellen Belange des Instituts gekümmert hatte, genötigt sah, am 29. März 1968, nach Erscheinen des letzten Teils des Benjamin-Essays, einen Brief an den *Merkur* zu senden, in dem er Arendts Anschuldigungen entgegentrat und vor allem Adorno entlastete.[24] In dem Brief ging er auf drei Aspekte ein: *Erstens* sei Adorno nicht, wie

---

23 Hannah Arendt, Walter Benjamin, in: ebenda, S. 51 f.
24 Friedrich Pollock, Zu dem Aufsatz von Hannah Arendt über Walter Benjamin, in: Merkur 242 (1968), S. 576. Siehe zur Datierung auch Hans Paeschke an Friedrich Pollock, 5. 4. 1968, Deutsches Literaturarchiv (DLA) Marbach, Nachlass Merkur, Signatur 80.3/1.

von Arendt behauptet, Direktor des Instituts gewesen, sondern nur Mitarbeiter. Deshalb habe er auch nicht über die endgültige Aufnahme oder Ablehnung eines Beitrags für die Institutszeitschrift entschieden. Diese Entscheidung habe vielmehr bei Horkheimer gelegen, der sich mit den übrigen Mitarbeitern abgestimmt habe. *Zweitens* habe Adorno sich stets für Benjamin eingesetzt, weshalb Benjamin auch ein Stipendium erhalten und das Institut alle Kosten für seine Emigration in die USA getragen habe. In New York sei ein normales Gehalt als Mitarbeiter für ihn budgetiert gewesen. *Drittens* seien Zeitpunkt und Höhe des Stipendiums nie von theoretischen Streitigkeiten abhängig gewesen, sondern einzig von den zur Verfügung stehenden finanziellen Mitteln des Instituts. Er betonte, für seine Angaben stehe „dokumentarischer Beweis" zur Verfügung, sollte Arendt diese anzweifeln. Bis auf den von Pollock verschwiegenen Umstand, dass das Institut Benjamin 1939 nahelegte, die nötigen Mittel für die Überfahrt – wenn möglich durch den Verkauf des berühmten Klee-Gemäldes „Angelus Novus" – selbst aufzutreiben, Horkheimer aber gleichzeitig versichert hatte, das Institut würde die etwaige Differenz übernehmen, sollte der Verkauf des Klee wider Erwarten nicht genügend Geld einbringen, sind alle von Pollock angeführten Punkte unbestreitbar korrekt.

Pollock hatte gehofft, Arendt würde möglicherweise eine Richtigstellung publizieren. Er hatte keine Lust auf eine öffentliche Schlammschlacht, aber Paeschke bedrängte ihn, seinen Brief abdrucken zu dürfen. Es war hier der Verleger, der aus Paeschke sprach: Eine Fortführung der Debatte mit neuen und ja durchaus prominenten Teilnehmern würde schließlich die öffentliche Aufmerksamkeit und damit auch die Auflage steigern. „Angesichts der augenblicklichen, zum Teil polemisch beabsichtigten Veröffentlichungen über und um Benjamin", umschmeichelte Paeschke Pollock, „hat Ihre Zuschrift den ganzen Wert der Authentizität und ist deshalb von besonderer Bedeutung für unsere intellektuelle Öffentlichkeit."[25] Dass Arendts Essay, von dem er sich anfangs doch so begeistert gezeigt hatte, nicht weniger polemisch gewesen war als die Beiträge in der *Alternative*, erwähnte er nicht. Pollock ließ sich dennoch umstimmen und willigte in die Veröffentlichung seines Briefes ein, der im Juni-Heft auch erschien.

---

25 Hans Paeschke an Friedrich Pollock, 17. 4. 1968, DLA Marbach, Nachlass Merkur, Signatur 80.3/2.

Damit schien die Sache erledigt zu sein, wenn nicht Arendt im Oktober 1968 noch einmal nachgelegt hätte. Zwar schwächte sie in einer überarbeiteten Fassung des Essays, der fast gleichzeitig im *New Yorker*, in der Aufsatzsammlung „Men in Dark Times" und auch noch als Einleitung in dem von ihr herausgegebenen Benjamin-Band „Illuminations" im Schocken Verlag erschien, die Vorwürfe ab, fügte dafür aber eine neue Stelle ein, die gerade Adorno – der vier Jahre zuvor seine große Heidegger-Kritik „Jargon der Eigentlichkeit" veröffentlicht hatte – als ungeheure Provokation empfunden haben dürfte. Es heißt dort: „Without realizing it, Benjamin had actually more in common with Heidegger's unusual feeling for living eyes and living bones [...] than he had with the dialectical subtleties of his Marxist friends."[26] Hannah Arendt, die Schülerin und einstige Geliebte des nationalsozialistischen Philosophen Martin Heidegger, die in den sechziger Jahren viel dafür getan hatte, dessen Ruf wieder herzustellen, behauptete also in aller Öffentlichkeit, Benjamins Denken habe mehr mit dem Lobredner des Führers zu tun als mit den Mitarbeitern des Instituts für Sozialforschung.[27] Friedrich Pollock markierte sich genau diese Stelle in seinem persönlichen Exemplar des *New Yorker*.[28]

In einer zeitgleich veröffentlichten Antwort auf Pollock im *Merkur* wiederholte Arendt zudem ihren Angriff noch einmal in anderen Worten: „Dass das Stipendium des Instituts durchaus von der Aufnahme abhing, die Benjamins Arbeiten dort fanden, war wohl von Anfang an klar", behauptete Arendt.[29] Das kleine, unscheinbare Wörtchen „wohl" indiziert bereits, dass es sich hier einzig um eine Spekulation Arendts handelte, die partout nicht von ihrer Position abrücken wollte, dass es die vermeintliche „Bedrohung" durch das Institut war, die für Benjamins Verzweiflungstat mitverantwortlich gewesen war.

---

26 Hannah Arendt, Walter Benjamin, in: The New Yorker 44/5 (19. Oktober 1968), S. 150.
27 Zu Heideggers philosophischem Nationalsozialismus siehe Victor Farias, Heidegger und der Nationalsozialismus, Frankfurt a. M. 1989; Tom Rockmore, On Heidegger's Nazism and Philosophy, 2. Aufl., Berkeley 1997; Emmanuel Faye, Heidegger. Die Einführung des Nationalsozialismus in die Philosophie, Berlin 2009. Zu Arendts Haltung gegenüber Heidegger siehe Richard Wolin, Heidegger's Children. Hannah Arendt, Karl Löwith, Hans Jonas, and Herbert Marcuse, Princeton/Oxford 2001, S. 31–69.
28 Aufbewahrt im Fondo Pollock, Università degli Studi Firenze, Biblioteca umanistica, Dokument 2.2.6.
29 Hannah Arendt, Walter Benjamin und das Institut für Sozialforschung – noch einmal, in: Merkur 246 (1968), S. 968.

Dabei belegen die Fakten das genaue Gegenteil: Die Unterstützung durch das Institut war der letzte Strohhalm, an den sich der zunehmend verzweifelte Benjamin klammerte. Verzweifelt war er nicht deshalb, weil ihn das Institut bedroht hätte, sondern weil die politische Lage sich zusehends verfinsterte, weil Krieg drohte und der Antisemitismus zunahm. Im Nachlass befindet sich eine Aufzeichnung mit dem Titel „Meine Beziehungen zum Institut" aus dem April 1939, in der Benjamin unmissverständlich formuliert, dass das, was ihn in der „ersten Zeit der Emigration aufrecht erhalten hat, die Hoffnung [war], auf Grund meiner Arbeiten die Stelle eines ordentlichen Mitarbeiters am Institut zu erhalten. Dieses Ziel erreiche ich im Spätherbst 1937."[30] Er fürchtete sich also nicht vor dem Institut, sondern fühlte sich durch dieses in einer immer verzweifelter werdenden Situation unterstützt. „Bisher habe ich keinen übermäßigen Eifer, nach Amerika zu gehen, an den Tag gelegt", heißt es in dem Text weiter. „Es wäre gut, wenn die Leiter des Instituts die Gewissheit bekämen, dass hierin ein Wandel eingetreten ist. Die wachsende Kriegsgefahr und der zunehmende Antisemitismus begründen ihn."[31] Mit anderen Worten: Nicht die Angst vor dem Institut war die „Bedrohung", von der Benjamin im von Arendt angeführten Brief an Scholem 1939 gesprochen hatte, sondern Krieg und Antisemitismus. Und es lag nicht so sehr an Pollock, Adorno und Horkheimer, dass Benjamin nicht aus Europa herauskam, sondern maßgeblich an seiner eigenen Fehleinschätzung der politischen Situation in den Jahren zuvor – er hatte zu lange geglaubt, in Paris sicher zu sein, und plötzlich war es zu spät. Mit dem Waffenstillstand von Compiègne und der Bildung des Vichy-Regimes stand sein Leben unmittelbar auf dem Spiel. Die aus dieser Situation resultierende Panik wird ihren Teil dazu beigetragen haben, dass Benjamin auf der Flucht Richtung Portugal schwer erkrankte, sodass der Weg über die Berge mit seiner Herzmuskelentzündung für ihn eine erhebliche Anstrengung gewesen sein muss.[32] Als dann in Portbou die Grenze geschlossen wurde und alles darauf hindeutete, dass er in ein Lager deportiert werden würde, schien für ihn der Suizid mit Morphium ein Weg zu sein, weitere Qualen zu vermeiden.

---

30 Walter Benjamin, Meine Beziehungen zum Institut [1939], in: BGS V.2, S. 1174.
31 Ebenda.
32 Vgl. Werner Fuld, Walter Benjamin. Zwischen den Stühlen, München 1979, S. 309.

II. Benjamins finanzielle Unterstützung durch das Institut

Was genau nun war die Rolle des Instituts in der Hilfe für jüdische Flüchtlinge? Und inwiefern unterstützte es Benjamin? Zweifellos tat Friedrich Pollock in seiner Funktion als Verwaltungschef des Instituts alles in seiner Macht Stehende, um möglichst vielen Verfolgten zu helfen.[33] Schon die Tatsache, dass fast sämtliche Mitarbeiter des Frankfurter Instituts nach Frankreich, England, in die Schweiz und vor allem in die USA emigrieren konnten, zeugt von diesem erfolgreichen Bemühen. 1938 führte das Institut in einer Broschüre, die für die Außendarstellung gedacht war, neben Horkheimer als Direktor und Pollock als stellvertretendem Direktor als feste Mitarbeiter Erich Fromm, Henryk Grossmann, Julian Gumperz, Leo Löwenthal, Herbert Marcuse, Franz Neumann, Theodor Wiesengrund Adorno und Karl August Wittfogel an. Von dieser Liste war einzig Wittfogel nichtjüdischer Herkunft (Adorno hatte einen jüdischen Vater), seine Frau Olga dagegen wäre in Europa ebenso vom Holocaust bedroht gewesen. Bei den aufgeführten Research Associates, die sich größtenteils an den Zweigstellen in Genf, Paris und London aufhielten, verhält es sich ähnlich: Von den aufgezählten Raymond Aron, Walter Benjamin, Fritz Karsen, Otto Kirchheimer, Paul Lazarsfeld, Kurt Mandelbaum und Andries Sternheim hatten alle einen jüdischen Hintergrund. Die Stelle am Institut sicherte ihnen das Überleben.[34]

Allerdings waren die Mittel und Möglichkeiten des Instituts angesichts der Tatsache, dass die Nationalsozialisten die Verfolgung und Ermordung der europäischen Juden spätestens mit Kriegsbeginn zum obersten Staatszweck erhoben, äußerst begrenzt. Die vielen positiven Geschichten, in denen Pollock als Retter in der Not auftritt, haben natürlich auch eine Schattenseite: In den allermeisten Fällen konnte das Leid der Verfolgten lediglich gelindert werden, dies änderte aber nichts Grundlegendes an ihrer Notsituation. Schlimmer noch: Es muss auch über die Schicksale gesprochen werden, denen Pollock nicht helfen konnte oder bei

---

33 Der folgende Abschnitt basiert auf Philipp Lenhard, Friedrich Pollock. Die graue Eminenz der Frankfurter Schule, Berlin 2019.
34 International Institute of Social Research. A Report on its History, Aims, and Activities 1933–1938, Max-Horkheimer-Archiv [im Folgenden: MHA], Universitäts- und Stadtbibliothek Frankfurt am Main, Archivzentrum, IX 51a, 4.

denen die Hilfe nicht ausreicht. Die Nötigung, bei den Hunderten von Bittschriften zu entscheiden, wem wie geholfen werden konnte und wem nicht, und dabei auch noch die übergeordneten Institutsinteressen sowie die private Existenzsicherung im Kopf zu behalten, ließ Pollock einigen Zeitgenossen – und allen voran Hannah Arendt – sogar als unmoralisch agierenden Kollaborateur erscheinen.

Der Vorwurf, den Arendt gegen Adorno und Pollock erhob, basierte zwar auf realen Tatsachen, ging aber an der wirklichen Beziehung zwischen dem Institut und Benjamin vorbei. Zwar kam es immer wieder zu inhaltlichen Auseinandersetzungen, nicht nur zwischen Adorno und Benjamin, sondern auch mit Horkheimer, aber solche Differenzen hatten keinen Einfluss auf die Zuteilung oder Zurückhaltung finanzieller Unterstützung. Betrachtet man im größeren Kontext, wen das Institut alles bezahlte – etwa Henryk Grossmann, dessen theoretische Intentionen sehr viel weiter von den eigenen entfernt waren als die Benjamins –, so lässt sich sagen, dass politische oder wissenschaftliche „Linientreue" zu keinem Zeitpunkt eine Voraussetzung für finanzielle Hilfe gewesen ist. Für Pollock war, ähnlich wie für Adorno und Scholem, Benjamins Kokettieren mit dem orthodoxen Marxismus Brechts und Sternbergs störend, zumal offensichtlich war, dass Benjamin von der Kritik der politischen Ökonomie nicht viel verstand.[35] Gleichwohl war Benjamin einer der aktivsten Autoren der *Zeitschrift für Sozialforschung* – er schrieb vier lange Aufsätze und 13 Rezensionen – und neben Theodor und Gretel Adorno auch Pollock durchaus freundschaftlich verbunden. Wenn dieser auf Europa-Reisen war, traf er sich mit Benjamin in Paris, um über dessen Arbeit, über die politische Situation, aber natürlich auch über finanzielle Angelegenheiten zu sprechen.

Die Zusammenarbeit des Instituts mit Benjamin geht noch auf die Zeit vor 1933 zurück: Schon im Januar 1931 hatte Benjamin einen Vortrag „Zur Philosophie der Literaturkritik" im Institut halten sollen. Dazu war es aus verschiedenen Gründen am Ende zwar nicht gekommen, aber die Verbindung war seither geknüpft. 1932/33 verbrachte Benjamin lange Zeit auf Ibiza, war dazwischen in Berlin und ging nach der „Machtergreifung" im September 1933 nach Paris, wo er seit Frühjahr 1934 als jemand, der bislang nur zum erweiterten Umfeld zählte, ein Stipendium des Instituts in Höhe von monatlich 500 französischen Francs (etwa

---

35 Siehe die Aussagen von Friedrich Pollock in einem Brief an Martin Jay vom 20. 6. 1969 (Privatarchiv Martin Jay, Berkeley).

315 Euro nach heutiger Kaufkraft) erhielt.[36] Im dritten Jahrgang der Zeitschrift erschienen Benjamins Essay „Zum gegenwärtigen gesellschaftlichen Standort des französischen Schriftstellers" sowie zwei Buchbesprechungen, wofür er insgesamt 110 Schweizer Franken (nach heutiger Kaufkraft etwa 750 Euro) Honorar zusätzlich zu seinem Stipendium erhielt. Da dieser Betrag für den Lebensunterhalt Benjamins nicht ausreichte, versuchte er, weitere Mittel über die Mitarbeit an verschiedenen Zeitschriften zu generieren – mit mäßigem Erfolg. 1936 verdoppelte das Institut daher das monatliche Stipendium auf 1000 Francs, ab Mai 1936 sogar auf 1300 Francs. Von Januar 1937 an wurde der Betrag auf 1500 Francs (ca. 890 Euro) hochgesetzt, ab November des Jahres erhielt er direkt aus New York 80 US-Dollar – etwas weniger, aber dafür in stabiler Währung. Zeitgleich teilte Pollock Benjamin mit, dass er zusätzlich einmalig 1500 Francs erhalte, um den Umzug nach New York zu bezahlen. „Diese Regelung", so schärfte Pollock ihm ein, „stellt das Äußerste dessen dar, was wir gegenwärtig für Sie tun können. Wir bitten Sie, ihren Inhalt jedem gegenüber (also auch gegenüber [der Zweigstelle in] Genf) streng vertraulich zu behandeln, denn wir wollen in einem Zeitpunkt, wo wir überall Kürzungen eintreten lassen müssen, nicht in Diskussionen darüber eintreten, warum wir in Ihrem Fall ganz anders verfahren."[37]

Es erhielten also nicht alle Mitarbeiter dieselben Zuwendungen, sondern Pollock rechnete und schaute, wie er im Rahmen der zur Verfügung stehenden Mittel am besten die jeweiligen Bedürfnisse befriedigen konnte. Wenn er Benjamin mehr gab als anderen, so lag das nicht zuletzt an Adornos permanenter Fürsprache im Hintergrund, aber auch an einer persönlichen Verbundenheit. Gleichzeitig kann man sich gut vorstellen, welche Kämpfe Pollock tagtäglich mit seinem Gewissen ausfechten musste, wenn er hier einen Posten erhöhte und ihn dort senkte – er wusste ja, dass *alle* Mitarbeiter auf die Zuwendungen existenziell angewiesen waren.

---

36 Zu den finanziellen Angaben, die auf Basis des Benjamin-Nachlasses erstellt wurden, vgl. Christoph Gödde/Henri Lonitz, Das Institut für Sozialforschung/Gretel Adorno, Adorno und Horkheimer, in: Lindner (Hrsg.), Benjamin-Handbuch, S. 94 f.
37 Friedrich Pollock an Walter Benjamin, zitiert in Walter Benjamin an Theodor W. Adorno, 4. 12. 1937, in: BGB V, S. 614 f. Zum Vergleich: Siegfried Kracauer, zu dem die Spannungen deutlich größer waren, erhielt für eine später nicht gedruckte Auftragsarbeit 1938 insgesamt 6000 Francs in vier Monatsraten vom Institut. Vgl. Jörg Später, Siegfried Kracauer. Eine Biographie, Berlin 2016, S. 367.

Andries Sternheims Schicksal etwa ist dafür paradigmatisch und zeigt, was es konkret bedeuten konnte, wenn die Unterstützung durch das Institut wegfiel. Als die Genfer Zweigstelle des Instituts 1931 gegründet worden war, war er einer der ersten Mitarbeiter gewesen und hatte nach Pollocks Umzug nach New York die dortige Leitung übernommen.[38] Er arbeitete an der Familienstudie mit und veröffentlichte zahlreiche Rezensionen sowie einen Aufsatz über die Soziologie der Freizeitgestaltung in der ersten Nummer der *Zeitschrift* – zu weiteren Aufsätzen kam es nicht, weil Horkheimer und die anderen „New Yorker" ihn eher für einen Statistiker und Verwaltungsbeamten hielten als für einen Theoretiker.

Als das Institutsvermögen 1938 infolge der Weltwirtschaftskrise und einer damit verbundenen Abwertung des Schweizer Frankens, vor allem aber aufgrund der in fünf Jahren Exil gewaltig angewachsenen fixen Kosten für Personal und Sachmittel deutlich geschrumpft war und sich abzeichnete, dass die Finanzlage ein Weiter-So nicht zuließ, versuchte Pollock Mitarbeiter davon zu überzeugen, sich nach alternativen Geldquellen umzusehen.[39] Hier ist auch der Ursprung einer neuen Linie des Instituts zu sehen, das in den nächsten Jahren zunehmend dazu überging, mit anderen Organisationen und Stiftungen zusammenzuarbeiten und eifrig Drittmittel einzuwerben. Für Andries Sternheim endete dieser Strategiewechsel fatal: 1938 übernahm die bisherige Genfer Sekretärin Juliette

---

38 Vgl. Bertus Mulder/Lolle W. Nauta, Working Class and Proletariat. On the Relation of Andries Sternheim to the Frankfurt School, in: Praxis International 9 (Januar 1990) 4, S. 433–445.

39 Anfang 1937 betrug das Gesamtvermögen der Stiftung 4,5 Millionen Franken, wovon jährlich etwa 30 000 US-Dollar als Zinserträge für den Institutsbetrieb verfügbar waren. Ein Jahr später, also 1938, war das Stiftungsvermögen aufgrund der schweren Rezession und damit verbundener fehlgeschlagener Börsenspekulationen Pollocks, der auf einen raschen Aufschwung gehofft und die Aktien zu lange gehalten hatte, um circa eine Million Franken geschrumpft, damit auch die verfügbaren Mittel aus den Zinsen, weshalb Pollock zur Deckung der laufenden Kosten direkt auf das Stiftungskapital zurückgriff. Im Sommer 1939 schoss Felix Weil noch einmal 130 000 Dollar Kapital nach, trotzdem belief sich 1941 der liquide Teil des Stiftungsvermögens nur noch auf insgesamt 220 000 Dollar. Vgl. Emil Walter-Busch, Geschichte der Frankfurter Schule. Kritische Theorie und Politik, München 2010, S. 23; Jeanette Erazo Heufelder, Der argentinische Krösus. Kleine Wirtschaftsgeschichte der Frankfurter Schule, Berlin 2017, S. 143. 1936 war der Schweizer Franken zudem um 31,25 % abgewertet worden. Bank für internationalen Zahlungsausgleich, Zehnter Jahresbericht 1. April 1939–31. März 1940, Basel 1940, S. 34.

Favez die kommissarische Leitung, und Sternheim zog mit seiner vierköpfigen Familie zurück nach Amsterdam, wo er mit einem reduzierten Gehalt, das zum Überleben nicht reichte, weiter für das Institut arbeitete. Parallel dazu nahm er eine Stelle bei einem Steuerberater an, verlor diese aber im Dezember 1940 infolge des Einmarsches der Deutschen und der von ihnen verhängten Berufsverbote für Juden. „Ausgerechnet jetzt wurde ihm", schreibt Jeanette Erazo Heufelder, „sein ohnehin schon gekürztes Gehalt von Pollock noch einmal um die Hälfte reduziert."[40] Mit seinen vielfältigen Kontakten gelang es Sternheim, seine Familie so eben über Wasser zu halten, daneben war er in der jüdischen Selbsthilfe aktiv. Im Verlauf des Jahres 1942 kamen die Schecks aus New York nicht mehr an (vermutlich wurden sie von den Besatzern abgefangen), und im Winter wurde die Familie Sternheim gezwungen, ins Amsterdamer Ghetto zu ziehen.[41] Zwar versteckte sich die Familie im Mai 1943, aber alle Familienmitglieder wurden entdeckt und ins Durchgangslager Westerbork deportiert.[42] Andries und Gholina Sternheim sowie die beiden Söhne Paul und Leonard wurden 1944 in Auschwitz ermordet.

Hat Pollock angesichts der drohenden Deportation versagt? Es lässt sich kaum abstreiten, dass der Zeitpunkt, Sternheim das Gehalt zu kürzen, denkbar ungünstig war. Das ausweglose Dilemma in dieser historischen Situation tritt aber erst dann zutage, wenn man sich vergegenwärtigt, dass der Teil des Gehalts, der Sternheim gekürzt wurde, nun anderen Verfolgten zugutekam, in Genf beispielsweise dem Literaturwissenschaftler Hans Mayer, der ebenfalls am Existenzminimum lebte.[43] Zudem mussten Julian Gumperz, der mittlerweile hauptberuflich als Börsenmakler für die Hermann Weil Foundation arbeitete, und Erich Fromm, mit dem sich insbesondere Marcuse und Adorno theoretisch überworfen hatten, im Oktober 1939 gekündigt werden, was im zweiten Fall hässliche wechselseitige

---

40 Vgl. Heufelder, Der argentinische Krösus, S. 150.
41 Vgl. Bertus Mulder, Andries Sternheim. Een Nederlands vakbondsman in de Frankfurter Schule, Zeist 1991, S. 180–183 und S. 193–200.
42 Das Tagebuch mit dem Titel „Exiled in One's Own Country – The Journal of a Jewish Family Hiding in Occupied Holland" befindet sich in der Londoner Wiener Library for the Study of the Holocaust and Genocide, Archive Collection, GB 1556 WL1813.
43 Vgl. Hans Mayer an Max Horkheimer, 29. 9. 1939, in: HGS 16, S. 638 sowie Hans Mayer an Max Horkheimer, 24. 10. 1939, in: HGS 16, S. 645.

Anschuldigungen und hohe Abfindungszahlungen nach sich zog.[44] Mit anderen Worten: In dieser verheerenden historischen Zwangslage, in der auch noch das Institutsvermögen drastisch geschwunden war, war jede gute Tat mit einer schlechten verknüpft, denn die Zahl der Hilfebedürftigen, die in den Zustand unerbittlicher Konkurrenz zueinander versetzt wurden, war immens.[45]

III. Die Frage der Mitschuld

Was bedeutet das nun für Arendts Vorwurf der Mitschuld? Obwohl das Institut zumindest Anfang der dreißiger Jahre noch über beträchtliche finanzielle Mittel verfügte, konnte es selbstverständlich an dem kollektiven Todesurteil, das die Nazis über die europäischen Juden verhängt hatten, nichts grundsätzlich ändern. Auch wenn zwischen 1934 und 1944 immerhin fast 200 000 Dollar, umgerechnet auf die heutige Kaufkraft etwa 3,4 Millionen Euro, an insgesamt 116 Doktoranden und 14 Promovierte ausgezahlt wurden – darin sind die vielen kleinen Spontanhilfen und leistungsunabhängige Zuwendungen noch nicht einmal eingerechnet –, gab es immer noch Dutzende, denen das Institut nicht oder nur in sehr bescheidenem Umfang helfen konnte.[46]

Das wusste freilich auch Arendt. Ihr ging es daher auch nicht so sehr um Zahlen und Fakten als vielmehr um die grundsätzliche Frage von Schuld und Verantwortung.[47] Der „Fall Benjamin" ist hierfür nur ein besonders drastisches Beispiel, gewissermaßen der Endpunkt einer jahrzehntelangen Auseinander-

---

44 Vgl. Erich Fromm an Max Horkheimer, 16. 11. 1939, in: HGS 16, S. 666.
45 Siehe dazu auch den Brief von Max Horkheimer an Ernst Bloch vom 17. 3. 1938, DLA, SUA/01, Autorenkonvolut Ernst Bloch, Nr. 8, in dem dieser erklärte: „Das Institut steht finanziell gegenwärtig miserabel da. Wir müssen die meisten unserer Stipendien in Amerika und Europa kündigen, ja selbst feste Mitarbeiter entlassen. Das hängt mit der Wirtschaftskrise zusammen."
46 Ten Years on Morningside Heights: A Report on the Institute's History 1934–1944 (unveröffentlichter Bericht, 1944), zitiert nach Martin Jay, Dialektische Phantasie. Die Geschichte der Frankfurter Schule und des Instituts für Sozialforschung 1923–1950, Frankfurt a. M. 1976, S. 144 f.
47 Vgl. zu diesen Begriffen den Vortrag aus den Jahren 1964/65: Hannah Arendt, Was heißt persönliche Verantwortung in einer Diktatur?, München 2018.

setzung mit dem Schicksal des Individuums unter totalitären Bedingungen. In der Gesamtschau ihres Werkes ist allerdings auffällig, dass es vor allem *jüdische Akteure* sind, deren angebliche Schuld oder Mitschuld von ihr angeprangert werden. Bereits in ihrer 1942 publizierten Betrachtung der Dreyfus-Affäre, einem der ersten geschriebenen Teile des 1951 veröffentlichten Totalitarismusbuches, stellte sie die „antisemitic Jews" als Republikfeinde und Parteigänger des Ancien Régime dar. Besonders hatte sie es auf die Rothschilds abgesehen, die sich angeblich erstmals in der jüdischen Geschichte gegen die herrschende Ordnung – nämlich die Republik – gestellt und damit den Volkszorn auf sich gezogen hätten: „[…] the house of Rothschild embarked on an unprecedented policy: it came out in open sympathy for the monarchists and against the republic. What was new in this was not the monarchist trend but the fact that for the first time an important Jewish financial power set itself in opposition to the current regime. Up to that time the Rothschilds had accommodated themselves to whatever political system was in power."[48] Die Folge davon sei die Entstehung des modernen Antisemitismus gewesen, der die Juden als geheime Macht im Verborgenen attackierte und sie als Feinde der Nation wahrnahm. Das allzu kausal gedachte Argument, der moderne Antisemitismus sei eine Reaktion auf die jüdische Finanzmacht, implizierte, dass ihm durchaus eine gewisse Rationalität eignete.

Max Horkheimer, der den Aufsatz von Friedrich Pollock empfohlen bekommen hatte, merkte an: „It is true, she stressed one element of Jewish history, the close relation to the state during the past centuries, but under a clear guidance she might be able to see that this is only a single element of the real picture."[49] Horkheimer monierte, dass Arendt die Beziehungen der Juden zur herrschenden Klasse monokausal auf die Entstehung des modernen Antisemitismus projizierte anstatt diesen, wie er es selbst gerade in der gemeinsam mit Theodor Adorno

---

48 Hannah Arendt, From the Dreyfus Affair to France Today, in: Jewish Social Studies 4 (Juli 1942) 3, S. 205 f.
49 Friedrich Pollock an Max Horkheimer, 29. 10. 1943 (MHA VI 34, 148) und Max Horkheimer an Friedrich Pollock, 3. 11. 1943 (MHA VI 34, 149). Die Spuren von Pollocks Arendt-Lektüre zeigen sich deutlich in seinen eigenen Verlautbarungen zum Antisemitismus. Vgl. Philipp Lenhard, „An Institution of Nazi Statesmanship". Friedrich Pollock's Theoretical Contribution to the Study of Anti-Semitism, in: New German Critique 43 (Februar 2016) 127/1, S. 195–214.

entstehenden „Dialektik der Aufklärung" tat, auch als eigenständiges Phänomen zu begreifen, das sich unabhängig vom realen Verhalten der Juden entwickelte. Dass der Antisemitismus vor allem etwas über den Seelenzustand der Antisemiten aussagte und weniger, wie Arendt insinuierte, über die reale politische Haltung der Juden, war eine der wesentlichen Erkenntnisse der Antisemitismusstudien des Instituts. Arendt aber wehrte sich so sehr dagegen, die Juden als passive Opfer einer von ihnen nicht gemachten Geschichte wahrzunehmen, dass sie lieber eine (Teil-)Schuld jüdischer Finanzmagnaten am Aufkommen antisemitischer Ressentiments behauptete – ironischerweise traf sich hier ihre historische Erklärung mit dem antisemitischen Ressentiment, das ja ebenfalls als rational begründet auftrat und sich immer nur als Reaktion auf vermeintliche jüdische Missetaten drapierte.

Die wichtige Unterscheidung zwischen modern-vortotalitärem und totalitärem Antisemitismus, die Arendt 1951 in ihrem Buch „Elemente und Ursprünge totaler Herrschaft" einführen sollte, griff die Erkenntnisse Adornos und Horkheimers auf. In der totalitären Gesellschaft, so Arendt, werde der Antisemitismus „zum Zentrum einer Gesamtweltanschauung", die sich „von allen Erfahrungen mit Juden emanzipiert" habe.[50] Doch diese Differenzierung betraf nur die Seite der Antisemiten, nicht die ihrer jüdischen Opfer, deren Subjektstatus um jeden Preis theoretisch aufrechterhalten werden sollte. Trotz des Bruchs, den der Aufstieg von Nationalsozialismus und Stalinismus bedeutet hatte, blieb der moderne Antisemitismus, der mit der Dreyfus-Affäre entstanden war, für sie eine wichtige Vorstufe, der die Feinderklärung gegen die Juden erklären sollte. Weil die Juden durch ihr Verhalten keineswegs zufällig als Sündenbock ausgewählt worden seien, seien sie auch kein „bloß zufälliges Ventil und unschuldiges Opfer".[51] Nur weil die Juden „Opfer von Unrecht" geworden sind, hörten sie nicht auf, „mitverantwortlich zu sein". In ihrem Vorwort zur Neuauflage präzisierte Arendt im Juli 1967 – also unmittelbar vor der Benjamin-Kontroverse – noch einmal ihre Unterscheidung zwischen einem Antisemitismus mit „ziemlich solider Basis in der Realität" und einem, der „so gut wie keinen Bezug mehr zu den Realitäten der modernen

---

50 Hannah Arendt, Elemente und Ursprünge totalitärer Herrschaft. Antisemitismus, Imperialismus, totale Herrschaft [1951], 12. Aufl., München 2008, S. 468 f.
51 Ebenda, S. 34. Vgl. dazu Ingo Elbe, Paradigmen anonymer Herrschaft. Politische Philosophie von Hobbes bis Arendt, Würzburg 2015, S. 427 f., Fußnoten 7 und 9.

jüdischen Geschichte" habe.⁵² Die Ursünde sei die Abkapselung der Juden in der Frühen Neuzeit gewesen, ohne die „der Antisemitismus schlechterdings nicht hätte entstehen können". Der Judenhass, den ursprünglich der jüdische Glaube an die Wesensverschiedenheit zwischen Christen und Juden provoziert habe, sei realitätsbezogen gewesen und habe sich erst im Umbruch zur Moderne langsam von einer erfahrungsbasierten Reaktion in reine Fiktion transformiert. Wenn „selbstbetrügerische" jüdische Geschichtsschreiber nun behaupteten, „das jüdische Volk sei immer das passive, leidende Objekt christlicher Verfolgungen gewesen", trage das lediglich dazu bei, die Vorbehalte gegenüber den Juden aufrechtzuerhalten.⁵³

Arendt ging es selbstverständlich nicht um eine Rechtfertigung der Antisemiten. Was sie beabsichtigte, war eine existenzialistische Geschichtsschreibung, in der die Juden vor allem als Akteure vorkamen, als Handelnde. Jegliche Form von Determinismus oder Teleologie war ihr zuwider.⁵⁴ Bezogen auf die Verfolgung und Vernichtung der Juden allerdings, in deren Kontext ja auch Benjamins Suizid stand, musste dieses geschichtspolitische Modell scheitern: Handeln (*agency*) impliziert sowohl Freiheit als auch Verantwortlichkeit, beide aber wurden den Juden von den Nationalsozialisten radikal genommen. Zwar reflektierte sie dies selbst, wenn sie feststellte, „Verzweiflung in der Ohnmacht" sei die Grenze menschlichen Handelns, doch zugleich stellte sie die der Verzweiflung zugrunde liegende „Furcht" als politisches Prinzip der „Freiheit" abstrakt gegenüber.⁵⁵ Wer aus Furcht und damit aus Verzweiflung handle, mache sich schuldig. Wollte Arendt trotzdem an ihrem normativen Modell festhalten, die Juden als handelnde Subjekte darzustellen, so musste das notwendig darauf hinauslaufen, die so allgegenwärtige Ohnmacht auszublenden.⁵⁶

52 Arendt, Elemente und Ursprünge, S. 28.
53 Ebenda, S. 22.
54 Siehe die Ausführungen über die Vorstellung einer „historischen Notwendigkeit" in Hannah Arendt, Über die Revolution, München 1963, S. 59–72.
55 Arendt, Elemente und Ursprünge, S. 973 f.
56 In ihrer Rezension von Scholems Mystik-Buch wandte sich Arendt in diesem Sinne gegen jene „apologetischen Versuche", die „die Passivität und daher Verantwortungslosigkeit des jüdischen Volkes als Ganzes" aufzuzeigen versuchten. Hannah Arendt, Jüdische Geschichte, von Neuem betrachtet. Zu Gershom Scholems *Die jüdische Mystik in ihren Hauptströmungen* [1944], in: Gershom Scholem/Hannah Arendt, Der Briefwechsel 1936–1964, hrsg. von Marie Luise Knott, Frankfurt a. M. 2010, S. 470.

Am deutlichsten wird das im Eichmann-Buch von 1963, nur fünf Jahre vor dem Benjamin-Streit. Hier werden dem banalen Schreibtischtäter, der scheinbar nur ein funktionierendes Rädchen im Getriebe des Bösen war, die Judenräte gegenübergestellt, die mitschuldig am Holocaust gewesen seien. „Von Polen bis Holland und Frankreich, von Skandinavien bis zum Balkan gab es anerkannte jüdische Führer", schreibt Arendt in „Eichmann in Jerusalem", „und diese Führerschaft hat fast ohne Ausnahme auf die eine oder andere Weise, aus dem einen oder anderen Grund mit den Nazis zusammengearbeitet. Wäre das jüdische Volk wirklich unorganisiert und führerlos gewesen, so hätte die ‚Endlösung' ein furchtbares Chaos und ein unerhörtes Elend bedeutet, aber […] die Gesamtzahl der Opfer hätte schwerlich die Zahl von viereinhalb bis sechs Millionen erreicht."[57] Arendts Fazit lautete, dass der Holocaust ein solch tief greifendes Verbrechen war, dass es Täter und Opfer gleichermaßen korrumpierte. Nicht einmal die Opfer seien bloß Opfer, sondern würden mit aller Brutalität in den Überlebenskampf hineingezogen, in dem sie Entscheidungen auf Kosten anderer hatten treffen müssen. „Totalitäre Herrschaft", heißt es in diesem Sinne in den „Elementen", „beraubt Menschen nicht nur ihrer Fähigkeit zu handeln, sondern macht sie im Gegenteil […] mit unerbittlicher Konsequenz zu Komplizen aller von dem totalitären Regime unternommenen Aktionen und begangenen Verbrechen."[58] Der einzige Weg, sich nicht schuldig zu machen, war laut Arendt, „überhaupt nicht in Erscheinung zu treten"; dieses „Nichtteilnehmen" sei, so formulierte sie im Anschluss an den einstigen Institutsmitarbeiter Otto Kirchheimer, „das einzige Kriterium, an dem wir heute Schuld und Schuldlosigkeit des einzelnen messen können".[59] Wenn aber der Schuldzusammenhang, den die Nazis ins Werk setzten, so absolut war, was bedeutete das „Nichtteilnehmen" als Kriterium für Schuldlosigkeit dann für die Juden? Sie buchstabierte nicht aus, deutete aber an, was das für die Juden in den Vernichtungslagern hieß: Letztlich seien nur die toten Juden unschuldig, denn aus ihrer Perspektive bedeutete Überleben Mittäterschaft.[60] Folglich sah sie

---

57 Hannah Arendt, Eichmann in Jerusalem. Ein Bericht von der Banalität des Bösen, 15. Aufl., München/Zürich 2006, S. 218 f.
58 Arendt, Elemente und Ursprünge, S. 975.
59 Arendt, Eichmann in Jerusalem, S. 221.
60 Das erste Mal beschäftigte sie sich 1943 in ihrem Essay „We Refugees" mit den Implikationen des Suizids: Hannah Arendt, Wir Flüchtlinge, in: dies., Zur Zeit. Politische

es als die politische Pflicht der von den Nazis zu Judenräten erklärten Juden an, sich das Leben zu nehmen. Den von ihr verachteten Judenältesten der Ghettos Lodz und Theresienstadt, Chaim Rumkowski und Leo Baeck, stellte sie explizit Adam Czerniaków positiv gegenüber, der sich 1942 das Leben genommen hatte: „[E]r war Vorsitzender des Warschauer Judenrats, kein Rabbiner, sondern ein Freidenker, ein polnisch sprechender jüdischer Ingenieur, der wissentlich oder unwissentlich im Sinne des rabbinischen Spruches handelte: ‚Lasst euch töten, aber überschreitet nicht die Grenze.'"[61]

Walter Benjamin war aus diesem Grund „schuldlos" geblieben – anders als Adorno, dem ja schon Heißenbüttel vorgeworfen hatte, dass er Benjamin überlebt hatte (der „überlebende kontroverse Briefpartner" Adorno setze seine Ansichten gegen den Toten durch). Arendt schloss sich diesem Vorwurf an und argwöhnte, mit der Edition der Briefe lasse sich Adorno als „ein Lebender, der es wahrlich nicht nötig hat, auf Kosten eines Toten, über den er bereits gesiegt hatte, als er noch am Leben war, hochloben".[62] Die Debatte zwischen Adorno und Benjamin über den Baudelaire-Aufsatz wollte Arendt nur als Kampf interpretieren, in dem Letzterer verloren habe – eine Niederlage, die er letztlich mit dem Tode bezahlt habe.

Seit jeher hielt Arendt Adorno für einen durch seine jüdische Herkunft verhinderten Mitmacher und Opportunisten. Deshalb betonte sie in Briefen an Karl Jaspers immer wieder, dass Adorno lediglich „Halbjude" sei.[63] Dass ausgerechnet er, „halbjüdisch unter lauter Juden", nun für sie beanspruchte, Benjamin besser zu

---

Essays, Berlin 1986, S. 7–21. In besonders perfider Weise hat Giorgio Agamben diese Figur in seinem Buch „Was von Auschwitz bleibt. Das Archiv und der Zeuge" (Frankfurt a. M. 2003) instrumentalisiert, in dem er den Überlebenden aufgrund ihres Überlebens prinzipiell abspricht, Zeugnis über den Holocaust ablegen zu können. Mit einiger Konsequenz nennt er Primo Levi und andere deshalb auch „Pseudo-Zeugen" (S. 30).

61 Arendt, Eichmann in Jerusalem, S. 210.
62 Hannah Arendt, Walter Benjamin. Teil I: Der Bucklige, in: Merkur 238 (Januar 1968), S. 57. Dieser Satz ist in der in dem Band „Men in Dark Times" aus dem Jahr 1968 abgedruckten Fassung ebenso gestrichen wie in der englischen Fassung aus dem *New Yorker* vom 19. Oktober 1968.
63 Siehe dazu Dirk Auer/Lars Rensmann/Julia Schulze Wessel, Affinität und Aversion. Zum theoretischen Dialog zwischen Arendt und Adorno, in: dies. (Hrsg.), Arendt und Adorno, Frankfurt a. M. 2003, S. 8 f.

verstehen, als dieser sich selbst verstanden hatte, verzieh sie ihm nicht.[64] Sie hielt Adorno vor, sich in Benjamins Ruhm zu suhlen und ihn rein egoistisch für den eigenen Erfolg auszuschlachten.

Auf verdrehte Weise war der Vorwurf der *jüdischen Kollaboration*, den sie den vermeintlichen Judenräten Horkheimer, Pollock und Adorno machte, aber auch eine Anerkennung. Von ihrer existenzialistischen politischen Philosophie aus gedacht, die sie vor allem in „Vita activa" ausgebreitet hatte und die die theoretische Grundlage – wenn nicht gar Passform – für ihre oben skizzierten historischen Arbeiten über Antisemitismus, Holocaust und Nationalsozialismus darstellte, war der höchste Wert der *conditio humana* das politische Handeln. Das steht nur scheinbar im Widerspruch zu der Definition des Nichtteilnehmens als Gradmesser für Unschuld in einer totalitären Gesellschaft, bezeichnet es doch gerade die Unmenschlichkeit des Nationalsozialismus, dass jede Form von Handeln mit der Barbarei verbunden war. In Arendts Augen verhielt sich nur der wahrhaft menschlich, der von seiner Freiheit Gebrauch machte und selbstständig dachte und handelte. Insofern es Arendt nicht um eine rein kontemplative Freiheit des Denkens ging, sondern um wesentlich politisches, also öffentliches Handeln, impliziert ihr Begriff des Handelns die permanente Entscheidung, das Richtige zu tun. Indem sie den Nazis diese Urteilsfähigkeit absprach – sie unterschied die Schuld explizit von der Verantwortung –, versuchte sie, deren Selbstentmenschlichung abzubilden. Stellte sich jemand wie Eichmann als Rädchen im Getriebe oder bloßer Befehlsempfänger dar, so war das aus ihrer Sicht gerade nicht entlastend. Im Gegenteil: Etwas Schlimmeres konnte man über einen Menschen eigentlich nicht sagen. Wer sich wie ein Nazi verhalte, der fliehe das Menschsein – ganz ähnlich hatten das zuvor schon Jean-Paul Sartre und Erich Fromm ausgedrückt.[65]

Umgekehrt bedeutete diese Philosophie der Entscheidung aber, dass das Menschsein der Juden, das ihnen von den Nazis praktisch abgesprochen worden war, nur um den Preis zu erhalten war, dass man ihnen eine Entscheidungs- und damit Schuldfähigkeit zusprach, obwohl sie sich tatsächlich in einer

---

64 Hannah Arendt an Karl Jaspers, 4. 7. 1966, in: Hannah Arendt/Karl Jaspers, Briefwechsel 1926–1969, München 1993, S. 679.
65 Jean Paul Sartre, Betrachtungen zur Judenfrage [1945], in: ders., Drei Essays, Frankfurt a. M. u. a. 1981, S. 108–191; Erich Fromm, Escape from Freedom, New York 1941.

ohnmächtigen und ausweglosen Situation befanden. Arendts Schuldvorwurf war also darauf gerichtet, die Juden als menschliche Subjekte anzuerkennen und ihnen damit die Menschlichkeit zurückzugeben, die ihnen die Nazis genommen hatten. Für die Deutschen hatte sie nur Verachtung übrig, die sich in Schlagworten wie „Banalität" oder „Durchschnittlichkeit" ausdrückte.[66] Und so war die Täter-Opfer-Umkehr, die ihr vielfach und in gewissem Sinne ja auch zu Recht vorgeworfen wurde, ein absurd anmutender Versuch der Rettung. Man kann diesen Gedanken als Historiker oder Philosoph nachvollziehen, aber das ändert nichts daran, dass es für die jüdischen Überlebenden des Instituts für Sozialforschung eine tief greifende Kränkung war, wenn sie bei diesem polemisch ausgetragenen Rettungsversuch als Kollaborateure gezeichnet wurden. Das konnten sie, die ja auch nur durch Glück überlebt hatten, ihr nicht verzeihen.

---

66 Übrigens eine weitere Parallele zur Antisemitismusanalyse Sartres, die in der Forschung zumeist der Arendtschen gegenübergestellt wird. Vgl. etwa Dana Ionescu/Samuel Salzborn, Antisemitismus, Nation und Ordnung. Theoretische, historische und empirische Aspekte bei Hannah Arendt, in: Julia Schulze Wessel u. a. (Hrsg.), Ambivalenzen der Ordnung. Der Staat im Denken Hannah Arendts, Wiesbaden 2013, S. 21 f.

CLARA WOOPEN

Frauenbewegte Opferidentifizierung?

Der Nationalsozialismus in der feministischen Zeitschrift *Courage* (1976–1984)

Die Selbsterzählung der 1968er-Bewegung, sie habe sich erstmals und intensiv mit dem Nationalsozialismus auseinandergesetzt, wird fortlaufend in der Zeitgeschichts- und Holocaustforschung dekonstruiert.[1] Ihr Umgang mit dem Nationalsozialismus wird dabei als intergenerationelle und psychologisch sinnstiftende Abspaltung von ihren Eltern verstanden.[2] Zur jungen Generation gehörten allerdings auch die Frauen, für die 1968 zwar eine „wichtige lebensgeschichtliche Erfahrung" und ein Moment der Politisierung waren, die sich in der neuen Frauenbewegung jedoch auch explizit davon entfernten.[3] Es ist zu vermuten, aber wird selten bedacht, dass sich dieses dialektische Verhältnis der Bewegungen auch auf ihre Erinnerungskulturen auswirken könnte. Insbesondere der Mechanismus der Opferidentifizierung, mit dem die Erinnerungskultur der universal gedachten 68er-Generation häufig analysiert wird, verspricht einen Zugang zur Erinnerungskultur der Frauenbewegung.

---

1 Vgl. den Sammelband von Philipp Gassert/Alan E. Steinweis (Hrsg.), Coping with the Nazi Past. West German Debates on Nazism and Generational Conflict, 1955–1975, New York/Oxford 2006.
2 Vgl. Ulrike Jureit, Opferidentifikation und Erlösungshoffnung. Beobachtungen im erinnerungspolitischen Rampenlicht, in: dies./Christian Schneider (Hrsg.), Gefühlte Opfer. Illusionen der Vergangenheitsbewältigung, Stuttgart 2010, S. 17–103.
3 Zum Verhältnis der Frauenbewegung zu 1968 vgl. Elisabeth Zellmer, Töchter der Revolte? Frauenbewegung und Feminismus in den 1970er Jahren in München, München 2011, S. 60 und Kristina Schulz, Der lange Atem der Provokation. Die Frauenbewegung in der Bundesrepublik und in Frankreich 1968–1976, Frankfurt a. M./New York 2002.

Die Figur des Opfers sowie insbesondere die Opferidentifizierung werden als zentrale Größen der bundesrepublikanischen wie ihrer spezifisch neuen linken Erinnerungskultur beschrieben. Das Opfer wird darin als Teil einer nachchristlichen Passionsgeschichte nicht mehr mit Scham, sondern mit Ehre und einer moralischen Autorität verbunden.[4] Martin Sabrow charakterisiert die Identifizierung mit dem Opfer als Paradigmenwechsel der Erinnerungskultur im 20. Jahrhundert.[5] Ulrike Jureit und Christian Schneider analysieren sie mit Bezug auf den Nationalsozialismus ausgehend von den Nachkriegskindern und darunter insbesondere den aktiven ‚68ern': Die zweite Generation entledige sich ihres negativen Erbes, indem sie sich radikal von ihren Eltern abwendete und sich stattdessen mit deren Opfern identifizierte. In dieser Beschreibung der Generationen wird zunächst weder nach Gender noch nach den weiteren Entwicklungen der Kinder wie der Eltern, etwa innerhalb der weiteren sozialen Bewegungen, differenziert.

Die Unschuld und Wehrlosigkeit des Opfers können vor dem Hintergrund einer gesellschaftlich angenommenen Binarität der Geschlechter jedoch spezifisch geschlechtlich bzw. insbesondere weiblich codiert sein. Die vermeintlich unpolitische deutsche (genauer: ‚arische') Frau, die überraschend vom Zweiten Weltkrieg heimgesucht wurde, taucht bis heute und quer durch die Bevölkerung als Erinnerungsfigur in geschlechterspezifischen Befragungen zum Nationalsozialismus auf.[6] Auch auf Denkmälern werden etwa Vertriebene auffällig häufig als Frauen bzw.

---

4   Aleida Assmann, Der lange Schatten der Vergangenheit. Erinnerungskultur und Geschichtspolitik, München 2006.
5   Vgl. Martin Sabrow, Held und Opfer. Zum Subjektwandel deutscher Vergangenheitsverständigung im 20. Jahrhundert, in: Ulrike Jureit/Christian Schneider/Margrit Frölich (Hrsg.), Das Unbehagen an der Erinnerung – Wandlungsprozesse im Gedenken an den Holocaust, Frankfurt a. M. 2012, S. 37–54.
6   Vgl. Gabriele Rosenthal (Hrsg.), „Als der Krieg kam, hatte ich mit Hitler nichts mehr zu tun." Zur Gegenwärtigkeit des „Dritten Reiches" in Biographien, Opladen 1990; Birgit Rommelspacher, Schuldlos – schuldig? Wie sich junge Frauen mit Antisemitismus auseinandersetzen, Hamburg 1994; Iris Wachsmuth, Tradierungsweisen von Geschlechterbildern. Der Umgang mit familiengeschichtlichen Verstrickungen in den Nationalsozialismus, in: Elke Frietsch/Christina Herkommer (Hrsg.), Nationalsozialismus und Geschlecht. Zur Politisierung und Ästhetisierung von Körper, „Rasse" und Sexualität im „Dritten Reich" und nach 1945, Bielefeld 2009, S. 433–441.

Mütter mit ihren Kindern auf der Flucht inszeniert.[7] Gender ist also per se eine wichtige Analysekategorie des Erinnerns. Gerade für die Erinnerung dieser ‚arischen' weiblichen Opferfiguren reicht die Beschreibung der vermeintlich universalen Opferidentifizierung und (vor allem männlich konnotierten) Täterbestimmung nicht aus. Die Frauen der Frauenbewegung besetzen diese grundlegend verschieden als die männlich dominierten, aber keineswegs nur männlichen, 68er*innen.[8]

Die Figur des Opfers verschränkt außerdem eine für die Frauenbewegung relevante Bedeutung: Die Frau als Opfer männlicher Gewalt ist ein zentraler Bezugspunkt ihrer Gesellschaftskritik, die Opferidentifizierung mit und unter Frauen spielt damit eine wichtige Rolle. Geprägt von ihrer Generationenerfahrung, aber im Aufbruch eines neuen politischen Rahmens entwickelt die Frauenbewegung damit eigene Momente der Erinnerungskultur und darin spezifisch der Opferidentifizierung. Die folgende Betrachtung von Opferidentifizierungen in der frauenbewegten Erinnerungskultur zum Nationalsozialismus versucht diese zwei Forschungsrichtungen zusammenzudenken, die sich bisher kaum ausgetauscht haben; die Erforschung der (linken) bundesrepublikanischen Erinnerungskultur bzw. des (linken) Antisemitismus darin sowie die Erforschung der Frauenbewegung.

Die 68er-Bewegung wird bereits intensiv als Teil der bundesrepublikanischen Erinnerungskultur analysiert, die Frauenbewegung bisher kaum. Auch in der Antisemitismusforschung ist zwar die Analyse eines linken Antisemitismus etabliert, vernachlässigt darin jedoch die neue Frauenbewegung und ihre linken Strömungen.[9] Das erkennt nicht nur politische Überschneidungen nicht an, sondern auch deren Entstehungskontext in der 68er-Bewegung sowie ihren geteilten und fortwährenden Resonanzraum. In der psychoanalytischen Frage nach einem

---

7   Vgl. Stephan Scholz, Zwischen Viktimisierung und Heroisierung. Geschlechtermotive im deutschen Vertreibungsdiskurs, in: K. Erik Franzen/Martin Schulze Wessel (Hrsg.), Opfernarrative. Konkurrenzen und Deutungskämpfe in Deutschland und im östlichen Europa nach dem Zweiten Weltkrieg, München 2012, S. 69–84.

8   Im Text wird Gender als Analysekategorie bedacht. Wenn zum Beispiel Täter im Nationalsozialismus nur männlich gedacht werden, wird dies sprachlich im Text berücksichtigt. Im Kontext der Frauenbewegung, die sich Geschlecht binär vorstellte, werden ebenfalls binäre Schreibweisen verwendet. Der Platzhalter * veranschaulicht die bestehende Vielfalt von Geschlecht.

9   Vgl. etwa Peter Ullrich, Deutsche, Linke und der Nahostkonflikt. Politik im Antisemitismus- und Erinnerungsdiskurs, Göttingen 2013.

‚weiblichen' Antisemitismus geht Ljiljana Radonić zwar auch auf Antisemitismus in der Frauenbewegung ein,[10] doch ohne dessen Einordnung in den Differenzfeminismus wirken ihre Analyse und auch ihr Ton mehr moralisierend als erkenntnissuchend. Mit sekundärem und israelbezogenem Antisemitismus in der Frauenbewegung setzt sich etwa Charlotte Kohn auseinander.[11] In nur wenigen Ausnahmen werden die Erinnerungskultur oder Antisemitismus in der Frauenbewegung in ihrem sozio-historischen Kontext untersucht: Birgit Rommelspacher durchleuchtet den Antisemitismus von Frauen der zweiten Generation in ihrem Umgang mit dem NS sowie mit Jüdinnen und Juden und Israel.[12] Christina Herkommer setzt sich mit der Frauenforschung zum Nationalsozialismus und zentral mit den Aushandlungsprozessen um Opfer und Täterinnen auseinander,[13] und Gudrun Perko schließlich analysiert die Erinnerungskultur der Frauenbewegung in ihrem differenzfeministischen Diskurs von Frauen als Opfer der Männer.[14]

In den 1980er-Jahren beginnt die Sekundärliteratur zur Frauenbewegung eine gewissermaßen innerfeministische Diskussion zu ihrer Erinnerungskultur sowie deren Antisemitismus.[15] Diese Beiträge nennen unisono antisemitische

10 Vgl. Ljiljana Radonić, Die friedfertige Antisemitin? Kritische Theorie über Geschlechterverhältnis und Antisemitismus, Frankfurt a. M. u. a. 2004.
11 Vgl. Charlotte Kohn, Antisemitische Mütter – Antizionistische Töchter, in: Samuel Salzborn (Hrsg.), Antisemitismus – Geschichte und Gegenwart (Schriften zur politischen Bildung, Kultur und Kommunikation, Bd. 2), Gießen 2009, S. 103–126.
12 Vgl. Rommelspacher, Schuldlos – schuldig?
13 Vgl. Christina Herkommer, Frauen im Nationalsozialismus – Opfer oder Täterinnen? Eine Kontroverse der Frauenforschung im Spiegel feministischer Theoriebildung und der allgemeinen historischen Aufarbeitung der NS-Vergangenheit, München 2005.
14 Vgl. Gudrun Perko, Bedenken. Kritiken des Antijudaismus, Antisemitismus und Rassismus gegen die Neue Frauenbewegung in Theorie und Praxis und ihre Aktualität in Queer Studies – eine kritische Bestandsaufnahme, in: Jacob Guggenheimer u. a. (Hrsg.), „When we were gender …"– Geschlechter erinnern und vergessen. Analysen von Geschlecht und Gedächtnis in den Gender Studies, Queer-Theorien und feministischen Politiken, Bielefeld 2013, S. 225–244.
15 Vgl. Schabbes-Kreis, Jüdisches, Nichtjüdisches und Provokantes, in: Vorbereitungsgruppe Lesbenwoche (Hrsg.), mit allen sinnen leben, dokumentation der 1. berliner lesbenwoche 26. 10.–2. 11. 1985, Berlin 1986, S. 53–57; Karin Windaus-Walser, Gnade der weiblichen Geburt? Zum Umgang der Frauenforschung mit Nationalsozialismus und Antisemitismus, in: Feministische Studien 1 (1988), S. 102–115; Benjamin Maria Baader, Zum Abschied. Über den Versuch, als jüdische Feministin in der Berliner Frauenszene

Tendenzen und Reizthemen in der Frauenbewegung: die antijudaistische Matriarchatsforschung, das Überblenden des Holocaust durch die Hexenverfolgung und die Schuldabwehr in der Frauenforschung zum Nationalsozialismus. In den meisten dieser Beiträge machen die Autorinnen ihrer Wut über den Antisemitismus in der Frauenbewegung Luft und geben wichtige politische Analysen. Der historische Kontext in der Nachkriegs-BRD und auch in den differenzfeministischen Strömungen der Frauenbewegung war den Autorinnen sicherlich, teilweise allzu bitter, bewusst; dennoch bezogen sie ihn kaum in ihre Analyse ein. So entsteht bisweilen ein mehr moralisches als kontextualisiertes Urteil der Frauenbewegung als antisemitisch.

Während Analysen der Erinnerungskultur und des Antisemitismus häufig die Frauenbewegung vernachlässigen, steht für feministische Wissenschaftler*innen seit dreißig Jahren fest, dass die Frauenbewegung in vielfacher Weise eine problematische, antisemitische Schuldabwehr betrieb. Dieser Polarisierung einen neuen, kontext- und quellenorientierten Blick entgegenzusetzen war das Ziel meiner Masterarbeit, aus der dieser Beitrag entstand.[16] Tatsächlich nahm ich in der Quellenarbeit wahr, dass die Opferidentifizierung der Frauenbewegung weitaus mehrstimmiger und differenzierter sein konnte, als es die Sekundärliteratur annimmt, die Selbstkritik schon wesentlich früher und parallel zu den problematischen Tendenzen einsetzte und die Identifizierung sogar eine Offenheit in der Auseinandersetzung mit dem Nationalsozialismus ermöglichte.

einen Platz zu finden, in: Ika Hügel u. a. (Hrsg.), Entfernte Verbindungen. Rassismus, Antisemitismus, Klassenunterdrückung, Berlin 1993, S. 82–94; Frauen gegen Antisemitismus. Der Nationalsozialismus als Extremform des Patriarchats. Zur Leugnung der Täterschaft von Frauen und zur Tabuisierung des Antisemitismus in der Auseinandersetzung mit den NS, in: Sozialwissenschaftliche Forschung und Praxis für Frauen e. V. (Hrsg.), Feminis-muß, beiträge zur feministischen theorie und praxis 35 (1993), S. 77–89, Charlotte Kohn-Ley/Ilse Korotin (Hrsg.), Der feministische „Sündenfall"? Antisemitische Vorurteile in der Frauenbewegung, Wien 1994, Cathy S. Gelbin, Die jüdische Thematik im (multi)kulturellen Diskurs der Bundesrepublik, in: dies./Kader Konuk/Peggy Piesche (Hrsg.), AufBrüche. Kulturelle Produktionen von Migrantinnen, Schwarzen und jüdischen Frauen in Deutschland, Königstein/Ts. 1999, S. 87–111.

16 Die Masterarbeit habe ich im November 2017 am Zentrum für Antisemitismusforschung in Berlin eingereicht. In den weiteren Kapiteln habe ich Opferidentifizierungen in der Frauenbewegung im Kontext des Nahostkonflikts sowie im Kontext des Kalten Kriegs als sogenannter atomarer Holocaust gefunden und analysiert.

Gegenstand der Untersuchung war die erste und zentrale Bewegungszeitschrift, die Berliner Frauenzeitung *Courage*. Sie erschien von 1976 bis 1984 und ist neben der *Emma* das bundesweite Medium der Frauenbewegung. Die Redaktion setzte sich aus jungen Studentinnen und erwerbslosen Akademikerinnen zusammen, die sich aus dem Lesbischen Aktionszentrum (LAZ) in der Kreuzberger Hornstraße kannten.[17] Entsprechend ihres Selbstverständnisses als Kollektiv trafen sie alle Entscheidungen gemeinsam und rotierten anfangs bei den Aufgaben. *Courage* verstand sich als anti-imperialistisch, friedensbewegt und differenzfeministisch. Ihre Gesellschaftsanalyse war eine Patriarchatsanalyse, die die Gewalt von Männern gegenüber Frauen kritisierte und Solidarität zwischen Frauen forderte.

Gesellschaftlicher Kontext der Opferidentifizierung

Soziale Bewegungen entstehen nicht nur als Teil einer Gesellschaft, sie bleiben auch in ihrer Kritik und ihrem Versuch der Abspaltung an diese gebunden. Die feministische Sekundärliteratur, die die Erinnerungskultur der Frauenbewegung nicht in ihrem gesellschaftlichen Kontext beschreibt und ihr Opferkult und Schuldabwehr vorwirft, wirkt darüber enttäuscht. Mit politischem Maßstab stellt sie ‚höhere' Erwartungen an die Frauenbewegung. Wenn die Analyse einer sozialen Bewegung jedoch in Dialog mit der Analyse ihres gesellschaftlichen Resonanzraums tritt, werden die Aushandlungsprozesse zwischen ihnen und damit auch die Spezifika der Verdrängungsprozesse deutlich. Die Frauenbewegung kreiert auch neues Wissen und neue logische Verknüpfungen zum Nationalsozialismus, aber als Teil der Gesellschaft und im wechselseitigen Austausch mit ihr. Ihre Erkenntnismöglichkeiten und Perspektiven, hier konkret einer im aktivistischen Kollektiv erarbeiteten Zeitschrift, werden essentiell von der bundesrepublikanischen Erinnerungskultur und deren neuen Linken beeinflusst. Die *Courage* erschien in einer Zeit, in der der Nationalsozialismus und der eigene Anteil an ihm von keiner Generation als das eigene negative Erbe angenommen wurden.

---

17 Eine dezidierte Opferidentifizierung mit lesbischen Frauen im Nationalsozialismus wurde in der *Courage* kaum gefunden.

In einer qualitativen biografischen Befragung der ersten Generation stellt Gabriele Rosenthal fest, diese habe unabhängig von ihren damaligen Erfahrungen und quer durch die Bevölkerung versucht, die eigene Teilhabe am Nationalsozialismus als unpolitisch zu entproblematisieren.[18] Die Erzählung zu den Jahren 1933 bis 1945 wurde in der Regel auf den Krieg verdichtet, der wie jeder andere Krieg zum Leidwesen der *gesamten* Bevölkerung beigetragen habe.[19] Damit verschob sich die Erzählung auf die *eigenen* Opfer der damals ‚arischen' Dominanzgesellschaft. Die Entstehungsbedingungen des deutschen Angriffskriegs, die antisemitischen und menschenfeindlichen Motive, der Holocaust in den Lagern und der Vernichtungskrieg im Osten wurden hingegen nicht benannt.

Auch die deutsche Geschichtswissenschaft scheute sich bis in die 1990er-Jahre vor einer Auseinandersetzung mit Täter*innenschaft.[20] In den beiden Hauptströmungen der späten 1960er- bis in die frühen 1980er-Jahre lässt sich eine Tendenz der Exkulpierung der deutschen Gesellschaft erkennen, ob hinter dem Fokus der Strukturalisten auf Strukturen oder dem der Intentionalisten auf die Parteielite.[21] Nur wenige „akademische[...] Außenseiter und jüdische Opfer" fragten nach den eigentlichen Taten und den Tätern, sie wurden jedoch wie Joseph Wulf in der Bundesrepublik und Helmut Eschwege in der DDR bewusst ausgegrenzt oder nicht beachtet.[22] Die Rollen von Frauen im Nationalsozialismus waren ebenso wenig von der konventionellen Geschichtswissenschaft untersucht worden; erste Erkenntnisse lieferte die Frauenforschung ab den frühen Erscheinungsjahren der *Courage*.[23] In der sogenannten Historikerinnendebatte verhandelten Claudia Koonz und Gisela Bock 1989, also lange nach dem Erscheinen der letzten Ausgabe, die Rolle von ‚arischen' Frauen im NS.[24]

---

18 Vgl. Rosenthal, Als der Krieg kam, S. 10.
19 Vgl. ebenda, S. 232.
20 Vgl. Gerhard Paul, Die Täter der Shoah. Fanatische Nationalsozialisten oder ganz normale Deutsche?, Göttingen 2002, S. 13.
21 Vgl. Nicolas Berg, Der Holocaust und die westdeutschen Historiker. Erforschung und Erinnerung, Göttingen 2003, S. 522.
22 Ebenda, S, 438 ff.
23 Vgl. Herkommer, Kontroverse der Frauenforschung, S. 14.
24 Vgl. die Zusammenfassung von Atina Grossmann, Feminist Debates about Women and National Socialism, in: Gender & History 3 (1991) 3, S. 350–358.

Auch die zweite Generation entzog sich dem negativen Erbe ihrer Eltern. Die ‚68er*innen' erhoben zwar eine fundamentale Kritik gegen die Kontinuitäten des Nationalsozialismus in der Bundesrepublik sowie die Schuldverdrängung der älteren Generationen. In der Anklage ihrer Eltern und der Anerkennung deren Opfer sieht Ulrike Jureit aber nicht nur ein politisches Verdienst, sondern auch den Versuch einer jüngeren Generation, der emotionalen Bindung an die Eltern zu entkommen, die mit einer großen historischen Schuld verbunden war.[25] Das erklärt auch, weshalb die rebellische junge Generation sich nicht für die historische Auseinandersetzung mit dem NS interessierte, sondern es ihr in erster Linie um eine moralische Verurteilung der Eltern ging. Sie bevorzugte ein Konzept von Faschismus als eine überzeitliche, auch gegenwärtige Gewalt der älteren Generation.[26] Darin rückten die Opfer des NS mit ihnen selbst als gemeinsame Opfer des Faschismus oder antifaschistische Widerständige zusammen. Das verzerrte und relativierte den Nationalsozialismus als eines von mehreren faschistischen, wahlweise kapitalistischen, Systemen und konstruierte eine universale antifaschistische Opferidentität. Damit spaltete sich die junge Generation trotz der allgegenwärtigen Anrufung von ihrem eigenen negativen Erbe ab.

Das generationell entstandene Muster der Opferidentifizierung habe sich als Norm der gesamtdeutschen Erinnerung durchgesetzt, so Jureit, und äußert sich auch in Erinnerungsorten wie dem Denkmal der ermordeten Juden Europas, in dem das Gefühl des Todes für *alle* ‚erlebbar' wird, oder der Neuen Wache in Berlin, die *aller* Opfer von Krieg und Gewalt gedenkt.[27] In dieser Opfergemeinschaft werden tendenziell NS-Verfolgte mit ihren Peinigern zusammengedacht und aus einer (ehemals ‚arischen') deutschen Perspektive miteinander versöhnt. Mit diesen gesamtgesellschaftlichen, wissenschaftlichen, linken und generationellen Entwicklungen steht die Erinnerungskultur der Frauenbewegung im konstanten wechselseitigen Austausch. Wenn sie eigene Zugänge zum Nationalsozialismus findet und die Opferidentifizierung neu besetzt, knüpft sie damit an die bestehende Erinnerungskultur an, öffnet und beeinflusst sie gleichzeitig.

---

25 Vgl. Jureit, Opferidentifikation, S. 27.
26 Zur Problematik des Faschismusbegriffs aus Sicht der Holocaustforschung vgl. Berg, Holocaust, S. 437 ff.
27 Jureit, Opferidentifikation, S. 27 ff.

Differenzfeministischer Kontext der Opferidentifizierung

Auch in dem spezifisch differenzfeministischen Rahmen der *Courage* lag es nahe, sich grundsätzlich mit Opfern zu identifizieren. Die Frauenbewegung analysierte die Gesellschaft, indem sie das Patriarchat kritisierte. Mit der differenzfeministischen Annahme einer essentiellen Differenz zwischen den Geschlechtern Mann und Frau bedeutete das, die Gewalt von Männern gegen Frauen zu erkennen und zu kritisieren. Die Möglichkeit, mit anderen über die Unsichtbarkeit und die Erniedrigungen der Frau in der heterosexuellen Ehe und in der männerbeherrschten Gesellschaft zu sprechen, sich überhaupt als Frau stark zu fühlen und für gleiche Rechte zu kämpfen, war für die junge Generation neu, augenöffnend und wurde politisch und persönlich als bestärkend erlebt. Die frauenfeindliche Dominanz und Gewalt von Männern wurden in der Frauenbewegung die zentrale bzw. universale Erklärungsgröße für die Welt, Kulturen und Epochen übergreifend.

In dieser Patriarchatsanalyse war der Begriff des Opfers eine zentrale Kategorie, um die Rolle der Frau in der Gesellschaft zu beschreiben, die Gewalt gegen sie zu kritisieren und unter Frauen Parteilichkeit für sie einzunehmen.[28] Im Kontext der Ahndung von Vergewaltigungen beschreibt hier Christina Thürmer-Rohr seine Bedeutung: „Nur über die Opferrolle war es überhaupt möglich, auf den ‚Ernst', auf den persönlichen Schaden, das politische Gewicht und die juristische Relevanz des Vergewaltigungsverbrechens aufmerksam zu machen."[29] Die angenommene Einheit von Frauen als Opfer des Patriarchats band Frauen in ungeahnter Intensität und vermeintlich international aneinander; die prinzipielle Solidarität und Identifikation mit dem eigenen Geschlecht als Opfer von Gewalt waren ein Grundpfeiler der Frauenbewegung.[30] „Global sisterhood" wurde die Parole für dieses Programm.

---

28 Vgl. Christina Thürmer-Rohr, Frauen in Gewaltverhältnissen. Zur Generalisierung des Opferbegriffs, in: Studienschwerpunkt „Frauenforschung" am Institut für Sozialpädagogik der TU Berlin (Hrsg.), Mittäterschaft und Entdeckungslust. Berichte und Ergebnisse der gleichnamigen Tagung vom 6.–10. 4. 1988 in Berlin, Berlin 1990, S. 22.
29 Ebenda.
30 Vgl. Christina Thürmer-Rohr, Veränderungen der feministischen Gewaltdebatte in den letzten 30 Jahren, in: Antje Hilbig u. a. (Hrsg.), Frauen und Gewalt. Interdisziplinäre Untersuchungen zu geschlechtsgebundener Gewalt in Theorie und Praxis, Würzburg 2003, S. 17–29, hier S. 19.

Dieser Grundgedanke, Frauen mit Opfern gleichzusetzen, wurde das Analysewerkzeug differenzfeministischer Strömungen in sämtlichen Diskussionen über Geschichte und Gesellschaft. Er beeinflusste nicht nur das Nachdenken dieser Frauen über den Nationalsozialismus, sondern hatte Auswirkungen auf ihre Betrachtung der Welt an sich. Analog dazu wirkten sich auch die Nebeneffekte und Grenzen dieses Denkschemas, die hier für die NS-Erinnerungskultur betrachtet werden, auf viele weitere Themen aus.

Eine in Forschung und rassismuskritischen Kontexten intensiver besprochene Konsequenz dieses Denkschemas war die Unsichtbarmachung der Intersektionalität von Diskriminierung. Über *den* Sexismus, *die* Frau in der Gesellschaft zu sprechen, aber damit *alle* Frauen in einer *global sisterhood* befreien zu glauben, übersah weitere Gesellschaftsanalysen und Formen der Gewalt neben Sexismus bzw. die mit Sexismus verschränkt sind. Schwarze, jüdische, migrierte, behinderte, lesbische und viele andere Frauen konfrontierten die (weiß, christlich sozialisiert, west-deutsch, able-bodied usw. zentrierte) Frauenbewegung mit den Grenzen ihrer universalistischen Opfergemeinschaft *der* Frauen. Jüdische Frauen, organisiert etwa im lesbischen Schabbeskreis in West-Berlin, verdeutlichten, dass ihre Erfahrungen nicht getrennt von, geschweige denn ohne Antisemitismus wahrgenommen werden könnten.[31]

Eine weitere Grenze der Gleichsetzung *der* Frau als Opfer in der Gesellschaft war die Unsichtbarmachung der möglichen Mit-Täterschaft bzw. der Täterinnenschaft von Frauen in Kontexten von Gewalt und Diskriminierung. In den Diskussionen um Intersektionalität verdeutlichten jüdische Frauen, dass sie Antisemitismus auch explizit unter Frauen und in der Frauenbewegung erlebten. Damit differenzierten sie die Positionierungen von Frauen und benannten Machtverhältnisse zwischen ihnen. Diese Differenzierung wurde in der dominanzgesellschaftlichen Frauenbewegung ausgeblendet und sogar als provozierend und unsolidarisch wahrgenommen. In einem langen Prozess, verbunden mit vielen Verletzungen, wurde die Debatte um Gewalt und Diskriminierung, die von Frauen ausging, in Gang gesetzt.

Diese Vorannahmen helfen, die Opferidentifizierung der Frauenbewegung in Bezug auf den Nationalsozialismus zu verstehen. Die Gesellschaftsanalyse sowie

---

31 Vgl. Schabbeskreis, Jüdisches, Nichtjüdisches; Baader, Zum Abschied.

das Selbstverständnis der Frauenbewegung basierten grundsätzlich auf einer Opferidentifizierung als Frau unter Frauen. Deren Ausschlussmechanismen und Grenzen betrafen auch viele weitere gesellschaftliche Debatten, in denen das universal gedachte Schema Mann-Frau/Täter-Opfer als unzureichend auffiel.

Opferidentifizierung mit Frauen im Nationalsozialismus

In der *Courage* wurde ein neuer diskursiver Zugang zum Nationalsozialismus gefunden und eingeübt, der von den politischen Prinzipien der neuen Frauenbewegung bzw. der entstehenden wissenschaftlichen Disziplin der Frauenforschung geprägt war. Die Frauenforschung setzte sich zum Ziel, Frauen als Subjekte in der Geschichte sichtbar zu machen, bewusst Partei für Frauen zu ergreifen und so den Objektivitätsanspruch der als androzentrisch verstandenen Wissenschaft zu hinterfragen.[32] In dieser jungen Tradition stehen die Forderungen der Redakteur*innen der *Courage*, sowohl die Situation von Frauen im Nationalsozialismus zu beleuchten als auch emotionalere, persönliche Zugänge zu deren Geschichten zu finden. Die Überzeugung vieler Autor*innen war es, schon viel über die großen Eckdaten des NS und des Krieges zu wissen, aber kaum über die Alltagsgeschichte von Frauen. Daraus entstand ein neues historisches Interesse an Zeitzeuginnen und ihren persönlichen Geschichten, wie es etwa auf dem „Frauenkongress gegen Atom und Militär" am 15./16. September 1979 in Köln geäußert wurde: „Die Teilnehmerinnen [der Arbeitsgruppe „Frauen im/gegen Faschismus"] hatten das Bedürfnis, das Thema Faschismus anders anzugehen, als das durch Statistiken und Dokumente möglich ist. [...] Für uns [Jüngere] ist es wichtig, aus den persönlichen Erfahrungen unserer Mütter zu lernen, daß der Faschismus nicht über Nacht kommt. Erst wenn wir unser abstraktes Wissen über den Faschismus um ein emotionales Verständnis erweitern, ist es uns möglich, ihn heute besser zu bekämpfen."[33]

Mit einem explizit historisch forschenden Zugang zum Nationalsozialismus verschieben die Frauenbewegten ihren Fokus von der vorangehenden

---

32 Vgl. Herkommer, Kontroverse der Frauenforschung, S. 12.
33 Courage 4 (1979) 11, S. 63.

Auseinandersetzung ihres linken Bewegungsumfeldes rund um die ‚68er*innen'. Diese wird in Zeitgeschichts- und Holocaustforschung häufig zwar als prominente und starke emotionale Abgrenzung, aber ohne einen historisch interessierten oder informierten Blick charakterisiert. Angesichts eines großen historischen Unwissens diente der Nationalsozialismus mehr als politischer Stichwortgeber für Kontinuitäten einer unbestimmten Gewalt, die Faschismus genannt wurde. Detlef Siegfried spricht daher von einem „nahezu unhinterfragten Basisargument", Nicolas Berg von einem Diskurs, der, „obwohl er das Verbrecherische zu benennen glaubte, diametral vom Ereignis wegführte".[34] Auch in der Frauenforschung geht es darum, mit politischem Willen eine Kontinuität der Gewalt nachzuvollziehen, konkret die Frauenunterdrückung in Geschichte und Gegenwart aufzuarbeiten. Diese unmittelbare Verknüpfung lässt sich auch am obigen Zitat erkennen. Damit entstehen auch in der Frauenbewegung Wahnbilder wie der „atomare Holocaust" der USA, die die historische Auseinandersetzung der mehrheitsdeutschen Frauen mit dem Holocaust durch den Versuch seiner Instrumentalisierung und insbesondere seiner Externalisierung explizit blockieren. Daneben initiierte die Frauenbewegung mit der Frauenforschung auch einen explizit historischen Zugang auf die Gesellschaft und damit das Interesse, den NS überhaupt als historisches Phänomen zu untersuchen. Zum ersten Mal wurden in der *Courage* etwa die Auflösung der bürgerlichen Frauenbewegung 1933, das nationalsozialistische Ideal einer ‚arischen' Mutter oder die untergetauchte lesbische Kommunistin Hilde Radusch thematisiert.

Der historische Zugang und das Befragen von Zeitzeugen bzw. sogar primär Zeitzeuginnen zu ihren Erfahrungen im Nationalsozialismus sollten durchaus als generationsuntypisches Interesse einer neuen sozialen Bewegung verstanden werden. Erklären lässt sich dies auch als Teil linker Professionalisierung und des Marsches durch die Institutionen, woran die Frauenbewegung explizit beteiligt war und was eine breitere Verbindung von linkem Aktivismus mit linker Forschung überhaupt ermöglicht hat.

Unter den politischen Vorzeichen der Frauenbewegung standen nun die eigenen Mütter im Zentrum der historischen Auseinandersetzung. Der generelle

---

34 Detlef Siegfried, Time Is on My Side. Konsum und Politik in der westdeutschen Jugendkultur der 60er Jahre, Göttingen 2006, S. 176; Berg, Holocaust, S. 392.

Gestus ihnen gegenüber war die Bereitschaft, sie als Frauen mit ihren Erfahrungen ernst zu nehmen. In der *Courage* wurden für ein Sonderheft unter dem Titel „Alltag im 2. Weltkrieg" Tagebucheinträge und Erlebnisberichte von Zeitzeuginnen des Zweiten Weltkriegs gesammelt, die für sich sprechen sollten, ohne dabei einer inhaltlichen Analyse der Nachgeborenen unterzogen zu werden.[35] Eine kurze Einleitung legt den Leserinnen nahe, wie unangemessen und vorschnell die Kritik an den Müttern gewesen sei, die sie als Jugendliche geübt hätten: die Kritik, die Mütter hätten keinen Widerstand geleistet.[36] Denn in der Frauenbewegung hätten die Frauen doch gelernt, „wie wenig die zuvor brav gelernten Kategorien der Politökonomie eigentlich mit unserem Leben zu tun haben".[37] Mit dem Hinweis auf die Unterdrückung von Frauen durch das Patriarchat werden die Nähe zur Mutter nahegelegt, die ähnliche Situation als Frau und die Notwendigkeit, deren Leben im Nationalsozialismus aus der Perspektive der Geschlechterungleichheit nachzuvollziehen. Darin wird die emotionale Solidarität zwischen Frauen, die im differenzfeministischen Diskursrahmen der Frauenbewegung gilt, auch für den Umgang mit dem Nationalsozialismus gefordert.[38]

Die Redakteurin schildert, dass ihre jugendliche Kritik an der eigenen Mutter nur zu einer familiären „Tabuisierung der Kriegsjahre" beigetragen habe. Erst als Erwachsene habe die Autorin von den Erlebnissen der Mutter im Krieg erfahren, von Vergewaltigung und Unterversorgung in einem Berliner Bunker. Sie kommentiert die schockierende Episode selbstkritisch: „Das hat sie mir erzählt, jetzt, wo ich 33 bin, zum ersten Mal. Fragen konnte ich wohl besser als zuhören."[39]

Die Erzählungen von Bomben, Hunger und Vergewaltigung lösten in ihr selbstverständlich Schrecken und Mitleid mit der eigenen Mutter aus. Aus der emotionalen Solidarität zwischen Frauen resultiert eine neue Verbindung zu deren Kriegserzählungen. Ihnen wird, nach Selbstaussage der politischen Töchter, zum

---

35 Vgl. Courage 2 (1980), Sonderheft 3.
36 Vgl. ebenda, S. 5.
37 Ebenda.
38 Zur emotionalen Praxis innerhalb von Gruppen vgl. Monique Scheer, Are Emotions a Kind of Practice (and Is That What Makes Them Have a History)? A Bourdieuian Approach to Understanding Emotion, in: History and Theory 51 (2012), S. 193–220, hier S. 216.
39 Courage 2 (1980), Sonderheft 3, S. 5.

ersten Mal eine authentische Sprechposition als Opfer zugestanden. Die frühere Kritik an der Mutter wird damit nicht mehr nur als naiv im Sinne der Unterdrückung als Frau dargestellt, sondern moralisch schwierig. Mit dem Verweis auf ihr fortgeschrittenes Alter und der Perspektive der Frauenbewegung wird es explizit abgelehnt, die Mutter mit dem breiteren Kontext ihrer Kriegserfahrungen zu konfrontieren. Dies wird von der Autorin explizit als Lernprozess seit dem jugendlichen Alter verstanden und kann damit auch als (Selbst-)Kritik an der Konfrontation der Eltern im Sinne der ‚68er*innen' gelesen werden. Damit entsteht ein seit 1968 völlig neuer Zugang zum Nationalsozialismus durch eine soziale Bewegung. Mit der grundsätzlichen Empörungshaltung gegenüber den eigenen Eltern wird hier gebrochen, und die Mütter werden von dem vorher eingeübten Generalverdacht der Täter*innenschaft freigesprochen. Es ist nun erlaubt, sie nach ihrer persönlichen Lebensgeschichte befragen zu wollen, ihnen zuzuhören und sie mit Empathie wahrzunehmen. Die neuen Geschichten berühren und schockieren die Töchter. So bahnt sich ein neuer Kommunikationsweg über den Nationalsozialismus an, ein Sprechen *zwischen* den Generationen statt eine Einwegskommunikation *über* die Generation der Eltern. Es mag ein Verdienst der Frauenbewegung sein, nicht nur das eigene Schweigen über den NS gebrochen zu haben, wie es die 68er*innen vermochten. Sie ermutigte ihre Mütter zu sprechen und unterstützte damit womöglich die Aufarbeitung von deren Kriegstraumata. Nach dem Schweigen kam also das intergenerationelle Sprechen über das Leid der deutschen Mütter.

Diese Entwicklung kann unterschiedlich eingeordnet werden. Den Kriegserzählungen der Mütter Raum zu geben und in ihrem Schmerz zu validieren, kann ein wichtiger Schritt der jeweiligen und der gemeinsamen Aufarbeitung der Generationen sein. Damit wird dem Verdrängen durch Schweigen wie durch eine inhaltsleere Verurteilung erst einmal Einhalt geboten. Die Frage nach den Auswirkungen auf sich selbst, sowohl die ältere wie die jüngere Generation, wird unmittelbar gestellt, statt wie im früheren Erleben abgeblockt. Aleida Assmann fordert, nicht jedes Sprechen über ein anderes Leid als das der Verfolgten als Schuldabwehr zu interpretieren: „Nicht die Erinnerungen sind schädlich, sondern die Argumente, die mit ihnen verbunden werden."[40] Wenn die Aufarbeitung jedoch an dieser Stelle stehen bleibt und die, im Nationalsozialismus dramatisch

---

40 Vgl. Assmann, Schatten der Vergangenheit, S. 189.

privilegierte, Position, die Teilhabe und Täter*innenschaft der Mütter in einem menschenverachtenden System überdeckt, ist der Fokus auf ihr Leid schlichtweg eine makabre Form der Schuldabwehr. Die mythische Erhöhung des ‚arischen' Opfers ist revisionistisch, ignoriert und verhöhnt die Opfer des Nationalsozialismus und verhindert die Auseinandersetzung mit der gesellschaftlichen und individuellen Teilhabe an Verbrechen gegen die Menschlichkeit.

An dieser Stelle ist es besonders wichtig darauf hinzuweisen, wer diese Mütter waren, und damit das unbestimmte und universal gedachte Subjekt „Frauen im Nationalsozialismus" zu dekonstruieren. Denn es sind keineswegs alle frauenbewegten Töchter in der Bundesrepublik, die beginnen, die Gespräche mit ihren Müttern öffentlich zu teilen. Mit einer prominenten Ausnahme im fünften Heft 1981 mit dem Titelthema „Sintezza" spricht in *Courage* kaum eine Tochter über oder mit ihrer im NS entrechteten, verfolgten und die Vernichtung überlebenden Mutter über den Holocaust. Nach der Frage nach dem „wer spricht" sollte auch gefragt werden, was thematisiert wurde. Es ist fast ausschließlich das Leid der nicht-verfolgten deutschen Mütter im Nationalsozialismus und im Krieg, das die Auseinandersetzung in der *Courage* mit dem NS bestimmt – aufgenommen wird schließlich, worüber die Mütter selbst sprechen möchten.

Im Sonderheft „Alltag im 2. Weltkrieg" von 1980 erzählten ehemalige BDM-Mädels, Freundinnen von SS-Schergen und weitere Frauen, die als ‚arisch' gegolten hatten.[41] Diese Positionierungen werden nicht eingeordnet, vielmehr stehen ihr Leid im Fokus, der Hunger, das Ausharren in Luftschutzkellern, die Angst vor der sowjetischen Armee. Die vielen Beiträge zum Krieg, nicht nur im Sonderheft, enthalten keine Informationen über seine Vorgeschichte und den Holocaust, erwähnen weder seine spezifisch nationalsozialistischen Motive noch den ‚inneren Krieg' gegen Jüdinnen, als sogenannte Zigeuner und Asoziale verfolgte Menschen, Schwule, Lesben und weitere politische und nicht-konforme Oppositionelle. In einigen Artikeln wird das Leid der Bombenopfer derart stark hervorgehoben, dass die Opfer des Nationalsozialismus verdrängt bleiben.

Diese neue intergenerationelle Kommunikation der Frauenbewegung ist eine dominanzgesellschaftliche Kommunikation und intergenerationelle Versöhnung unter deutschen Frauen über den Nationalsozialismus. Sie ebnet den Boden für

---

41 Vgl. Courage 2 (1980), Sonderheft 3.

Erzählungen vom *deutschen Opfer*, unter den emanzipatorischen Vorzeichen der Frauenbewegung insbesondere für Erzählungen von *deutschen* Frauen als Opfer.

Dieses Leid der *deutschen* Frauen wird ohne ihr Leben vor dem Krieg oder eine nähere Einordnung dargestellt. Der Krieg wirkt wie ein plötzlicher Schicksalsschlag und damit ein Leidensfaktor für den Mann an der Front, die Frau und ihre Kinder. Mit dem solidarischen Verzicht einer Analyse durch die *Courage*-Redaktion wird diese Auslassung in der Erinnerung nicht benannt. Einige Berichte beginnen gleich mit den Bombenangriffen der Alliierten: „Das Jahr 1943 brachte uns die schlimmen Bombenangriffe."[42] Die Vagheit solcher Formulierungen schafft Leerstellen in der Erinnerung. Auch im weiteren Text werden die grundsätzlichen Informationen nicht gegeben, wer eigentlich gegen wen und aus welchen Gründen kämpft. Die Antworten auf diese Fragen werden mit dem Fokus auf das eigene Leid für weniger wichtig empfunden, der Kontext im Nationalsozialismus wird latent gehalten.[43] Im Vordergrund steht die persönliche Erfahrung, die nicht mit einer langen Vorgeschichte, sondern erst in der Reaktion auf den Krieg mit ihm verbunden zu sein scheint. Der Zweite Weltkrieg wird vom Kontext der nationalsozialistischen Verfolgung und Ermordung getrennt, gewissermaßen als ein Krieg unter vielen in der Weltgeschichte. Damit geben die Berichte der Frauen auch keine Möglichkeit der Auseinandersetzung mit ihrer eigenen nationalsozialistischen Vorgeschichte.

Diese Deckerinnerung des Krieges, die über den NS gelegt wird, das Selbstverständnis als Opfer und die Opferidentifizierung sind ein viel rezipiertes Phänomen der Erinnerungskultur in der Bundesrepublik. Die deutsche Frau als Opfer nimmt darin einen besonderen Stellenwert ein. Die Figur der politisch desinteressierten Frau bemühen auch alle Frauen, frauenbewegt oder nicht, die 1990 von Gabriele Rosenthal zu ihrer Biografie im Nationalsozialismus befragt wurden.[44] Ihr weiblich konnotierter Wirkungsbereich in der Reproduktionsarbeit wird vom Krieg, dem Kämpfen der Männer, dem Raum dessen, was als politisch verstanden wird, abgetrennt. Damit wird auch eine moralische Grenze gezogen, denn in

---

42 Ebenda, S. 27.
43 Vgl. Klaus Holz, Nationaler Antisemitismus. Wissenssoziologie einer Weltanschauung, Hamburg 2001, S. 504.
44 Vgl. Rosenthal, Als der Krieg kam.

der Erzählung des Krieges wird die Verantwortung an die Männer abgegeben. In geschlechterspezifischen Befragungen zum Nationalsozialismus taucht bis heute und quer durch die Bevölkerung die Vorstellung von der Frau auf, die vom Krieg gewissermaßen überraschend heimgesucht wurde.[45] Die NS-Geschichte – sowohl von widerständigen Frauen als auch von Täterinnen – wird im familiären Kontext konsequent nicht abgefragt und bleibt damit oftmals unentdeckt oder geht mit dem Tod der Frauen verloren.[46] Die Frauenbewegung zeigt sich hier schlichtweg als Teil der post-nationalsozialistischen, bundesrepublikanischen Gesellschaft bzw. nutzt die Figur der Frau als Opfer für ihre differenzfeministische Patriarchatskritik.

Als Opfer des Krieges wird anhand der Mütter eine Figur entworfen, an die nach dem Krieg wieder legitim angeschlossen werden kann, eine Opferheldin. Der Durchhaltewillen der Mütter, ihre Kraft, den Haushalt trotz Hunger und Not alleine zu führen, eventuell mit eigener Lohnarbeit zu finanzieren, wird in der *Courage* als weibliche Stärke bewundert.[47] Fast wird sie als Widerstand gegen den Krieg interpretiert, etwa in einer begeisterten Rezension zum Film „Deutschland, bleiche Mutter" von Helma Sanders-Brahms: „Die Mutter bringt die kleine Tochter mit Ruhe und Zärtlichkeit durch das tödliche Chaos des ausgebombten Berlin, trägt sie in Schnee und Eis durch Pommern, versucht ihr die Schrecken einer Vergewaltigung zu verringern."[48] Die positiven, typisch weiblich konnotierten Eigenschaften von Mutterschaft, Ruhe und Zärtlichkeit werden den männlich konnotierten Einflüssen von Krieg, Tod und Vergewaltigung gegenübergestellt. Die Fürsorge der Mutter für das Kind bewahrt eine unschuldige Erinnerung aus dem Nationalsozialismus, an die nach dem Krieg wieder legitim angeschlossen werden kann. Denn mit der Mutterfigur, die das Überleben der Familie ohne den Mann im Haus sichert, konstruiert die Frauenbewegung eine (Opfer-)Heldin für die Ewigkeit. Die Ablösung der zu schuldbelasteten, männlichen Heldenfigur des Soldaten durch die weibliche Opferheldin wirkt ebenso in gesamtdeutschen Erinnerungskulturen wie im Vertriebenendiskurs.[49] Die weibliche Opferheldin

---

45 Ebenda; Rommelspacher, Schuldlos – schuldig?; Wachsmuth, Tradierungsweisen von Geschlechterbildern.
46 Vgl. Wachsmuth, Tradierungsweisen von Geschlechterbildern, S. 435.
47 Vgl. Rommelspacher, Schuldlos – schuldig?, S. 78.
48 Ebenda, S. 39.
49 Vgl. Scholz, Viktimisierung und Heroisierung, S. 83.

verliert nach 1945 nicht an Legitimität, weil sie scheinbar immer und nur Mutter bzw. unterdrückte Frau ist. In einer Vielzahl von Artikeln wird auf die Stärke und Selbstständigkeit der Frauen während des Krieges und in den Nachkriegsjahren verwiesen. Die Rolle der starken, den schlimmen Umständen trotzenden Frau wird als ungetrübtes Vorbild der jungen feministischen Frauen verwendet.

Die Opferidentifizierung in der NS-Erinnerungskultur ist also in der *Courage* stark von dem Selbstverständnis, Männerherrschaft zu kritisieren und sich positiv auf Frauen zu beziehen, geprägt und weicht darin stark davon ab, was Ulrike Jureit und Christian Schneider für die 68er-Bewegung beschreiben. Diese gerierte sich als Verurteilende der gesamten Elterngeneration, geschlechtsneutral oder männlich konnotiert. Ihre Opferidentifizierung richtet sich an die Opfer des Nationalsozialismus. Mit dem Denkgebäude der Kritischen Theorie finden sie jüdische, antifaschistische Vaterfiguren in Adorno und Horkheimer, mit denen zusammen sie sich gegen die eigenen Eltern in Stellung bringen, um den NS ohne respektive gegen sie aufzuarbeiten.[50] Die Frauenbewegung orientierte sich zwar in der Auseinandersetzung mit dem Nationalsozialismus auch mehr an Opfern, als sich mit Täter*innen zu beschäftigen, allerdings unter den neuen Vorzeichen des Differenzfeminismus. Sie interessierte sich für den Nationalsozialismus primär als Patriarchat, in dem ihre nicht-verfolgten Mütter Opfer waren. Sie stellt die Erzählungen der traumatischen Kriegserfahrungen der Mütter in den Vordergrund und fordert, diesen solidarisch und unhinterfragt zuzuhören. Die schmerzvollen Erfahrungen der Mütter zu validieren war sicherlich ein großer Schritt für eine soziale Bewegung, ein intergenerationelles Sprechen über den Nationalsozialismus anzustoßen und potenziell die eigene Familiengeschichte zu reflektieren. In vielen Berichten wird jedoch nicht benannt, was die Mütter auffällig aussparen: die systematische Entrechtung, Verfolgung und Ermordung von Abermillionen Menschen, mit der ihre ‚arischen' Mütter lebten. Einige Berichte in der *Courage* ermöglichen damit eine Schuldabwehr, ein Verdrängen der Teilhabe und Täterinnenschaft dieser Frauen, die nicht bloße Opfer eines Patriarchats waren, sondern Handlungsspielräume und aktive Anteile in einem antisemitischen und

---

50 Zu dieser neuen anti-faschistischen Wahlfamilie besonders Christian Schneider, Der Holocaust als Generationsobjekt. Generationsgeschichtliche Anmerkungen zu einer deutschen Identitätsproblematik, in: Mittelweg 36 (2004) 4, S. 56–73.

rassistischen politischen System sowie am Holocaust hatten. Darin wird die Erinnerungskultur der Frauenbewegung Teil der gesamtgesellschaftlichen Opferidentifizierung, die nicht mehr nur wie die 68er*innen die Anti-Faschist*innen, sondern gleich einen Großteil der ‚arischen' Bevölkerung als Opfer des NS inszeniert.

Ambivalenzen und Möglichkeiten der Opferidentifizierung der Frauenbewegung

Der politische Grundgedanke, Frauen als Opfer von Frauenunterdrückung in Geschichte und Gegenwart darzustellen, prägte die Auseinandersetzung der Frauenbewegung mit dem Nationalsozialismus. Diese Fixierung brachte Differenzfeminist*innen gleichzeitig in die politische Zwickmühle, Frauen durch die Geschichte hindurch und essentialistisch als Opfer ohne eigene Handlungsmacht oder als Handelnde nur in Bezug auf das Patriarchat festzuschreiben. Auch im positiven Sinne blockierte dieser Ansatz, Frauen als eigenständig Handelnde wahrzunehmen und selbst gegen die Ohnmacht aufzustehen. Dass das ein grundsätzliches Problem für den Kampf für die Emanzipation von Frauen bedeutete, wurde auch in der *Courage* diskutiert. Mit der Frage nach Täterinnen im Nationalsozialismus wird schließlich eine für das frauenbewegte Selbstverständnis zentrale Debatte über das Patriarchat und die Rolle von Frauen darin angestoßen.

Die Verquickung der historischen Analyse mit der frauenbewegten Praxis wird etwa darin deutlich, dass das Wissen um NS-Täterinnen als Argument in einer zeitgeschichtlichen feministischen Grundsatzdiskussion herangezogen werden kann. Es ging um die Frage, ob Frauen Zugang zum Militär verschafft werden sollte. Die Redaktion der *Emma* begrüßte dies mit dem Hinweis auf Gleichberechtigung und gleiche Verpflichtungen, die der *Courage* lehnte die Idee aus pazifistischen und anti-militaristischen Gründen ab und stellte das Militär grundsätzlich infrage. Um eine gängige Gegenthese zu entkräften, Frauen würden sich positiv auf das Militär auswirken und sollten deswegen Teil dessen werden, wird in einem Bericht in der *Courage* auf die Grausamkeit von KZ-Aufseherinnen Hildegard Lächert und Ilse Koch hingewiesen. Damit widmete sich die *Courage* sehr beiläufig dem Prozess von Majdanek und setzt wie selbstverständlich politische

Fakten, die bis dato in der Frauenforschung, geschweige denn in der dominanzgesellschaftlichen Forschung kaum benannt wurden: „Wozu Frauen [...] fähig sind, haben wir an der KZ-Kommandantin Ilse Koch, der ‚blutigen Brigyda' von Majdanek und anderen Frauen erlebt. [...] Schleifen, schikanieren, zusammenscheißen, quälen, töten – das ist nicht nur Männliches. Hinter jedem Macht-Mann stand fast immer auch eine Frau, eine Kriegsbraut, eine Heldenmutter, die jeden Pazifisten als Memme verlachten und verachteten."[51]

Das differenzfeministische Täter-Opfer-Schema wird hier grundsätzlich infrage gestellt und Täter*innenschaft auch mit Frauen gedacht – eine unglaubliche Parallelität in der differenzfeministischen *Courage*. Das Täterinnenbild wird von den KZ-Kommandantinnen sogar weiter differenziert bis hin zu Frauen, die im privaten Bereich die Ideologie des Nationalsozialismus lebten. Hier wird bereits auf eine Vielfalt der Rollen von Frauen im häuslichen Bereich *und* in der NS-Vernichtungspolitik hingewiesen, die die Sekundärliteratur zur Frauenforschung erst 1987 bei Angelika Ebbinghaus feststellt.[52] Der späteren geschichtswissenschaftlichen Debatte zwischen Claudia Koonz und Gisela Bock wird hier gewissermaßen aktivistisch vorausgegriffen, indem die Grenzen einer differenzfeministischen Analyse von Geschichte und Gegenwart ausgelotet werden.

Im März 1976 wird in der *Courage* außerdem von einem Seminar der Historikerin Marie-Antoinette Macciocchi zum Thema Sexismus im Faschismus in Italien, Frankreich und Deutschland berichtet, das bereits zwei Jahre zuvor an der Universität Vincennes gegeben worden war.[53] Dort wurde zwar der Fokus auf den „frauenfeindlichen Charakter" des Nationalsozialismus gelegt, darin aber auch der aktive Anteil von Frauen gezeigt und explizit davor gewarnt, Frauen als Opfer zu exkulpieren. Bereits zu diesem frühen Zeitpunkt der Frauenbewegung und explizit in der Frauenforschung wurde auf Täterinnen hingewiesen und die Gefahr eines idealisierenden Opferdiskurses benannt.

Dieser Parallelität wird in der Sekundärliteratur wenig Beachtung geschenkt. Vielmehr sehen sich die wissenschaftlichen Publikationen der 1980er- und 1990er-Jahre selbst als erste Welle der Täterinnendebatte oder benennen Karin

---

51 Courage 4 (1979) 9, S. 8.
52 Herkommer, Kontroverse der Frauenforschung, S. 46.
53 Vgl. Courage 4 (1976) 3, S. 27.

Windaus-Walsers Aufsatz von 1988 als ersten kritischen Beitrag.[54] Höchstens Christina Thürmer-Rohrs These der Mittäterschaft wird für die vorangehende Zeit genannt, jedoch wiederum als Teil der exkulpierenden Patriarchatsanalyse gedeutet, die es nun zu überwinden gelte.[55] Auch mit zeitlichem Abstand trennt Christina Herkommer die Debatten in aufeinanderfolgende Phasen: Ab Mitte der 1970er-Jahre habe die Frauenforschung tendenziell Frauen als Opfer untersucht, und Karin Windaus-Walser habe anschließend die zweite Phase eingeleitet, in der Frauen als Täterinnen analysiert wurden.[56]

In der Bewegungszeitschrift *Courage* lässt sich diese inhaltliche und zeitliche Trennung von Opferidentifizierung und Täterinnendebatte nicht bestätigen. Hier werden beide Thesen zeitlich parallel zueinander ausgehandelt und erste Gedanken zur aktiven Rolle von Frauen im Nationalsozialismus werden schon zwölf Jahre vor Windaus-Walser geäußert. Dass in der *Courage* schon wesentlich früher auf die Problematik der Opferidentifizierung eingegangen wurde, kann an ihrer Position an der Schnittstelle zwischen Aktivismus und Frauenforschung liegen. Als politisches Medium (mit Forschungsinteresse) musste sie gewissermaßen früher die Opferposition in eine Handlungsmacht umdenken. Schließlich stieß die Frage nach Täterinnen eine für das frauenbewegte Selbstverständnis drängende politische Debatte über das Patriarchat und die Rolle von Frauen darin an.

Neben dieser politischen Initiative wurde die *Courage* dezidiert als Plattform für die Vorabzusammenfassung wissenschaftlicher Analysen genutzt, etwa von Christina Thürmer-Rohr und Gisela Bock. Diese werden prominent auch in der Sekundärliteratur rezipiert, jedoch den späteren Erscheinungsjahren der Buchpublikationen zugeordnet. Damit wird deren frühere Rezeption in der Bewegung ignoriert und wiederum die Debatte um einige Jahre nach hinten verschoben. Christina Thürmer-Rohr formulierte in der *Courage* bereits 1983 Gedanken zur Rolle von Frauen im Patriarchat, die sie 1987 in der Essaysammlung

---

54 Vgl. Frauen gegen Antisemitismus, Extremform des Patriarchats, S. 82.
55 Vgl. Ebenda, S. 84 f.; vgl. Windaus-Walser, Gnade der weiblichen Geburt, S. 112; vgl. Jessica Jacoby/Gotlinde Magiriba Lwanga, Was „sie" schon immer über Antisemitismus wissen wollte, aber nie zu denken wagte, in: Sozialwissenschaftliche Forschung und Praxis für Frauen e. V. (Hrsg.), Geteilter Feminismus. Rassismus, Antisemitismus, Fremdenhaß, beiträge zur feministischen theorie und praxis (1990), 27, S. 95–105, S. 101.
56 Vgl. Herkommer, Kontroverse der Frauenforschung, S. 9.

„Vagabundinnen" sowie 1990 in dem Tagungsband „Mittäterschaft und Entdeckungslust" in der These der „Mittäterschaft" pointierte.[57] Sie bezweifelte darin die passive Ohnmacht von Frauen im Patriarchat und stellt dieser die Annahme einer Unterstützung des männlichen Täters durch die Frau gegenüber, eine „Mit-Täterschaft".[58] Der Fokus blieb unter Berücksichtigung der ungleichen Machtverhältnisse im Patriarchat auf der Gewalt der Männer und ging bewusst nicht auf eine aktive Rolle von Frauen als vom Mann unabhängige Täterinnen ein.[59] In der *Courage* äußerte sich diese Position noch ohne den Begriff der Mit-Täterschaft in der Überzeugung, „daß Frauen zu der Gesellschaft und Kultur, die uns bestimmt, direkt und offiziell so gut wie nichts beigetragen haben, beitragen konnten und dennoch ihre unentbehrlichen Teilhaberinnen waren".[60] Diese These öffnete eine Debatte in der Frauenbewegung, Frauen nicht reflexartig als Opfer einzuordnen. Gleichzeitig relativierte sie deren Handlungsspielräume und Verantwortung massiv und rückte nicht von der Universalbeschreibung des Patriarchats ab.

Auch Gisela Bocks Bericht in der *Courage* über Sterilisationspolitik ging der Publikation ihrer Studie um drei Jahre voraus. Die frühe feministische Sekundärliteratur sieht in Bocks Thesen eine Opferidentifikation mit ‚arischen' Frauen mit all ihren sekundär antisemitischen Implikationen wie der Gleichsetzung der ‚arischen' wie der verfolgten Opfer. Aus ihrem Text in der *Courage* geht dies nicht hervor; dieser könnte fast einer der ersten Beiträge zur Täterinnendiskussion verstanden werden. Denn Bock fügte hier dem einheitlichen nationalsozialistischen Frauenbild der bisherigen Diskussion, dem des ‚arischen' Mutterkultes, die neue Komponente des Antinatalismus gegenüber verfolgten und sterilisierten Frauen hinzu und betonte, wie damit die „Lebenserfahrungen von Frauen auf eine Weise gegensätzlich werden, wie sie dramatischer nicht sein konnte".[61] Das Kollektiv der Frauen wurde damit differenziert in diejenigen, die durch ihre Zugehörigkeit zur sogenannten Volksgemeinschaft zur Reproduktion angehalten, und diejenigen, die um ihr Recht zur Reproduktion geraubt worden waren. Auch erwähnte Bock explizit, dass jüdische Frauen per Erlass seit 1942 nicht mehr sterilisiert worden seien, denn nicht

57 Vgl. Thürmer-Rohr, Generalisierung des Opferbegriffs.
58 Ebenda, S. 31.
59 Vgl. ebenda, S. 14.
60 Courage 8 (1983) 7, S. 19 f.
61 Courage 8 (1983) 3, S. 45.

mehr „nur ihre ‚Gene [wurden] ausgemerzt', sondern sie selbst wurden ermordet".[62] Die Unterschiede zwischen Judenmord und Sterilisation waren ein wichtiger Teil ihrer These. Sie verwandte gewissermaßen *trotzdem* den Begriff des Rassismus (!) als Beschreibung für den Pronatalismus der ‚arischen' Frauen und interessierte sich für den Nationalsozialismus in erster Linie als frauenfeindliches System.

Wiederholt wurden in der *Courage* auch die Geschichten von widerständigen und verfolgten Frauen im Nationalsozialismus erzählt. So berichtete etwa Hilde Radusch, Kommunistin und lesbisch, über ihre ‚Schutzhaft' ab 1933, ihren privaten Mittagstisch für Jüdinnen und schließlich ihre Arbeit nach dem Krieg für die Opfer des Faschismus im Rathaus Schöneberg.[63] Im Kommentar zu Letzterer machte sie bezeichnenderweise ihre Missbilligung über den Versuch ihrer Partei sehr deutlich, sich um die Ansprüche als Opfer zu balgen.[64] Ein Titelthema im Jahr 1981 war dem historischen und gegenwärtigen Antiziganismus gewidmet, hier wurde von der Sterilisation, Verfolgung, Internierung und Ermordung von Sinteza in der Zeit des Nationalsozialismus berichtet.[65] Auch in den regelmäßigen biografischen Vorstellung von Künstlerinnen wurden unterschiedliche Erfahrungen im NS beleuchtet, wobei etwa Bücherverbrennung, Gestapo-Verhöre, ‚entartete' Kunst und Exil besprochen werden.[66]

Diese Berichte über widerständige und verfolgte Frauen standen gewissermaßen neben den oben beschriebenen Opfernarrativen und erzeugten zusammen ein kontroverses Bild von Ignoranz und Anerkennung der Mehrfachpositionierungen von Frauen im Nationalsozialismus. Laut Charlotte Kohn-Ley hat der politische Bezug auf widerständige Frauen im NS in der Frauenbewegung und bei einzelnen Frauen kaum stattgefunden, da er das Opfernarrativ der ‚arischen' Frau behindert hätte.[67] Die fast widersprüchliche Mehrstimmigkeit war dem Konzept der *Courage*, möglichst viele und authentische Positionen von Frauen abzubilden,

---

62 Ebenda, S. 43.
63 Vgl. Courage 1 (1976) 3, S. 22 ff.
64 Vgl. ebenda, S. 26.
65 Vgl. Courage 6 (1981) 5.
66 Vgl. Courage 1 (1976) 1, S. 41 f. [über Else Lasker-Schüler]; Courage 5 (1980) 10, S. 10 ff. [über die Prinzhornsammlung]; Courage 7 (1982) 7, S. 13 ff. [über Irmgard Keun]; Courage 8 (1983) 2, S. 38 ff. [über Blandine Ebinger].
67 Vgl. Kohn, Antisemitische Mütter – antizionistische Töchter, S. 112.

jedoch keineswegs fremd.⁶⁸ Die Auseinandersetzung mit der nationalsozialistischen Verfolgung von Frauen fand in der *Courage* durchaus statt, wenn auch seltener, und dies neben dem Schwerpunkt auf dem Leid nicht-verfolgter Frauen. Es lässt sich nicht erkennen, ob die Verfolgungsgeschichten in ein universales frauenbezogenes Opfernarrativ integriert wurden oder es aufbrachen. Die einstimmige Verurteilung durch die Sekundärliteratur kann diese Komplexität jedenfalls nicht greifen und keineswegs für die gesamte Frauenbewegung gelten. In den frühen Jahren bzw. im Umfeld der politischen und frauenforschenden *Courage* waren die Beiträge derart komplex, dass kaum eine eindeutige Aussage über ihren Opferdiskurs im Zusammenhang mit dem Nationalsozialismus getroffen werden kann.

In dieser Vielstimmigkeit ging die *Courage* in ihrer Auseinandersetzung mit dem NS auch tendenziell über die der 68er-Bewegung hinaus. Einerseits differenziert ihr Täter-Opfer-Schema in Täterinnen und widerständige Frauen, verfolgte und nicht-verfolgte Frauen. Der Bezug der Frauenbewegung auf ihre Mütter machte eine Analyse ihrer aktiven Anteile vielleicht deswegen überhaupt erst möglich, da sie im Gegensatz zu den Idolen der ‚68er' grundsätzlich Teil der ‚Volksgemeinschaft' gewesen waren. Die Identifizierung mit deren Wahleltern, den überlebenden und ermordeten Opfern des Nationalsozialismus, verhinderte eine Auseinandersetzung aktiver Anteile. Der Konstellation dieser Gegenidentifizierung ist eine inhaltliche Sackgasse gewissermaßen inhärent. Die Analyse des NS als Patriarchat machte es im politischen Raum der *Courage* hingegen notwendig, Handlungsspielräume von Frauen nicht von vornherein auszuschließen. In der geistigen Umgebung der Frauenforschung entstand so nicht zuletzt auch ein neuer Zugang zur Geschichtswissenschaft, der den Weg für eine Genderperspektive auf den Nationalsozialismus ebnete.

Schlussbemerkungen

Mit dem frauenbewegten Blick auf das Leid der Mütter in einem männlichen Krieg verschoben sich die Parameter der Opferidentifizierung, wie sie für die Generation der ‚68er*innen' analysiert wird. Einige Frauen dieser Generation nahmen in Kontexten der Frauenbewegung den Generalverdacht der Täter*innenschaft ihrer

---

68 Vgl. ihr Selbstverständnis, in: Courage 1 (1976) 0, S. 2.

Mütter zurück und hörten ihnen mit einer solidarischen Verbundenheit unter Frauen zu. Das könnte statt der vorangegangenen emotionalen Abspaltung ihres negativen Erbes potenziell ein selbstkritisches Aufarbeiten der Familiengeschichte angestoßen haben. Mit der Frauenforschung fand die Frauenbewegung tatsächlich ein generationsuntypisches, da historisches Interesse am Nationalsozialismus. In zahlreichen Artikeln in der *Courage* überblendete jedoch das Leid der ‚arischen' Frau den Kontext des Nationalsozialismus. Die Figur der unpolitischen Frau und fürsorgenden Mutter, die in ihrem weiblich konnotierten Wirkungsbereich plötzlich vom männlich konnotierten Krieg heimgesucht worden war, ermöglichte eine Deckerinnerung und Schuldabwehr spezifisch von Frauen. Unter emanzipatorischen Vorzeichen (re-)produzierte die Frauenbewegung damit eher die gesamtgesellschaftliche und klar gegenderte Opferidentifizierung.

In der *Courage*, die sowohl einen aktivistischen wie wissenschaftsnahen Raum einnahm, wurden Täterinnen, verfolgte und widerständige Frauen aber auch wesentlich früher und in den Opferdiskurs verflochtener benannt, als es die Sekundärliteratur der Frauenbewegung attestiert. Im politischen Bewegungskontext musste die Auseinandersetzung mit Täterinnen schon deshalb früher stattfinden, weil sie wichtige politische Implikationen für die Patriarchatsanalyse in sich trug: Die Figur der Frau als wehrloses Opfer blockierte die eigenen frauenbewegten Handlungsspielräume. Und gerade weil die Opfer, mit denen frau sich identifizierte, Teil der Volksgemeinschaft gewesen waren, aber es noch weitere Frauen mit dramatisch verschiedenen Erfahrungen gab, fielen Grenzen der Frauenforschung eher auf als die lückenlos als Opfer erkennbaren Identifikationsfiguren der ‚68er*innen'. Die *Courage* kann tendenziell in ihrem Verständnis als Forum für Frauen ernst genommen werden, wenn das Leid *und* die Ambivalenzen der ‚arischen' Mütter *und* die Lebensgeschichten von Jüdinnen, Sintezza, Kommunistinnen und anderen verfolgten Frauen im Nationalsozialismus besprochen werden konnten. Dieses Forum war dominanzgesellschaftlich zentriert und brachte entsprechende Dominanz- und Ausschlussmechanismen mit sich. Allzu starre Opfernarrative wurden allerdings in der *Courage* nicht nur ermöglicht, sondern gerade darin erschwert, dass sich die erhoffte Beschreibung des Opfers als ‚Frau' nicht so einseitig fassen lässt.

MARIA ALEXOPOULOU

„Wir sind auch das Volk!"

Das *deutsche Volk* in der Transformation der Bundesrepublik zur Einwanderungsgesellschaft

Das ‚deutsche Volk' revisited

Mit der rechtspopulistischen Krise seit 2015 erlebte das Konzept ‚Volk'[1] eine Renaissance. Die Leichtigkeit, mit der PEGIDA, AfD und Identitäre Bewegung diesen Begriff unter dem Motto „Wir sind das Volk!" vereinnahmen, offenbart den toxischen Charakter, den er weiterhin aufweist. Zwar sprechen sie als Rechtspopulist*innen auch die *Plebs* an, das einfache Volk, das gegen „Die da oben!" rebelliert. Doch primär adressieren sie das deutsche Volk als *Ethnos*, als eine Herkunftsgemeinschaft. Oder sollte man sagen als *Volksgemeinschaft*? Gerade diese Komponente arbeitete Michael Wildt in einem 2017 erschienenen Band heraus, womit er die Brücke zwischen seinen grundlegenden Forschungen zu diesem wirkmächtigen Konzept im nationalsozialistischen Deutschland und den Entwicklungen in den 2010er-Jahren schlägt. Demnach hat die AfD das Konzept ‚Volk' in seiner völkisch-rassischen Bedeutungsdimension wiederbelebt. Das führt Wildt wiederum zur Frage, ob ‚Volk' als Begriff und als zentrales staatsrechtliches Konzept in unserer globalen Welt überhaupt noch angemessen ist und nicht durch

---

1   Im Folgenden werden Worte in ihrer Funktion als Begriffe in einfache Anführungszeichen gesetzt und Begriffe, denen in der zeitgenössischen und aktuellen Verwendung mit kritischer Distanz begegnet wird, kursiv. Englischsprachige und andere fremdsprachigen Begriffe werden ebenso kursiv gesetzt.

Hannah Arendts Anspruch des Rechts eines jeden Individuums, Rechte zu haben, ersetzt werden sollte.[2]

Im Grundgesetz, dessen „Hagiografie" zum 70-jährigen Jubiläum im Mai 2019 fortgeschrieben wurde,[3] bildet das deutsche Volk tatsächlich den Nukleus: Laut seiner Präambel erwächst das Grundgesetz aus der verfassunggebenden Gewalt des deutschen Volkes. Artikel 20 legt es sodann als Souverän fest, von dem alle Staatsgewalt ausgeht. Und auch der Reichstag als Sitz des Deutschen Bundestags und damit als zentraler Ort der demokratischen Aushandlung des Gemeinwohls der Bundesrepublik Deutschland ist dem „deutschen Volke" gewidmet (ungeachtet dessen, dass diese Inschrift in ihrer Entstehungszeit nicht das Volk als Souverän meinte).

Besteht also die Kluft zwischen 1945 und den 2010er-Jahren, die Wildt ebenso herausstellt wie überbrückt, indem er direkt vom Nationalsozialismus in die Jetztzeit springt, darin, dass im Zeitraum dazwischen das deutsche Volk lediglich oder zumindest überwiegend als *Demos* verstanden wurde? Das deutsche Volk als formaljuristischer Zusammenschluss der deutschen Staatsbürger*innen also, die durch das Ideologem des Verfassungspatriotismus zum Kollektiv verbunden sind?

Aus der Perspektive der Migration erweist sich jedoch selbst diese Diagnose als nicht so unschuldig, wie sie scheinen mag.[4] Denn bis 1999 waren es ohnehin überwiegend *Blutsdeutsche*, aus denen dieser *Demos* bestand. Die *Ausländer*, die damals ca. neun Prozent der Bevölkerung ausmachten und in ihrer Mehrzahl

---

2   Michael Wildt, Volk, Volksgemeinschaft, AfD, Hamburg 2017, S. 7 ff., S. 121 ff., passim. Auf philosophischer Ebene hat sich freilich Seyla Benhabib mit Arendts Postulat intensiv auseinandergesetzt: dies., The Rights of Others: Aliens, Residents and Citizens, Cambridge/New York 2004.

3   So der Rechtswissenschaftler Otto Depenheuer in einer Festrede vor dem Bundesrat am 23. 5. 2019, Auszug abgedruckt in: ders., 70 Jahre Grundgesetz. Warum Freiheit, warum Demokratie?, in: Cicero Online, 24. 5. 2019, https://www.cicero.de/innenpolitik/grundgesetz-freiheit-demokratie-meinungsfreiheit-debattenkultur [27. 5. 2019].

4   Diese Wendung prägte Regina Römhild für den Ansatz, der Migration nicht am Rand, sondern im Zentrum gesellschaftlichen Wandels und damit auch wissenschaftlicher Auseinandersetzung verortet. Siehe dazu dies., Aus der Perspektive der Migration: Die Kosmopolitisierung Europas, in: Sabine Hess (Hrsg.), No integration?! Kulturwissenschaftliche Beiträge zur Integrationsdebatte in Europa, Bielefeld 2009, S. 225–238; sowie aktueller: Labor Migration (Hrsg.), Vom Rand ins Zentrum. Perspektiven einer kritischen Migrationsforschung, Berlin 2014.

schon seit Jahrzehnten in Deutschland lebten oder dort geboren worden waren,[5] standen per definitionem außerhalb dieses *Demos*.[6] Sie waren nicht Teil des deutschen Volkes, waren auch keine Bürger*innen zweiter Klasse, als die sie sich oft selbst bezeichneten, sondern streng genommen gar keine Bürger*innen. Erst mit der ersten grundlegenden Reform des deutschen Reichs- und Staatsangehörigkeitsgesetzes von 1913, die dem *ius sanguinis* das *ius soli* als Prinzip an die Seite stellte, was dafür sorgte, dass die Kinder von länger anwesenden Ausländer*nnen ab dem 1. Januar 2000 als Deutsche geboren wurden und dies optional bleiben konnten, öffnete sich das deutsche Volk als *Demos* der Herkunftsdifferenz.[7] Bis zu jenem Zeitpunkt war dieser „Gnadenakt" nur relativ wenigen Ausländer*innen zuteil geworden, Deutschland wies am Ende der 1990er-Jahre eine international betrachtet äußerst niedrige Einbürgerungsquote auf.[8]

---

5   1999 lebten 52 Prozent der Ausländer bereits zehn oder mehr Jahre in Deutschland, 32 Prozent mehr als 20 Jahre. Siehe dazu: Statistisches Bundesamt (Hrsg.), Im Blickpunkt. Ausländische Bevölkerung in Deutschland, Wiesbaden 2001, S. 14. Darunter fielen freilich auch die sich inzwischen im wahlberechtigten Alter befindlichen Kinder der *Ausländer* bzw. deren Enkelkinder, sofern sich die Eltern nicht hatten einbürgern lassen.

6   Noch 2016 bestand ein Drittel aller Ausländer aus den ehemaligen Arbeitsmigrant*innen und ihrer Nachkommenschaft. Vor allem türkische Staatsbürger*innen wiesen dabei hohe Aufenthaltszeiten auf: 74 Prozent lebten bereits mehr als 20 Jahre in Deutschland, siehe dazu eine Grafik auf dem Demografie-Portal: https://www.demografie-portal.de/SharedDocs/Informieren/DE/ZahlenFakten/Aufenthaltsdauer_Auslaender.html. Insgesamt lebten etwa 10 Prozent aller Ausländer 2016 bereits seit mehr als 40 Jahren in Deutschland. Siehe dazu: Bundeszentrale für politische Bildung, Ausländische Bevölkerung nach Aufenthaltsdauer, http://www.bpb.de/nachschlagen/zahlen-und-fakten/soziale-situation-in-deutschland/61628/aufenthaltsdauer [13. 6. 2019].

7   Zwar gab es bereits 1990 und 1993 kleinere, jedoch grundlegende Neuerungen im Staatsbürgerschaftsrecht, die darin bestanden, dass für einige Gruppen von nicht-*volksdeutschen* ausländischen Staatsbürger*innen Anspruchseinbürgerungen möglich wurden. Dies betraf jedoch nur einen kleinen Teil der potenziellen Antragsteller*innen. Siehe dazu Peter Friedrich Bultmann, Lokale Gerechtigkeit im Einbürgerungsrecht, Berlin 1999, S. 50 f. Weit entscheidender neben der Reform von 1999 war die Abschaffung der Optionsregelung 2014, womit die als Deutsche geborenen Kinder von Ausländer*innen beide Staatsbürgerschaften, auch die ihrer Eltern, behalten können. Weiterhin gilt jedoch, dass ein/e Ausländer*in u. a. mindestens acht Jahre in Deutschland leben muss, damit sein/ihr Kind als Deutsche/r geboren wird.

8   Einbürgerungen wurden als Gnadenakt verstanden, da hier das freie Ermessen (das auch bei Vorliegen aller Kriterien negativ ausfallen kann) galt, so eine ungedruckte

Dass die Reform erst so spät kam, war Folge davon, dass auch die deutsche Staatsangehörigkeit, die formaljuristische Eintrittskarte zum deutschen Volk, in Wissensbestände und Praktiken verstrickt war, die weit über dieses Formaljuristische und Staatsrechtliche hinausgingen. In der Forschung hat sich dafür die Charakterisierung als ethno-kulturelles Nationalverständnis durchgesetzt. Diese neutral klingende Kategorie ist allerdings verharmlosend, besonders auch angesichts der Ziele, Praktiken und Phraseologie, die sich lange Zeit besonders innerhalb jenes Apparates finden lassen, in dem definiert und entschieden wurde, was deutsch ist und welche Gruppen diese Charakteristika eher erfüllen könnten und somit deutsche Staatsbürger*innen werden durften.

Deutsches Volk, Staatsbürgerschaft, politische Kultur und die Transformation Deutschlands zur Einwanderungsgesellschaft sind also eng miteinander verflochten. Die historiografische Entflechtung ermöglicht dabei nicht nur, die Geschichte der Einwanderung und der Einwandernden besser einzuordnen, sondern auch, die neueste Geschichte Deutschlands aus der Perspektive der Migration in einigen zentralen Punkten zurechtzurücken.

Im Folgenden sollen aus dieser Positionierung heraus Schlaglichter auf das Konzept ‚deutsches Volk' geworfen werden. Im Hintergrund steht dabei die Frage, ob es letztlich zu jenen Konzepten wie „deutsche Arbeit" gehört, die, da sie unverfänglich scheinen, von Präsenzen und Absenzen ihrer deutschen und damit auch ihrer nationalsozialistischen Geschichte geprägt blieben.[9] Dies wiederum lässt fragen, inwiefern *deutsches Volk* als einer der Transmitter rassistischen Wissens wirkte, die bis in unsere Zeit hinein Rassialisierungs- und *Othering*prozesse fundieren.

Abhandlung des Juristen Hans Friedrich Reck in den Akten des Mannheimer Ordnungsamts. Es bestand aufgrund des Ermessensrahmens keinerlei Recht auf Einbürgerung, womit es auch rechtlich nicht eingeklagt werden konnte. Siehe die Expertise Recks, o. D. [1950er-Jahre], MARCHIVUM, Zug. 10/2005, Nr. 21. Siehe zur Entwicklung der Einbürgerungsquote in Deutschland bis 2006: Dietrich Thränhardt, Einbürgerung. Rahmenbedingungen, Motive und Perspektiven des Erwerbs der deutschen Staatsangehörigkeit, WISO Diskurs, Bonn 2008, hier S. 11.

9 Siehe dazu Felix Axster/Nikolas Lelle (Hrsg.), „Deutsche Arbeit". Kritische Perspektiven auf ein ideologisches Selbstbild, Göttingen 2018.

Das (deutsche) Volk auf der Straße

Am 31. März und 1. April 1990 fanden in München, Hamburg und Berlin Demonstrationen gegen die Verabschiedung des neuen Ausländergesetzes statt. Initiatoren waren ein Bündnis aus Migrant*innen-Selbstorganisationen sowie Parteien – die Grünen und die SPD –, Kirchen und Gewerkschaften. Das Motto der Migrant*innen lautete ganz zeitgemäß kurz nach dem Fall der Mauer „Wir sind auch das Volk". Das kam im neuen Ausländergesetz, das als weiterhin zu restriktiv gewertet wurde, nicht zum Ausdruck. „Das neue Gesetz ist diktiert von Überfremdungsangst", kritisierte der Ausländerbeirat Oskar Frankovic während der Münchner Kundgebung, auf der etwa 10 000 Teilnehmer*innen anwesend waren. In Berlin forderten die ebenfalls ca. 10 000 Demonstrant*innen – hier waren es fast ausschließlich Migrant*innen – politische Rechte.[10]

Die Bedeutung des Konzeptes ‚Volk' für ihre Stellung in der deutschen Gesellschaft war Migrant*innen offenbar bewusst, wie auch ein Bericht zeigt, der in der türkischsprachigen Mannheimer Wochenzeitung *Günümüz* über eine Podiumsdiskussion zum Thema Wahlrecht für Ausländer im Oktober 1985 erschien. Der Artikel hob hervor, dass gerade das kleine Wort ‚Volk', in das die Ausländer nicht eingeschlossen würden, auch für ihren Ausschluss aus dem Wahlrecht verantwortlich sei. Weshalb seien die Ausländer denn nicht auch von der Zahlung von Steuern ausgenommen?, fragte der Autor. Zudem wies er auf die widersinnige Haltung der Parteienvertreter*innen in Mannheim hin, die allesamt zum Thema schwiegen: Denn diejenigen, die sich für das kommunale Ausländerwahlrecht einsetzen würden, könnten sich ja damit eine neue treue Wählerschaft sichern.[11]

Selbst die Volkszählung löste „bei vielen Ausländern Kritik" aus, hieß es in einem Artikel der *Stuttgarter Zeitung* vom 2. März 1987. „Bei den Wahlen zähle man nicht zum Volk, wohl aber bei der Volkszählung", so der Vorwurf eines Vertreters des Landesverbandes kommunaler Ausländervertretungen. Auch in diesem Bericht ging es um das kommunale Wahlrecht, das der in Baden-

---

10 o. A., Lieber bunte Mischung als braune Einheit, in: die tageszeitung (taz), 2. 4. 1990. Siehe zu der Bürgerinitiative, die sich rund um diese Ereignisse gebildet hatte, auch: Andrea Böhm, Multikulturelle Gesellschaft ade!, in: taz, 25. 4. 1990.
11 o. A., Wahlrecht für Ausländer, in: Günümüz, 10. 10. 1985 [türk.].

Württemberg neu gegründete Verband als Forderung in seine Satzung geschrieben hatte.[12]

Schon seit Beginn der 1970er-Jahre thematisierten politisch aktive Migrant*innen dieses Anliegen. So definierte etwa der Vorsitzende des neu eingesetzten Ausländerausschusses der Verwaltungsstelle der IG Metall Mannheim, der Grieche Pat Klinis, 1974 in einem Bericht als künftige Ziele: „Möglichkeiten der direkten Vertretung von ausl. AN [Arbeitnehmern] in den verschiedensten Selbstverwaltungsorganen der BRD – von Gewerkschaften, Krankenkassen, LVA's [Landesversicherungsanstalten] bis hin zum Kommunalwahlrecht."[13]

1973 hatte der Europarat für die „Wanderarbeitnehmer" das aktive Wahlrecht an ihrem permanenten Wohnort empfohlen.[14] Die SPD sprach sich auf ihrem Parteitag in Mannheim 1975 ebenso für das aktive und passive kommunale Wahlrecht für Ausländer aus.[15] Der Deutsche Städtetag und die meisten Bundesländer lehnten dies allerdings mehrfach kategorisch ab, genau wie die Innenministerkonferenz im Juni 1977.[16] Mitte der 1980er-Jahre war es die neue Partei Die Grünen, die dieses migrantische Anliegen wieder aufgriff. Ihr entsprechender Gesetzesentwurf im baden-württembergischen Landtag 1986 wurde freilich nicht angenommen.[17]

Die juristische Grundlage für das kommunale Ausländerwahlrecht war, dass viele Landesverfassungen sowie Kommunal- und Gemeindeordnungen bei der Erteilung des Wahlrechts nicht Bezug auf die deutsche Staatsbürgerschaft nahmen, sondern auf das Volk. Unter Verfassungsrechtlern war dabei umstritten, was unter ‚Volk' zu verstehen sei und wer dazu zähle. Gemäß des „soziologischen

---

12 Thomas Borgmann, Das klare Ziel heißt: Kommunalwahlrecht, in: Stuttgarter Zeitung, 2. 3. 1987.
13 Bericht von Pat Klinis, IGM Mannheim, 10. 3. 1974, MARCHIVUM, Zug. 16/1993, Nr. 35.
14 Deutscher Bundestag, Wissenschaftliche Dienste, Wahlrecht für Ausländer, 17. 12. 1980, S. 11.
15 Ulla-Kristina Schuleri-Hartje, Ausländische Arbeitnehmer und ihre Familien: Teilnahme von Ausländern an der Kommunalpolitik, Berlin 1986, S. 11 f.
16 Siehe dazu ebenda, S. 35 ff.; Deutscher Bundestag, Wahlrecht, S. 30, sowie ein internes Schreiben des Innenministeriums Baden-Württemberg, 17. 2. 1989, Hauptstaatsarchiv (HStA) Stuttgart, E A2/407 Bü 189.
17 Der Innenausschuss empfahl, den Gesetzentwurf (Drucksache 9/256) abzulehnen; Beschlussempfehlung vom 22. 1. 1986, Landtag Baden-Württemberg, 9. Wahlperiode, Drucksache 9/2631, HStA Stuttgart, E A2/407 Bü 188.

Volksbegriffes", so eine Zusammenfassung und Bewertung der Pro- und Kontra-Argumente aus dem baden-württembergischen Innenministerium aus dem Jahr 1989, sei dies die Einwohnerschaft. Doch herrsche in der Bundesrepublik Deutschland gemäß Artikel 116 Abs. 1 GG ein „rechtsstaatlicher Volksbegriff", wonach Wahlvolk und Wahlrecht homogen bleiben müssten.[18] Die meisten deutschen Staatsrechtler*innen vertraten tatsächlich die „These von der Homogenität des deutschen Volkes und der Homogenität der verschiedenen staatsrechtlichen Politikebenen von Bund, Ländern und Gemeinden", so der Rechtswissenschaftler Klaus Sieveking noch im Jahr 2008. Dieser Grundsatz sei mit einem Ausländerwahlrecht unvereinbar.[19]

Eine Besonderheit des deutschen Volksbegriffs wurde in dem baden-württembergischen Papier von 1989 dabei folgendermaßen spezifiziert, zumal faktisch manche ausländische Staatsbürger*innen dennoch als Teil des *deutschen Volkes* angesehen wurden:

> „Die Einbeziehung der Volksdeutschen ist eine sich aus der besonderen Situation ergebende Notwendigkeit für die Verfassungsgeber gewesen; daraus kann keine Weiterung auf alle Ausländer abgeleitet werden. [...] Ausländer sind Deutschen im rechtsstaatlichen und sozialstaatlichen Status weitgehend gleichgestellt. Aus dieser Gleichheit kann keine Gleichheit im demokratische Status abgeleitet werden."[20]

Es waren Migrant*innen, die die Frage des kommunalen Ausländerwahlrechts dem Urteil der Justiz übergaben. Einige verklagten ihre Kommune, da sie nicht in das Wählerverzeichnis aufgenommen wurden. So exemplarisch der Fall eines türkischen Elektrikers, dessen Klage gegen die Stadt Garbsen auch in der Berufung vom Oberverwaltungsgericht für die Länder Niedersachsen und Schleswig-Holstein im November 1984 abgewiesen wurde. Der Mann lebte seit 1962 in der Bundesrepublik,

---

18   Internes Schreiben, 17. 2. 1989, HStA Stuttgart, E A2/407 Bü 189.
19   Klaus Sieveking, Kommunalwahlrecht für Drittstaatenangehörige – „kosmopolitische Phantasterei" oder Integrationsrecht für Einwanderer?, in: Zeitschrift für Ausländerrecht und Ausländerpolitik (ZAR) (2008) 4, S. 121–126, hier S. 125.
20   Internes Schreiben, 17. 2. 1989, HStA Stuttgart, E A2/407 Bü 189.

war Betriebsrat und zwei Jahre lang Mitglied des Ausländerbeirates Hannover. Er berief sich in seiner Klage, nachdem er 1979 nicht in das Wählerverzeichnis für die Kommunalwahl 1981 zugelassen worden war, darauf, dass der Begriff des Volkes sich nicht an der Staatsangehörigkeit orientieren könne, nachdem im Verfassungsrecht des Landes nichts Derartiges vorgesehen sei. Damit sei das Wahlrecht von ausländischen Staatsbürgern, sofern sie dauerhaft in der Gemeinde lebten, nicht ausgeschlossen. Der Bedeutungsgehalt des Volkes habe sich geändert, „in die Lebensgemeinschaft des Volkes sei die politisch-soziale Realität der Ausländer einzubeziehen", so die Argumentation des Klägers laut Urteilsbegründung des Oberverwaltungsgerichts für die Länder Niedersachsen und Schleswig-Holstein im November 1984. Darin befand es allerdings, dass es im Ermessen des Landesgesetzgebers stehe, sein Kommunalrecht entsprechend auszulegen oder zu ändern.[21]

Im Februar 1989 beschloss die Landesregierung von Schleswig-Holstein dann tatsächlich, Ausländern aus den „Anwerbeländern" das kommunale Wahlrecht zu gewähren. Dagegen klagten 224 und damit fast alle Bundestagsabgeordneten der CDU/CSU samt des Fraktionsvorsitzenden Alfred Dregger beim Bundesverfassungsgericht.[22] Am 31. Oktober 1990 entschied dieses, dass Ausländern das kommunale Wahlrecht nicht zustand. Das oberste Gericht befand, dass der Begriff des Volkes gemäß Grundgesetz auch in den Gemeinden, Kreisen und Bundesländern nur das „deutsche Volk" meinte, womit die Gewährung eines Kommunalwahlrechts an Ausländer verfassungswidrig sei. Das Gericht empfahl dem Gesetzgeber stattdessen, dass der „Erwerb der deutschen Staatsangehörigkeit erleichtert wird".[23]

„Ca. 2/3 der Deutschen sprechen sich gegen ein Kommunalwahlrecht für Ausländer aus", hatte einige Monate zuvor das bereits zitierte interne Papier des baden-württembergischen Innenministeriums festgestellt. Würde es gewährt, würde dies das „Auftreten von (weiteren) Vorbehalten gegenüber Ausländern in Form von Abwehr gegen ‚institutionalisierte' Einflüsse fremder Verhaltensweisen

---

21 Urteil des Oberverwaltungsgerichts, MARCHIVUM, Zug. 47/2011, Nr. 45.
22 Manfred Zuleeg, Ausländer in Deutschland (BVerfGE 83, 37 ff.), in: Kritische Vierteljahresschrift für Gesetzgebung und Rechtswissenschaft 83 (2000) 3/4, S. 419–428.
23 Siehe das Urteil BVerfGE 83, 37 unter: http://www.servat.unibe.ch/dfr/bv083037 [16. 7. 2019].

(‚Auch-das-noch-Reaktion')" verursachen. Gleichzeitig stellte diese Analyse in Bezug auf die *Ausländer* fest:

> „Dem, der national, kulturell und religiös Fremder bleiben will – und das will der Nichteinbürgerungswillige –, darf nicht das Wahlrecht als vermeintliches Integrationsmittel aufgestülpt werden. Der ohnehin schwache Einbürgerungswille würde bei Vorabverleihung des Wahlrechst noch weiter zurückgedrängt. Die richtige Reihenfolge kann daher nur lauten: Integration – Einbürgerung – Wahlrecht."[24]

Dass die Erleichterung der Einbürgerung mit dem Ausländergesetz, das der neue Innenminister Wolfgang Schäuble im Frühjahr 1990 vorgelegt hatte, gerade nicht oder aus ihrer Sicht nur unzureichend geschah, auch dagegen protestierten die aktivistischen Migrant*innen und deren Unterstützer*innen mit dem Slogan „Wir sind auch das Volk". Aber auch dieses Begehr fand schließlich kein Gehör, das Bundesverfassungsgericht entschied anders.

Der migrantische Protest griff damit freilich einen Slogan auf, den DDR-Bürger*innen seit dem Herbst 1989 auf die Straße getragen hatten. Zunächst skandierten die Demonstrant*innen im Wechsel „Wir sind das Volk" und „Wir sind ein Volk". Mit Letzterem appellierten sie primär an die Volkspolizei, vor deren Reaktion sie sich fürchteten und die sie damit daran erinnern wollten, dass sie gegen ihresgleichen vorgingen. Mit dem Ruf „Wir sind das Volk" forderten sie die Anerkennung als *Demos* ein. „Wir sind ein Volk" nach dem Mauerfall adressierte dann die beiden deutschen Völker als ein *Ethnos*.[25] Zwar tauchte in der DDR das

---

24 Internes Schreiben, 17. 2. 1989, HStA Stuttgart, E A2 /407 Bü 189.
25 Einen guten Überblick über das Auftreten, die Abfolge und die Bedeutung der Schlachtrufe während der Montagsdemonstrationen gibt Vanessa Fischer, „Wir sind ein Volk". Die Geschichte eines deutschen Rufes, in: Deutschlandfunk Kultur, 29. 9. 2005, https://www.deutschlandfunkkultur.de/wir-sind-ein-volk.1001.de.html?dram:article_id=155887 [16. 6. 2019]. Zur Rolle des Volkes selbst dabei: Rainer Eckert, „Wende oder Revolution": Vom Wert der „Meistererzählung", in: „Wir sind das Volk". Freiheitsbewegungen in der DDR 1949–1989, Wissenschaftliches Kolloquium, Baden-Baden 2011, S. 35–43. Siehe dazu auch: Norbert Frei u. a., Zur rechten Zeit. Wider die Rückkehr des Nationalismus, Berlin 2019, S. 183–193.

Bestimmungswort ‚Volk' in Komposita-Benennungen einer Unzahl von Institutionen und Organisationen auf und verkörperte damit primär proletarisch-solidarische, sozialistische Bedeutungsdimensionen. Doch war gerade dieser Teil des sich neu formierenden einen *deutschen Volkes*, die Bevölkerung der DDR, wegen der dort praktizierten Quasi-Segregation von Migrant*innen faktisch unter sich geblieben.[26]

Welche Sprengkraft gerade die Bedeutungsdimension des einigen *deutschen Volkes* in der Folge auf der Straße entwickelte, deuten die Erfahrungen an, die türkeistämmige West-Berliner*innen noch vor den Ausschreitungen gegen *Ausländer* in Hoyerswerda, Rostock-Lichtenhagen, Solingen und Mölln in der direkten „Wendezeit" im Zentrum des Geschehens machten, wie ein 1991 gedrehter Dokumentarfilm eindringlich belegt. Nicht nur erlebten viele von ihnen erstmalig in ihrer Stadt ein derartiges Ausmaß an rassistischer Gewalt, Hassrede und rassistischer Mikroaggressionen sowie die Angst vor all diesen Ausdrucksweisen des Rassismus und des daraus resultierenden *Otherings*. Die Nicht-Zugehörigkeit zum nun einigen *deutschen Volk* wurde dabei auf verschiedene Weisen vermittelt, von denen eine der befragten türkischsprachigen Berliner Zeitzeug*innen berichtete:

„There was an emotional, illogical euphoric atmosphere in this city, and everybody took part in this. Ironically, the opening of the Wall firstly altered the areas where foreigners live. Within days, certain neighborhoods in Kreuzberg were completely changed. Naturally, wherever the walls were being torn down, young foreigners were in the forefront since this was next to their homes. They joined in feeling this change affected their lives and neighborhoods and that they were part of this. But shortly afterwards, Germans there made it clear that they didn't see it so. As soon as Germans realized that these people were foreigners, their attitude openly was: ‚this is our celebration, we want to celebrate among ourselves. You are not part of this, do not disturb us.'"[27]

---

26 Ann-Judith Rabenschlag, Ausländische Arbeitskräfte in der Wahrnehmung von Staat und Bevölkerung der DDR, Stockholm 2014, S. 16, passim.
27 Sanem Kleff, in: DUVARLAR – MAUERN – WALLS Script (English version), S. 10. Das Skript wurde der Verfasserin vom Regisseur des Films Can Candan zur Verfügung gestellt.

Das *deutsche Volk* feierte sich selbst auf der Straße und markierte dabei sehr scharf die Grenzen gegenüber jenen, die nicht dazugehören sollten. Der damit einhergehende offen ausagierte Rassismus scheint eine der dunkelsten Seiten dieser „Klärung der nationalen Frage"[28] gewesen zu sein.

Gegen seine Effekte auf viele von jenen, die weiterhin außerhalb dieser „unvollendeten Republik"[29] blieben, halfen auch die Lichterketten nicht, die Hunderttausende nach den Exzessen des gewalttätigen Rassismus bildeten, der mit dem Brandanschlag in Solingen seinen vorübergehenden Höhepunkt erreichte. Diese Lichterketten, zu jener Zeit die größten Demonstrationen, die je in Deutschland stattfanden, die auch den „Asylkompromiss" aufgriffen, der vermeintlich als rasches Heilmittel gegen den Rassismus wirken sollte, scheinen eher der Selbstvergewisserung der deutschen Mitte gedient zu haben, keine Rassisten zu sein. Denn auch hier schien sich das *deutsche Volk* auf der Straße unter sich mit sich selbst zu beschäftigen.[30]

Denn die Lichterketten halfen nicht gegen die Angst, die Migrant*innen in ganz Deutschland angesichts der vergifteten Atmosphäre und der Ereignisse erfasst hatte. Junge Männer bewaffneten sich und taten sich zu Gangs zusammen: Bereits vor Mölln und Solingen kam es zu Massenschlägereien zwischen migrantischen Jugendlichen, Skinheads und der Polizei.[31] Der nicht nur auf der Straße in ganz Deutschland offen ausagierte Rassismus jener Tage ging in das kommunikative Bewusstsein der migrantischen Familien und *communities* ein. So berichtete ein Geschwisterpaar, Mitglieder der Mannheimer „türkischen *Powergirls*", etwa ein Jahrzehnt später, welche Veränderung das damals bei ihrem Vater bewirkte:

---

28 So Dieter Gosewinkel, Schutz und Freiheit? Staatsbürgerschaft in Europa im 20. und 21. Jahrhundert, Berlin 2016, S. 587.
29 Lutz Hofmann, Die unvollendete Republik: Zwischen Einwanderungsland und deutschem Nationalstaat, Köln 1992.
30 Der Soziologe Lutz Hofmann bemerkte dazu: „Vor allem aber machten viele die erschreckende Entdeckung, daß in ihnen selbst, in ihren Gesprächen mit Freunden, Nachbarn und Kollegen etwas anklang, durch das sie in Gefahr gerieten, in die Nähe der Untaten gezogen zu werden. Um sich davon zu lösen, bedurfte es einer gemeinsamen und öffentlichen Vergewisserung." Ders., Das deutsche Volk und seine Feinde. Die völkische Droge, Köln 1994, S. 52.
31 o. A. (Titelthema), „So ein Gefühl der Befreiung". Skinheads und Türkengangs machen Berlin zur Hauptstadt des deutschen Bandenwesens, in: Der Spiegel 46/1990, S. 50–58.

„es war als ob er auf gepackten koffern sitzt * er ermahnte uns immer dass wir als türken besonders fleißig und beruflich gut sein müssten * wir könnten hier nicht sicher sein * müssten damit rechnen vertrieben zu werden und müssten überall überleben können. [...] ich sage es wieder schreibt es euch hinter die Ohren * ihr solltet in der Türkei wenigstens ein Dach über dem Kopf haben ihr solltet hier an die Türkei denken * jetzt haben sie noch eine einigermaßen funktionierende Wirtschaft * wenn morgen ihre Wirtschaft zusammenbricht * dann seid ihr die ersten also die Türken besser gesagt die Moslems [die gehen müssen]."[32]

Diese Art Gespräche dürften in vielen Familien stattgefunden haben, die Angst jener Jahre dürfte Teil des kollektiven Gedächtnisses von Migrant*innen in Deutschland sein. Die Lichterketten wurden zudem nicht unbedingt als Zeichen der Solidarität empfunden, vor allem auch angesichts des bei Migrant*innen aufkommenden Bewusstseins, definitiv von diesem neuen Kollektiv ausgeschlossen zu sein. In den Worten einer Migrantin aus der Türkei, die seit 20 Jahren in Ulm lebte: „Lichterketten machen uns aggressiv, wenn sich sonst nichts weiter tut." Der Artikel, für den die Ulmerin interviewt wurde, war bezeichnenderweise so untertitelt: „Ausländer klagen über alltägliche Diskriminierung – Politische Forderungen". In dem Artikel ging es dann nicht nur um den „täglichen Rassismus" und die weiterhin bestehende Forderung nach dem kommunalen Wahlrecht für Ausländer, sondern auch um die Erfahrungen eines bereits eingebürgerten, aus Ägypten eingewanderten Mannes, der beklagte, dass er weiterhin nicht als Deutscher angesehen und behandelt werde.[33]

Ein aus der Türkei stammender 24-jähriger Stuttgarter, der sich 1991 eingebürgert hatte, wird nach den Anschlägen in Mölln und Solingen im *Spiegel*

---

32 Die Zitate sind – ohne die jeweiligen türkischen Originalsätze – aus der Studie Inken Keims in der für die Linguistik üblichen Schreibweise übernommen. Bei den *Powergirls* handelte sich um eine feste Freundinnengruppe aus dem Mannheimer Bezirk Jungbusch, die die Sprachwissenschaftlerin Keim eine Zeit lang beobachtend begleitete und dabei wiederholt interviewte. Siehe dies., Die „türkischen Powergirls". Lebenswelt und kommunikativer Stil einer Migrantinnengruppe in Mannheim, Tübingen 2007, S. 53 f.
33 Rolf Johannsen, Bloße Lichterketten reichen nicht, in: Neu Ulmer Zeitung, 24. 3. 1993.

folgendermaßen zitiert: „Kann ich dann noch in die Türkei zurück, oder bin ich dann ein Mensch wie die Juden früher, ohne Heimat?"[34]

Auch der oben bereits zitierte Mannheimer ermahnte seine Töchter:

> „auch wenn Du Deutsche geworden bist * es ist klar woher du kommst und was du machst * denn egal wie sehr du dich an Deutschen anpasst * wenn du dich mit ihnen zusammentust * sie ändern sich nicht."[35]

Der Ausschluss von einer gleichberechtigten politischen Teilhabe und Interessenvertretung, das auch nach 1990 weiterhin restriktive deutsche Einbürgerungsrecht und das sich als biologische Einheit verstehende *deutsche Volk* stellten sich damals für viele Migrant*innen als undurchdringliches Geflecht dar.

> „Ein sehr großer Teil der Ausländer und ihrer Familienangehörigen, die als Arbeitsimmigranten nach Deutschland kamen, leben seit Jahrzehnten hier. Ein Drittel von ihnen sind mittlerweile gebürtige Bundesrepublikaner oder in Deutschland aufgewachsen. Dieses Land ist für sie zur Heimat geworden. […] Zu Intoleranz und Haß gegenüber Ausländern trägt die bisherige falsche und zum Teil orientierungslose Ausländerpolitik entscheidend bei. Daher müßte die Einbürgerungspolitik in Deutschland grundlegend geändert und der längst vollzogenen Entwicklung angepaßt werden. Die bisherige Einbürgerungspolitik nach deutschem Blut und aufgrund deutscher Abstammung ist rassistisch. Deutschland hat deshalb weltweit die niedrigsten Einbürgerungsquoten",

fasste Hakkı Keskin, Vorsitzender des Bündnisses türkischer Einwanderer Hamburg, das auch für die Demonstrationen im Frühjahr 1990 und die Initiativen zur Einführung des Kommunalwahlrechts in Hamburg federführend war, in der *taz* im Oktober 1992 die Situation zusammen.[36]

Doch der Großteil dieser Menschen blieb auch weiterhin *Ausländer*. Da dieser Status erblich war und zu jenem Zeitpunkt schon in der dritten Generation an die

---

34 o. A. (Titelthema), Weder Heimat noch Freunde, in: Der Spiegel 23/1993, S. 21.
35 Keim, Die türkischen Powergirls, S. 53 f.
36 Hakkı Keskin, Höchste Zeit für einen Konsens, in: taz, 9. 10. 1992.

Kinder weitergegeben wurde, verfestigte sich der ungleichwertige *Ausländer* als Wissensbestand, als binäres Andere des *Deutschen* und wurde dabei immer weiter defizitär aufgeladen und rassialisiert.

Die Abkehr, die Mölln und Solingen vor allem bei vielen aus der Türkei migrierten Menschen und deren Nachkommen auslöste, aber auch kollektive Phänomene, wie etwa die hunderttausendfache verbale Ausweisung vor allem der inzwischen erwachsen gewordenen *Ausländerkinder* mittels des konstanten Fragens nach „Woher kommst du?" und „Wann kehrst du zurück?" und der Feststellung „Du sprichst aber gut Deutsch!", die später in Akten des *Empowerment* von den Betroffenen skandalisiert wurden,[37] verfestigten diese Binarität dann auch von deren Seite. Ein Teil der so lange abgewehrten *Ausländer* kehrte dem *deutschen Volk* als Kollektiv, dem sie beitreten wollten, wohl in jener Zeit den Rücken.

In den 1990er-Jahren erfolgte ein weiterer Wandel: Aus der Bevölkerungsgruppe der *Ausländer* wurden die Migrant*innen – auch nachdem sich viele *Ausländer* der zweiten Generation dafür eingesetzt hatten, nicht mehr so genannt zu werden.[38] Ironischerweise akzentuierte ‚Migrant' die biologistische Natur des *Deutschseins* noch weiter, da hierunter nun auch viele deutsche Staatsbürger*innen fielen.

Gerade dieser Biologismus markiert die Grenze zum *deutschen Volk*. Das betraf zunehmend zwar nicht mehr primär die formaljuristische Ebene. Dieser Ausschluss reproduzierte sich in zyklisch aufkommenden politisch-medialen Diskursen und in zahllosen Alltagspraktiken auch für deutsche Staatsbürger*innen, deren Herkunftsdifferenz weiterhin als Hindernis dafür galt und gilt, als *echte Deutsche* betrachtet zu werden. Das mag auch der Grund dafür sein, dass bis heute kaum jemand die selbsternannten „Neuen Deutschen"[39] explizit als Teil des

---

37 Paul Mecheril, Die Normalität des Rassismus, in: Tagungsdokumentation des Fachgesprächs zur „Normalität und Alltäglichkeit des Rassismus", 14./15. September 2007, CJD Bonn, IDA Düsseldorf, o. J.

38 Dieser Prozess fiel nicht mit der entsprechenden Aufnahme der statistischen Kategorie „Migrationshintergrund" in den Mikrozensus des Statistischen Bundesamtes zusammen, mündete jedoch ggf. darin. Siehe dazu Léa Renard, Mit den Augen der Statistiker. Deutsche Kategorisierungspraktiken von Migration im historischen Wandel, in: Zeithistorische Forschungen 15 (2018) 3, S. 431–451, hier S. 444 f.

39 Hier nicht mit Rekurs auf das gleichlautende Sachbuch Herfried und Marina Münklers, sondern als Selbstbezeichnung, die schon vorher von der Gruppe rund um die „Neuen deutschen Medienmacher" und die „neuen deutschen Organisationen" aufkam.

deutschen Volkes adressiert. Damit wird letztlich – zumindest indirekt – signifiziert, dass auch die Zugehörigkeit zum mit ihm konvergierenden *Demos* weiterhin als prekär angesehen werden kann.

Das *deutsche Volk* und die deutsche Staatsangehörigkeit

Einen anderen Blickpunkt nimmt dagegen der führende Experte für die Geschichte der deutschen Staatsangehörigkeit Dieter Gosewinkel ein: Die Wiedervereinigung sei die eigentliche Ursache gewesen, weshalb das Reichs- und Staatsangehörigkeitsrecht von 1913 im Jahr 1999 reformiert werden konnte. Denn es wurde erstmalig die Einheit zwischen deutschem Staat, deutschem Volk und deutschem Territorium hergestellt und dabei dem Irredentismus eine Absage erteilt. Damit wurde die Voraussetzung geschaffen, sich auch für „‚Fremde'" zu öffnen.[40]

Doch die Frage, die sich Gosewinkel dabei nicht stellt, ist, wie lange die Bundesrepublik, die sich gerne als Modelldemokratie präsentieren wollte (und musste?), die Nicht- oder zumindest nur sehr restriktive Gewährung der vollen Bürgerrechte an Einwander*innen hätte aufrechterhalten können. Insgesamt wischt seine Diagnose alle weiteren Fragen als unnötig weg. Denn nach seiner Lesart folgten die – von ihm für die Zeit nach 1945 übrigens nicht weiter untersuchten – Einbürgerungstheorie und -praxis und das dahinterliegende Verständnis des sich dadurch konstituierenden Kollektivs, des *deutschen Volkes*, einer der neutralen Staatsräson entspringenden notwendigen Logik: Die Bundesrepublik konnte bis zur Einheit letztlich nichts anderes als ein erklärtes Nicht-Einwanderungsland sein.

Gosewinkel betreibt darüber hinaus eine bedenkliche Normalisierungs-Historiografie, wenn er die Wirkung der biologistisch-völkischen Vorstellungen auf das Staatsangehörigkeitsrecht explizit relativiert, indem er ihm lediglich einen „starke[n] assimilationsskeptische[n], ethnisch-kulturelle[n] Grundzug" attestiert.[41] Der Handschrift der Radikalnationalisten beim Reichs- und Staats-

---

40 Gosewinkel, Schutz und Freiheit, S. 586 f.
41 So bereits in seinem Standardwerk Einbürgern und Ausschließen. Die Nationalisierung der Staatsangehörigkeit vom Deutschen Bund bis zur Bundesrepublik Deutschland, Göttingen 2001, hier S. 433.

angehörigkeitsgesetz von 1913, beim Ausschluss der kolonisierten Bevölkerung in den „Schutzgebieten" aus diesem Rechtsraum, die bewusste Abwehr von Arbeitsmigrant*innen aus dem Süden und Osten Europas, besonders auch der sogenannten Ostjuden – all dem spricht er offenbar keinen besonderen Einfluss auf die formative Phase der deutschen Staatsangehörigkeit zu.[42] Die Wendung von der „Nationalisierung der Staatsangehörigkeit" vermag diese Wissensbestände und die daraus abgeleiteten Praktiken nicht zu fassen. Seine Einschätzung, dass das „Abstammungsprinzip" zwar aufladbar gewesen sei, wie es die Jahre zwischen 1933 und 1945 gezeigt hätten, es aber auch nicht unvereinbar mit dem Gedanken der Demokratie sei, wie seine Beibehaltung in der Weimarer Republik und unter dem Grundgesetz beweise, ist ein Zirkelschluss.[43] Gosewinkels Werk ist damit als weiteres Fanal gegen die „Sonderwegthese" zu lesen, das gleichzeitig implizit für die *Stunde Null* und gegen jegliche Kontinuitäten in diesem Bereich eintritt.

Der Historiker Jannis Panagiotidis wiederum meint, es sei gar verfehlt, in der Bundesrepublik überhaupt von der Wirkmacht einer „German ethnicity" auszugehen.[44] Denn die Tatsache, dass nach 1953 einige Juden – unter extremen Widerständen des mit Staatsbürgerschaftsfragen befassten Verwaltungsapparats, wie der Autor selbst zeigt – als *Volksdeutsche* eingebürgert wurden, sieht er als Beweis dafür, dass die deutsche Volkszugehörigkeit „very close to an ideal-type of ‚Renanian' definition of nation as a ‚daily plebiscite' rather than to the notion of a ‚community of descent'" gewesen sei.[45] Damit stellt Panagiotidis, der sich in seiner

---

42 Siehe zu diesen Aspekten: Peter Walkenhorst, Nation – Volk – Rasse. Radikaler Nationalismus im Deutschen Kaiserreich 1890–1914, Göttingen 2011; Oliver Trevisiol, Die Einbürgerungspraxis im Deutschen Reich: 1871–1945, Göttingen 2006; Dominik Nagl, Grenzfälle: Staatsangehörigkeit, Rassismus und nationale Identität unter deutscher Kolonialherrschaft, Frankfurt a. M. u. a. 2007; Dörte Lerp, Imperiale Grenzräume: Bevölkerungspolitiken in Deutsch-Südwestafrika und den östlichen Provinzen Preußens 1884–1914, Frankfurt a. M. 2016.
43 Gosewinkel, Einbürgern, S. 427.
44 Panagiotidis übersetzt ‚deutsche Volkszugehörigkeit' mit ‚German ethnicity', was m. E. nicht korrekt ist. Jannis Panagiotidis, „The Oberkreisdirektor Decides Who is a German". Jewish Immigration, German Bureaucracy, and the Negotiation of National Belonging, in: Geschichte und Gesellschaft 38 (2012), S. 503–533, hier S. 503.
45 Ebenda, S. 511.

Forschung primär mit den sogenannten Russlanddeutschen befasst, das Thema auf den Kopf: Denn es war gerade die Figur des *Volksdeutschen*, die den gesamten mit Staatsbürgerschaftsfragen befassten Verwaltungsapparat dominierte, selbst in Bezug auf die Einbürgerung von Personen, die sich nicht als potenzielle *Volksdeutsche* oder Deutschstämmige dafür bewarben. Panagiotidis interpretiert zudem die Streichung von ‚Rasse' und ‚Blut' aus dem Kriterienkatalog für die Anerkennung der deutschen Volkszugehörigkeit im Bundesvertriebenengesetz als Zeichen ihrer zwischenzeitlichen Irrelevanz. Von Bedeutung seien lediglich das Bekenntnis zum deutschen Volkstum sowie (scheinbar objektive) Charakteristika wie Abstammung, Sprache, Erziehung und Kultur gewesen. Dass Juden, die sich nicht auf die Wiedergutmachung berufen konnten, teilweise als deutsche Volkszugehörige eingebürgert wurden, lässt Panagiotidis den Schluss ziehen, dass die Volkszugehörigkeit subjektiv definierbar geworden war. Damit versteht er sie aber als objektive Essenz, die nun zu erodieren begann.

Dabei war selbst im *Dritten Reich* die deutsche Volkszugehörigkeit alles andere als eine absolute Kategorie. Denn abgesehen von jenen, die als Juden geframed und damit klar ausgeschlossen werden konnten, war im nationalsozialistischen Deutschland das definitorische Chaos rund um den *Volksdeutschen* kaum einzudämmen oder zu kontrollieren. Das zeigen einige Einzelfallakten aus den Jahren 1935 bis 1939 aus zwei randomisiert gezogenen alphabetisch sortierten Aktenbündeln aus dem Bestand des Polizeipräsidiums Mannheim. Denn auch im „Altreich", wo die Kategorien noch relativ übersichtlich blieben und der Faktor der Germanisierung von eroberten Bevölkerungen oder die Rekrutierung von Soldaten nicht so stark wirkten, herrschte ein Gewirr von Kriterien, die lediglich den Schein einer objektiven Entscheidungsgrundlage wahrten.[46]

Dies zeigte etwa der Fall eines Sudetendeutschen aus dem Jahr 1939, dessen deutsche Volkszugehörigkeit vor dem 1. Oktober 1938 wegen der Mitgliedschaft des Vaters bei der Sudetendeutschen Partei im „allgemeinen unterstellt werden"

---

46 Siehe dazu Andreas Strippel, NS-Volkstumspolitik und die Neuordnung Europas, Paderborn u. a. 2011; Ryszard Kaczmarek, Polen in der Wehrmacht, Berlin 2017; ebenso Johannes Frackowiak, „Fremdvölkische" und „Volksgemeinschaft". Polnische Zuwanderer im Dritten Reich 1933–1945, in: Jochen Oltmer (Hrsg.), Nationalsozialistisches Migrationsregime und „Volksgemeinschaft", Paderborn 2012, S. 69–90.

konnte. Dennoch war der Betreffende 1934 in Mannheim nicht eingebürgert worden, da seine Familie durch die NSDAP-Ortsgruppe Sandhofen zunächst als „links" bzw. „kommunistisch" eingestuft worden war. Obwohl sich diese Einschätzung später aus der Sicht der Partei nicht bestätigte, blieb der Mann offenbar auch nach dem zweiten Einbürgerungsversuch staatenlos.[47] Ähnlich liegt der Fall eines „fremdstämmigen" Mannes, der, falls er die *arische* Abstammung nicht lückenlos nachweisen konnte, ein Gutachten des Amtsarztes über seine „Rassenmerkmale" einholen sollte, am besten mit „Bildern der fremdstämmigen Eltern".[48] Bei einer Österreicherin, die nicht alle notwendigen Unterlagen vorlegen konnte, „erachtete" die Reichsstelle für Auswanderungswesen nur, dass sie „deutschstämmig" sei, ohne weitere Beweise dafür zu haben. Hier reichte es offenbar aus, dass die Frau bezeugte, dass alle Großeltern *arisch* waren und auch der Amtsarzt das bei ihr und ihrer Tochter so einschätzte.[49]

Es waren die Akten der Einwanderungszentralstelle des Chefs der Sicherheitspolizei und des SD, auf deren Grundlage auch nach 1950 innerhalb des Verwaltungsapparats entschieden wurde, ob und unter welche Kategorie der jeweilige einbürgerungswillige „volksdeutsche Umsiedler" fiel. Mit diesen Akten lebte gemäß Andreas Strippel vielmehr „auch die Definition von Volk, die der Himmler'sche Apparat geschaffen hatte, in der Praxis des deutschen Staatsangehörigkeitsrechts fort". Und das sei den Akteuren, so Strippel weiter, noch zumindest bis Ende der 1980er Jahre bewusst gewesen; ein vom ihm zitiertes Arbeitsbuch für Behörden, Gerichte und Verbände nahm *expressis verbis* auf die „Himmlerschen Kriterien der Bevölkerungssortierung" Bezug, die als Entscheidungsgrundlage dafür gelten sollten, ob jemand als „Aussiedler anerkannt wird oder allenfalls als Asylbewerber" oder ob die Person gleich abgewiesen wird.[50] Panagiotidis' Narrativ spielt sich dagegen offenbar in einer voraussetzungslosen Zeit nach der sogenannten *Stunde Null* ab; in seinem Artikel fällt der Begriff Antisemitismus bezeichnenderweise auch kein einziges Mal.

---

47 So in einem internen Schreiben des Polizeipräsidiums Mannheim vom 16. 12. 1939, MARCHIVUM, Zug. 10/2005, Nr. 1. Hier auch die gesamte Akte zum Fall.
48 Schreiben des Reichs- und Preußischen Ministers des Innern an die Badische Staatskanzlei vom 30. 11. 1935, ebenda.
49 Siehe gesamte Akte, in: MARCHIVUM, Zug. 7/1971, Nr. 135.
50 Strippel, NS-Volkstumspolitik, S. 335.

Panagiotidis argumentiert noch auf anderer Front für die Normalisierung der deutschen Staatsangehörigkeit. In einem kurzen Text führt er aus, dass das immer wieder kritisierte *ius sanguinis* lediglich ein patrilineares Abstammungsprinzip gewesen sei, das sich nicht explizit am *deutschen Blut* orientierte, sondern das Blut einer (lange Zeit nur männlichen) Person deutscher Staatsbürgerschaft meinte. Deshalb sei es auch verfehlt, es als historisch diskreditiert zu erklären, wie es Roger Brubaker getan habe.[51] Dabei lässt Panagiotidis wiederum außer Acht, dass die deutschen Staatsbürger*innen ziemlich lange überwiegend *deutschen Blutes* blieben, zumindest in der Vorstellung derjenigen, die dieses Konstrukt als Realität annahmen und es als ihre Aufgabe ansahen, es als solches auch zu schützen.

Die Prävalenz *deutschen Blutes* war Ergebnis einer im Kaiserreich immer restriktiver werdenden Einbürgerungspraxis, die sich mit dem Anstieg von transnationaler (Arbeits-)Migration und dem Hinzukommen der „Schutzbefohlenen" aus den Kolonien entwickelte und 1913 auch gesetzlich flankiert wurde. Nachdem ab 1935 all jene, denen als „Artfremden" das *deutsche Blut* abgesprochen wurde, aus der deutschen Staatsangehörigkeit ausgeschlossen und sogar physisch vernichtet wurden, entsprach das *deutsche Volk* 1945 schließlich volkstumspolitisch – und rassisch – den Vorstellungen und Setzungen des gerade zusammengebrochenen Regimes. Indem auch nach 1945 explizit und bewusst hauptsächlich *Volksdeutsche* eingebürgert wurden, änderte sich dieser Wissensbestand nicht entscheidend.

Die diskursive und praxeologische Produktion des *deutschen Volks* hatte vom Beginn des 20. Jahrhunderts an ein Dauerthema dargestellt, selbst wenn andere Begriffe oder Komposita in den Mittelpunkt rückten, so wie etwa die *Volksgemeinschaft*, die unabhängig von der politischen und auch volkstumspolitischen Haltung der jeweiligen Sprecher eine besondere Rolle einnahm. In gut fünf Jahrzehnten verdichtete sich in diesem Konzept die Vorstellung einer organischen Entität, in der qua Blut und Herkunft Kultur enthalten war und erhalten wurde, das Deutschtum bzw. das deutsche Volkstum, das vor fremden Einflüssen bewahrt werden müsste.

---

51 Jannis Panagiotidis, Tainted law? Why history cannot provide the justification for abandoning ius sanguinis, in: Costica Dumbrava/Rainer Bauböck (Hrsg.), Bloodlines and belonging: Time to abandon ius sanguinis?, San Domenico di Fiesole 2015, S. 11–13.

Das seit der Jahrhundertwende ebenso virulente Konzept ‚Rasse' war eng in diesen Konnex verstrickt, ‚Rasse' und ‚Volk' wurden in der Alltagssprache ohne scharfe Differenzierung synonym verwendet. Die Nationalsozialisten versuchten, hier klare Definitionen zu ersinnen, wie schon die Existenz eines „Unterausschusses für terminologische Angelegenheiten" der „Akademie für deutsches Recht" nahegelegt. Im Entwurf einer vertraulichen Denkschrift dieses Unterausschusses vom Mai 1937, die das Reichsaußenministerium heranzog, als es darum ging, den *Volksdeutschen* vom *Auslandsdeutschen* definitorisch zu differenzieren, wurde die Beziehung der verschiedenen Komponenten folgendermaßen hergestellt:

„Zwischen Rasse und Volkstum bestehen tiefgreifende Zusammenhänge. Die Bedeutung der Rasse für das Volkstum wurde allerdings bisher nicht hinreichend gewürdigt. So war es z. B. möglich, daß ein Jude, der Sprache und Gewohnheiten eines arischen Volkes angenommen hatte, diesem Volkstum zugerechnet wurde. […] Der Begriff ‚Volk' sollte deshalb auch nicht für die Gesamtheit aller dieselbe Staatsangehörigkeit besitzenden Personen, sondern nur für die Gesamtheit aller demselben Volkstum angehörender Personen […] gebraucht werden. […] Bezogen auf das deutsche Volk bedeutet dies: Deutsche sind all jene Arier, die dem deutschen Volkstum zugehören […]. Es gibt nur ein einziges ‚Deutsches Volk'."

Terminologisch ergebe sich daraus auch die Notwendigkeit, die Bezeichnung „deutschstämmig" mit „volksdeutsch" zu ersetzen, da nur Letztere die tatsächliche Zugehörigkeit zum deutschen Volk bedeute, während Erstere sich nur auf die Staatsangehörigkeit beschränken könne.[52]

Obwohl ‚Rasse' in diesem terminologischen Versuch zentral, wenn auch nebulös bleibt – die Bestimmung der „arischen Rasse" schied „artverwandtes" von „artfremdem" Blut, das dem Deutschtum in seiner Substanz gefährlich werden könnte –, bedeutete ihre herausragende Rolle in der Ideologie und Praxis des *Dritten Reiches* nicht, dass ‚Volk' als semantisch Anderes verstanden wurde oder verstanden werden wollte; das hätte ja auch dem Konzept *Volksgemeinschaft* kaum

---

52 Entwurf einer Denkschrift, Mai 1937, in: Terminologie Auslandsdeutscher, PA AA, R 27268, Chef A/O.

seine prominente Rolle erlaubt. In der oben erwähnten Denkschrift wird das deutsche Volk als Mitglied der hochwertigsten rassischen Gruppe der „Arier" erachtet; Völker wurden demnach zumindest semantisch als Mitglieder von Rassen, im Fall des deutschen Volkes der „europäischen Grundrassen" gesehen. Dieses biologistisch-rassische Element, das Völkische, das ja gerade die Essenz des organisch imaginierten *deutschen Volkes* ausmachte, erlebte hier somit keinen radikalen definitorischen Bruch, sondern wurde eher mit dem Rassekonzept enger aneinander gebunden.

Auch die Studien zur Germanisierungspolitik im Osten, wo Deutschtum sowohl auf der Grundlage von Rasse- als auch – manchmal dazu konkurrierend – von Volkszugehörigkeit zu- oder aberkannt wurde, legen nahe, dass diese Konzepte während des *Dritten Reichs* dabei waren zu verschmelzen. Dagegen sprechen auch nicht die Inkonsistenzen, die Willkür, die pragmatischen Erwägungen und der ideologische Wahn, von denen das von Massenvertreibung und -mord flankierte Kolonisationsprojekt Osteuropas und seiner Bevölkerung durchzogen war.

Doch konnte das Konzept ‚Rasse' selbst den Nationalsozialisten überhaupt so klar sein? Als Konstrukt wurde es genau wie ‚Volk' imaginiert und diskursiv und praxeologisch produziert, ohne jedoch einem realen Objekt, das dingfest gemacht oder gar wohl definiert werden konnte, zu entsprechen. Der NS-Rassenideologie, die sich stark wissenschaftlich gab, konnte weder der Nachweis einer angeblichen *jüdischen Rasse* gelingen, zumal sie kaum valide Kriterien generieren konnte – die *color-line* war diesbezüglich operabler. Auch die Essenz des *deutschen Volkes* blieb trotz der vielen Einheiten, die zu seinem Schutz und seiner Wertsteigerung tätig wurden, und der vielen Konzeptionen, die ersonnen wurden, schwammig. Noch weniger konnten die sich daran orientierenden Akteur*innen diese absolut umsetzen. Die Ursachen dafür sollten somit eher in den Konzepten selbst und nicht primär in der *Agency* der Akteur*innen oder gar in deren Ideologietreue gesucht werden.

Stellt sich also die Frage, wie die Forschung bei derart volatilen theoretisch-ideologischen Konstrukten, die in dem historischen Kontext, in dem sie sich entwickelten, angewandt und gewusst wurden und dabei gleichzeitig so eng miteinander verflochten waren, eine derart scharfe konzeptionelle Trennung vornehmen kann. All die Setzungen, die daraus entstehen, können letztlich nur normativen

Charakters sein: sei es, um ‚Rasse' in Deutschland nur dem Nationalsozialismus zuzuordnen oder um ‚Volk' als normales Konzept zu retten, das durch diese zwölf Jahre vollkommen unangetastet blieb.

Der Begriff ‚Rasse' wurde nach dem Zweiten Weltkrieg und der weltweiten Ächtung des Nationalsozialismus und der durch ihn systematisch begangenen Massenmorde als Produkt des deutschen Rassenwahns aus dem staatlichen Handeln und allmählich, wenn auch langsamer, auch aus der gesprochenen Sprache getilgt. Anders als im anglophonen Bereich – bei den Siegern des Zweiten Weltkriegs – wurde ‚Rasse' in Deutschland zum Tabu-Wort. Und während *race* in den USA und Großbritannien von den damit Bezeichneten als emanzipatorische Selbstbezeichnung, die vor allem sozial verstanden werden sollte, gewendet wurde, behielt der Begriff die biologische Konnotation: In den Worten Stuart Halls operiert die differenzielle Organisation zwischen Gruppen in Gesellschaft „weiterhin mit dieser offensichtlich schwachen, unbegründeten, unvertretbaren und fast, aber eben nur fast gänzlich ausradierten ‚biologischen' Spur".[53]

Das *deutsche Volk* blieb auch nach seinen tief greifenden Transformationen im *Dritten Reich* bestehen – faktisch, begrifflich, wie auch in seinen verschiedenen Funktionen und Bedeutungsdimensionen. Es liegt somit nahe, ‚Volk' und seine Komposita als mögliche sprachliche Gefäße anzusehen, die Wissensbestände transferierten, die immer weniger sagbar wurden und dabei eng mit ihnen verstrickt waren. Indem der Begriff das ‚deutsche Volk' im Umlauf blieb und dabei immer mehr – auch von der Geschichtswissenschaft – normalisiert wurde, sind die völkisch-rassischen Präsenzen in ihm immer absenter geworden; schließlich wurden auch diese Absenzen als solche ignoriert.

Das *deutsche Volk* in der Einwanderungsgesellschaft

„Erst die Einbürgerung eines Ausländers beseitigt dieses Unterscheidungsmerkmal [nämlich die Staatsangehörigkeit] und begründet eine Statusgleichheit aufgrund der gemeinsamen Zugehörigkeit zum deutschen Volk."[54]

---

53 Stuart Hall, Das verhängnisvolle Dreieck. Rasse, Ethnie, Nation, Berlin 2018, S. 66.
54 Daniel Thym, Migrationsverwaltungsrecht, Tübingen 2010, S. 73.

Gerade in dieser technisch-nüchternen Feststellung liegt der Kern der Schwierigkeit der Einwanderungsgesellschaft Deutschland: Denn das rassistische Wissen, das das Konzept ‚deutsches Volk' in sich trägt, steht im Widerspruch mit der Idee eines herkunftsdiversen *Demos*, den das Zitat des Juristen Thym entwirft.

Ein zentraler Ort, an dem dieses rassistische Wissen im Konzept des ‚deutschen Volkes' lange weitergepflegt und reproduziert wurde, war der mit Staatsbürgerschaftsfragen befasste Verwaltungsapparat. Das *deutsche Volk* war dabei nur einer der Transmitter rassistischen Wissens, das in ihm wirkte und durch institutionelle Praktiken reproduziert, neu produziert, transformiert, aber auch infrage gestellt und stellenweise getilgt wurde.[55]

Die Tatsache, dass ein Großteil der vollzogenen Anspruchs- und Ermessenseinbürgerungen jene Personen betraf, die per Grundgesetz und Bundesvertriebenengesetz als deutsche Volkszugehörige definiert worden waren und im Grunde mit jenen zusammenfielen, die die Nationalsozialisten als *Volksdeutsche* festgelegt hatten, lässt sich auch retrospektiv mit den Kriegsfolgen und den bald einsetzenden Gegebenheiten des Kalten Krieges erklären. Dennoch bleibt die Frage nach den Kollateralschäden, die das Aufrechterhalten dieser Konzepte bewirkte. Ebenso die Frage, inwiefern diejenigen, die ihr rassistisches Wissen bewusst weiterpflegten, dies relativ ungehindert und teilweise ungeniert unter dem Schutz des Eisernen Vorhanges tun konnten.

Der genaue Blick in die entsprechende Aktenüberlieferung zeigt jedenfalls, dass ein Nukleus der Bemühungen innerhalb des mit Staatsbürgerschaftsfragen – sowie mit Aufenthalts- und ausländerrechtlichen Fragen – befassten Verwaltungsapparats noch bis in die 1990er-Jahre hinein das *deutsche Volk* blieb, das durch die eigenen Politiken und Verwaltungspraktiken vor den Anderen geschützt werden musste. Es galt, „die Gefahr einer für den Volksbestand nachteiligen Entwicklung gering" zu halten, indem die Substanz des „deutschen Volkskörper[s]" erhalten wurde.[56] Der Ministerialrat des Bundesinnenministeriums Georg Freiherr von

---

55 Dies ist einer der Untersuchungsgegenstände im Rahmen des Habilitationsprojektes der Verfasserin. Auch weitere in diesem Text aufgeworfene Fragen und geäußerten Hypothesen gehören dazu.
56 Bericht Ordnungsamt Mannheim an das Regierungspräsidium Karlsruhe, 6. 10. 1960, MARCHIVUM, Zug. 10/2005, Nr. 14.

Fritsch formuliert es in einem Treffen der Staatsangehörigkeitsreferenten der Länder im Mai 1963 so: Bei den Einbürgerungen sei stets genau zu prüfen, ob die jeweilige „fremdstämmige Minderheit" in der Lage sei, sich dem „deutschen Volkstum" zuzuordnen. Das sei notwendig, damit die „Substanz des Deutschtums" nicht verloren gehe.[57]

Diesen Geist hatte auch ein Zeitungsbericht vom Frühjahr 1956 zur Einbürgerungspraxis in Mannheim angedeutet: Bei der Ermessensentscheidung sei ausschlaggebend, „ob die Ausländer bereit sind, im deutschen Volkstum aufzugehen". Entscheidend dafür sei aber, ob der jeweilige Antragsteller als „wertvoller Bevölkerungszuwachs" angesehen werde, zitierte der Bericht die Behörden. Ein Drittel der Bewerber werde dabei abgelehnt.[58]

Dabei framten die Staatsangehörigkeitsreferenten der Innenministerien der Länder und des Bundes in den ersten Jahrzehnten, in denen sich die Bundesrepublik unwillentlich in eine Einwanderungsgesellschaft transformierte, in ihren regelmäßig stattfindenden Besprechungen immer wieder ganze Gruppen pauschal als unerwünschten Zuwachs: die *heimatlosen Ausländer*, Männer aus „Entwicklungsländern", die meist nur zu Studienzwecken zugelassen worden waren, sowie die *Gastarbeiter*.[59]

In Bezug auf Letztere herrschte stellenweise Hysterie, angesichts des Kontrollverlusts im Arbeitsmigrationssystem nach 1955, der Folge der außenpolitisch gesetzten *Westernisierung* und der Einbindung in europäische Strukturen war. So antizipierte das Bayerische Staatsministerium in einem Schreiben an das Bundesinnenministerium im Mai 1962 mit der „bekannten Überflutung Bayerns mit Ausländern" – damit waren die italienischen *Gastarbeiter* gemeint – auch eine „erhebliche Zunahme" der Einbürgerungsgesuche. Deshalb erwog der Landtag in München sogar, wieder eine bayerische Staatsangehörigkeit einzuführen.[60] Ebenso beunruhigt reagierte man 1965 auf eine „Falschmeldung" des Bayerischen Rundfunks in

---

57 Niederschrift der Sitzung am 4. 5. 1963, Bundesarchiv (BArch), B 106/73262.
58 Zeitungsausschnitt, o. A., „Ich möchte Deutscher werden", MARCHIVUM; Zug. 10/2005, Nr. 2.
59 Maria Alexopoulou, Rassismus als Kontinuitätslinie in der Geschichte der Bundesrepublik Deutschland, in: APuZ 68 (2018) 38–39: Zeitgeschichte/n, S. 18–24.
60 Schreiben des Bayerischen Staatsministeriums an das Bundesinnenministerium, 4. 5. 1962, BArch, B 106/73260.

seiner „Ausländersendung": Hier war die Information verbreitet worden, dass ausländische Arbeitnehmer nach fünf Jahren Deutsche werden und gleichzeitig ihren eigenen Pass behalten könnten.[61] Alarmiert war man auch in der Phase nach der Verkündung des Anwerbestopps 1973: So wies das Innenministerium von Baden-Württemberg alle lokalen Behörden an, genau zu beobachten und „wegen der Dringlichkeit der Angelegenheit" rasch zu melden, „ob und in welchem Umfang sich ausländische Arbeitnehmer gegenüber früher vermehrt über Erfolgsaussichten eines Einbürgerungsantrags bei der örtlichen Behörde unterrichtet haben".[62]

Neben den objektiven Vorgaben, denen ein*e Einbürgerungsbewerber*in entsprechen musste, um überhaupt einen Einbürgerungsantrag stellen zu dürfen, waren es die subjektiven Einschätzungen der konkreten Behördenmitarbeiter*in, die über die Zuordnung zum Deutschtum und die Wertigkeit für den „deutschen Volkskörper" entschieden. Auch wenn in den 1980er-Jahren derartige Ausdrücke allmählich zurückgingen, blieb weiterhin entscheidend, dass „der Bewerber […] einen wertvollen Bevölkerungszuwachs darstellt" und seine Einbürgerung nach „allgemeinen politischen, wirtschaftlichen und kulturellen Gesichtspunkten erwünscht ist".[63] Die erste Auswahl trafen die Verwaltungsbeamte vor Ort anhand der vor 1977 noch unveröffentlichten Richtlinien des Bundes und vieler geheimer Verordnungen der Länder und Regierungspräsidien. Doch auch diese Festschreibungen hoben nicht das freie Ermessen auf: Denn die Einbürgerungsbehörden blieben in Bezug auf die Anträge nicht-*volksdeutscher* Bewerber*innen oder Interessent*innen über Jahrzehnte hinweg alleiniger „Herr des Einbürgerungsverfahrens".[64]

Wie dehnbar und damit fast willkürlich die Ermessenspraktiken waren, deutet eine rechtswissenschaftliche Studie aus dem Jahr 1998 an, die die Verlaufsprotokolle der „Staatsangehörigkeitsreferentenbesprechungen" für die Jahre zwischen 1991 und 1996 inhaltsanalytisch auswertete. Ziel dieser Untersuchung war, die

---

61 Niederschrift der Sitzung der Staatsbürgerschaftsreferenten, 21./22. 10. 1965, BArch, B106/73260.
62 Schnellbrief des Innenministeriums Stuttgart, 8. 2. 1974, MARCHIVUM, Zug. 10/2005, Nr. 14.
63 So die 1977 erlassene Einbürgerungsrichtlinie, in der Neufassung von 1989. Zitiert nach: Bultmann, Lokale Gerechtigkeit, S. 54.
64 Expertise Reck, o. D. [ca. Ende 1950er-Jahre], MARCHIVUM, Zug. 10/2005, Nr. 21.

relativ großen lokalen und regionalen Unterschiede in der Einbürgerungsquote einzuordnen. Berlin und Hamburg hatten die jeweils höchsten, Bayern und Baden-Württemberg die niedrigsten Quoten.[65] Resümierend bewertete die Studie die Unterschiede folgendermaßen: „Einige Bundesländer scheinen die Einbürgerung als mögliches Integrationsmittel zu verstehen. Andere die Einbürgerung als notwendiges Übel, das nunmal gesetzlich vorgeschrieben ist, in Wirklichkeit aber nur die Volksgemeinschaft [sic!] auflöst und zerstört."

Dabei stellte der Verfasser zudem einen Zielkonflikt fest: Eigentlich sei eine hohe Einbürgerungsquote nötig, um die Zahl der in Deutschland lebenden Ausländer geringer erscheinen und somit „dem latenten oder offenen Gefühl der Überfremdung in der Bevölkerung" entgegenzuwirken. Gleichzeitig wolle man durch die Einbürgerung nur „guter Ausländer" sicherstellen, dass diese auch irgendwie wertvoll seien.[66]

Da aber dieser „Wert" letztlich nicht durch klare, objektivierbare Kriterien festgelegt wurde, etwa allein durch gute wirtschaftliche und soziale Verhältnisse oder Bildung, die zwar notwendig, aber nicht hinreichend für eine Einbürgerung waren, blieb ein undefinierbarer Rest – eine Blackbox. Gerade in dieser Blackbox wirkte die „biologische Spur" ungehindert weiter, von der Stuart Hall spricht und die zwischen den Konzepten *race* und *ethnicity* – wobei Letztere ja neutral und unverdächtig klingt – changiert, flottierend ist und sich in der Bewertung und entsprechenden Hierarchisierung von Herkunft niederschlägt.

Orientierte man sich im mit Staatsbürgerschaftsfragen befasste Verwaltungsapparat dabei zunächst hauptsächlich an Volks- und Deutschtum, kam mit der voranschreitenden Demokratisierung der Bundesrepublik dem Argument des „Werts" der *Ausländer* als Bürger*innen immer mehr Bedeutung zu. Das Bekenntnis zur freiheitlich demokratischen Grundordnung bzw. zum Verfassungspatriotismus entwickelte sich immer mehr zur Grenze, die *Ausländern* als Gesinnung nicht zugetraut wurde. Dahinter verbarg sich nicht nur die zunehmende Kulturalisierung auch des Politischen, sondern weiterhin das Anliegen, das *deutsche Volk*

---

65   Nach Berechnungsmodus der Einbürgerungsquote durch den Verfasser, der nicht dem amtlichen entspricht, der weit niedriger ausfällt. Demnach betrug sie 1991–1996 in Berlin 12,54 Prozent und in Bayern 2,77 Prozent. Bultmann, Lokale Gerechtigkeit, S. 88.
66   Ebenda, S. 202 f.

zu schützen – nun eben als *Demos*, dessen Ideale durch Andere bedroht wurden. Inzwischen hat sich diese Angst in der Bedrohung der deutschen Holocaust-Erinnerung als moralisches Herzstück der deutschen Demokratiegeschichte durch die muslimischen Anderen verdichtet. Deren über die Jahrzehnte immer wieder geäußerten Ängste vor einem ähnlichen Schicksal wie das der Juden in der *Shoa* werden dagegen als moralisch falsch und als Affront empfunden.[67]

Parallel zu diesen Entwicklungen beriefen sich freilich offen rassistisch eingestellte „Ausländerfeinde" durchgängig explizit auf das *deutsche Volk*. Das zeigt sich etwa in den unzähligen entsprechenden Zuschriften, die Bundespräsident Karl Carstens Anfang der 1980er-Jahre, einem Höhepunkt „krisenhafter Ausländerfeindlichkeit", bekam. Die ständige Referenz auf das ‚Volk' fällt in diesen Bürgerbriefen ins Auge: Ein Verfasser bezieht sich, ganz Demokrat, auf Art. 56 GG, in dem es heißt, der Bundespräsident widme seine ganze Kraft „dem Wohle des deutschen Volkes", die aber die aktuelle Ausländerpolitik aus den Augen verloren habe. „Wir können kein Einwanderungsland sein, weil wir uns nicht selbst vernichten wollen", heißt es in diesem Brief vom Mai 1983 weiter.[68] Ein anderer empfand die Ausländerpolitik so: „Unsere Regierung führt eben einen Kampf gegen das deutsche Volk."[69]

Sekundiert wurden diese Stimmen jahrzehntelang beispielsweise durch den renommierten Verhaltensbiologen und Konrad-Lorenz-Schüler Irenäus Eibl-Eibesfeldt, der immer wieder beschrieb, es sei für Völker natürlich, sich vor Zerstörung durch Fremde zu schützen. „Darf sich also niemand mehr zu seinem Volk bekennen?", fragte er und gab zu bedenken, dass Ausländer „zwar bleiben wollen", dabei aber „keine wirkliche Bereitschaft zur Assimilation" zeigten, gerade wegen der „großen ethnischen und biologisch-anthropologischen Unterschiede zur Bevölkerung des Landes ihrer Wahl".[70]

---

67 Siehe dazu die grundlegenden Texte von Esra Özyürek, Rethinking empathy: Emotions triggered by the Holocaust among the Muslim-minority in Germany, in: Anthropological Theory 18 (2018) 4, S. 456–477, sowie: dies., Export-Import Theory and the Racialization of Anti-Semitism: Turkish- and Arab-Only Prevention Programs in Germany, in: Comparative Studies in Society and History 58 (2016) 1, S. 40–65.
68 Brief von Reinhard Raetzer an Bundespräsident Carstens, 25. 5. 83, BArch, B 122/23886
69 Brief von Herbert Streit an Bundespräsident Carstens, 3. 1. 1983, ebenda.
70 Irenäus Eibl-Eibesfeldt, In der Falle des Kurzzeitdenkens, München 1998, S. 163 und 148.

Das *deutsche Volk* im historischen Kontinuum

In der historischen Forschung herrscht zwar Konsens darüber, dass der Begriff ‚Volk' seit dem Kaiserreich zwischen den verschiedenen Bedeutungsdimensionen *Plebs*, *Demos*, *Ethnos* und *Rasse* changierte. Ebenso, dass auch das Konzept der ‚Volksgemeinschaft' als programmatischer Modus des *deutschen Volkes* weit vor 1945 eine zentrale Bedeutung für fast alle politischen und ideologischen Richtungen einnahm und nicht unbedingt als organische und biologische Einheit gedacht war – auch wenn sie wohl durchgängig als Gegenkonzept zur modernen Gesellschaft verstanden wurde.[71] In den zwölf Jahren Nationalsozialismus wurde die *Volksgemeinschaft* freilich entsprechend rassisch-biologistisch aufgeladen. Für die Zeit nach 1945 verliert sich allerdings dieses Konzept als Begriff, dann auch in der deutschen Historiografie – und somit auch die Kenntnis darüber, ob dieser Wissensbestand in irgendeiner Weise gesellschaftlich relevant blieb. Zwar warf die Forschung einen kurzen Blick auf sein Nachleben in Konstrukten wie der „Schicksals-„ oder „Opfergemeinschaft" der Nachkriegszeit.[72] Die Frage, welche derartigen Wissensbestände in dem Konzept ‚deutsches Volk' in der Bundesrepublik und der DDR eingeschrieben blieben und weiterwirkten, hat die Zeitgeschichte in Deutschland weitgehend übersehen. Überlagert wurde diese sowie allgemein die Frage, wie im postkolonialen und postnationalsozialistischen

---

71 Siehe dazu: Jörn Retterath, „Was ist das Volk?". Volks- und Gemeinschaftskonzepte der politischen Mitte in Deutschland 1917–1924, Berlin u. a. 2016; Walkenhorst, Nation – Volk – Rasse; Michael Wildt, Die Ungleichheit des Volkes. „Volksgemeinschaft" in der politischen Kommunikation der Weimarer Republik, in: Frank Bajohr/ders. (Hrsg.), Volksgemeinschaft. Neue Forschungen zur Gesellschaft des Nationalsozialismus, Frankfurt a. M. 2009, S. 24–40; Steffen Bruendel, Volksgemeinschaft oder Volksstaat: Die „Ideen von 1914" und die Neuordnung Deutschlands im Ersten Weltkrieg, Berlin 2003; Jeffrey Verhey, Der „Geist von 1914" und die Erfindung der Volksgemeinschaft, Hamburg 2000.

72 Markus Brunner, Die Kryptisierung des Nationalsozialismus. Wie die „Volksgemeinschaft" ihre Niederlage überlebte, in: ders. u. a. (Hrsg.), Volksgemeinschaft, Täterschaft und Antisemitismus. Beiträge zur psychoanalytischen Sozialpsychologie des Nationalsozialismus und seiner Nachwirkungen, Gießen 2011, S. 169–194; Malte Thießen, Schöne Zeiten? Erinnerungen an die „Volksgemeinschaft" nach 1945, in: Bajohr/Wildt (Hrsg.), Volksgemeinschaft, S. 165–187; Harald Welzer, Die Deutschen und ihr „Drittes Reich", in: APuZ 57 (2007) 14–15, S. 21–28.

Deutschland mit der eigenen Herkunft und mit Herkunftsdifferenz in der Transformation zur Einwanderungsgesellschaft umgegangen wurde, zunächst durch die starke Orientierung der Zeitgeschichte an den staatspolitisch vorgegebenen zwei Interpretationsachsen: die des Kalten Krieges und jene des Erfolgsmodells (West-)Deutschland.[73] Betrachtet man diese zwei Narrative aus der Perspektive der Migration, erwachsen jedoch neue Fragen nach Kontinuitäten, die spätestens mit der Beendigung des historiografischen Streits um den „deutschen Sonderweg" zugunsten dieser Narrative vollends verschüttet wurden.

Dieser Blick aus der Perspektive der Migration lässt nun weiter fragen, was es zum Beispiel mit der Bedeutungsdimension *Ethnos*, die gerade das *Deutsche* am *deutschen Volk* meint, auf sich hat. Orientiert sich die vermeintlich wissenschaftlich-neutrale Bezeichnung *Ethnos* auf die im anglo-amerikanischen Raum entstandene soziologisch-anthropologische Kategorie *ethnicity*, die auch in den dortigen Gesellschaften zwischen neutralem wissenschaftlichem Analysekonzept, vermeintlich primordialer Charakteristika, Rassialisierung/Kulturalisierung und emanzipatorischer Selbstpositionierung changiert und somit ebenso wenig unschuldig ist?[74] Oder bezieht man sich auf Max Webers Konzept der ethnischen Gruppe, das zwar bis vor Kurzem trotz offen rassistischer und antisemitischer Kommentare in älteren Texten weitgehend als unverdächtiger Leumund galt? Aber auch diese Gewissheit gerät ins Wanken, nachdem neuere, postkoloniale Blicke auf die „Verdrängungsleistung" der Soziologie hinweisen, wie es Andrew Zimmermann nannte, die Webers zutiefst rassistischen Ansatz, der zwar nicht biologistisch, dafür aber kulturalistisch-ökonomistisch ausgerichtet ist, weggeschwiegen hat.[75]

---

73 Das gilt selbst für migrationshistorische Schriften. Nur paradigmatisch dafür: Jenny Pleinen, Demokratie, Nationalstaat und Europäische Einigung: Die politische und rechtliche Stellung von Fremden im Zeitalter der Extreme, in: Altay Coşkun/ Raphael Lutz (Hrsg.), Fremd und rechtlos? Zugehörigkeitsrechte Fremder von der Antike bis zur Gegenwart, Köln 2014, S. 331–358.
74 Siehe dazu Stuart Hall, in: ders., Das verhängnisvolle Dreieck, S. 101–140.
75 Manuela Boatcă, „Vom Standpunkt des Deutschtums": Eine postkoloniale Kritik an Webers Theorie von Rasse und Ethnizität, in: Schirin Amir-Moazami (Hrsg.), Der inspizierte Muslim. Zur Politisierung der Islamforschung in Europa, Bielefeld 2018, S. 61–90. Das Zitat Andrew Zimmermanns findet sich auf S. 73. Es stammt aus seinem Text: Decolonizing Weber, in: Postcolonial Studies 9 (2006) 1, S. 53–79, hier S. 53.

Es bedarf weiterer Forschung aus diesen Perspektiven, um hier mehr Klarheit zu schaffen. Denn die Frage bleibt, ob das vermeintlich neutral klingende ethnische Nationalbewusstsein, das etwa Dieter Gosewinkel Deutschland als einer normalen Nation attestiert, gerade mittels dieser terminologischen Zuordnung Wissensbestände verdeckt und reproduziert, die eher als völkisch-rassisch zu kategorisieren wären.

Das führt zu einem weiteren Gedanken, der ebenso zu untersuchen ist: Ist der Anspruch von Migrant*innen, Teil des Volkes zu sein, ein Innovations- und Demokratiemotor, der gerade die Essenz des völkischen Volkes angreift und es in einen herkunftsdiversen *Demos*, eine Gruppe von gleichberechtigten Anwesenden verwandelt? Und: Kann diese Heterogenität der Herkunft ein Vehikel dafür sein, Recht als Recht jeden Individuums und nicht geschlossener Gruppen global weiterzuentwickeln?

HANNO PLASS

Exterritorialisierung des Antisemitismus –
Ein Fallbeispiel aus der Hamburgischen Bürgerschaft

Axel Schildt in Dankbarkeit gewidmet

In seiner schulpolitischen Rede zum Hamburger Doppelhaushalt 2019/2020 wies der Abgeordnete der Alternative für Deutschland (AfD) Alexander Wolf auf den „arabischen Antisemitismus" hin, der seitens des Senats und der Behörde für Schule und Berufsbildung keine Aufmerksamkeit erfahre.[1] Ziel seiner Rede war die Begründung des Antrags der AfD, zwei Stellen in der Lehrerfortbildung zu schaffen, die sich linkem Extremismus zuwenden sollten.[2] Wiederholt griff die AfD-Fraktion in der Bürgerschaft das Thema Antisemitismus auf, um ihre politische Agenda zu profilieren. Dazu gehört auch, dass sie die polizeiliche Dokumentation antisemitischer Straftaten in Schriftlichen Kleinen Anfragen (SKA) abfragt und einen Antisemitismusbeauftragten in der Hansestadt fordert.[3] Das Verhalten der Fraktion weckt Interesse, auch weil es von der Zurückhaltung zu diesem Thema anderer Landtagsfraktionen der AfD abweicht[4] und Eingang fand in die

---

1   Vgl. Hamburgische Bürgerschaft (HB), Plenarprotokoll 21/90 vom 13. 12. 2018, S. 6933 ff. Die hier angeführten parlamentarischen Dokumente sind alle in der Parlamentsdatenbank der Hamburgischen Bürgerschaft abrufbar, https://www.buergerschaft-hh.de/parldok/.
2   HB, Drs. 21/15303, 30. 11. 2018.
3   Siehe AfD fordert stärkere Bekämpfung des Antisemitismus, in: Hamburger Abendblatt, 17. 9. 2018, S. 10.
4   Landtag von Baden-Württemberg, Landtag beschließt Resolution gegen Antisemitismus und Berufung eines Beauftragten, 7. 3. 2018, https://www.landtag-bw.de/home/aktuelles/pressemitteilungen/2018/marz/282018.html [28. 5. 2019]. Dort enthielt sich die AfD-Fraktion der Stimme bezüglich Resolution und Berufung.

Darstellung „Rechtspopulisten im Parlament", in der die Autorinnen und Autoren zwei Anfragen der AfD-Fraktion aufgriffen.[5]

Im Verbund mit den Antisemitismus betreffenden Argumentationen, Initiativen und Personen soll im Folgenden der Vorstoß der Hamburger AfD-Fraktion für einen Antisemitismusbeauftragten im parlamentarischen Geschehen nachgezeichnet und diskutiert werden. Ist dieses Engagement ernst zu nehmen, steckt ein anderes Interesse dahinter und wie ist dieses zu begreifen?

Antisemitismusbeauftragte

Antisemitismusbeauftragte – bis auf Sabine Leutheusser-Schnarrenberger bisher nur Männer – sind sowohl auf Länder- wie auf Bundesebene seit 2018 ernannt worden. Hintergrund ihrer Einsetzung sind die Empfehlungen des Unabhängigen Expertenkreises Antisemitismus (UEA) aus dem Jahr 2017.[6] Die Bundestagsfraktionen der CDU/CSU, SPD, FDP und Bündnis 90/Die Grünen brachten auf Basis der Empfehlungen des UEA einen Antrag ein, der die Schaffung der Stelle einer/s Antisemitismusbeauftragten forderte.[7] Deren Aufgabe ist unter anderem „die ressortübergreifende Koordination der Maßnahmen der Bundesregierung zur Bekämpfung des Antisemitismus", auch sollten sie „Ansprechpartner/in für die Belange jüdischer Gruppen und gesellschaftlicher Organisationen" sein.[8] Zwischen den Empfehlungen der UEA und dem Bundestagsbeschluss lag ein dreiviertel Jahr, in dem zivilgesellschaftliche Akteure wie die Amadeu Antonio Stiftung und der Zentralrat der Juden in Deutschland diese Stelle mit Nachdruck forderten.[9]

---

5 Christoph Butterwegge/Gudrun Hentges/Gerd Wiegel (unter Mitarbeit von Georg Gläser), Rechtspopulisten im Parlament, Polemik, Agitation und Propaganda, Frankfurt a. M. 2018, S. 107 ff.
6 Bundesministerium des Innern (Hrsg.), Unabhängiger Expertenkreis Antisemitismus. Antisemitismus in Deutschland – aktuelle Entwicklungen, Berlin 2017, S. 14 (im Folgenden UEA).
7 Deutscher Bundestag, Drucksache (Drs.) 17/444.
8 Ebenda, S. 3; UEA, S. 14.
9 https://www.amadeu-antonio.stiftung.de/offener-brief-zum-bericht-des-unabhaengigen-expertenkreis-antisemitismus-des-deutschen-bundestages-8249/ [25. 4. 2019]; Zentralrat

Kritik an dem Antrag wurde in der Bundestagsdebatte von Petra Pau (Die Linke) geäußert, die die Abweichungen des Antrags von den Empfehlungen des UEA bedauerte, vor allem, weil die Abschiebegesetzgebung verschärft werde und die Zusage einer umfangreichen und langfristigen Förderung des zivilgesellschaftlichen Engagements zu unverbindlich sei.[10] Der Bundestag verabschiedete den Antrag, bei Enthaltung der Linken, die die Überweisung in den Innenausschuss und damit verbunden die inhaltliche Diskussion gefordert hatte, einstimmig, auch mit den Stimmen der AfD.

Seit dem Beschluss des Bundestages und der Einsetzung von Felix Klein als Antisemitismusbeauftragter des Bundes ziehen mehr und mehr Bundesländer gleich und richten ihrerseits entsprechende Stellen ein.

Parlamentarisches Prozedere in Hamburg

In Hamburg hatte die CDU-Fraktion schon 2016 im Zuge der Verabschiedung des Haushalts den Antrag in die Bürgerschaft eingebracht, eine hansestädtische Recherche- und Informationsstelle Antisemitismus nach Berliner Vorbild einzurichten.[11] Die Bürgerschaft überwies den Antrag zur Debatte in den zuständigen Fachausschuss für Soziales, Arbeit und Integration. Dort wurde er von Vertreterinnen und Vertretern von SPD, Grünen und Linken wegen der zu geringen finanziellen Ausstattung, der dünnen aktuellen Begründung wie auch des latent xenophoben Tons kritisiert. Die drei Fraktionen empfahlen der Bürgerschaft, dem Antrag nicht zuzustimmen. Wesentlich verwiesen SPD und Grüne auf

---

fordert konkrete Schritte, in: Jüdische Allgemeine, 20. 6. 2017, https://juedische-allgemeine.de/politik/zentralrat-fordert-konkrete-schritte/ [25. 4. 2019]; Zentralrat kritisiert Bundesregierung, in: Jüdische Allgemeine, 23. 7. 2017, https://www.juedische-allgemeine.de/politik/zentralrat-kritisiert-bundesregierung/ [25. 4. 2019].

10 Deutscher Bundestag, Plenarprotokoll 19/7 vom 18. 1. 2018, S. 527 f.
11 HB, Drs. 21/7105, 2. 12. 2016. Die AfD-Fraktion griff zwei Jahre später, im Oktober 2018 – knapp zwei Wochen nach ihrem Antrag für einen Antisemitismusbeauftragten – ebenfalls den Vorstoß für eine Meldestelle nach Vorbild der Berliner RIAS auf, der sich inhaltlich nicht signifikant von dem Antrag der CDU unterschied. Vgl. HB, Drs. 21/14526, 2. 10. 2018.

laufende Projekte der Präventions- und Aufklärungsarbeit, die ausreichen würden, um angemessen gegen die damals aktenkundigen 28 antisemitischen Straftaten (Stand 2016) vorzugehen. Um die eigene Ernsthaftigkeit zu unterstreichen, wurde aber entschieden, das Thema als Selbstbefassungsangelegenheit weiter in der Bürgerschaft bzw. dem Fachausschuss zu behandeln.[12] Die CDU kritisierte die Ablehnung ihres Antrags und forderte die Einrichtung eines Antisemitismusbeauftragten. Der Senat verwies wiederum auf die schon bestehenden Einrichtungen zur Präventionsarbeit, Opferberatung und Bildungsarbeit.[13]

Die AfD-Fraktion schaltete sich ein dreiviertel Jahr später, Anfang September 2018, mit einem eigenen Antrag an die Bürgerschaft, einen Beauftragten für jüdisches Leben und den Kampf gegen Antisemitismus zu berufen, in die Diskussion ein.[14] Wenige Tage später legte die CDU wiederum mit einem eigenen Antrag nach, der an die neofaschistischen und rassistischen Ausschreitungen in Chemnitz und Björn Höckes Bemerkung, das Holocaust-Mahnmal in Berlin sei ein „Denkmal der Schande", erinnerte und sich so explizit von der AfD abgrenzte.[15] Dieses Vorgehen entspricht durchaus der parlamentarischen Praxis, Themenfelder eigenständig und in Abgrenzung zu anderen Fraktionen zu besetzen. Intention der CDU war die Deutungshoheit über die Themenstellung eines Antisemitismusbeauftragten. In ihren Petita ging die CDU über ihren Antrag von 2016 hinaus, nannte jedoch keine konkrete Summe mehr, mit der die Stelle ausfinanziert werden sollte. Die Petita der CDU von 2018 entsprachen nahezu wortgleich denen der AfD: Der Senat wurde aufgefordert, alsbald die Stelle eines Antisemitismusbeauftragten zu schaffen, der von einem Expertengremium beraten werden und der Bürgerschaft jährlich über seine Arbeit Bericht erstatten solle. In der entsprechenden Bürgerschaftssitzung wurde der Antrag der AfD abgelehnt, der Antrag der CDU zur weiteren Erörterung an den Ausschuss für Soziales, Arbeit und Integration überwiesen.[16]

---

12 HB, Drs. 21/8708, 12. 4. 2017.
13 Siehe HB, Drs. 21/8611, 5. 4. 2017 und 21/9096, 15. 5. 2017.
14 HB, Drs. 14280, 7. 9. 2018.
15 HB. Drs. 21/14455, 25. 9. 2018.
16 HB, Drs. 21/83, Plenarprotokoll vom 26. 9. 2018.

Am 16. April 2019 tagte der Ausschuss, der den Antrag der CDU auf die Tagesordnung setzte. Die Vertreter von SPD, Grünen, CDU und Linken sowie die fraktionslose Abgeordnete Nehabat Güçlü erörterten die Forderung der CDU. Cansu Özdemir, Abgeordnete der Linken und Vorsitzende des Ausschusses, wies alle Teilnehmer darauf hin, dass ihre Fraktion einen Zusatzantrag nachgereicht habe; dieser war jedoch nicht Gegenstand der Tagesordnung. Ihr Antrag unterschied sich darin von den anderen beiden Anträgen, dass neben der Jüdischen Gemeinde auch die (geplante) Stiftung der Gedenkstätte Neuengamme und andere Akteure aus Politik und Zivilgesellschaft ein Gremium bilden sollten, das unter Einbeziehung der bisherigen Erfahrungen der Antisemitismusbeauftragten von Bund und Ländern die Aufgaben, Verfasstheit und die nötigen Ressourcen einer solchen Stelle erörtern und dem Senat entsprechende Vorschläge unterbreiten sollte.[17]

Einig waren sich die Teilnehmer der Debatte, dass der Präventionsarbeit eine gewichtige Rolle zukommen müsse, der man gerne – auch unter Einbindung der Jüdischen Gemeinde wie anderer jüdischer Einrichtungen in Hamburg – genügen wolle. Weder FDP noch AfD beteiligten sich an der Diskussion. Es wurde vereinbart, die weitere Beratung und Beschlussfassung über den CDU-Antrag und den Zusatzantrag der Linken auf die Zeit nach der Sommerpause zu verschieben, da man einen Fachtag der Behörde für Soziales zu Antisemitismus abwarten wolle.[18] Somit konnte der Ausschuss die Debatte frühestens am 15. August 2019 wieder aufnehmen.[19]

Mit dem Vorstoß der CDU scheint die AfD inhaltlich ausmanövriert, ihr Antrag obsolet geworden zu sein und die Stoßrichtung der Diskussion nicht von ihr bestimmt werden zu können.

---

17 HB, Drs, 21/38, Protokoll der öffentlichen Sitzung des Ausschusses für Soziales, Arbeit und Integration, 16. 4. 2019, Anlage 2.
18 Ebenda.
19 Stand der vorliegenden Studie ist der 13. 10. 2019. Der Fachtag fand am 17. 6. 2019 statt, http://hamburg.netzwerk-iq.de/fileadmin/redaktion_nobi-nord/PDFs/PDFs_Meldungen/Fachtag_Antisemitismus_Hamburg_17_06_19.pdf [29. 5. 2019].

Die Petita der drei Anträge im Vergleich:

Antrag der AfD-Fraktion, 7.9.2018, Drs. 21/14280	Antrag der CDU-Fraktion, 15.9.2018, Drs. 21/14455	Zusatzantrag der Fraktion Die Linke, 16.4.2019, Drs. 21/38
Die Bürgerschaft möge daher beschließen, dass zeitnah die Stelle eines Beauftragten für jüdisches Leben in Hamburg und den Kampf gegen Antisemitismus eingerichtet wird. Der Beauftragte soll von einem unabhängigen Kreis beraten werden, der sich aus jüdischen und nicht jüdischen Experten aus Wissenschaft, Bildungspraxis und Zivilgesellschaft zusammensetzt. Er soll dem Senat alljährlich einen Bericht über seine Arbeit und weitere Projekte zur Bekämpfung des Antisemitismus vorstellen.	Der Senat wird aufgefordert, 1. zum Jahresbeginn 2019 einen Beauftragten für das jüdische Leben und die Bekämpfung von Antisemitismus in Hamburg zu benennen; 2. diesem Beauftragten ein Beratungsgremium mit Experten aus den Bereichen Wissenschaft, Bildung, Kultur und Soziales sowie mit Vertretern der jüdischen Gemeinde an die Seite zu stellen; 3. der Bürgerschaft jährlich über die Arbeit des Beauftragten und seine Ergebnisse zu berichten; 4. der Bürgerschaft über die Benennung bis zum 31.12.2018 zu berichten.	Der Senat wird aufgefordert: 1. bis Oktober 2019 ein Gremium aus Vertreter_innen der jüdischen Gemeinde, der (zukünftigen) Stiftung Neuengamme sowie eventuell weiterer einschlägiger Stiftungen aus Wissenschaft, Bildung, Kultur und Soziales sowie aus Vertreter_innen von Beratungsstellen und der Zivilgesellschaft einzuberufen; 2. das Gremium zu beauftragen, unter Einbeziehung der Erfahrungen des Bundesbeauftragten für Antisemitismus sowie der Beauftragten anderer Bundesländer die Aufgaben einer/s zukünftigen Antisemitismus-Beauftragten, ihre/seine Verfasstheit und benötigte Ressourcen zu erörtern und dem Senat seine Vorschläge zu unterbreiten.

Wie begründet die AfD die Notwendigkeit einer/s Antisemitismusbeauftragten in Hamburg?

Der Antrag der AfD umfasst insgesamt drei Seiten, von denen zwei der Begründung dienen und die letzte nur den Absatz mit dem Petitum enthält.[20] Die anderthalbseitige Begründung beginnt mit der Feststellung, der „Antisemitismus ist zurück im deutschen Alltag", zeige sich aber in „neuem Gewand". Er sei, so schließt die AfD an, ein „gesamtgesellschaftliches Phänomen", die Partei lehne „mit großer Deutlichkeit jegliche Form des Antisemitismus ab" und stelle sich diesem „entschlossen entgegen". Nachfolgend spezifiziert die AfD, was sie unter dem Phänomen Antisemitismus versteht, und bezieht sich auf einen Zeitungsartikel des Göttinger Emeritus Bassam Tibi, in dem dieser einen „neuen Antisemitismus" linker Europäer und von „Muslimen und Islamisten" ausmacht.[21] Die AfD wiederholt dessen Argumentationslinie und unterstellt, dass der „alteingesessene" „Nazi-Antisemitismus" sich „vorsichtig" äußere, der „neue Antisemitismus" dagegen lautstark auftrete und „sich schnell verbreite".

Es folgt die Feststellung, Antisemitismus trete in allen Bevölkerungsschichten in Erscheinung. Es schließen sich Beispiele für antisemitische Straftaten und Äußerungen an, die die AfD allein bei muslimischen (und medial beachteten) Vorfällen registriert: dem gefilmten Angriff auf „Kippa tragende Menschen" in Berlin 2018 durch Knaan Al S., dem Skandal um die Deutsch-Rapper Kollegah und Farid Bang. Nicht einem Täterkreis konkret zugeordnet, aber durch den semantischen Zusammenhang in einen Interpretationskontext gerückt sind die Belege für antisemitisches Mobbing jüdischer Schülerinnen und Schüler, das Verbrennen der israelischen Fahne und die alljährliche Al-Quds-Demonstration in Berlin, die von Hamburg aus mit organisiert werde. Außer für den letzten Fall bleibt die AfD einen Hamburger Bezug schuldig.

Nachfolgend unterstellt die AfD – im Einklang mit dem Zeitungsartikel –, dass die polizeiliche Kriminalstatistik antisemitische Straftaten muslimischer Täter „fälschlicherweise" der Kategorie „rechts" zuordne und dies ein „bekanntes

---

20 HB, Drs. 21/14280. Die folgenden Zitate sind, sofern nicht anders ausgewiesen, dieser Drucksache entnommen.
21 Bassam Tibi, Der neue Antisemitismus, in: Basler Zeitung, 27. 8. 2018, S. 2.

Problem" sei, was auf der Innenministerkonferenz im Juni 2018 zur Sprache gekommen sei.[22] Weiterhin konstatiert sie einen Anstieg antisemitischer Straftaten und unterstellt eine „bedeutend höher[e]" Dunkelziffer. Sodann interpretiert die AfD eine eigene Schriftliche Kleine Anfrage, die die Kostenentwicklung des Schutzes jüdischer Einrichtungen abgefragt hatte. Im nächsten Absatz würdigt sie die lange Tradition jüdischen Lebens in Hamburg, das mit der Zuwanderung sefardischer Juden begonnen habe.[23] Hier wird immerhin auch das „schreckliche und singuläre Verbrechen der Shoah" erwähnt. Nach diesem Bekenntnis schießt sich die Partei wiederum auf eine Broschüre zur Bildungsarbeit gegen Antisemitismus ein.[24] Es wird kritisiert, dass „eine bestimmte Tätergruppe nicht angesprochen werden soll, nämlich Muslime beziehungsweise Araber". Ein „Umdenken" wird gefordert, hätten sich doch die „Werkzeuge" einer antisemitismuskritischen Pädagogik als „ungenügend erwiesen".

Es folgt die Feststellung, Antisemitismusbeauftragte des Bundes und verschiedener Länder seien bereits eingesetzt worden, nur Hamburg habe in dieser Hinsicht „Nachholbedarf", „weshalb die Stelle eines Beauftragten für jüdisches Leben und den Kampf gegen Antisemitismus sehr wichtig" sei. Abschließend wird das oben erwähnte Petitum angefügt.

22 Im freigegebenen Beschluss der Innenministerkonferenz vom 6.–8. 6. 2018 findet sich als Punkt 21 auf der Tagesordnung der Beschluss, „antisemitischen Übergriffen entschlossen entgegentreten", der diesen von der AfD erwähnten Aspekt in keiner Weise adressiert. Vgl. Ständige Konferenz der Innenminister und -senatoren der Länder, Sammlung der zur Veröffentlichung freigegebenen Beschlüsse der 208. Sitzung der Ständigen Konferenz der Innenminister und -senatoren der Länder, https://www.innenministerkonferenz.de/IMK/DE/termine/to-beschluesse/2018-06-08_06/beschluesse.pdf?__blob=publicationFile&v=2 [29. 5. 2018].
23 Korrekt wäre die Darstellung, dass sich die sefardischen Zuwanderer im damals dänischen Altona niederließen, das im Gegensatz zum streng protestantischen Hamburg religiöse Toleranz walten ließ. Vgl. Michael Studemund Halévy, Biographisches Lexikon der Hamburger Sefarden. Die Grabinschriften des Portugiesenfriedhofs an der Königsstraße in Hamburg-Altona (Hamburger Beiträge zur Geschichte der deutschen Juden, Bd. 22), Hamburg 2000.
24 Olaf Kistenmacher, Was tun gegen Antisemitismus? Anregungen zu einer Pädagogik gegen Judenfeindschaft im 21. Jahrhundert, Hamburg 2016, https://hamburg.arbeitundleben.de/img/daten/D355078859.pdf [10. 5. 2019]. Die Broschüre und ihre Erstellung wurde nach dem Antrag der AfD Gegenstand einer SKA von Alexander Wolf, HB, Drs. 21/14369, 21. 9. 2018.

Interpretation und Kontext des Antrags

Die Begründung des Antrags besticht durch Inkohärenz, die jedoch spezifische Schlagwörter abdeckt, um dem politischen Diskurs über Antisemitismus überhaupt zu genügen und zugleich die eigene Klientel zu bedienen. Dazu gehört das Bekenntnis zur Singularität von Auschwitz und die Gegnerschaft zum Antisemitismus – eine notwendige „Eintrittskarte" für die politische Bühne.[25] Im Antrag der Hamburger AfD finden sich identische Ideologeme, Phrasen und Bezüge zur Rede von Beatrix von Storch in der Debatte um die Einsetzung einer/s Antisemitismusbeauftragten auf Bundesebene.[26]

Zugleich ist der Antrag eindeutig tendenziös. Er versteift sich auf einen „neuen" Antisemitismus, der nicht der politischen Rechten, sondern der Linken und „Ausländern" zuzuordnen sei. Das Grundaxiom des Antrags, Antisemitismus sei „zurück im deutschen Alltag", aber in „neuem Gewand", ist in jeder Hinsicht falsch. Antisemitismus war nie verschwunden aus Deutschland. Alle empirischen Studien zur Antisemitismus- und Vorurteilsforschung erkennen kontinuierliche antisemitische Einstellungen.[27] Art und Weise, Erscheinung und Artikulation des Antisemitismus unterliegen hingegen gesellschaftlichen Konjunkturen und Rahmenbedingungen, jedoch ist das Phänomen vornehmlich auf der politisch rechten Seite zu finden.[28]

Die AfD-Fraktion unterstellt, „neuer" Antisemitismus werde zudem nicht richtig erkannt bzw. kategorisiert, weil er der „politisch motivierten Kriminalität rechts" zugeordnet werde. Dies führe zu falschen Schlüssen, denn dadurch würden

---

25 In diesem Sinne zitiert Evelin Gans den britischen Historiker Tony Judt: Evelin Gans, Anti-antisemitischer Enthusiasmus und selektiver Philosemitismus, in: Jahrbuch für Antisemitismusforschung 23 (2014), S. 101. Siehe auch Gerhard Stapelfeldt, Über Antisemitismus. Zur Dialektik der Gegenaufklärung, Hamburg 2018.
26 Vgl. Deutscher Bundestag, Plenarprotokoll 19/7, 18. 1. 2018, S. 525 f.
27 Vgl. UEA, S. 60.
28 UEA, S. 67; Rassistische Übergriffe nehmen zu, in: Frankfurter Rundschau, 15. 5. 2019, S. 6; Mehr rassistische Straftaten, in: Süddeutsche Zeitung, 15. 5. 2019, S. 5. Schon 2015 konstatierte Monika Schwarz-Friesel für die vorherige Dekade eine zunehmende Enttabuisierung des Antisemitismus – ganz ohne Fluchtmigration aus dem Nahen Osten. Vgl. Monika Schwarz-Friesel, Aktueller Antisemitismus, https://www.bpb.de/politik/extremismus/antisemitismus/211516/aktueller-antisemitismus, 7. 9. 2015 [14. 5. 2019].

die Fälle von „rechtem" (im Sinne von inländischem/deutschem) Antisemitismus zu Unrecht erhöht und ein Problem künstlich erzeugt.

Die Sicht auf einen Antisemitismus, der durch die Fluchtmigration seit 2015 „neu" entstanden oder verstärkt worden sei, zieht sich durch die Schriftlichen Kleinen Anfragen der AfD, vornehmlich Alexander Wolfs, der vierteljährlich „muslimischen Antisemitismus" in Schulen und staatlichen Bildungseinrichtungen abfragt. Schon in ihren Bundestagsanfragen zeichnete die AfD ein Szenario, wonach Ausländer, Migranten und Geflüchtete „per se [als] eine Bedrohung der inneren und äußeren Sicherheit – insbesondere auch als Bedrohung für Mädchen und Frauen, Jüdinnen und Juden – sowie als Bedrohung der sozialen Sicherungssysteme" wahrgenommen werden müssten.[29] Dieser Voreingenommenheit steht die Hamburger Fraktion nicht nach.

Diese Strategie kann als „Exterritorialisierung" des Antisemitismus begriffen werden.[30] Das Phänomen wird „anderen" unterstellt und verschwistert sich mit rassistischen, vor allem anti-muslimischen Stereotypen und Projektionen. Die Exterritorialisierung bestätigt die Nicht-Zugehörigkeit von (angeblichen/vermeintlichen) Nicht-Deutschen und dient der Abwehr von Schuld und Erinnerung an die nationalsozialistischen Verbrechen. Diese erinnerungs- und nationalpolitische Figur kommt „traditionellen" Mustern des „sekundären Antisemitismus" nahe, die ja auch ein „Abwehrverhältnis" beinhalten und einen „Abschluss der Geschichte" propagieren.[31]

Diese Abwehr transportiert die AfD nicht nur, weil sie als Gesamtpartei ein veritables Problem mit (klassischem) Antisemitismus hat.[32] „Für die AfD spielt der Antisemitismus in der Mehrheitsgesellschaft oder der extremen Rechten

---

29 Butterwegge/Hentges/Wiegel, Rechtspopulisten, S. 101.
30 Astrid Messerschmidt, Postkoloniale Erinnerungsprozesse in einer postnationalsozialistischen Gesellschaft – vom Umgang mit Rassismus und Antisemitismus, in: Peripherie 28 (2008) 109/110, S. 42–60.
31 Die Argumentation folgt ebenda, S. 48.
32 Armin Pfahl-Traughber, Die AfD und der Antisemitismus, in: Jahrbuch für Antisemitismusforschung 25 (2016), S. 271–297; siehe auch Butterwegge/Hentges/Wiegel, Rechtspopulisten, S. 110 f., die weitere Beispiele für antisemitische Verbalinjurien seitens AfD-Abgeordneter und -Mitglieder anführen; siehe auch: Marc Grimm/Bodo Kahmann, AfD und Judenbild, in: Stephan Grigat (Hrsg.), AfD & FPÖ. Antisemitismus, völkischer Nationalismus und Geschlechterbilder, Baden-Baden 2017, S. 41–59.

aber überhaupt keine Rolle, sie projiziert Antisemitismus vielmehr auf die muslimischen Minderheiten, die in Deutschland leben oder im Zuge der vermehrten Fluchtmigration hier Schutz gesucht haben."[33] Xenophobie und anti-muslimischer Rassismus fungieren als „Türöffner" in die Mitte der Gesellschaft.[34] Zugleich kann Antisemitismus „politisch nicht mehr so einfach gewinnbringend eingesetzt werden".[35] Antisemitismus dient nicht mehr in erster Linie der Rationalisierung von Gewalt gegen Juden, sondern vielmehr legitimiert seine Exterritorialisierung Ausgrenzung von und Gewalt gegen „Gemeinschaftsfremde".[36]

Konkret nutzt der Schwenk, antisemitische Einstellungen und Handlungen bei „anderen" zu suchen, der Hamburger AfD-Fraktion, die zuletzt durch den Austritt Jörn Kruses immer weiter auf den rechten Pfad geraten ist.[37] Antisemitismus auszulagern mindert die Aufmerksamkeit, die auf den Fraktionsvorsitzenden der AfD, Alexander Wolf, gerichtet ist. Der Rechtsanwalt stammt aus einem rechtsextremen völkischen Milieu, ist in diesem familiär verwurzelt und hat bislang keinerlei Versuche unternommen, sich glaubhaft von seinem Umfeld zu distanzieren. Während seiner Zeit als führendes Mitglied der Münchener Burschenschaft Danubia, deren Alter Herr er noch immer noch ist, veröffentlichte er 1994 ein Liederbuch, das unverkennbar ins Lager des Neonazismus zielte und u. a. das Lied der Hitler-Jugend enthielt. In den Gesprächskreis der Danubia wurden völkische, holocaustleugnende und geschichtsrevisionistische Redner eingeladen. Mitglieder der Burschenschaft hatten Kontakte ins Milieu terroristischer Neonazis um Martin Wiese, der geplant hatte, das Jüdische Gemeindezentrum zu sprengen.[38]

---

33 Butterwegge/Hentges/Wiegel, Rechtspopulisten, S. 112 f.
34 Pfahl-Traughber, Die AfD und der Antisemitismus, S. 271. Diese Strategie scheint angesichts zunehmender xenophober Haltungen vielversprechend zu sein, vgl. Clara Lipowski, Einstiegsdroge in den Extremismus, in: Süddeutsche Zeitung, 8. 11. 2018, S. 5.
35 Gans, Anti-antisemitischer Enthusiasmus, S. 101.
36 Vgl. zur Argumentation der Legitimation und Rationalisierung ausschließender Gewalt: Detlev Claussen, Grenzen der Aufklärung. Die gesellschaftliche Genese des modernen Antisemitismus, Frankfurt a. M. 2005, S. XXIII f.
37 Andreas Speit, Kruse ist raus. Rechtsruck bei der AfD, in: taz, 28. 9. 2018, https://www.taz.de/Archiv-Suche/!5536414&s=jörn%2Bkruse/ [28. 5. 2019].
38 Vgl. die Meldungen unter den Suchworten „Danubia" und „Alexander Wolf" des AIDA Rechercharchivs München und des Hamburger Bündnis gegen Rechts (HBgR), die beide über eine umfangreiche Dokumentation verfügen: https://www.aida-archiv.

Die Distanzierung von neonazistischen Gewaltausbrüchen und Pogromen wie in Heidenau und Chemnitz fehlt bei den Mitgliedern der AfD. Sie verleiht dadurch der Gewalt Legitimation. Dies gilt, in geringerem Maße, auch für die Hamburger AfD, die zur Beteiligung an den Demonstrationen, die von extremen Rechten unter dem Motto „Merkel muss weg!" organisiert wurden, aufgerufen hatte. Seite an Seite marschierten AfD-Mitglieder mit Rechtsextremen und militanten Neonazis.[39]

Der Begriff des „Völkischen", dessen Rehabilitierung u. a. Michael Wildt bei der AfD konstatiert, ist historisch einer der Bodensätze gewesen, aus denen sich der Nationalsozialismus genährt hat, und impliziert den Ausschluss von „Gemeinschaftsfremden".[40] Allein der Gebrauch dieses Terminus sendet deutliche Signale sowohl für die Erinnerungspolitik als auch auch für die Vorstellungen der AfD über eine künftige Gesellschaft, zumindest weiter Teile der Partei.[41] Das völkische Element, das die AfD bedient, transportiert explizit eine reaktionäre Gesellschaftsvorstellung, die die „Gemeinschaftsfremden" aus einem biologisch

---

de/2010/09/02/martin-wiese-aus-der-haft-entlassen/3/; https://www.aidaarchiv.de/chronologie/6-mai-2011/; https://www.aida-archiv.de/2011/ll/26/rechtsum-im-hofgarten/; https://www.aida-archiv.de/chronologie/23-25-juni-2017-2/; https://www.aida-archiv.de/2007/06/11/burschenschaft-danubia-will-nicht-sein-was-sie-ist/; https://www.aida-archiv.de/2008/11/05/ns-filmabend-bei-der-burschenschaft-danubia/; https://www.aida-archiv.de/2009/06/0/5burschenschaft-danubia-laedt-antisemiten-und-geschichtsrevisionisten-ein/; https://www.aida-archiv.de/2010/12/13/neonazistinnen-treffen-sich-bei-der-burschenschaft-danubia/; https://www.aida-archiv.de/2011/02/01/die-zeitschrift-zuerst/ [29. 4. 2019]; vgl. auch Bündnis gegen Rechts greift AfD an, in: Die Welt Hamburg, 23. 1. 2019, S. 28.

39 Pressemeldungen des HBgR, 6. 3. 2018 und 5. 9. 2018.
40 Michael Wildt, Volk, Volksgemeinschaft, AfD, Hamburg 2018. Siehe auch die Sammlung hasserfüllter Ausfälle von AfD-Funktions- und Mandatsträgern, die der *Tagesspiegel* zusammenstellte: Sebastian Leber, Was für eine Beobachtung der AfD spricht, in Der Tagesspiegel online, 6. 1. 2019, https://www.tagesspiegel.de/politik/verfassungsschutz-vor-entscheidung-was-fuer-eine-beobachtung-der-afd-spricht/23831430.html [28. 5. 2019]; siehe zudem die Einschätzungen über das demokratie- und verfassungsfeindliche Vokabular, das zum Standard der AfD gehört: Sebastian Pittelkow/Katja Riedel/Jens Schneider, Brisanter Befund, in: Süddeutsche Zeitung, 3. 11. 2018, S. 8; Gutachten bringt AfD in Bedrängnis, in: Süddeutsche Zeitung, 5. 11. 2018, S. 6.
41 Vgl. Jörn Retterath, „Die Staatsgewalt geht vom Volke aus", in: Einsicht. Bulletin des Fritz Bauer Instituts 18 (Herbst 2017), S. 18–31, v. a. S. 30 f.

oder kulturalistisch imaginierten „Volkskörper" entfernen will.[42] Die Homogenisierung und Pauschalisierung einer widersprüchlichen Gesellschaft steht im Kontrast zur Anerkennung der „Realitäten einer Einwanderungsgesellschaft".[43] Denken entlang der Planken des extrem rechten Diskurses scheint eine Art Selbstverständnis in den Reihen der Partei zu sein: Frauke Petry behauptete 2016 in einem Interview mit der israelischen Tageszeitung *Yediot Aharonoth*, Deutschland leide „unter einem Schuldtrauma" und unterliege einer „Denkdiktatur".[44] In Hamburg äußerte sich Alexander Wolf bisher zurückhaltender, wenngleich nicht weniger eindeutig: Mit der Forderung nach einer „Leitkultur" sprach er sich im Dezember 2018 dafür aus, interkulturellen Projekten sämtliche Gelder zu streichen.[45]

Die (ungebetene) Parteinahme für Jüdische Gemeinden[46] und den Staat Israel durch Rechtspopulisten, auch die Hamburger AfD, ist eine Nebelkerze, die die eigene völkische Grundierung zu überdecken versucht und in einwanderungspolitischen Debatten durchscheint. Evelin Gans sprach in Bezug auf Geert Wilders' niederländische Partij voor de Vrijheid von einem „anti-antisemitischen Enthusiasmus", der den Kampf gegen Antisemitismus als Kampf gegen Muslime instrumentalisiere.[47] Das Verhältnis der Partei zum Antisemitismus, zu Juden und zu Israel sei rein instrumentell und könne den Antisemitismus in den eigenen Reihen nicht vertuschen.[48]

---

42 Butterwegge/Hentges/Wiegel, Rechtspopulisten, S. 97.
43 Sina Arnold, Der neue Antisemitismus der Anderen? Islam, Migration und Flucht, in: Christian Heilbronn/Doron Rabinovici/Natan Sznaider (Hrsg.), Neuer Antisemitismus. Fortsetzung einer globalen Debatte, Berlin 2019, S. 147.
44 Zit. nach Butterwegge/Hentges/Wiegel, Rechtspopulisten, S. 105.
45 Pressemeldung des HBgR, 13. 12. 2019; siehe HB, Plenarprotokoll 21/89, 12. 12. 2018, S. 6787 ff., HB, Drs. 21/15305, 30. 11. 2018.
46 2017 erklärte der Rabbiner der Jüdischen Gemeinde Hamburg, Shlomo Bistritzky, auf einer Sitzung des Ausschusses für Arbeit, Soziales und Integration, die Antisemitismus zum Thema hatte, er bezweifele die Sinnhaftigkeit einer Meldestelle für antisemitische Straftaten und befürwortete stattdessen, auch kleine Vorfälle der Polizei zu melden. Eine Steigerung der Vorfälle habe er nicht feststellen können. Hb, Drs. 21/11629, 15. 1. 2018, S. 2.
47 Gans, Anti-antisemitischer Enthusiasmus, S. 97 f.
48 Ebenda, S. 97–104.

Die Grenze dieser – mit Gans „selektiv philosemitisch"[49] zu bezeichnenden – Strategie findet sich bei der Erinnerungs- und Geschichtspolitik. Auf Bundesebene setzt sich die AfD gegen eine weitere Förderung der NS-Gedenkstätten ein, sie fordert eine „Normalisierung" der deutschen Vergangenheitspolitik: Tabus und politische Grundsätze, die sich die Bundesrepublik als Reaktion auf den Nationalsozialismus auferlegt hatte, dürften keine Gültigkeit mehr besitzen. Die „*De*thematisierung" des Nationalsozialismus ist das Anliegen der Partei.[50] Symbolische Positionierungen wie Björn Höckes Spruch vom „Denkmal der Schande" oder Alexander Gaulands „Vogelschiss"-Verdikt sollen dazu beitragen, das „Schuldtrauma" (Petry) abzuschütteln. Nicht von ungefähr lud die Hamburger AfD-Fraktion den „lauteste[n] Tabubrecher" der Partei, Alexander Gauland, als Redner der letzten Veranstaltung des Jahres 2018 ins Rathaus der Hansestadt ein.[51] Gezielte Tabubrüche bedeuten zwar auch eine Relativierung der NS-Vergangenheit, sie zielen aber insbesondere auf ihre „Bagatellisierung für die Gegenwart".[52] Ohne eine Nivellierung der Bedeutung von Auschwitz, das einen ungebrochenen positiven Bezug auf Deutschland kategorisch verhindert, kann die völkisch orientierte Politik der AfD nicht umgesetzt werden. Die AfD-Fraktionen in den Parlamenten arbeiten mit Nachdruck am „Verschwinden" des Faschismus aus der „öffentlichen Erinnerung".[53] In Hamburg machte die AfD-Fraktion ihre Haltung in Bezug auf den 8. Mai deutlich, den sie als Feiertag explizit ablehnte.[54] Alexander Wolf hatte auf seiner Facebook-Seite 2015 die Feierlichkeiten zum 8. Mai mit entsprechenden Worten kommentiert: „Der medial-politische Komplex hat sich wieder einmal voll austoben können in untertänigsten Dankbarkeitsbezeugungen."[55]

---

49 Ebenda.
50 Butterwegge/Hentges/Wiegel, Rechtspopulisten, S. 116, Hervorhebung im Original.
51 Andreas Speit, „Gauland ist der lauteste Tabubrecher der AfD", in: taz, 20.12.2018, S. 52.; Alexander Gauland: Draußen Protest, drinnen Applaus, in: Hamburger Abendblatt, 21.12.2018, S. 12.
52 Butterwegge/Hentges/Wiegel, Rechtspopulisten, S. 118.
53 Ebenda, S. 119.
54 Vgl. HB, Drs. 21/12010, 22.2.2018.
55 E-Mail des HBgR vom 22.1.2019, im Besitz des Autors.

Fazit

Astrid Messerschmidt hat auf die Unabschließbarkeit der Erinnerung hingewiesen – sie sei Teil der Gegenwart und konstitutiv für diese.[56] Auschwitz kann niemals in ein positives (nationales) historisches Narrativ integriert werden.[57] Die Dethematisierung und Nivellierung des deutschen Antisemitismus und des Nationalsozialismus bei gleichzeitiger Überthematisierung des „muslimischen Antisemitismus" und der Parteinahme für Israel ist eine Strategie der AfD, durch die sie suggeriert, mit dem „alten", tabuisierten rechten Antisemitismus nichts gemein zu haben. Der „anti-antisemitische Enthusiasmus" und der „selektive Philosemitismus" haben rein instrumentellen Charakter. Sie bleiben ohne Reflexion auf Auschwitz und dessen gesellschaftliche Bedingungen und implementieren reaktionäre Ressentiments in der Gegenwart. Anti-Antisemitismus dient vielmehr als Vehikel, xenophobe und rassistische Einstellungen zu legitimieren, und nicht als ein Mittel, Antisemitismus zu bekämpfen. Sina Arnold fordert in ihrer Analyse der Konstellation von Antisemitismus, Flucht, Migration und Islam einen „Perspektivwechsel": „Je schneller wir den aktuellen Antisemitismus in Deutschland als den unsrigen anerkennen, egal, von wem er ausgeht, desto wirkungsvoller kann dagegen vorgegangen werden."[58] Ein/e Antisemitismusbeauftragte/r ist sicherlich ein Schritt in diese praktische Richtung.

Die Problematik liegt nicht nur darin, dass eine reaktionäre Partei mit verfassungsfeindlichen Tendenzen versucht, sich den Antisemitismus nutzbar zu machen. Neben normativen und analytischen Defiziten der praktischen Intervention gegen Antisemitismus wirkt sich die Kopplung des staatstragenden Bekenntnisses gegen Antisemitismus verheerend auf das politische Denken und Handeln auf institutioneller Ebene aus. Weder im Bundestags-Antrag noch in der Debatte um den Einsatz eines Antisemitismusbeauftragten wurden gesellschaftliche Ursachenbekämpfung und zivilgesellschaftliches Engagement für unterstützenswert erachtet. Es überwog das Bekenntnis zu jüdischem Leben in Deutschland

---

56 Messerschmidt, Postkoloniale Erinnerungsprozesse, S. 56 f.
57 Gleiches gilt für die genozidalen Kolonialverbrechen, die erst langsam öffentliche Anerkennung finden.
58 Arnold, Antisemitismus, S. 149 f.

und zum Existenzrecht Israels. Die Staatsräson war mit ausländerfeindlicher und latent völkischer Rhetorik vermischt. Alexander Dobrindt (CSU) integrierte in seiner Rede, der letzten der Bundestagsdebatte, den Kampf gegen Antisemitismus in die „deutsche Leitkultur", für die das „jüdisch-christliche Erbe" „konstitutiv" sei.[59] Wer antisemitische Parolen rufe, sei „kein deutscher Patriot":[60] Der „Kampf gegen den Antisemitismus muss Aufgabe eines jeden Deutschen sein".[61]

Max Czollek konstatierte mit Blick auf die Debatten um den Nationalsozialismus – und damit verbunden den Antisemitismus – treffend die Verschiebung der politischen Felder: „Mit unüberhörbaren historischen Anleihen ist die AfD wieder an nationale und völkische Traditionslinien herangerückt [...] und auf ihren Fersen folgen die großen Parteien."[62]

Weder das Neue noch das Alte am Antisemitismus im 21. Jahrhundert ließen sich erkennen, wenn man nur auf den Begriff starre, konstatiert Detlev Claussen.[63] Auch die Debatte darüber, ob etwas antisemitisch ist oder nicht, sei „selbst Bestandteil der antisemitischen Praxis".[64] Weil die „Bedeutung des Begriffs des Antisemitismus nicht losgelöst von Geschichte oder aktueller Politik betrachtet werden" könne – wie die Debatte im Bundestag nachdrücklich belegt –, plädierte David Feldman jüngst dafür, dieses Spielfeld zu verlassen und vor dem Hintergrund des politisch-sozialen Raums, in dem der Begriff Antisemitismus seine Bedeutung erhält, die Frage zu stellen, „wer den Begriff mit welcher Bedeutung und zu welchem Zweck benutzt".[65] Durch das „cui bono?" könnten kritische Erkenntnisschärfe und Parteilichkeit gewonnen werden, die einer veränderten und zugleich immer noch widersprüchlichen Wirklichkeit angemessen sind. Praktischer Intervention steht ein solcher „Spielfeldwechsel" nicht im Weg.

---

59 Deutscher Bundestag, Plenarprotokoll 19/7, 18. 1. 2018, S. 529 f., hier S. 530.
60 Ebenda.
61 Ebenda.
62 Max Czollek, Desintegriert euch!, München 2018, S. 33.
63 Claussen, Grenzen der Aufklärung, S. VIII.
64 Ebenda.
65 David Feldman, Antizionismus und Antisemitismus in Großbritannien, in: Jahrbuch für Antisemitismusforschung 23 (2014), S. 49.

ANTISEMITISMUS IN DER GEGENWART –
LÄNDERSTUDIEN

Werner Bergmann

Zwischen Ablehnung und Kooperationsbereitschaft

Wie sich Juden und Muslime in Norwegen gegenseitig wahrnehmen*

Seit 2002, als eine Eskalation des Nahostkonflikts in einigen westeuropäischen Ländern eine Welle von antijüdischen und anti-israelischen Straftaten auslöste, in der sich junge muslimische Migranten erstmals neben den üblichen Rechtsextremen unter den Tätern befanden, wird über das Ausmaß und den Charakter eines „muslimischen Antisemitismus" in Europa diskutiert. Einige machen muslimische Migranten für die Ausbreitung des Antisemitismus in Europa verantwortlich, während andere die Ansicht vertreten, dass sie als bloße „Sündenböcke" herhalten müssen, um vom Antisemitismus in der Mehrheitsbevölkerung abzulenken und gleichzeitig die Feindseligkeit gegenüber Muslimen zu schüren. Bis heute gibt es nur wenige empirische Studien zu diesem Thema, doch alle bisher vorliegenden Ergebnisse deuten darauf hin, dass antisemitische Einstellungen unter muslimischen Migranten stärker verbreitet sind als in der nicht-migrantischen Bevölkerung der jeweiligen europäischen Länder.[1] Die Studie für Norwegen

---

* Mein besonderer Dank gilt Ottar Hellevik, ohne dessen Hilfe bei der Berechnung der Daten dieser Beitrag in der vorliegenden Form nicht hätte geschrieben werden können. Ich danke auch Vibeke Moe und Christhard Hoffmann für die kritischen Anmerkungen zu einer früheren Fassung dieses Textes. – Die Umfrage „Attitudes Towards Jews and Muslims in Norway 2017. Population Survey and Minority Study" wurde vom Norwegischen Ministerium für Kinder, Gleichstellung und soziale Inklusion in Auftrag gegeben und von fünf Ministerien der norwegischen Regierung finanziert. Die vorliegende Auswertung dieser Studie ist Teil des vom Norwegian Research Council geförderten Forschungsprojekts (2017–2021) „Shifting Boundaries: Definitions, Expressions and Consequences of Antisemitism in Contemporary Norway", das am Center for Holocaust and Minority Studies in Oslo angesiedelt ist und in dem der Autor mitarbeitet.

1 Siehe Günther Jikeli, Antisemitic Attitudes among Muslims in Europe: A Survey Review, in: ISGAP Occasional Paper Series 1 (2015); siehe als neueren Überblick: „The Norwegian

bestätigt diesen Befund mit einigen Modifikationen, die sich auf die Ausprägung von sozialer Distanz und negativen Emotionen beziehen. Die Agentur der Europäischen Union für Grundrechte (FRA) hat in acht bzw. zwölf EU-Mitgliedstaaten zwei Erhebungen zu jüdischen Erfahrungen und Wahrnehmungen von Antisemitismus, Diskriminierung und Hassverbrechen durchgeführt, bei denen die muslimische Bevölkerung jedoch nicht im Mittelpunkt steht.[2]

Results from an International Perspective", in: Christhard Hoffmann/Vibeke Moe, Center for Studies of the Holocaust and Religious Minorities (Hrsg.), Attitudes towards Jews and Muslims in Norway. Population Survey and Minority Study, Oslo 2017, https://www.hlsenteret.no/aktuelt/publikasjoner/hl-report_digital_8mai_full.pdf [letzter Zugriff bei allen hier angegebenen URLs: 16. 10. 2019], S. 117–120. Eine neue Studie, die Daten des PEW-Surveys von 2011 aus 18 Ländern in fünf Kontinenten ausgewertet hat, zeigt, dass einerseits muslimische Länder beim Antisemitismus hohe Zustimmungswerte aufweisen, dass andererseits verbreitete negative Einstellungen gegenüber Juden unter Muslimen auch eine Reaktion auf deren Position als Minderheit in westlichen demokratischen Gesellschaften mit niedrigem Bruttoinlandsprodukt sein könnten. Heiko Beyer, The Globalization of Resentment: Antisemitism in an Inter- and Transnational Context, in: Social Science Quarterly 100 (April 2019) 5, https://doi.org/10.1111/ssqu.12649.

2 In zwei Studien der FRA, in denen Juden in acht EU-Mitgliedsstaaten gebeten wurden, eine „Beschreibung der Person[en] zu geben, die in den letzten zwölf Monaten negative Urteile über jüdische Menschen geäußert hätten", sind extremistische Muslime recht häufig benannt worden, antijüdische Bemerkungen gemacht zu haben. Durchschnittlich 53 % der Befragten antworteten, „jemand mit linker politischer Sicht"; 51 % antworteten: „jemand mit muslimischer extremistischer Sicht"; 39 % antworteten: „Jemand mit rechter politischer Sicht" und 19 % antworteten „Jemand mit christlich extremistischer Sicht" (European Union Agency for Fundamental Rights, Discrimination and hate crimes against Jews in EU Member States: experiences and perceptions of antisemitism, 2013, https://fra.europa.eu/en/publication/2013/discrimination-and-hate-crime-against-jews-eu-member-states-experiences-and, S. 27, Tabelle 6). In einer aktuellen Studie über: Experiences and perceptions of antisemitism. Second survey on discrimination and hate crime against Jews in the EU, https://fra.europa.eu/en/publication/2018/2nd-survey-discrimination-hate-crime-against-jews, die 2018 von der European Union Agency for Fundamental Rights (FRA) durchgeführt wurde, geben jüdische Befragte in zwölf EU-Mitgliedsstaaten an, dass die „Täter bei den schwerwiegendsten antisemitischen Vorfällen" in den letzten fünf Jahren vor der Befragung „am häufigsten" Personen waren, die sie „nicht genau klassifizieren konnten" (31 %), gefolgt von „jemand mit muslimisch-extremistischer Sicht" (30 %) und „jemand mit einer linken politischen Sicht" (21 %). Weniger häufig werden „Arbeitskollegen oder Schulkameraden" (16 %), „Teenager oder Jugendgruppen" (15 %) und „Bekannte oder Freunde" (15 %) genannt. Überraschenderweise nannten nur 13 % „jemanden mit rechter politischer Gesinnung" (S. 54, Tabelle 6).

Die Erhebung über die Einstellung zu Juden und Muslimen in Norwegen von 2017 ist die erste breit angelegte empirische Studie, die ein Sample sowohl muslimischer als auch jüdischer Befragter umfasst, um auch die Beziehung zwischen den beiden Gruppen unter verschiedenen Gesichtspunkten untersuchen zu können.[3] Es ist jetzt möglich, die gegenseitigen Vorstellungen und Gefühle, die Frage der sozialen Distanz, Meinungen über die Verbreitung negativer Einstellungen, über die Notwendigkeit der Bekämpfung antijüdischer und muslimischer Belästigungen, über die Kooperationsbereitschaft, über gemeinsame Erfahrungen mit Diskriminierung und Ausgrenzung und nicht zuletzt hinsichtlich der Positionierung im Nahostkonflikt zu untersuchen. Um die Ergebnisse der gegenseitigen Wahrnehmung von Muslimen und Juden besser einschätzen zu können, ist es wichtig, immer wieder auch die Ergebnisse für die norwegische Gesamtbevölkerung einzubeziehen. Die Erhebung von 2017 umfasst somit Stichproben von drei Zielgruppen: eine repräsentative Stichprobe der norwegischen Bevölkerung (N = 1575),[4] der Juden in Norwegen (N = 170) und der in Norwegen lebenden Muslime mit Migrationshintergrund (N = 586).

Umfragen unter religiösen und ethnischen Minderheiten stehen immer vor dem Problem, repräsentative Stichproben zu erhalten, und sie haben zudem häufig mit niedrigen Rücklaufquoten zu kämpfen. Dieses Problem wurde auch im vorliegenden Fall nicht vollständig gelöst und sollte bei der Bewertung der folgenden Ergebnisse berücksichtigt werden. Die Umfrage unter Juden (Gesamtbevölkerung in Norwegen ca. 1300 Personen) wurde an 504 Mitglieder der jüdischen Gemeinden in Oslo und Trondheim verteilt. Die Rücklaufquote betrug 29 Prozent (N = 170 – das sind 13 Prozent der gesamten jüdischen Bevölkerung Norwegens).[5] Aufgrund eines technischen Fehlers im Datenerfassungsprozess wurden 60 Befragten einige Fragen nicht gestellt. Analysen zeigen, dass sich diese in Bezug auf die von allen beantworteten Fragen nicht systematisch von den übrigen unterscheiden, was darauf hinweist, dass der Verlust der Befragten eher zufällig als systematisch erfolgte.

---

3   Hoffmann/Moe, Attitudes towards Jews and Muslims.
4   Da sich unter den 1575 Befragten 13 Muslime befinden, sind diese nicht in den Fragen zur Einstellung gegenüber Muslimen enthalten, sodass in diesen Fällen die Stichprobe nur 1562 Befragte umfasst.
5   Von diesen 170 Befragten gaben nur 162 ihre religiöse Zugehörigkeit zum Judentum an, sodass sich das Sample um acht Befragte verringert hat.

Selbst wenn eine Stichprobe von nur 110 Befragten große zufällige Fehler ergibt, würde das Fehlen einer systematischen Verzerrung bedeuten, dass wir uns auf eindeutige Ergebnisse verlassen können.

Die Zielgruppe für die Umfrage unter Muslimen waren Personen mit Migrationshintergrund (Einwanderer und in Norwegen geborene Bürger mit Migrationshintergrund) mit einem Mindestaufenthalt von fünf Jahren in Norwegen und aus den folgenden Ländern: Afghanistan, Bosnien und Herzegowina, Irak, Iran, Kosovo, Marokko, Pakistan, den Palästinensergebieten, Somalia, Türkei. TNS Kantar verwendete Adressen, die aus dem nationalen Register stammen, und wählte zufällig 7000 Personen aus, die auf der Grundlage früherer Umfrageantwortraten aus den verschiedenen nationalen Gruppen überproportional geschichtet waren. Nach zwei Mahnungen antworteten 826, was einer Rücklaufquote von zwölf Prozent entspricht. Von diesen 826 Personen gaben 586 den Islam als Religionszugehörigkeit an, und dies ist die Stichprobe, die in den folgenden Analysen verwendet wird. Die Befragten haben unterschiedlich lange in Norwegen gelebt, nur einige wurden von Eltern mit Migrationshintergrund in Norwegen geboren. Alle hatten jedoch fünf Jahre oder länger im Lande gelebt und sollten den Fragebogen auf Norwegisch beantworten können. In jedem Fall haben wir es mit einer sehr heterogenen Minderheit zu tun.[6]

Die Rücklaufquote ist gering, aber ähnlich wie bei anderen aktuellen Umfragen.[7] Tests haben gezeigt, dass niedrige Raten nicht unbedingt zu einer verzerrten Stichprobe führen.[8] Für die muslimische Stichprobe variieren die Rücklaufquoten je nach Herkunftsland etwas, aber in Bezug auf Alter und Geschlecht nur sehr wenig. Die Zusammensetzung der Stichprobe entspricht in Bezug auf diese Variablen recht gut der Zuwandererpopulation. Dies gilt

---

6   326 Befragte der muslimischen Stichprobe kamen im Jahr 2000 oder später nach Norwegen, 192 kamen vor 2000 und 68 wurden in Norwegen geboren (zweite Generation). Siehe Hofmann/Moe, Attitudes towards Jews and Muslims, S. 103, Tabelle 54.

7   PEW Research Center, Assessing the Representativeness of Public Opinion Surveys, 15. 5. 2012, https://www.people-press.org/2012/05/15/assessing-the-representativeness-of-public-opinion-surveys/.

8   Das gilt für den „Norsk Monitor", bei dem 4 % geantwortet haben. Siehe Ottar Hellevik, Extreme nonresponse and response bias. A „worst case" analysis, in: Quality & Quantity 50 (2016) 5, S.1969–1991. Vgl. auch Robert M. Groves, Nonresponse Rates and Nonresponse Bias in Household Surveys, in: Public Opinion Quarterly 70 (2006) 5, S. 646–675.

auch für die Bildungsstruktur der muslimischen Stichprobe, die weitgehend der norwegischen Bevölkerung entspricht, im Gegensatz zur jüdischen Stichprobe, die einen größeren Anteil von Personen mit höherer Bildung aufweist.[9] Wir können jedoch nicht ausschließen, dass die Art der Einstellungen, die wir untersuchen, einen Einfluss auf die Bereitschaft zur Teilnahme an der Umfrage gehabt haben könnte. Die könnte dann auch Auswirkungen auf die Ergebnisse haben. Darüber hinaus ist zu erwarten, dass Schwierigkeiten bei der Beantwortung eines Fragebogens auf Norwegisch zu einer höheren Nichtbeantwortungsrate bei den weniger gut integrierten Einwanderern geführt haben können. Dies muss bei der Interpretation der Ergebnisse berücksichtigt werden.

Ein weiteres Problem ist das Risiko, dass die Befragten bei der Beantwortung der Einstellungsfragen bedenken, was sie für sozial verträglich oder vernünftig halten.[10] Hierbei ist es von Vorteil, dass die Befragungen mittels eines Selbstausfüllungsfragebogens durchgeführt wurden und somit ein Interviewereffekt vermieden wird.

Die Einstellungen von Juden und Muslimen zueinander

Sozialpsychologische Einstellungstheorien unterscheiden häufig zwischen drei Dimensionen einer Einstellung: der emotionalen Dimension, der kognitiven Dimension und der konativen oder verhaltensorientierten Dimension.[11] Die Studie untersucht zunächst alle drei Dimensionen für sich, um sie dann in einem zweiten Schritt in einem kombinierten Einstellungsindex zusammenzuführen.

---

9   Hoffmann/Moe, Attitudes towards Jews and Muslims, S. 22–25.
10 Wenn man annimmt, dass negative Einstellungen gegenüber Juden in Norwegen als sozial unerwünscht empfunden werden, dann weichen die Werte, die sowohl für die muslimische Stichprobe als auch für die allgemeine Bevölkerungsstichprobe erhoben wurden, eher in die positive als in die negative Richtung ab (Kommunikationslatenz).
11 Die drei Dimensionen: kognitiv – Gedanken, Überzeugungen und Vorstellungen von etwas; affektiv – Gefühle oder Emotionen, die etwas hervorrufen (Sympathie, Angst, Liebe oder Hass); konativ oder die Verhaltenstendenz, auf bestimmte Weise auf etwas oder jemanden zu reagieren. Siehe Steven J. Breckler, Empirical validation of affect, behavior and cognition as distinct components of attitude, in: Journal of Personality and Social Psychology 51 (1984), S. 1119–1205.

Um die gegenseitigen Gefühle zu messen, wurde den Befragten die Frage gestellt, ob sie eine besondere Sympathie oder eine gewisse Abneigung gegen die andere Gruppe hegen.

Abb. 1: Abneigung gegenüber Juden (in %)

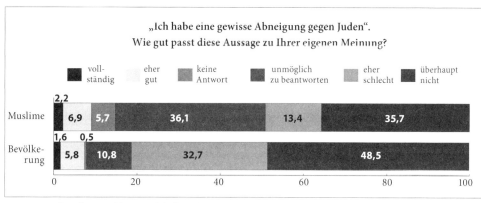

Bevölkerung N = 1575; Muslime N = 586

Abb. 2: Abneigung gegenüber Muslimen (in %)

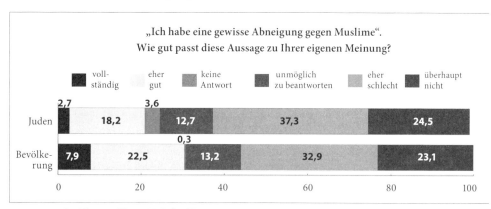

Bevölkerung N = 1562; Juden N = 110

Abb. 3: Besondere Sympathie für Juden (in %)

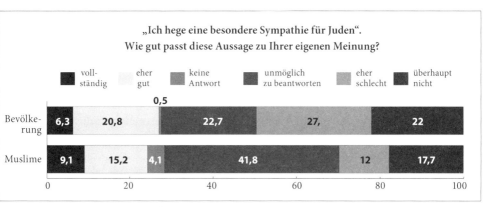

Bevölkerung N = 1575; und Muslime N = 586

Abb. 4: Besondere Sympathie für Muslime (in %)

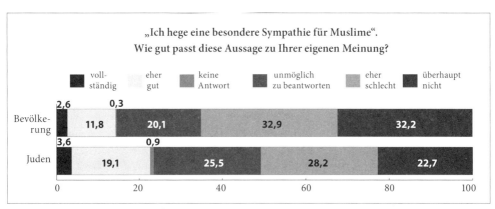

Bevölkerung N = 1562; Juden N = 110

In beiden Fällen zeigen die Juden weniger häufig negative Gefühle und häufiger positive Gefühle gegenüber Muslimen als die allgemeine Bevölkerung, während die Muslime häufiger negative Gefühle und weniger positive Gefühle gegenüber Juden zeigen als die allgemeine Bevölkerung. Wenn beide Minderheiten direkt miteinander verglichen werden, drücken Muslime jedoch weniger häufig negative Gefühle gegenüber Juden aus (9,1 %) als umgekehrt (20,9 %), während sich die Gruppen in der Frage der gegenseitigen Sympathie ähnlich sind (24,3 % und 22,7 %). Da ein großer Teil der muslimischen Befragten neutrale oder ausweichende Antworten wie „unmöglich zu sagen" und „keine Antwort" gewählt hat, muss man dennoch mit einer abschließenden Beurteilung vorsichtig sein. Um zu entscheiden, ob dies als „Manifestation unklarer Gefühle oder fehlender Meinung" oder als bewusster Verzicht auf eine Antwort interpretiert werden soll, um negative Gefühle zu verbergen,[12] muss man untersuchen, wie es mit der Zustimmung dieser Befragten zu Vorurteilen gegenüber Juden aussieht (siehe unten).[13]

Beide Gruppen zeigen in etwa die gleichen Tendenzen wie die allgemeine Bevölkerung: Juden werden im Allgemeinen seltener negativ und häufiger positiv gesehen als Muslime, d. h., Muslime lehnen Juden nur geringfügig häufiger ab (9,1 %) als die allgemeine Bevölkerung (7,4 %). Juden lehnen Muslime zwar häufiger ab (20,9 %) als umgekehrt, aber im Vergleich zu der allgemeinen Bevölkerung fällt die Ablehnung unter Juden niedriger aus. Dasselbe Bild ergibt sich, wenn wir die Antworten auf die Frage nach „besondere Sympathie" betrachten. Muslime zeigen nur etwas weniger häufig Sympathie für Juden (24,3 %) als die allgemeine Bevölkerung (27,1 %), während Juden deutlich häufiger Sympathien für Muslime (22,7 %) zeigen als die allgemeine Bevölkerung (14,4 %).

---

12 Hoffmann/Moe, Attitudes towards Jews and Muslims, S. 30.
13 Dass der Anteil der Befragten, die sich für eine neutrale Option (unmöglich zu beantworten/keine Antwort) entscheiden, im Fall der „besonderen Sympathie"-Frage für alle drei Samples größer ist, kann auf deren spezifischen Wortlaut zurückzuführen sein. Die Tatsache, dass jemand keine besondere Sympathie für eine Gruppe empfindet, bedeutet nicht unbedingt, dass er eine Antipathie hegt, sondern nur, dass er seine Sympathie als nicht sehr ausgeprägt einschätzt. Daher werden viele Befragte auf die Option „unmöglich zu sagen" ausgewichen sein. Die Antworten auf die klar formulierte „Abneigung" zeigen, dass weit weniger Befragte die „neutrale Option" gewählt haben, mit einer Ausnahme: der sehr große Anteil der muslimischen Befragten, die diese Option gewählt haben, wenn es um die Frage der „Abneigung gegenüber Juden" geht.

Um Informationen über die sozialen Beziehungen zwischen Gruppen zu erhalten, kann man versuchen, die soziale Distanz oder die Nähe zwischen ihnen zu messen. Dazu sind in der Umfrage zwei Fragen der von Emory Bogardus entwickelten „sozialen Distanzskala" verwendet worden.[14] Die Befragten wurden gebeten, ihre Meinung darüber zu äußern, Juden oder Muslime als Nachbarn oder in ihrem Freundeskreis zu akzeptieren. Die Antworten auf die Frage nach Juden als Nachbarn oder Freunde zeigen fast das gleiche Bild wie bei der „Abneigung": 7 % der Gesamtbevölkerung und 8,5 % der muslimischen Bevölkerung möchten Juden nicht als Nachbarn haben, und wiederum 7 % Bevölkerung und 11 % der Muslime mögen sie in ihrem Freundeskreis nicht, während eine überwältigende Mehrheit von 89 % und 88,4 % der Bevölkerung und zwischen 85 % und 79 % der Muslime sie gern als Nachbarn oder Freunde hätten. Wie im Fall der „Abneigung" sind muslimische Befragte nur geringfügig häufiger negativ eingestellt als die allgemeine Bevölkerung. Sowohl die Bevölkerung als auch die Juden mögen Muslime häufiger nicht als Nachbarn und im Freundeskreis: 26 % der Bevölkerung und 20 % der Juden mögen Muslime nicht als Nachbarn, und beide lehnen sie etwas weniger häufig im Freundeskreis ab (21 % und 12 %). Es zeigt sich das gleiche Muster wie bei der „gewissen Abneigung" gegen Muslime: Muslime wurden deutlich häufiger als Juden als Nachbarn oder Freunde abgelehnt, und Juden zeigen diese Abneigung gegen Muslime seltener als die allgemeine Bevölkerung.

Entgegen der Erwartung, dass die Befragten Juden oder Muslime seltener als Freunde akzeptieren würden denn als Nachbarn, ist die Situation bei der sozialen Distanz zu Muslimen genau umgekehrt. Die Feststellung, dass die allgemeine Bevölkerung und die Juden Muslime häufiger unter ihren Freunden denn als Nachbarn akzeptieren, kann damit erklärt werden, dass man sozial ähnliche Personen als Freunde wählen kann, während dies bei Nachbarn nicht der Fall ist. Bei der Ablehnung als Nachbarn spielt neben den ethnischen oder kulturellen Unterschieden auch der soziale Status eine wichtige Rolle. Da Muslime in Norwegen Einwanderer sind, wird möglicherweise davon ausgegangen, dass sie einen

---

14 Emory S. Bogardus, Social Distance in the City, in: Proceedings and Publications of the American Sociological Society 20 (1926), S. 40–46; ders., Social distance, Los Angeles 1959.

anderen Lebensstil haben und häufiger zu den unteren sozialen Schichten gehören. In Bezug auf die emotionalen Komponenten der Antipathie und der sozialen Distanz kann man den Schluss ziehen, dass sich die Antworten der beiden Minderheiten nicht sehr von denen der allgemeinen Bevölkerung unterscheiden.[15] Muslime zeigen nur wenig häufiger Abneigung und soziale Distanz zu Juden als die allgemeine Bevölkerung, und Juden zeigen diese gegenüber Muslimen seltener als die Bevölkerung. Juden zeigen jedoch häufiger eine Abneigung und soziale Distanz zu Muslimen als umgekehrt.

Während die Unterschiede zwischen den Einstellungen der Muslime und der Bevölkerung gegenüber Juden in Bezug auf die emotionale und soziale Dimension von Einstellungen recht gering ausfallen, sind sie in der kognitiven Dimension größer, wie die folgenden Tabellen 1 und 3 zeigen. Muslimische Befragte stimmen deutlich häufiger als die allgemeine Bevölkerung den negativen Aussagen über Juden zu. In Bezug auf die drei positiven Aussagen (Juden sind familienorientiert, künstlerisch begabter und intelligenter als andere) gibt es kein klares Muster. Muslime betrachten Juden als intelligenter als die Bevölkerung. Dies kann auf die mehrdeutige Bedeutung von Intelligenz zurückzuführen sein, die für Mitglieder der eigenen Gruppe als sehr positive Eigenschaft gilt, jedoch bei Mitgliedern der Out-Group als gefährlich (im Sinne von Schlauheit) angesehen werden kann.[16] In Bezug auf die positive Aussage der Familienorientierung stimmen Muslime deutlich seltener (35 %) als die Gesamtbevölkerung (64 %) zu, was möglicherweise auf einen Vergleich mit dem Selbstbild der Muslime zurückzuführen ist, die sich

---

15 Das gleiche Muster ist in den Einstellungen von Juden und Muslimen gegenüber einigen anderen Gruppen zu erkennen: Während Muslime Roma (27 %) und Somalis (16 %) seltener ablehnen als die allgemeine Bevölkerung (57 % und 36 %) und die Juden (44 % und 26 %), lehnen Muslime Amerikaner und Polen etwas häufiger ab (8 % und 12 %), als dies Juden tun (3 % und 7 %), und gleich häufig wie die allgemeine Bevölkerung (7 % und 12 %). Muslime fühlen sich Gruppen näher, die als Außenseiter (Roma) gelten oder aus nicht-westlichen Ländern stammen, während Juden und die allgemeine Bevölkerung sich Menschen aus westeuropäischen Ländern gegenüber näher fühlen.

16 Dafür spricht, dass der Anteil der Personen mit hohen Werten (Highscorer) auf dem „Index Vorurteile gegen Juden", die Juden als „intelligenter als andere Völker" betrachten, zwei Drittel beträgt, während ihr Anteil unter jenen mit niedrigen Werten (Lowscorer) nur bei einem Drittel liegt. Das heißt, diejenigen, die Juden für besonders intelligent halten, tun dies häufig auf der Basis antisemitischer Vorurteile.

selbst als besonders familienorientiert betrachten. Die allgemeine Bevölkerung vergleicht die jüdische Orientierung eher mit ihrer eigenen typischen familiären Situation als Kleinfamilie.[17]

Tabelle 1: Wie gut stimmen diese Aussagen über Juden mit ihrer eigenen Meinung überein? (%)

		überhaupt nicht	eher schlecht	unmöglich zu beantworten	keine Antwort	eher gut	vollständig	gesamt
Juden haben zu viel Einfluss auf die amerikanische Außenpolitik	Bevölkerung	13	18	40	0	22	7	100
	Muslime	3	4	39	5	21	28	100
Juden haben zu viel Einfluss auf die globale Wirtschaft	Bevölkerung	20	26	41	0	10	3	100
	Muslime	4	5	43	7	21	21	100
Juden halten sich für besser als andere	Bevölkerung	20	24	38	0	14	1	100
	Muslime	10	8	42	6	18	15	100
Das Weltjudentum arbeitet hinter den Kulissen, um jüdische Interessen zu fördern	Bevölkerung	21	21	45	0	10	4	100
	Muslime	9	8	49	6	15	13	100

17 Es könnte sein, dass hinter der weitverbreiteten Meinung, Juden seien sehr familienorientiert, die Vorstellung steht, dass sie zu eng zusammenhalten („clannishness"), eine Behauptung, die oft als Item in Antisemitismusskalen verwendet wird.

Juden haben sich auf Kosten anderer bereichert	Bevölkerung	23	29	37	0	9	3	100
	Muslime	13	10	46	6	13	13	100
Juden sind künstlerisch begabt	Bevölkerung	12	18	55	0	12	?	100
	Muslime	12	8	56	7	10	7	100
Juden haben in den Ländern, in denen sie leben, immer Probleme gemacht	Bevölkerung	31	31	29	0	6	2	100
	Muslime	23	16	40	6	10	6	100
Juden haben es sich selbst zuzuschreiben, wenn sie verfolgt werden	Bevölkerung	39	31	22	0	6	2	100
	Muslime	26	12	40	6	9	7	100
Juden sind familienorientiert	Bevölkerung	12	38	0	0	42	18	100
	Muslime	3	3	55	6	20	14	100
Juden sind intelligenter als andere	Bevölkerung	32	23	36	0	7	1	100
	Muslime	23	16	40	6	10	6	100

Bevölkerung N = 1575; Muslime N = 586

Tabelle 2 zeigt die Unterschiede zwischen den beiden Stichproben im Ausmaß der Zustimmung zu den sechs negativen Aussagen über Juden:

Tabelle 2: Prozentsatz derjenigen, für die die Aussagen eher gut oder vollständig mit der eigenen Meinung übereinstimmen

	Allgemeine Bevölkerung	Muslime	Differenz
Juden haben zu viel Einfluss auf die globale Wirtschaft	13	42	29
Juden haben zu viel Einfluss auf die amerikanische Außenpolitik	29	49	20
Juden halten sich für besser als andere	18	33	15
Das Weltjudentum arbeitet hinter den Kulissen, um jüdische Interessen zu fördern	14	28	14
Juden haben sich auf Kosten anderer bereichert	12	26	14
Juden haben in den Ländern, in denen sie leben, immer Probleme gemacht	8	16	8
Die Juden haben es sich selbst zuzuschreiben, wenn sie verfolgt werden	8	16	8

Bevölkerung N = 1575; Muslime N = 586

In der muslimischen Stichprobe finden Aussagen über den internationalen Einfluss von Juden die größte Zustimmung. Dies kann möglicherweise durch den Nahostkonflikt erklärt werden, bei dem Israel/die Juden, insbesondere seitens der USA, stärkere Unterstützung als die Palästinenser erhalten. Die Schuld der Juden für ihre Verfolgung in der Geschichte, die ein antiker Topos der christlichen Theologie ist, wirkt bis heute weiter, indem man den Juden ihr sichtbares Unglück selbst als Strafe für die Leugnung der Messianität Jesu und den Christusmord zuschreibt. Diese Anschuldigungen spielen für Muslime möglicherweise kaum eine Rolle. Ein anderer Grund könnte das Gefühl eines gemeinsamen Schicksals sein: Als Minderheit in Norwegen (und in anderen europäischen Ländern) sehen sich auch Muslime mit Vorurteilen und Diskriminierung konfrontiert (s. u.).[18]

Aus sechs der sieben negativen Aussagen in Tabelle 1 ist ein Index für „Vorurteile gegen Juden" gebildet worden, in dem die Aussagen nach dem Anteil der Befragten geordnet werden, die mit „ziemlich gut" (einen Punkt auf der Skala) und „vollständig" geantwortet haben (2 Punkte).[19] Daraus ergibt sich bei sechs Items ein Skalenbereich von 0 bis 12. Legt man den Schnittpunkt zwischen 3 und 4 Punkten fest, um den Personen mit geringer Zustimmung (0–3) von denen mit hoher Zustimmung (4–12) zu unterscheiden,[20] befinden sich die Muslime mit 28,9 % viel häufiger unter den Befragten mit hoher Zustimmung als die allgemeine Bevölkerung mit nur 8,3 %.

---

18 Siehe die in 15 EU-Staaten durchgeführte Studie der Agentur der Europäischen Union für Grundrechte (FRA), EU-MIDIS II. Zweite Erhebung der Europäischen Union zu Minderheiten und Diskriminierung. Muslimas und Muslime – ausgewählte Ergebnisse, 2018, https://fra.europa.eu/de/publication/2018/zweite-erhebung-der-europaeischen-union-zu-minderheiten-und-diskriminierung-muslimas.

19 Wir haben uns entschieden, das Item „Juden haben zu viel Einfluss auf die US-Außenpolitik" nicht zu verwenden, da die im Vergleich zu den anderen Items deutlich höhere Zustimmung darauf hindeutet, dass viele Befragte es eher als eine Frage der politischen Meinung denn als ein negatives Urteil über Juden empfinden. Vielleicht ist die Zustimmung zu diesem Item in erster Linie auf die Nahostpolitik der USA bezogen, d. h. es kann sich eher um eine anti-israelische als um eine antijüdische Erklärung handeln.

20 Um ein Beispiel zu nennen: Um mindestens 4 Indexpunkte zu erhalten, muss man entweder 2 Items vollständig zustimmen, oder einem Item „vollständig" und zwei Items „ziemlich gut", oder vier Items „ziemlich gut".

Abb. 5: Index: Vorurteile gegenüber Juden (in %)

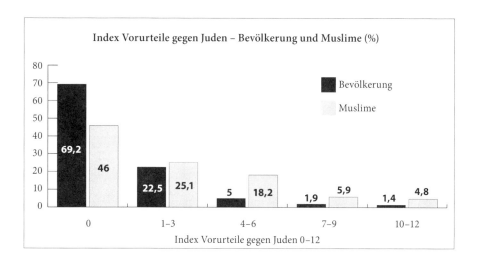

Bevölkerung N = 1575; Muslime N = 586

Was die Liste der Aussagen über Muslime betrifft, so können wir sehen, dass in diesem Fall die allgemeine Bevölkerung den negativen Aussagen häufiger und den positiven seltener zustimmt als die jüdischen Befragten. Aber beide Gruppen stimmen häufiger den muslimfeindlichen Vorurteilen zu, verglichen mit der Verbreitung antijüdischer Vorurteile in der Bevölkerung und unter Muslimen.

Ein direkter Vergleich ist in diesem Fall jedoch nicht möglich, da die beiden Vorurteils-Indizes ja aus jeweils anderen Items gebildet wurden, sodass ein Vergleich nur im Hinblick auf die Unterschiede zwischen der Bevölkerungsmeinung und der Meinung unter Muslimen bzw. Juden statthaft ist. Die Ergebnisse zeigen m. E., dass das Auftreten von Vorurteilen gegen die jeweils andere Minderheit zwar von der Bevölkerungsmehrheit positiv oder negativ etwas abweicht, aber der Bevölkerungsmeinung im Trend folgen.

Tabelle 3: Wie gut stimmen diese Aussagen über Muslime mit Ihrer eigenen Meinung überein? (%)

		überhaupt nicht	eher schlecht	unmöglich zu beantworten	keine Antwort	eher gut	vollständig	gesamt
Muslime passen nicht in eine moderne westliche Gesellschaft	Bevölkerung	14	32	17	0	23	13	100
	Juden	25	40	13	2	15	6	100
Muslime sind gute norwegische Bürger	Bevölkerung	6	15	25	0	42	12	100
	Juden	2	8	15	1	58	16	100
Muslime betrachten sich anderen gegenüber als moralisch überlegen	Bevölkerung	10	17	28	0	28	18	100
	Juden	11	26	23	4	26	10	100
Muslime stellen eine Bedrohung der norwegischen Kultur dar	Bevölkerung	16	30	15	0	25	15	100
	Juden	24	40	10	4	18	5	100
Muslime unterdrücken Frauen	Bevölkerung	2	14	15	0	41	28	100
	Juden	0	18	20	2	39	20	100
Muslime wollen sich nicht in die norwegische Gesellschaft integrieren	Bevölkerung	8	30	20	0	29	13	100
	Juden	11	44	16	3	19	8	100

Muslime wollen Europa beherrschen	Bevölkerung	10	17	28	0	28	18	100
	Juden	11	26	23	4	26	10	100
Muslime tragen selbst viel Schuld an den wachsenden antimuslimischen Belästigungen	Bevölkerung	11	23	19	0	31	17	100
	Juden	15	37	10	4	26	9	100
Muslime sind familienorientiert	Bevölkerung	2	6	22	0	45	25	100
	Juden	1	13	5	0	53	28	100
Muslime sind gewalttätiger als andere	Bevölkerung	18	28	25	0	19	10	100
	Juden	11	44	16	3	19	8	100

Bevölkerung N = 1562, Juden N = 103

Betrachtet man die acht negativen Aussagen, so zeigt sich, dass sich die Bevölkerung und die Juden am stärksten in den Aussagen unterscheiden, die Zweifel an der Fähigkeit oder dem Willen der Muslime formulieren, sich in die westliche Gesellschaft und insbesondere in die norwegische Kultur und Gesellschaft zu integrieren, während beide Gruppen bei den Aussagen über muslimische Gewalt, die Unterdrückung von Frauen und die Angst, der Islam wolle Europa beherrschen, näher beieinander liegen.[21] Der Grund, warum Juden häufiger als die breite Bevölkerung an die Integrationsfähigkeit der Muslime glauben, ist wahrscheinlich in der historischen Erfahrung der Juden zu suchen, deren Fähigkeit zur Integration und Zugehörigkeit

---

21   Die Zustimmung der jüdischen Befragten zu der Befürchtung, dass Muslime in Europa die Macht übernehmen wollen, ist etwas überraschend, da Juden seit Langem mit ähnlichen Verschwörungsvorwürfen konfrontiert sind.

zur europäischen Gesellschaft ja auch lange Zeit infrage gestellt worden war. Auch ihr hoher Bildungsstand kann hier einen positiven Einfluss ausgeübt haben.

Tabelle 4: Prozentsatz derjenigen, für die die Aussagen eher gut oder vollständig mit der eigenen Meinung übereinstimmen

	Allgemeine Bevölkerung	Juden	Differenz
Muslime bedrohen die norwegische Kultur	40	23	17
Muslime passen nicht in eine moderne westliche Gesellschaft	36	21	15
Muslime wollen sich nicht in die norwegische Gesellschaft integrieren	42	27	15
Muslime tragen selbst viel Schuld an den wachsenden antimuslimischen Belästigungen	48	35	13
Muslime betrachten sich anderen gegenüber als moralisch überlegen	46	36	13
Muslime unterdrücken Frauen	69	59	10
Muslime wollen Europa beherrschen	31	22	9
Muslime sind gewalttätiger als andere	29	26	3

Bevölkerung N = 1562; Juden N = 103

Aus diesen acht negativen Aussagen wurden sechs für die Konstruktion eines „Index Vorurteile gegenüber Muslimen" ausgewählt.[22]

22 Die Frage zur Integration in die norwegische Gesellschaft wurde nicht in den Index aufgenommen, weil zwei andere Themen (Bedrohung für die norwegische Kultur, Anpassung an die westliche Gesellschaft) ganz ähnliche Sachverhalte messen, und wir haben das Item „Muslime unterdrücken Frauen" nicht benutzt, das den höchsten Prozentsatz an Zustimmung erhält. Der hohe Grad der Zustimmung kann ein Indikator dafür sein, dass die Befragten dies als eine Art Allgemeinwissen mit gewissen Anhaltspunkten in der Realität bewerten.

Abb. 6: Index: Vorurteile gegenüber Muslimen

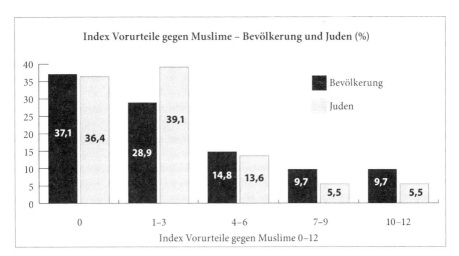

Bevölkerung N = 1562; Juden N = 110

Vorurteile gegen Muslime sind unter Juden weniger verbreitet als in der allgemeinen Bevölkerung, was auf das höhere Bildungsniveau der jüdischen Befragten, aber möglicherweise auch auf die eigenen Erfahrungen als Minderheit zurückzuführen ist. Während 34,1 % der Bevölkerung zu denen gehören, die mehreren antimuslimischen Aussagen zustimmen (4–12 Punkte), sind es unter den jüdischen Befragten nur 24,6 %. Im Falle der antimuslimischen Vorurteile unterscheiden sich die allgemeine Bevölkerung und die Juden weniger stark (9,5 Prozentpunkte) als die Bevölkerung und Muslime hinsichtlich der Vorurteile gegen Juden, wo der Unterschied zwischen der Bevölkerung und der muslimischen Stichprobe 20,6 Prozentpunkte beträgt. Vergleicht man die Zahl der Befragten mit ausgeprägten Vorurteilen in beiden Minderheiten, d. h., diejenigen, die Vorurteile gegen die jeweils andere Gruppe hegen, so fällt der Unterschied deutlich aus (6,1 Prozentpunkte), ist aber nicht so groß, wie man es angesichts der Fokussierung der öffentlichen Diskussion auf die Gefahr des Antisemitismus unter Muslimen erwartet hätte.[23]

---

23   Ein Problem ist hier eher die kleine jüdische Stichprobe, wegen eines Stichprobenfehlers wurde nur 110 Befragten der gesamten jüdischen Stichprobe (N = 162) diese Frage gestellt, die 103 Befragte beantworteten.

Da beide Indizes aus anderen Items bestehen, ist ein direkter Vergleich nicht möglich.

In einem letzten Schritt sind kombinierte Indizes für Antisemitismus und Islamophobie gebildet worden, indem die drei Teilindizes (Abneigung, soziale Distanz und Vorurteile) miteinander verbunden wurden.[24]

Abb. 7: Antisemitismus-Index

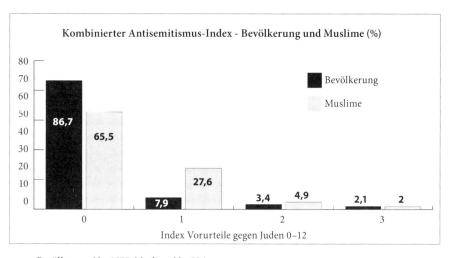

Bevölkerung N = 1575; Muslime N = 586

---

24 Durch Addieren der Anzahl der „Highscorers" auf den drei Indizes erhalten wir einen kombinierten Index von Antisemitismus oder Islamophobie, der jeweils von 0 bis 3 Punkten reicht. Wenn man die kombinierten Indizes dichotomisiert, sodass für die Punkte 2 und 3 ein hoher Wert zugewiesen wird, bedeutet dies, dass die Befragten, um als antisemitisch oder islamophob eingestuft zu werden, in mindestens zwei der drei Dimensionen (Abneigung, soziale Distanz, Vorurteile) hohe negative Werte aufweisen müssen. Vgl. Hoffmann/Moe, Attitudes towards Jews and Muslims, S. 44 und S. 58.

Abb. 8: Islamophobie-Index

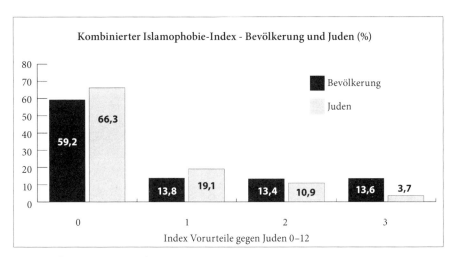

Bevölkerung N = 1562; Juden N = 110

Wenn der Schnittpunkt zur Abgrenzung von Personen mit geringen bzw. hohen Werten auf dem kombinierten Antisemitismus-Index zwischen 1 und 2 Punkten festgelegt wird, erhält man für die Bevölkerung nur einen kleinen Anteil an Befragten mit ausgeprägten Vorurteilen (5,4 %). Dies gilt auch für die muslimischen Befragten (6,9 %), während sich bei der Wahl des Schnittpunktes zwischen 0 und 1 ein sehr großer Unterschied auftut (13,3 % gegenüber 34,5 %). Der geringere Unterschied zwischen der allgemeinen Bevölkerung und den Muslimen bei Verwendung des kombinierten Antisemitismus-Index ist darauf zurückzuführen, dass in zwei Einstellungsdimensionen – bei „Abneigung" und „sozialer Distanz" – beide Stichproben ähnliche Ergebnisse zeigen. Daher kann man sagen, dass antisemitische Ideen vor allem unter den Muslimen recht weit verbreitet sind, aber die Zahl jener, die Juden nicht mögen bzw. soziale Distanz zu Juden halten wollen, eher gering ist.

Das Bild fällt weniger positiv aus, sieht man sich den kombinierten Islamophobie-Index an, wo ein viel höherer Anteil an Befragten zu den Highscore-Islamophoben gehört – trotz der geringen Zustimmung zu emotionaler Ablehnung und sozialer Distanz. Dies gilt für beide Stichproben, obwohl sich die „Highscorer" in der Bevölkerung (27 %) doppelt so häufig finden lassen wie unter den Juden (14,5 %). Dabei ist aber zu berücksichtigen, dass man für die Indizes (Vorurteile gegen Juden und gegen Muslime) natürlich jeweils gruppenspezifische Aussagen verwenden muss, sodass die Ergebnisse nicht direkt vergleichbar sind. Man kann aber sagen, dass negative Einstellungen gegenüber Muslimen viel weiter verbreitet sind als negative Einstellungen seitens der Bevölkerung und der Muslime gegenüber Juden.

Es wäre zu erwarten, dass die emotionale Ablehnung einer Gruppe eng mit negativen Meinungen über sie verbunden ist. Aber angesichts des deutlich geringeren Anteils derjenigen, die eine gewisse Abneigung gegen Juden oder Muslime geäußert haben, gegenüber denen, die einer oder mehreren antisemitischen oder muslimfeindlichen Äußerungen zugestimmt haben, können sich beide Einstellungsdimensionen nur partiell überlappen.

Abb. 9: Abneigung gegen Muslime und Vorurteile gegenüber Muslimen (Sample Juden)

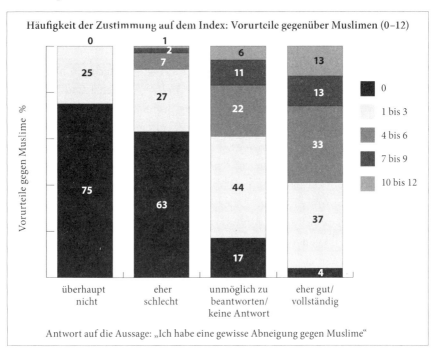

Jews N = 110: 28 – 41 – 18 – 23 (wegen des sehr kleinen N für „vollständig" (N = 3) ist diese Option mit der Antwortkategorie „eher gut" addiert worden und die Option „keine Antwort" (N = 4) mit der Kategorie „unmöglich zu sagen".

Abb. 10: Abneigung gegen Juden und Vorurteile gegenüber Juden (Sample Muslime)

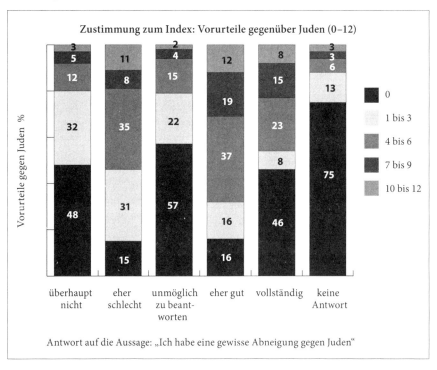

N = 586: 210 – 74 – 215 – 42 – 13 – 32 (das unerwartete Ergebnis für „vollständig" könnte auf die geringe Zahl der Befragten, die diese Antwort gegeben haben, zurückgehen N= 13)

Die jüdischen Befragten antworteten in beiden Einstellungsdimensionen in kohärenter Weise. Diejenigen, die keine emotionale Abneigung zeigen, rangieren auch im unteren Bereich des Vorurteilsindex (0 bis 3 Punkte), und eine klare Mehrheit derjenigen, die Abneigung gegenüber Muslimen zeigen, rangiert hoch auf dem Vorurteilsindex (4–12). Nur in wenigen Fällen gehen die emotionalen und kognitiven Einstellungen auseinander: 10 % derjenigen, die „eher schlecht" antworten, schneiden dennoch auf dem Vorurteilsindex hoch ab, während umgekehrt 4 % derjenigen, die eine gewisse Abneigung äußern („eher gut"/vollständig), keinerlei Vorurteile zeigen und weitere 37 % zu denen mit gering ausgeprägten Vorurteilen gehören.

Für die muslimischen Befragten scheinen die emotionale und die kognitive Dimension des Antisemitismus nicht sehr eng miteinander verbunden zu sein. 46 % derjenigen, die Juden „völlig" ablehnen, stimmen keiner antisemitischen Aussage zu, und weitere 8 % rangieren niedrig auf dem Vorurteilsindex. Umgekehrt weisen 20 % derjenigen, die überhaupt keine Abneigung äußern, auf dem Vorurteilsindex einen hohen Wert auf, und etwas über die Hälfte derjenigen, die „eher schlecht" geantwortet haben, tut dies.

Es gibt auch einen interessanten Unterschied zwischen den Stichproben bei jenen, die die Option „unmöglich zu sagen" gewählt haben: Während sie unter den jüdischen Befragten in der Mitte zwischen den Muslimen Zu- bzw. Abgeneigten liegen und eine Tendenz zeigen, im Vergleich zu den emotional „Zugeneigten" auf dem Vorurteilsindex einen hohen Punktwert zu haben, tendieren die muslimischen Befragten, die die Option „unmöglich zu sagen" gewählt haben, eher zu den „Zugeneigten", doch noch häufiger zum Nullwert auf der Vorurteilsskala als jene, die eine emotional positive Einstellung zu Juden bekunden. Daher können wir sagen, dass die Korrelation zwischen der emotionalen und der kognitiven Dimension von Vorurteilen zwischen den beiden Gruppen sehr unterschiedlich ausfällt.

Eine wichtige Frage für das Verhältnis zwischen Juden und Muslimen in Norwegen betrifft die Haltung zum Holocaust, wobei auch hier die Haltung der norwegischen Bevölkerung als Vergleichsmaßstab wichtig ist. Zu diesem Thema wurden drei Fragen in die Umfrage aufgenommen (Tabelle 5).

Zum einen fällt auf, dass die muslimischen Befragten auffällig häufig die Optionen „unmöglich zu sagen" und „keine Antwort" gewählt haben. Muslimische Befragte, die noch nie vom Holocaust gehört haben (25,6 % gegenüber nur 2,2 % der Gesamtbevölkerung), werden in der Tabelle 5 nicht berücksichtigt. Weitere 8,3 % waren sich nicht sicher, und 2,5 % antworteten nicht. Nur 63,7 % haben vom Holocaust gehört. In der allgemeinen Bevölkerung sind dies 95,7 %.

Es ist nicht verwunderlich, dass fast alle jüdischen Befragten bestreiten, dass Juden den Holocaust instrumentalisierten (89,5 %), und fast alle betrachten das Wissen über den Holocaust als wichtiges Mittel zur Verhinderung der Unterdrückung von Minderheiten (94,3 %). Die Hälfte der muslimischen Befragten kann die Frage, ob Juden den Holocaust ausbeuten, nicht beantworten, fast ein Drittel stimmt ihr zu (29,7 %), während nur 22,6 % diese Behauptung ablehnen, verglichen mit 50 % der norwegischen Bevölkerung, von der ein weiteres Viertel aber die Frage

Tabelle 5: Wie gut stimmen diese Aussagen mit Ihrer eigenen Meinung überein? (in %)

		überhaupt nicht	eher schlecht	unmöglich zu beantworten	keine Antwort	eher gut	vollständig	gesamt
Juden nutzen heute die Erinnerung an den Holocaust zu ihrem eigenen Vorteil	Bevölkerung	20,2	29,6	27,7	0,1	16,8	5,6	100
	Muslime	10,1	12,5	33,8	13,8	15,9	13,8	100
	Juden	72,6	16,9	4,8	2,4	2,4	0,8	100
Aufgrund des Holocaust haben die Juden heute ein Recht auf ihren eigenen Staat, in dem sie Schutz suchen können, wenn sie verfolgt werden	Bevölkerung	13,2	17,9	35,5	0,1	22,9	10,4	100
	Muslime	11,9	10,9	33,7	13,5	16,3	13,6	100
	Juden	6,5	16,9	12,9	2,4	20,2	41,1	100
Das Wissen um den Holocaust ist wichtig, um die Unterdrückung von Minderheiten heute zu verhindern	Bevölkerung	0,7	2,5	8,9	0,1	31,4	56,4	100
	Muslime	3,6	4,0	21,9	13,9	19,8	36,7	100
	Juden	0,8	0,8	1,6	2,4	13,7	80,6	100

Bevölkerung N = 1535; Muslime N = 476 (nur die Befragten, die überhaupt vom Holocaust gehört haben); Juden N = 124

nicht beantworten kann, während weitere 22,4 % dem Vorwurf der Ausbeutung ebenfalls zustimmen. Insbesondere bei den muslimischen Befragten kann diese Meinung auf der verbreiteten Ansicht beruhen, dass in Norwegen und anderen westlichen Ländern jüdische Opfer der Vergangenheit mehr zählen als muslimische Opfer heute (Syrien, Jemen, Afghanistan, Irak, Palästinensergebiete etc.). Muslime sehen sich in einer Art Opferrivalität mit Juden. Der Eindruck, dass als Verpflichtung aus dem Holocaust vor allem die USA, aber auch westeuropäische Staaten dazu neigen, Israel im Nahostkonflikt zu unterstützen und zum Beispiel dessen Siedlungspolitik nicht ausreichend zu kritisieren, kann hier ebenfalls eine Rolle spielen.

Was die Frage nach der Bedeutung des Holocaust betrifft, so bestreiten nur wenige in den drei Befragtengruppen, dass dies zur Verhinderung der Unterdrückung von Minderheiten beitragen kann. Aber während eine große Mehrheit unter Juden und in der Bevölkerung davon überzeugt ist, das Wissen über den Holocaust sei ein geeignetes Mittel zur Prävention, halten die muslimischen Befragten dies häufiger für unzutreffend. Was die Frage betrifft, ob Juden heute aufgrund des Holocaust ein Recht auf einen eigenen Staat haben, so gibt es in allen drei Gruppen kein eindeutiges Meinungsbild, selbst 38,9 % der jüdischen Befragten sind anderer Meinung oder können die Frage nicht beantworten. Es ist jedoch wahrscheinlich, dass Juden und Muslime verschiedene Gründe für diese Ablehnung haben. Während Juden das Gefühl haben, auch ohne den Holocaust ein Recht auf einen eigenen Staat zu haben, könnten Muslime und ein Teil der Bevölkerung bestreiten, dass Juden trotz des Holocaust Anspruch auf einen eigenen Staat haben. Dies gilt insbesondere für diejenigen, die der Aussage zustimmen, dass es „keinen Frieden geben kann, solange der Staat Israel existiert" (25 % der Muslime, 21 % der Bevölkerung stimmen dem zu). Angesichts des Konflikts zwischen Israelis und Palästinensern ist es überraschend, dass Muslime diese Meinung seltener ablehnen als die Bevölkerung und ebenso häufig damit einverstanden sind wie die Bevölkerung. Sowohl unter den Muslimen als auch in der Bevölkerung fällt auf, dass ein großer Teil diese Frage nicht beantworten kann oder nicht beantwortet hat.

Insgesamt gehen die Meinungen zu Holocaust-bezogenen Fragen zwischen den muslimischen und den jüdischen Befragten deutlich auseinander, wobei die Bevölkerung eine mittlere Position einnimmt, die jedoch näher an der der Muslime liegt – mit Ausnahme der Frage über die Bedeutung des Wissens über den Holocaust für die Prävention von Rassismus.

Die Beziehungen und Erfahrungen von Juden und Muslimen in Norwegen

Wie wir gesehen haben, sind Antipathie und soziale Distanz zwischen Juden und Muslimen in Norwegen trotz der Existenz gegenseitiger Vorurteile nicht sehr verbreitet. Es ist daher nicht verwunderlich, dass eine große Mehrheit in beiden Gruppen, als Minderheiten im Land, im Kampf gegen Vorurteile und Diskriminierung zusammenarbeiten will. Nur eine kleine Minderheit glaubt jeweils nicht, dass Juden und Muslime in dieser Hinsicht zusammenarbeiten können.

Tabelle 6: Glauben Sie, dass Muslime und Juden bei der Bekämpfung von Vorurteilen und Diskriminierung zusammenarbeiten können? (in %)

	ja	unmöglich zu beantworten/k. A.	weiß nicht	nein	gesamt
Muslime	69,5	6,6	19,6	4,1	100
Juden	81,5	2,4	7,4	8,6	100

Muslime N = 586; Juden N = 162

Tabelle 7: Denken Sie, dass Muslime und Juden als Minderheiten in Norwegen irgendeine gemeinsame Erfahrung haben? (in %)

	ja	unmöglich zu beantworten/k. A.	weiß nicht	nein	gesamt
Muslime	48,1	6,3	39,6	5,8	100
Juden	74,7	3,1	4,9	17,3	100

Muslime N = 586; Juden N = 162

Die Antwortverteilung in den Tabellen 6 und 7 zeigt das gleiche Muster. Eine Mehrheit sieht die Möglichkeit der Zusammenarbeit auf der Grundlage gemeinsamer Erfahrungen als religiöse Minderheit. Juden sind hier häufiger optimistisch als Muslime, obwohl ihr Anteil auch bei denen, die mit beiden Aussagen nicht einverstanden sind, etwas größer ist. Der hohe Anteil derjenigen, die nicht antworten oder „weiß nicht" ankreuzen, ist unter den muslimischen Befragten recht hoch (26,4 % und 46,2 %). Der Grund dafür könnte sein, dass die jüdische Gemeinde in Norwegen sehr klein ist, sodass die Befragten nie mit Juden in Kontakt gekommen sind oder sich über die Aktivitäten der jüdischen Gemeinde nicht gut informiert fühlen. Es könnte aber auch darauf zurückzuführen sein, dass Muslime nicht mit den Juden als „verfolgte Minderheit" in Verbindung gebracht werden wollen.

Hat die Einstellung zur anderen Gruppe Einfluss auf die Antworten auf die Frage nach gemeinsamen Erfahrungen? Im Fall der Juden ist ein klarer Zusammenhang zwischen den Antworten und dem Grad der Islamophobie erkennbar.

Abb. 11 Zusammenhang von Islamophobie und Einschätzung gemeinsamer Erfahrungen (Sample Juden) (in %)

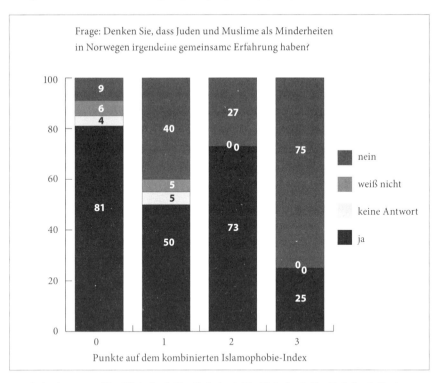

Juden insgesamt N = 103; Index 0: N = 68; Index 1: N = 20; Index 2: N = 11, Index 3: N = 4

Aufgrund der kleinen jüdischen Stichprobe weist die Verteilung einen gewissen Grad von Zufälligkeit auf, aber was man sagen kann, ist, dass eine große Mehrheit derjenigen, die keine Vorurteile gegenüber Muslimen haben (Punkt 0), gemeinsame Erfahrungen mit der muslimischen Gemeinschaft sehen, während nur sehr wenige (9 %) sie nicht sehen. Diejenigen, die zumindest ein gewisses Maß an Islamophobie zeigen. und vor allem die, die ein hohes Maß zeigen (3), bestreiten viel häufiger, dass Juden und Muslime gemeinsame Erfahrungen als Minderheiten haben.

Abb. 12 Zusammenhang von Antisemitismus und Einschätzung gemeinsamer Erfahrungen (Sample Muslime) (in %)

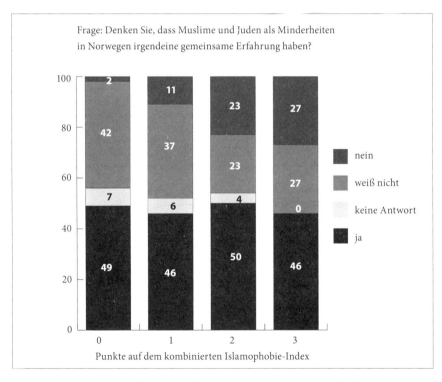

Muslime insgesamt N = 586; Index 0: N = 394; Index 1: N = 155; Index 2: N = 26; Index 3: N = 11

Die Antworten der muslimischen Befragten auf diese Frage unterscheiden sich deutlich von denen der Juden. Im Vergleich zur jüdischen Stichprobe fällt vor allem der hohe Anteil derjenigen auf, die sagen, dass sie es nicht wissen – und zwar unabhängig von ihrer Einstellung zu Juden. Offensichtlich weiß ein Teil der muslimischen Bevölkerung in Norwegen nicht viel über die jüdische Gemeinschaft und kann daher nichts über eventuelle gemeinsame Erfahrungen sagen (fehlender Kontakt), oder sie sind es gewohnt, hier in verschiedenen Kategorien zu denken (Opferrivalität), sodass die Vorstellung, ähnliche Erfahrungen zu teilen, ungewöhnlich erscheint.

Ein wichtiger Punkt für die Kooperationsbereitschaft ist die Frage der Gleichbehandlung beider Gruppen. In diesem Fall scheint eine Mehrheit der Befragten beider Stichproben keine klare Vorstellung davon zu haben, wie die Behörden mit der anderen Gruppe umgehen.

Tabelle 8: Denken Sie, dass die norwegischen Behörden Muslime und Juden gleich behandeln? (in %)

	ja	keine Antwort	weiß nicht	nein, sie behandeln Juden besser	nein, sie behandeln Muslime besser	gesamt
Muslime	27,6	18,9	32,0	21,3	0,1	100
Juden	22,2	7,4	46,3	7,4	16,7	100

Muslime N = 586; Juden N = 162

Nur etwa ein Viertel in beiden Gruppen geht von einer Gleichbehandlung durch die norwegischen Behörden aus, und in jeder Gruppe glauben einige, dass die andere besser behandelt würde, während ein großer Teil der Befragten nicht antwortet oder sich für die Antwort „weiß nicht" entscheidet, was dafür spricht, dass keine Kenntnisse vorliegen, was teils auf ein Desinteresse, aber teils auch auf schwer zu beschaffende Informationen zurückgeführt werden kann. Fast kein Befragter in der muslimischen Stichprobe sieht eine bessere Behandlung der eigenen Gruppe. Dieses Urteil kann auf realen Erfahrungen beruhen. Muslime haben häufiger das Gefühl, im Vergleich zu Juden ungerecht behandelt zu werden (siehe Tabelle 9). Während eine muslimfeindliche Haltung keinen signifikanten Einfluss auf das Urteil jüdischer Befragter über Gleichbehandlung hat, sehen muslimische Befragte mit antisemitischen Einstellungen eine bessere Behandlung der Juden.[25]

Tabelle 9: Haben Sie das Gefühl, von den öffentlichen Einrichtungen in Norwegen (Arbeitsamt, Schule, Gesundheitswesen, Polizei) wegen Ihrer Religionszugehörigkeit unfair behandelt worden zu sein? (in %)

	ja	nicht sicher	keine Antwort	nein	gesamt
Muslime	14,6	16,9	2,4	66,1	100
Juden	6,8	5,6	0,0	87,7	100

Muslime N = 586; Juden N = 162

Dieser Unterschied tritt nur auf, wenn wir nach unfairer Behandlung durch öffentliche Einrichtungen fragen, aber er gilt offensichtlich nicht für das Verhalten der allgemeinen Bevölkerung. In diesem Fall sind die Antworten der Befragten beider Gruppen recht ähnlich. Auf die Frage, ob man „ihnen in den letzten 12 Monaten das Gefühl vermittelt hat, nicht zur norwegischen Gesellschaft zu gehören" und „ob sich ihnen gegenüber in den letzten 12 Monaten jemand aus der norwegischen Gesellschaft negativ verhalten hat", stimmen die jüdischen Befragten etwas seltener zu (18,5 % bis 26,7 %) als die muslimischen (26,9 % bis 35,5 %), aber die Unterschiede sind recht gering. Das gleiche Muster finden wir in den Antworten auf die Frage, ob „man in den letzten 12 Monaten in Norwegen wegen der eigenen Religionszugehörigkeit Erfahrungen mit Belästigung gemacht hat". 14,2 % der Muslime und 11,1 % der Juden wählen die Option „oft/teilweise".

---

25 Der Anteil, der hier zustimmt, steigt von 15 %, derjenigen mit dem Indexwert 0 auf dem Antisemitismus-Index, auf 44,8 %, derjenigen mit dem Wert 2 und sogar auf 66,0 %, derjenigen mit dem Wert 3 an.

Tabelle 10: Haben Sie es jemals vermieden, Ihre Religionszugehörigkeit aus Angst vor negativen Reaktionen zu zeigen? (in %)

	ja	keine Antwort	nein	gesamt
Muslime	26,0	2,1	71,8	100
Juden	63,6	0,0	36,4	100

Muslime N = 586; Juden N = 162

Obwohl Angehörige beider Minderheiten aufgrund ihrer Religionszugehörigkeit Belästigungen ausgesetzt sind, reagieren beide Gruppen darauf sehr unterschiedlich. Juden vermeiden es viel häufiger, ihre Religionszugehörigkeit zu zeigen als Muslime, obwohl sie erklären, dass sie seltener ungerechte Behandlungen und Belästigung erfahren haben als jene. In dem Bericht „Attitudes Towards Jews and Muslims" wird dies als Ausdruck der unterschiedlichen historischen Erfahrungen der Minderheiten zu erklären, „where the Jews in Europe have often kept low profile so as to avoid persecution, [...] while for Muslims as a more visible and numerous group it may be less relevant [...] to avoid showing their religious affiliation",[26] wie es einige aus ihren Herkunftsländern gewohnt waren.

Tabelle 11: Für wie weit verbreitet halten Sie negative Einstellungen gegenüber Muslimen in Norwegen heute? (in %)

	sehr verbreitet	ziemlich verbreitet	unmöglich zu beantworten	keine Antwort	nicht sehr weit verbreitet	nicht weit verbreitet	gesamt
Bevölkerung	16,5	64,3	4,7	0,0	14,0	0,5	100
Muslime	18,1	34,2	19,0	3,1	20,5	5,2	100
Juden	8,7	71,8	6,8	1,0	11,7	0,0	100

Bevölkerung N = 1568; Muslime N = 387; Juden N = 103

26 Hoffmann/Moe, Attitudes Towards Jews and Muslims, S. 75.

In der Beurteilung über das Ausmaß der Verbreitung negativer Einstellungen gegenüber Muslimen unterscheiden sich die allgemeine Bevölkerung und die Juden auf der einen Seite und von den Muslimen selbst auf der anderen Seite. Während von den Ersteren etwa 80 % glauben, dass diese Einstellungen „sehr" oder „ziemlich weit verbreitet" sind, tun dies nur etwa die Hälfte der Muslime, und für ein weiteres Fünftel ist die Frage „unmöglich zu beantworten". Andererseits glauben fast zwei Drittel der muslimischen Befragten (63 %), die negativen Einstellungen ihnen gegenüber hätten sich in den letzten fünf Jahren verstärkt.[27] Die Meinung der Bevölkerung zu dieser Frage wird durch den Grad der Islamophobie leicht beeinflusst: Diejenigen, die auf dem Islamophobie-Index hohe Werte erreichen, sehen negative Einstellungen häufiger als weit verbreitet an als diejenigen, die auf dem Index einen niedrigen Wert aufweisen. Dies gilt aber nicht für die jüdischen Befragten.

Tabelle 12: Für wie weit verbreitet halten Sie negative Einstellungen gegenüber Juden in Norwegen heute? (in %)[28]

	sehr weit verbreitet	ziemlich weit verbreitet	unmöglich zu beantworten	keine Antwort	nicht sehr weit verbreitet	nicht weit verbreitet	gesamt
Bevölkerung	2,4	16,9	11,8	0,0	58,8	10,1	100
Muslime	1,7	8,0	37,1	0,4	34,3	18,6	100

Bevölkerung N = 1574; Muslime N = 576

Das Antwortmuster hinsichtlich der Annahme über die Verbreitung von Antisemitismus in Norwegen unterscheidet sich deutlich von dem der Ausbreitung von Islamophobie: Weder die Bevölkerung noch die Muslime sehen negative Einstellungen

---

27 Aufgrund eines Stichprobenfehlers wurde diese Frage nur von 18 Befragten der Bevölkerungsstichprobe beantwortet.
28 Aufgrund eines Stichprobenfehlers wurde diese Frage nur von 20 jüdischen Befragten beantwortet (von ihnen sehen 58 % Antisemitismus als sehr oder ziemlich verbreitet an, während 30 % als nicht sehr verbreitet gelten), sodass wir hier keine statistisch gesicherte Aussage treffen können.

gegenüber Juden als sehr verbreitet an, während die wenigen jüdischen Befragten solche Einstellungen als „sehr" oder „ziemlich weit verbreitet" betrachten. Obwohl man aufgrund der geringen Zahl der Befragten keine zuverlässigen Aussagen über die Meinungsbildung unter den Juden in Norwegen machen kann, deuten Umfragen unter Juden in einer Reihe europäischer Länder darauf hin, dass Juden Antisemitismus als sehr verbreitet und als ansteigend empfinden.[29] Dies wird auch dadurch gestützt, dass 69,4 % der Juden in Norwegen glauben, dass sich der Antisemitismus in den letzten fünf Jahren weiter verbreitet hat (25 % sagen, dass er so weit verbreitet ist wie zuvor; 4,8 % sagen, er sei weniger verbreitet ist als zuvor).

Juden und Muslime wurden auch gefragt, ob es notwendig sei, Antisemitismus und Islamophobie in Norwegen zu bekämpfen. Da Muslime weniger häufig als die allgemeine Bevölkerung und die norwegischen Juden denken, dass Islamophobie in Norwegen sehr weit verbreitet ist, sehen sie als Betroffene auch seltener die Notwendigkeit, Islamophobie zu bekämpfen als die allgemeine Bevölkerung (54,3 % bis 56,0 %) und sogar weniger als die Juden (67,2 %).

Beide Minderheiten sind von Diskriminierung und Belästigung betroffen; dies wäre ein Bereich, in dem eine Zusammenarbeit sinnvoll wäre. Deshalb ist auch nach der Meinung hinsichtlich der Bekämpfung der antijüdischen und antimuslimischen Diskriminierung und Belästigung gefragt worden.

Tabelle 13: Sehen Sie die Notwendigkeit, etwas zu tun, um die antijüdischen Belästigungen in Norwegen zu bekämpfen? (in %)[30]

	ja	keine Meinung	keine Antwort	nein	gesamt
Bevölkerung	40,7	31,2	0,0	28,1	100
Muslime	27,8	48,4	3,6	20,3	100

Bevölkerung N = 1575; Muslime N = 586

---

29 FRA, Discrimination and hate crime. In einer aktuellen Studie stimmten 89 % der jüdischen Befragten in 12 EU-Mitgliedsstaaten der Aussage zu, dass das Ausmaß des Antisemitismus in den letzten fünf Jahren seit der ersten Studie stark oder ein wenig zugenommen hat. Siehe: FRA, Experiences and perceptions of antisemitism, Figure 2.
30 Siehe Anm. 28.

Tabelle 14: Sehen Sie die Notwendigkeit, etwas zu tun, um
die antimuslimischen Belästigungen in Norwegen zu bekämpfen? (in %)

	ja	keine Meinung	keine Antwort	nein	gesamt
Bevölkerung	56,1	26,1	0,1	17,7	100
Muslime	54,4	26,9	3,8	14,9	100
Juden	67,0	24,3	1,0	7,8	100

Bevölkerung N = 1575; Muslime N = 586; Juden N = 103

Die Antworten auf diese Fragen scheinen die Meinungen darüber widerzuspiegeln, für wie verbreitet die Befragten aller drei Stichproben Antisemitismus und Islamophobie in der norwegischen Gesellschaft einschätzen (siehe Tabelle 11 und 12). Dementsprechend ist es weniger wahrscheinlich, dass die Bevölkerung und die Muslime die Notwendigkeit sehen, die antijüdische Belästigungen zu bekämpfen als die antimuslimischen. Die Tatsache, dass fast alle jüdischen Befragten den Kampf gegen antijüdische Belästigungen für notwendig halten, entspricht der Erwartung, da Juden eine lange Geschichte im Kampf gegen alle Formen von Antisemitismus haben.[31] Diese Erfahrung, verbunden mit einem vermutlich überdurchschnittlichen Bildungsniveau ist auch der Grund, warum Juden häufiger die Notwendigkeit der Bekämpfung auch antimuslimischer Belästigungen sehen als die Bevölkerung und sogar die Muslime selbst, da sie aus der Geschichte wissen, dass jede Form von Angriffen auf eine Minderheit sie ebenfalls in Gefahr bringen kann.

---

31 Dabei ist zu beachten, dass es in der Frage der Belästigung und Gewalt eine besondere, asymmetrische Situation gibt, da Juden in Europa oft zum Ziel von Übergriffen seitens Muslimen werden, während Übergriffe von Juden auf Muslime nicht bekannt geworden sind. Qualitative Interviews im norwegischen Bericht von 2017 zeigen, dass „jüdische Gesprächsteilnehmer Anzeichen von Ambivalenz zeigten: Einerseits befürchteten sie das Anwachsen des Antisemitismus unter den Muslimen und fühlten sich verletzlich gegenüber Aggressionen, die gegen sie gerichtet sein könnten. Andererseits erklärten mehrere jüdische Gesprächsteilnehmer, die Präsenz einer so großen Minderheit habe dazu beigetragen, die Akzeptanz der Vielfalt in der norwegischen Gesellschaft zu fördern." Hoffmann/Moe, Attitudes towards Jews and Muslims, S. 75.

Unter den muslimischen Befragten scheint es sehr viel Unkenntnis oder Gleichgültigkeit gegenüber antijüdischen Belästigungen zu geben. Dies gilt sogar auch für Belästigungen gegen die eigene Gruppe, da fast die Hälfte von ihnen (45,6 %) dazu keine Meinung hat, die Frage nicht beantwortet oder einen Kampf gegen Belästigung für unnötig hält, während dies nur für 32,1 % der jüdischen Befragten gilt. Was die Zusammenarbeit zwischen Juden und Muslimen bei der Bekämpfung von Übergriffen betrifft, so ist das Problem auf jüdischer Seite erkannt, aber noch nicht aufseiten der Muslime.

Die Wahrnehmung des Nahostkonflikts durch Juden und Muslime

Juden in Europa empfinden mehrheitlich eine tiefe emotionale und religiöse Bindung an Israel, sodass „negativity toward Israel expressed by non-Jews is likely to be a cause for significant concern and apprehension among many Jews".[32] In der FRA-Studie und in einer deutschen Studie zu „Jüdischen Perspektiven" wird deutlich, dass eine große Mehrheit unter den Juden die Gleichsetzung der israelischen Politik gegenüber den Palästinensern mit der NS-Politik gegenüber Juden, die Unterstützung des Boykotts von Gütern aus Israel und eine „verzerrte Darstellung" der israelischen Politik in den Massenmedien als Ausdruck einer antisemitischen Haltung bewertet.[33] Auch wenn nur ein Teil der Muslime in Norwegen aus dem Nahen Osten stammt, dürften viele von ihnen die Palästinenser unterstützen und dementsprechend eine eher negative Haltung gegenüber dem Staat Israel und seiner Politik gegenüber den Palästinensern einnehmen. Man kann also davon

---

32   L. Daniel Staetsky, Antisemitism in contemporary Great Britain. A study of attitudes towards Jews and Israel, jpr/report, Institute for Jewish Policy Research, London September 2017, S. 27.

33   FRA, Discrimination and hate crime; FRA, Experiences and perceptions of antisemitism, S. 29, Tab. 5 (von Juden als antisemitische Ansichten gewertet: „Unterstützt Boykotte gegen Israel oder Israelis" (82 % stimmen zu); „Kritisiert Israel" (38 % stimmen zu). Andreas Hövermann/Silke Jensen/Andreas Zick/Julia Bernstein/Nathalie Perl/Inna Ramm, Jüdische Perspektiven auf Antisemitismus in Deutschland. Studie des Instituts für Konflikt und Gewaltforschung der Universität Bielefeld für den Unabhängigen Expertenkreis Antisemitismus, Bielefeld 2016, S. 12 und 16.

ausgehen, dass die Auswirkungen des Nahostkonflikts auch in Norwegen Einfluss auf das Verhältnis zwischen Juden und Muslimen haben. Dies wird durch die folgende Tabelle 15 bestätigt.

Tabelle 15: Die Menschen haben widerstreitende Ansichten über den Konflikt zwischen Israel und den Palästinensern. Welche Seite unterstützen Sie am meisten? (in %)

	nur/ überwiegend Israel	zu einem gewissen Grad Israel	keine	unmöglich zu sagen	keine Antwort	zu einem gewissen Grad die Palästinenser	nur/ überwiegend die Palästinenser	gesamt
Bevölkerung	8,8	4,5	31,9	22,3	0,2	10,5	21,9	100
Muslime	2,9	0,4	17,3	15,5	4,7	7,2	52,0	100
Juden	65,9	13,5	5,3	14,1	0,0	1,2	0,0	100

Bevölkerung N = 1575; Muslime N = 586; Juden N = 170

Es überrascht nicht, dass die Juden und Muslime in Norwegen eindeutig für ihre „eigene" Konfliktpartei stimmen. Vor allem die jüdischen Befragten stehen fast geschlossen auf der Seite Israels und sind seltener unentschieden, während die Haltung der Muslime weniger klar ausfällt und ein Drittel unentschieden ist oder die Frage nicht beantworten kann. In der allgemeinen Bevölkerung ist es sogar die Hälfte, die zu keiner der beiden Seiten neigt oder die Frage nicht beantworten kann. Wenn die Bevölkerung Partei ergreift, tut sie dies vor allem für die Palästinenser (32,3 %), nur eine Minderheit von 13,3 % steht auf der Seite Israels.

Die Positionierung im Nahostkonflikt steht im Zusammenhang mit der emotionalen Einstellung, in diesem Fall mit der Abneigung gegen Juden oder Muslime. Der Einfluss kann natürlich in beide Richtungen gehen. Die Politik Israels mag einen Einfluss darauf haben, welche Seite man unterstützt, woraus wiederum eine Abneigung gegen Juden generell resultieren kann.

Tabelle 16: „Ich habe eine gewisse Abneigung gegen Juden."
Wie gut passt diese Aussage zu Ihrer eigenen Meinung? (in %)

Abneigung/Position im Nahostkonflikt (%)	pro Israel		keine Seite/ keine Antwort		pro palästinensisch		gesamt N	
	Bevölkerung	Muslime	Bevölkerung	Muslime	Bevölkerung	Muslime	Bevölkerung	Muslime
überhaupt nicht/eher schlecht	15	4	54	31	31	65	1279	294
unmöglich zu sagen/ keine Antwort	4	2	76	50	20	48	178	250
völlig/eher gut	7	5	27	16	66	79	118	54

Tabelle 17: „Ich habe eine gewisse Abneigung gegen Muslime."
Wie gut passt diese Aussage zu Ihrer eigenen Meinung? (in %)

Abneigung/Position im Nahostkonflikt	pro Israel		keine Seite/k. A.		pro palästinensisch		gesamt	
	Bevölkerung	Juden	Bevölkerung	Juden	Bevölkerung	Juden	Bevölkerung	Juden
überhaupt nicht/ eher schlecht	9	75	49	22	42	3	873	69
unmöglich zu sagen/keine Antwort	8	83	69	17	23	0	229	18
völlig/eher gut	24	0	57	0	19	0	473	23

Tabelle 16 zeigt, dass die emotionale Haltung gegenüber Juden bei der Parteinahme für Israel nur eine untergeordnete Rolle spielt, da es fast keinen Unterschied zwischen denen gibt, die Juden ablehnen, sie mögen oder eine neutrale Position einnehmen. In der Bevölkerung sind diejenigen, die keine Abneigung zeigen, häufiger pro-israelisch eingestellt als diejenigen, die Juden ablehnen oder eine neutrale Position einnehmen. Es zeigt sich, dass es einen klaren Zusammenhang zwischen der Abneigung gegen Juden und dem Eintreten für die Palästinenser gibt: Zwei Drittel derjenigen Befragten in der Bevölkerung, die Juden nicht mögen, wählten diese Option, verglichen mit einem Drittel derjenigen, die Juden nicht ablehnen. Unter den befragten Muslimen stehen viele auf der Seite der Palästinenser, unabhängig davon, ob sie Juden mögen oder nicht. Von den Muslimen, die angeben, Juden nicht zu mögen, wählen 79 % die Seite der Palästinenser, doch unterscheiden sie sich kaum von denen, die die Aussage, Juden nicht zu mögen, ablehnen, von denen zwei Drittel (66 %) sich ebenfalls auf die palästinensische Seite schlagen.

Was die emotionale Haltung der Bevölkerung gegenüber Muslimen betrifft, so fällt die Verteilung der Parteinahme im Nahostkonflikt wie erwartet aus. Diejenigen, die Muslime nicht mögen, haben eher eine pro-israelische Einstellung als diejenigen, die in dieser Hinsicht neutral oder positiv eingestellt sind, während diejenigen, die Muslime nicht mögen, seltener auf der Seite der Palästinenser stehen als diejenigen, die eine positive Einstellung zu Muslimen haben – und umgekehrt. Diejenigen, die sich jedoch im Nahostkonflikt (mehr als die Hälfte der Befragten) nicht für eine Seite entscheiden, tun dies weitgehend unabhängig von ihrer emotionalen Einstellung gegenüber Muslimen.

Was die emotionale Haltung der Juden gegenüber Muslimen betrifft, so kann man sagen, dass die Juden an der Seite Israels stehen und zwar fast unabhängig von ihren Gefühlen gegenüber Muslimen. Während diejenigen, die Muslime nicht mögen, gänzlich aufseiten Israels stehen, ist die Parteinahme für Israel unter denen, die widersprechen, Muslime nicht zu mögen, etwas weniger ausgeprägt, aber sogar unter ihnen entscheiden sich nur drei Prozent für die Seite der Palästinenser, und ein Viertel nimmt eine neutrale Position ein.

Vergleicht man die Positionierung der norwegischen Juden und Muslime im Nahostkonflikt miteinander, so fällt auf, dass beide Gruppen sehr selten „die andere Seite" unterstützen, unabhängig von ihrer emotionalen Einstellung zu

Abb. 13 Meinungen zum israelisch-palästinensischen Konflikt (in %)

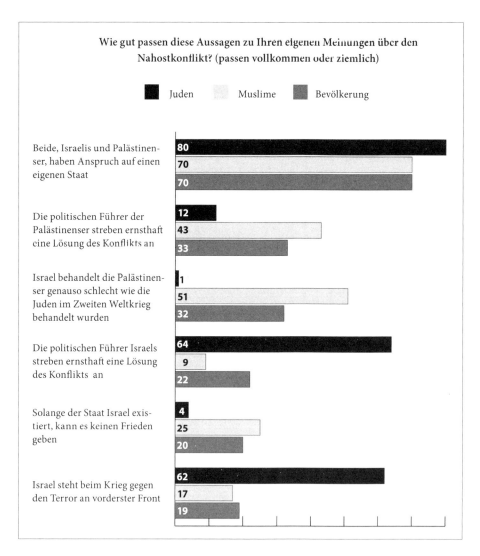

Bevölkerung N = 1575; Muslime N = 586; Juden N = 170

Angehörigen der anderen Gruppe. Allerdings wählen Muslime häufiger eine neutrale Position im Konflikt, während nur ein kleiner Teil der Juden eine neutrale Position bezieht. In beiden Fällen lehnen diejenigen, die eine neutrale Position im Nahostkonflikt einnehmen, eine ablehnende Haltung zur anderen Gruppe ab oder zeigen eine neutrale Haltung.[34]

Die Zweistaatenlösung im Nahen Osten ist die einzige Frage, in der alle drei Befragtengruppen übereinstimmen und in der auch ein hohes Maß an Konsens innerhalb jeder Gruppe besteht. Juden haben in dieser Frage die klarste Position, sie zeigen nicht nur den höchsten Prozentsatz an Zustimmung, sondern auch an Uneinigkeit (11 % gegenüber 6 % der Muslime und der Bevölkerung), und nur sehr wenige von ihnen können die Frage nicht beantworten (8 % gegenüber 20 % der Muslime und 25 % der Bevölkerung). Es überrascht nicht, dass keiner/fast keiner der jüdischen Befragten den beiden Aussagen zustimmt, in denen Israel beschuldigt wird, Palästinenser genauso schlecht zu behandeln wie Juden während des Zweiten Weltkriegs behandelt wurden, und dass die Existenz Israels ein Hindernis

---

34 Die Hypothese, dass Muslime aus Ländern, die stärker am Nahostkonflikt beteiligt sind (Palästinenser, Irak, Iran), weniger wahrscheinlich eine neutrale Position einnehmen als die aus weniger betroffenen Ländern wie Bosnien-Herzegowina, Kosovo, Pakistan oder Somalia, lässt sich für die norwegische Stichprobe nicht bestätigen. Die Tabelle zum Zusammenhang des Herkunftslandes mit Antisemitismus zeigt für muslimische Einwanderer überraschende Ergebnisse, die völlig abweichen von denen der ADL Global 100-Studie (Anti-Defamation League, Gobal 100. An Index of Anti-Semitism, New York 2014; http://global100.adl.org/) zum Antisemitismus in ihren Herkunftsländern. Einwanderer aus dem Irak, Marokko und den Palästinensischen Autonomiegebieten, Länder, in denen die ADL-Studie Werte über 80 % und sogar 90 % ermittelt hat, liegen in der norwegischen Stichprobe im Durchschnitt der Werte für alle Muslime, während Einwanderer aus Ländern, die in der ADL-Studie ein deutlich niedrigeres Niveau aufweisen, mit 21,5 % bzw. 11,8 % deutlich über dem Durchschnitt aller muslimischen Einwanderer von 6,9 % liegen. Siehe Hoffmann/Moe, Attitudes towards Jews and Muslims, S. 103, Tabelle 55. Diese Ergebnisse widersprechen denen einer deutschen Umfrage, die zeigt, dass muslimische Migranten aus arabischen und nordafrikanischen Ländern und ihre Nachkommen häufiger antisemitisch eingestellt sind als Migranten vom Balkan, aus Afghanistan und Pakistan. Siehe: Lebenswelten junger Muslime in Deutschland: Ein sozial- und medienwissenschaftliches System zur Analyse, Bewertung und Prävention islamistischer Radikalisierungsprozesse junger Menschen in Deutschland, Abschlussbericht von Wolfgang Frindte/Klaus Boehnke/Henry Kreikenbaum/Wolfgang Wagner, Berlin: Bundesministerium des Innern 2011.

für den Frieden darstellt, Aussagen, denen die muslimischen Befragten recht häufig zustimmen (50 % und 25 %) und die auch in der norwegischen Bevölkerung mit 33 % und 21 % Resonanz finden. Umgekehrt schreiben Juden israelischen Führern den Willen zu, eine Lösung des Konflikts mit den Palästinensern zu finden (sie haben umgekehrt wenig Vertrauen in den entsprechenden Willen der palastinensischen Führer) und sehen eine führende Rolle Israels bei der Bekämpfung des islamistischen Terrorismus, eine Ansicht, die nur wenige Muslime und Befragte aus Bevölkerung teilen. Wie zu erwarten, vertreten Juden und Muslime gegensätzliche Meinungen zum Nahostkonflikt. Die Antworten machen einmal mehr deutlich, dass die Befragten in der Bevölkerung eher bereit sind, die palästinensische Seite im Nahostkonflikt zu unterstützen.

Aus den beiden negativen Aussagen „Israel behandelt die Palästinenser genauso schlecht wie die Juden im Zweiten Weltkrieg behandelt wurden" und „Solange der Staat Israel existiert, wird es keinen Frieden geben" wird ein Index zur Messung einer anti-israelischen Haltung gebildet. Der Index reicht von 0 bis 8 Punkten. Der Schnittpunkt wird zwischen 4 und 5 Punkten auf der Skala angesetzt, um niedrige von hohen Werten zu unterscheiden.[35] 38,9 % der muslimischen Befragten zeigen demnach ein hohes Maß an anti-israelischer Einstellung, verglichen mit 27,2 % der allgemeinen Bevölkerung.

Zunächst müssen wir nach der Korrelation zwischen anti-israelischen und antisemitischen Einstellungen fragen.[36] Die Korrelation mittlerer Stärke

---

35 Die Antworten wurden so codiert: volle Ablehnung des anti-israelischen Statements = 0 Punkte; eher ablehnend = 1 Punkt; neutral/keine Antwort = 2 Punkte; eher zustimmend = 3 Punkte; völlige Zustimmung = 4 Punkte. Siehe zur Konstruktion des Index: Hoffmann/Moe, Attitudes towards Jews and Muslims, S. 85–87.

36 Es gibt bereits einige Studien, die den Zusammenhang zwischen Antisemitismus und Anti-Israel-Einstellungen untersuchen. Edgar H. Kaplan/Charles Small, Anti-Israel sentiment predicts anti-Semitism in Europe, in: Journal of Conflict Resolution 50 (2006) 4, S. 548–561, die Studie basiert auf Daten des ADL-Surveys, Attitudes Toward Jews, Israel and the Palestinian-Israeli Conflict in Ten European Countries, New York 2004; für den britischen Fall beträgt die Pearson-Korrelation (r) zwischen dem antisemitischen und dem anti-israelischen Index 0,48 (Staetsky, Antisemitism in contemporary Great Britain, S. 35, Anm. 24); für Deutschland siehe die Untersuchung von Aribert Heyder/ Julia Iser/Peter Schmidt, Israelkritik oder Antisemitismus? Meinungsbildung zwischen Öffentlichkeit, Medien und Tabus, in: Wilhelm Heitmeyer (Hrsg.), Deutsche Zustände, Folge 3, Frankfurt a. M. 2004, S. 144–165. Zur Diskussion dieser und einiger anderer

zwischen den beiden beträgt r = .0,32 für die allgemeine Bevölkerung und ist für die Muslime mit r = .37 nur geringfügig höher. Unter den muslimischen Highscorern auf dem Anti-Israel-Index (5–8) erreichen 18,7 % auch auf dem kombinierten Antisemitismus-Index hohe Zustimmungswerte (4–12), während dies nur bei 5,3 % der Bevölkerung der Fall ist.[37] Unter Muslimen gibt es eine gewisse Überschneidung zwischen den beiden Einstellungen, aber andererseits müssen wir bedenken, dass 81,3 % der Highscorer auf dem Anti-Israel-Index keine starke antisemitische Einstellung ausweisen und sogar 94,7 % der Bevölkerung mit einer ausgesprochen ausgeprägten anti-israelischen Haltung auf dem kombinierten Antisemitismus-Index keine hohen Werte zeigen. Es ist jedoch überraschend, dass Personen, die zu 12,4 % hohe Werte auf dem Anti-Israel-Index aufweisen, auch hoch auf der Islamophobie-Index rangieren. Mit anderen Worten, eine negative Haltung gegenüber Israel muss nicht mit einer positiven Haltung gegenüber Muslimen einhergehen.[38] Dies liegt daran, dass beide Einstellungen Ausdruck von Fremdenfeindlichkeit sind, die die gemeinsame Hintergrundvariable bildet.[39]

Wenn wir für die Bevölkerung nach einem möglichen Einfluss islamfeindlicher Einstellungen auf die Einstellungen gegenüber Israel und den Palästinensern suchen, finden wir nur eine recht niedrige positive Korrelation mit einer pro-

---

Studien (zu Schweden und der Schweiz) siehe Werner Bergmann, Is there a „New European Antisemitism?" Public Opinion and Comparative Empirical Research in Europe, in: Lars Rensmann/Julius H. Schoeps (Hrsg.), Politics and Resentment. Antisemitism and Counter-Cosmopolitanism in the European Union, Leiden 2011, S. 89 ff.; siehe als eine frühe Studie auch Werner Bergmann/Rainer Erb, Anti-Semitism in Germany. The Post-Nazi Epoch since 1945, New Brunswick 1997, S. 182–191. Siehe auch die wohl detaillierteste Untersuchung dieser Frage: Wilhelm Kempf, Israelkritik zwischen Antisemitismus und Menschenrechtsidee. Eine Spurensuche, Berlin 2016.

37 Die negative Korrelation zwischen dem kombinierten Antisemitismus-Index und der Parteinahme für Israel im Nahostkonflikt fällt für die allgemeine Bevölkerung ebenfalls nicht sehr hoch aus (r= -.17), aber auch nicht für die muslimische Stichprobe (r= -.12). Alle Korrelationen sind signifikant auf dem <.001 Niveau.

38 Dies wird auch dadurch gestützt, dass der kombinierte Antisemitismus-Index für die Bevölkerungsstichprobe keine signifikante Korrelation (r = .06) mit einer pro-palästinensischen Haltung im Nahostkonflikt aufweist. Das Gleiche gilt für die muslimische Stichprobe (0,9).

39 Hoffmann/Moe, Attitudes towards Jews and Muslims, S. 96–98.

israelischen Einstellung (r=.12)[40] und ebenso eine recht niedrige negative Korrelation mit einer pro-palästinensischen Position (r= -.18).[41] Für die jüdischen Befragten ergibt sich an anderes Bild. Hier fallen sowohl die positive Korrelation mit pro-israelischen Einstellungen (r=.36) wie auch die negative Korrelation mit einer pro-palästinensischen Einstellung (r= -.28) höher aus.[42] Eine muslimfeindliche Haltung übt jedoch einen stärkeren Einfluss auf die Parteinahme im Nahostkonflikt aus. Hier gibt es eine negative Korrelation von -.32 für die Bevölkerung, die bei den jüdischen Befragten mit .42 noch ausgeprägter ausfällt. Eine antisemitische Haltung, gemessen mit dem kombinierten Antisemitismus-Index, hat hingegen einen geringeren Einfluss auf die Haltung gegenüber den Konfliktparteien im Nahostkonflikt: Die positive Korrelation für die Bevölkerung beträgt .20 und .25 für die muslimischen Befragten. Daraus lässt sich folgern, dass eine muslimfeindliche Haltung sowohl in der Bevölkerung als auch unter jüdischen Befragten einen stärkeren Einfluss auf die Parteinahme für Israel ausübt, als dies für eine antisemitische Haltung in der Bevölkerung bzw. unter Muslimen in Richtung einer Parteinahme für die Palästenser der Fall ist.

Abschließende Bemerkungen

Um die Beziehungen zwischen Juden und Muslimen in Norwegen besser zu verstehen, ist es sinnvoll, die norwegische Bevölkerung im Allgemeinen als *tertium comparationis* einzubeziehen. Dies ermöglicht es zu untersuchen, inwieweit die Minderheiten die Ansichten der allgemeinen norwegischen Bevölkerung teilen

---

40 Der Index besteht aus zwei Statements: „Israel steht im Kampf gegen den islamischen Terrorismus an vorderster Front"; „Israels Führungskräfte wollen wirklich eine Lösung für den Konflikt finden".
41 Der Index besteht aus zwei Statements: „Sowohl die Israelis als auch die Palästinenser haben ein Recht auf einen eigenen Staat"; „Die palästinensischen Führer wollen wirklich eine Lösung für den Konflikt finden".
42 Die Korrelationen für die Bevölkerungsstichprobe sind auf dem <.001Niveau signifikant; für die Juden ist die Korrelation des Islamophobie-Index und einer Pro-Israel-Position auf dem <.001Niveau signifikant; die negative Korrelation mit einer Pro-Palästinenser-Haltung ist auf dem .05 Niveau signifikant.

oder davon abweichen. Betrachtet man die gegenseitigen Vorurteile unter Juden und Muslimen, so zeigen Juden weniger emotionale Ablehnung und stimmen seltener negativen Stereotypen gegenüber Muslimen zu als die norwegische Bevölkerung insgesamt, während Muslime umgekehrt etwas häufiger Juden emotional ablehnen und deutlich häufiger antisemitischen Stereotypen zustimmen als die Bevölkerung. Obwohl jüdische Befragte seltener Vorurteile gegen Muslime zeigen als die Bevölkerung, findet sich bei ihnen andererseits häufiger eine emotionale und soziale Ablehnung von Muslimen, als sie selbst diese vonseiten der Muslime erfahren. Juden und Muslime scheinen also beide den Einstellungsmustern der Mehrheitsgesellschaft zu folgen. In Bezug auf die Verbreitung negativer kognitiver Einstellungen (Vorurteile) stimmen Juden und Muslime in etwa überein, auch wenn die negativen Zuschreibungen natürlich nicht identisch und die Werte damit nicht direkt vergleichbar sind. Im Durchschnitt stimmt jeweils ein knappes Drittel den sieben bzw. acht negativen Aussagen über die andere Gruppe zu (30 % der Muslime und 31 % der Juden – siehe Tabelle 2 und 4). Ein interessanter, aber nicht leicht erklärbarer Befund ist, dass sich bei Juden die emotionale und kognitive Einstellung gegenüber Muslimen häufiger entsprechen, d. h., dass die emotionale Ablehnung mit einer höheren Akzeptanz muslimfeindlicher Stereotypen verbunden ist, während die beiden Einstellungsdimensionen bei muslimischen Befragten nicht sehr eng miteinander verbunden sind.

Trotz gegenseitiger Vorurteile stimmt eine Mehrheit der Juden und Muslime in der Umfrage darin überein, dass die beiden Minderheiten bei der Bekämpfung von Vorurteilen und Beleidigungen zusammenarbeiten können. Juden, die die Erfahrung einer langen Geschichte als Minderheit unter anderen Minderheiten in Europa haben, glauben viel eher als Muslime, dass beide Minderheiten gemeinsame Erfahrungen machen. Vielleicht besitzt die eingewanderte muslimische Bevölkerung wenig Wissen über die kleine jüdische Gemeinde in Norwegen und weniger Erfahrung mit dem Status als Minderheit. Obwohl große Teile der beiden Minderheiten davon ausgehen, dass sie gemeinsame Erfahrungen haben, glaubt nur ein Viertel von ihnen, dass sie von den norwegischen Behörden gleich behandelt werden. Muslime fühlen sich häufiger ungerecht behandelt als Juden und machen häufiger die Erfahrung, belästigt zu werden, doch reagieren beide Gruppen darauf ganz unterschiedlich. Während Juden es vermeiden, ihre religiöse Zugehörigkeit in der Öffentlichkeit zu offenbaren, tun dies Muslime deutlich seltener. Diese andere Reaktion kann darauf zurückzuführen sein, dass Juden aufgrund ihrer langen Geschichte der Diskriminierung eher die Ausbreitung negativer Einstellungen und Gewalt gegen sich, aber auch gegen andere Minderheiten befürchten als Gruppen, die bisher nicht die gleichen Erfahrungen gemacht haben. Deshalb ist es nicht verwunderlich, dass Juden und Muslime sich auch in der Beurteilung der Verbreitung von Antisemitismus und Islamophobie sowie in der Bewertung von Belästigung und Gewalt sehr deutlich unterscheiden. Da beide Minderheiten von Diskriminierung und Belästigung betroffen sind, wurde eine Stellungnahme zur Bekämpfung der antijüdischen und antimuslimischen Diskriminierung und Belästigung in den Fragebogen aufgenommen. Unter den muslimischen Befragten finden wir eine erstaunliche Gleichgültigkeit oder Unwissenheit, was die Belästigungen gegenüber Juden betrifft, doch überraschenderweise gilt dies auch für gegen sie selbst gerichtete Belästigungen. Juden widmen beiden größere Aufmerksamkeit und sehen sogar häufiger die Notwendigkeit, die Belästigungen von Muslimen zu bekämpfen als diese selbst. Was die Zusammenarbeit zwischen Juden und Muslimen bei der Bekämpfung von Diskriminierung und Vorurteilen betrifft, so gibt es eine asymmetrische Verteilung der Aufmerksamkeit zwischen den beiden Gruppen, die ein gewisses Hindernis darstellen kann einzusehen, dass eine Zusammenarbeit sinnvoll wäre.

Ein Gebiet, auf dem die Einstellungen von Muslimen und Juden erwartungsgemäß stark voneinander abweichen, ist der Nahostkonflikt, in dem die jüdischen Befragten fast ausschließlich aufseiten Israels stehen und die Muslime überwiegend die Partei der Palästinenser ergreifen. Diejenigen unter den jüdischen und muslimischen Befragten, die eine Abneigung gegen die andere Gruppe zeigen, stellen sich häufiger auf die „eigene" Seite im Nahostkonflikt, aber insgesamt hat die emotionale Haltung gegenüber der anderen Gruppe keinen sehr großen Einfluss auf die Parteinahme. Nur für die allgemeine Bevölkerung hat die emotionale Haltung gegenüber Juden bzw. Muslimen allein schon einen Einfluss auf ihre Parteinahme. Größerer Einfluss als die emotionale Dimension üben offensichtlich die gegenseitigen Vorurteile aus, denn für Islamophobie und Antisemitismus ergeben sich für die Befragten aller drei Stichproben mittlere Korrelationen mit der Positionierung im Nahostkonflikt.

Wenn wir uns die Aussagen zum Nahostkonflikt ansehen, gibt es nur in einem Punkt einen Konsens zwischen Juden, Muslimen und der Bevölkerung, nämlich, dass sowohl Israelis als auch Palästinenser ein Recht auf einen eigenen Staat haben. In allen anderen Fragen vertreten Juden und Muslime mehr oder weniger gegensätzliche Auffassungen, während die Bevölkerung häufiger zur Position der Muslime tendiert.

Insgesamt lässt sich sagen, dass sich Juden und Muslime in Norwegen als Minderheiten verstehen, die sich einer Diskriminierung der Mehrheitsbevölkerung ausgesetzt fühlen, sodass in Teilen beider Gruppen die Bereitschaft zur Zusammenarbeit besteht, während andererseits gegenseitige Vorurteile bestehen und insbesondere der Nahostkonflikt ein trennendes Moment bildet.

ARMIN PFAHL-TRAUGHBER

Das Antisemitismus-Problem von Jeremy Corbyn und der Labour-Partei

Eine Analyse zur Entwicklung und den Hintergründen einer Kontroverse

Gleich zu Beginn seiner Rede auf dem Labour-Parteitag 2018 erklärte Jeremy Corbyn als Vorsitzender: „Allen Mitgliedern der jüdischen Gemeinde sage ich: Diese Partei, diese Bewegung wird immer entschieden gegen Antisemitismus und Rassismus in jeder Form vorgehen. Wir sind eure Verbündeten. […] Wir werden zusammen mit den jüdischen Gemeinden den Antisemitismus verbannen, und zwar aus der Partei und aus der Gesamtgesellschaft."[1] Dieser Bekundung gingen indes Ereignisse voraus, die eine solche öffentliche Erklärung nötig machten. Denn nur wenige Wochen zuvor war eine gemeinsame Stellungnahme von gleich drei jüdischen Zeitungen erschienen. Darin hieß es zur Begründung: „Wir tun dies wegen der existenziellen Bedrohung jüdischen Lebens in diesem Land, die von einer von Jeremy Corbyn geführten Regierung ausgehen würde. […] Die Werte und Integrität dieser Partei, die bis vor Kurzem das natürliche Zuhause für unsere Community war, wurden von der Verachtung Corbyns und seiner Anhänger für Juden und Israel ausgehöhlt."[2]

Bei diesen beiden Aussagen fällt zunächst auf, dass sie von ihren Inhalten her schwerlich miteinander vereinbar sind: Auf der einen Seite steht die Bekundung

1   Jeremy Corbyn, „Wir stehen für die neue Vernunft unserer Zeit". Radikale Lösungen für ein kaputtes System: Jeremy Corbyns Rede beim Labour-Parteitag in Liverpool, in: IPG Journal, 27. 9. 2018. Die Arbeit an der vorliegenden Studie wurde am 1. August 2019 abgeschlossen. Spätere Ereignisse konnten daher nicht berücksichtigt werden. Alle Übersetzungen in diesem Beitrag stammen vom Verfasser.
2   Erklärung: United we stand, in: The Jewish Chronicle, Jewish News und Jewish Telegraph, 25. 7. 2018, jeweils S. 1.

gegen Antisemitismus, auf der anderen Seite der Vorwurf des Antisemitismus. Unabhängig von der Antwort auf die Frage, welcher von beiden Deutungen bzw. welcher differenzierten Position dazwischen man zustimmt, kann konstatiert werden: Es gibt ein Antisemitismus-Problem bei Jeremy Corbyn und der Labour-Partei. Doch worin besteht dies genau? Dominiert in der Parteiführung eine antisemitische Orientierung oder handelt es sich um eine politisch motivierte Kampagne wegen ihres Israelbilds? Um diese Frage ist in Großbritannien ein heftiger Streit ausgebrochen, wobei auch parteipolitische und nicht allein sachliche Erwägungen eine bedeutende Rolle spielen. Die vorliegende Darstellung liefert eine Analyse zu den Inhalten der Kontroverse und der Vorwürfe sowie eine Erörterung zum Antisemitismus-Potenzial und seiner inhaltlichen Relevanz.

Definition zentraler Arbeitsbegriffe zum Antisemitismus

Antisemitismus wird im Folgenden definiert als eine Bezeichnung für alle Einstellungen und Handlungen, die den als Juden geltenden Einzelpersonen oder Gruppen aufgrund dieser Zuschreibung negative Eigenschaften unterstellen, um damit eine Abwertung, Benachteiligung, Verfolgung oder Vernichtung ideologisch zu rechtfertigen. Dabei lassen sich nach der ideologischen Ausrichtung idealtypisch unterschiedliche Varianten unterscheiden: ein religiöser, sozialer, politischer, kultureller, nationalistischer, rassistischer, sekundärer und antizionistischer Antisemitismus.[3] Der letztgenannten Form kommt fortan besondere Relevanz zu. Dabei besteht immer wieder die Schwierigkeit, wie zwischen einer antisemitischen und nicht-antisemitischen Einstellung bei der Kommentierung der Politik Israels unterschieden werden kann: Denn einerseits artikuliert sich der Antisemitismus heute stark über Einwände gegen Israel, andererseits erfolgt nicht jede Kritik an dessen Politik aus einer judenfeindlichen Motivation.

Um hier eine Differenzierung für die folgende Erörterung vorzunehmen, wird für eine Ausweitung der erwähnten zweifachen in eine dreiteilige Unterscheidung

---

3   Die vom Autor entwickelte Definition und Typologie wurde erläutert in: Armin Pfahl-Traughber, Antisemitismus als Feindschaft gegen Juden als Juden, in: Der Bürger im Staat 63 (2013) 4, S. 252–261.

plädiert. Demnach gibt es erstens einen antizionistischen Antisemitismus, wobei die Israelfeindlichkeit durch die Judenfeindlichkeit motiviert ist. Dabei bildet eine negative Einstellung, die Juden als Juden herabwürdigt, die konstitutive Grundlage für einschlägige Meinungsäußerungen und Praktiken. Zweitens soll von einer antiimperialistischen Israelfeindlichkeit gesprochen werden, wobei Israel als Hauptverantwortlicher und die Palästinenser als bloße Opfer im Nahost-Konflikt gelten. Dabei besteht keine antisemitische Einstellung, gleichwohl lässt sich eine einseitige und monokausale Positionierung auf der Seite der „Schwachen" gegen die „Starken" wahrnehmen. Und drittens kann von einer menschenrechtlichen Israelkritik[4] die Rede sein, die auch den Blick auf die Gegner wirft und Pauschalisierungen vermeidet. Es geht dabei also weder um Antisemitismus noch um Israelfeindlichkeit.[5]

Für die folgende Analyse spielen noch andere Kategorien eine Rolle, was zuvor eine Einschätzung zum Gebrauch des Gemeinten nötig macht: Es kann auch Aussagen geben, die von antisemitischen Narrativen oder Stereotypen geprägt sind, ohne dass dies dem jeweiligen Sprecher subjektiv bewusst sein muss. Ein Fehlen von Fachwissen, Reflexionsvermögen oder Sensibilität mag dies erklären. Gleichwohl kommt solchen Bekundungen sehr wohl Interesse im vorliegenden Kontext zu, was aber eine Differenzierung bei der Einordnung notwendig macht. Es gibt auch antisemitisch verstehbare Aussagen, die nicht zwingend judenfeindlich

---

4   Die Bezeichnung gilt inhaltlich als umstritten und gelegentlich selbst als antisemitisch. Dabei wird darauf verwiesen, dass zwar von einer „Israelkritik", nicht aber von einer „Italienkritik" oder „Neuseelandkritik" die Rede ist. Die Formulierungen „DDR-Kritik" oder „USA-Kritik" finden hingegen mitunter Verwendung. Dies lässt sich dadurch erklären, dass jeweils auf einen breiten Konsens hinsichtlich des politischen Systems oder der Öffentlichkeit abgestellt wurde und wird. Bezüglich der Bezeichnung „Israelkritik" geht es um den Konsens in der Öffentlichkeit hinsichtlich des Umgangs mit den Palästinensern. Darüber hinaus wird hier die Differenzierung „Israelfeindschaft" und „Israelkritik" vorgenommen. Die erstgenannte Einstellung meint eine einseitige und rigorose Frontstellung gegen Israel als politisches System, „Israelkritik" steht demgegenüber für eine differenzierte und sachliche Positionierung gegenüber der Politik des Staates Israel.

5   Vgl. die ausführliche Begründung dieser Unterscheidung in Armin Pfahl-Traughber, Antizionistischer Antisemitismus, antiimperialistische Israelfeindlichkeit und menschenrechtliche Israelkritik. Kriterien zur Differenzierung und Einordnung von Positionen im Nahostkonflikt, in: Jahrbuch für Antisemitismusforschung 24 (2015), S. 293–315. Dort findet sich auch eine Auseinandersetzung mit dem bekannten „3-D-Test", dessen Kriterien nur eine begrenzte Trennschärfe aufweisen, vgl. ebenda, S. 296–298.

motiviert sein müssen. Daher handelt es sich um eine diffuse Kategorie, denn letztendlich kann jeder Einwand gegen Israel auch judenfeindlich rezipiert werden. Auch hier bedarf es des genauen Blicks auf den Hintergrund und die Motivlage, bevor hinsichtlich des Gesagten und des Sprechers eine Zuordnung vorgenommen wird. Gleichwohl lässt sich kritisch auf fehlenden Sensibilitäten hinweisen.

Das Israel-Bild in der Labour-Partei im historischen Verlauf

Bevor auf die Gegenwart der Labour-Partei eingegangen wird, soll zunächst ihre Vergangenheit im Zentrum stehen. Ganz allgemein kann zunächst gesagt werden, dass bei einer klassischen Arbeiterpartei wie der von Beginn an stark reformerisch orientierten Labour-Partei einschlägige sozioökonomische Themen im Zentrum standen. Weder kam dem Antisemitismus noch den Juden eine besondere Relevanz für das politische Selbstverständnis zu. Auch wenn man Judenfeindschaft ablehnte, handelte es sich eigentlich um ein Nicht-Thema. Diese Auffassung schloss nicht aus, dass sich die Partei einerseits klar gegen die Ausschreitungen gegen Juden im Zarenreich positionierte und andererseits Imperialismus- und Kapitalismuskritik gelegentlich mit antisemitischen Stereotypen verband. Aufgrund der allgemein pro-jüdischen Einstellungen der Partei hatten die britischen Juden Labour gegenüber meist ein positiveres Verhältnis. Außerdem engagierte sich in der Partei mit „Poale Zion" auch eine jüdisch-zionistische Organisation.[6]

Zionistischen Auffassungen stand man allgemein positiv gegenüber, wobei dies vor dem Hintergrund eines „Kibbuz-Sozialismus" gesehen werden muss. Denn in der kollektivistischen Besiedlungspraxis erblickten Labour-Politiker wie andere europäische Sozialisten reale Vorformen einer angestrebten Zukunftsgesellschaft. Zwar nahm man die Auseinandersetzungen zwischen Arabern und Juden wahr, plädierte auch für eine ausgeglichene Konfliktregelung, stand aber letztendlich doch auf der Seite der Zionisten. Dies ist auch auch dadurch zu erklären, dass die

---

6   Bisher fehlen Forschungen zur Einstellung der Labour-Partei gegenüber dem Antisemitismus und den Juden in der ersten Hälfte des 20. Jahrhunderts; in Studien zur Einstellung gegenüber Israel und Palästina lassen sich mitunter entsprechende Verweise finden. Vgl. hierzu die Angaben in der folgenden Fußnote.

arabischen Gesellschaften als politisch und sozioökonomisch rückständig galten. In der Gesamtschau sprachen somit ideologische Gründe für eine projüdische bzw. prozionistische Orientierung. Zu einer Änderung dieser Einstellung kam es dann durch zwei Faktoren: die Gründung des Staates Israel 1948, wodurch im Nahen Osten eine neue Rahmensituation entstand, und die Regierungsübernahme durch Labour 1945, was außenpolitische Rücksichtnahmen notwendig machte.[7]

Großbritannien musste als Kolonialmacht in der nun folgenden Entwicklung auch arabische Interessen stärker ins Kalkül ziehen. Gleichwohl bestand eine proisraelische Einstellung in der Gesamtausrichtung der Partei fort, was etwa in der 1948 erfolgten Gründung von „Labour Friends of Israel" als Untergruppe deutlich wurde. An dieser Position änderte sich auch nichts durch die eskalierenden Konflikte im Nahen Osten, selbst nicht infolge des „Sechs-Tage-Krieges" von 1967. Allerdings bröckelte langsam der entsprechende Konsens, was sich in der Gründung von propalästinensischen Untergruppen zeigte. So entstand 1969 der „Labour Middle East Council" und 1982 das „Labour Committee on Palestine". Dabei handelte es sich um Gruppen aus der Parteilinken, die eine dezidierte Frontstellung gegen Israel einnahmen. Seit Ende der 1980er-Jahre ließ sich denn auch für die Gesamtpartei eine Neuorientierung ausmachen: Man sprach sowohl vom Existenzrecht Israels als auch vom Selbstbestimmungsrecht der Palästinenser.[8]

Der Aufstieg der Parteilinken und damit einhergehende Veränderungen

In der Folge kann von einer Aufteilung der Labour-Partei in eine proisraelische Führung und in eine propalästinensische Linke gesprochen werden. Durch den Aufstieg der Linken bis an die Parteispitze kam es zu grundlegenden Veränderungen, wobei dies kaum etwas mit den Auffassungen zum Nahost-Konflikt zu

---

7 Vgl. Joseph Gorny, The British Labour Movement and Zionism, London 1983; Paul Kelemen, The British Left and Zionism: History of a Divorce, Manchester 2016.
8 Vgl. June Edmunds, The British Labour Party in the 1980s: The Battle Over the Palestinian/Israeli Conflict, in: Politics 18 (1998) 2, S. 111–118; dies., The Evolution of British Labour Party Policy on Israel from 1967 to the Intifada, in: Twentieth Century British History 11 (2000) 1, S. 23–41; dies., The Left and Israel: Party-Policy Change and Internal Democracy, London 2000, S. 19–110.

tun hatte. Dazu muss zunächst festgehalten werden, dass es immer wieder interne Auseinandersetzungen um den richtigen Kurs der Partei gab, die mit der Frage zusammenhingen, wie die Sozial- und Wirtschaftspolitik gestaltet werden sollte. Die Führung wollte sich hierbei mehr in die politische Mitte orientieren, um Mehrheiten bei Wahlen zu bekommen. Demgegenüber plädierte die Linke im klassischen Sinne mehr für eine Sozialstaatspolitik. Die damit einhergehenden Auseinandersetzungen prägten die Entwicklung zwischen den 1980er- und 2010er-Jahren, wobei die Parteiführung immer als interne Siegerin hervorging. Gleichwohl gelang es nur unter Tony Blair, auch die Regierung nach entsprechenden Wahlerfolgen zu stellen.

Angesichts der späteren Niederlagen wurden immer häufiger die Parteivorsitzenden gewechselt. Im Jahr 2015 erhielt Jeremy Corbyn bei einer Mitgliederabstimmung eine deutliche Mehrheit.[9] Der 1949 geboren Abgeordnete von Islington, der seit 1983 für die Labour-Partei im Unterhaus sitzt, hatte sich schon früh in den Gewerkschaften engagiert und später für sie in unterschiedlichen Funktionen gearbeitet. Corbyn positionierte sich dort wie in der Partei auf dem linken Flügel, was sowohl in außen- wie wirtschaftspolitischen Fragen deutlich wurde. So stimmte er etwa mehrfach gegen die von Tony Blair als Labour-Premierminister umgesetzte Politik in den genannten Themenfeldern. Corbyn galt indes als einflussloser Hinterbänkler und „linker Zausel". Anerkennung fand er allenfalls bei der marginalen politischen Linken. So trat Corbyn immer wieder bei Demonstrationen und Protestveranstaltungen auf, wo er trotz seiner begrenzten rhetorischen Fähigkeiten ein gern gesehener Redner war.

Umso unwahrscheinlicher schien es, dass Corbyn jemals Parteivorsitzender werden würde. Sein Erfolg erklärt sich durch unterschiedliche Faktoren: Er stellte eine echte Alternative zu seinen Konkurrenten dar, ihm wurde ein hohes Maß an Glaubwürdigkeit und Integrität zugeschrieben, er trat für die behaupteten

---

9 Vgl. Alex Nunns, The Candidate: Jeremy Corbyn's Improbable Path to Power, London 2018; Mark Perryman (Hrsg.), The Corbyn Effect, London 2017; Rosa Prince, Comrade Corbyn. A Very Unlikely Coup: How Jeremy Corbyn Stormed to the Labour Leadership, London 2016; Richard Seymour, Corbyn. The Strange Rebirth of Radical Politics, London 2016. An deutschsprachigen Analysen zum Thema mangelt es, vgl. Armin Pfahl-Traughber, „For the Many, not the Few": Der Aufstieg eines „linken Zausels". Die Erfolge des Jeremy Corbyn und der Labour Party, in: perspektiven ds 34 (2017) 2, S. 94–105.

eigentlichen und früheren Labour-Werte ein und er wurde von einer begeisterten Kampagne jugendlicher Mitstreiter getragen. Das Establishment der Partei schäumte, die Parlamentsfraktion stand erklärtermaßen nicht hinter dem Vorsitzenden, und die Medien reihten Vorwürfe an Vorwürfe gegen ihn. Gleichwohl gelang es Corbyn nicht nur, 2016 eine weitere Kampfabstimmung um den Parteivorsitz eindeutig zu gewinnen. Unter seiner Führung erhielt Labour bei den Unterhauswahlen 2017 gar 40 Prozent der Stimmen und legte damit fast zehn Prozent zu. Angreifbar machte Corbyn sich indessen in zwei besonderen Fragen: Es gibt von ihm nur diffuse Auffassungen zum Brexit, und sein Israelbild ist deutlichen Antisemitismus-Vorwürfen ausgesetzt.

Auffassungen Corbyns und der Parteilinken als „demokratische Sozialisten"

Zunächst bedarf es eines Blickes auf die politischen Grundauffassungen Corbyns und der Parteilinken,[10] da die damit einhergehenden Einstellungen auch seine Israel-Palästina-Positionen prägen. Allgemein bekennt sich Corbyn dazu, ein „demokratischer Sozialist" zu sein, wobei aber unklar bleibt, was er genau damit meint. Denn Corbyn beruft sich weder auf einen bestimmten Klassiker noch auf ein organisatorisches Vorbild. Seine Orientierung scheint jedoch den Wertvorstellungen eines demokratischen Verfassungsstaates zu entsprechen. Gleichwohl grenzte Corbyn sich nie klar von der extremen Linken ab, war er doch etwa jahrelang Kolumnist in dem der Kommunistischen Partei Großbritanniens

---

[10] Eine ausführliche Darstellung zu Leben und Positionen findet sich in: Tom Bower, Dangerous Hero: Corbyn's Ruthless Plot for Power, London 2019. Das Buch stützt sich zwar auf eine Fülle von Gesprächen und Hintergrundinformationen, liefert jedoch für die jeweiligen Aussagen keine genauen Belege. Darüber hinaus fällt es durch seine Parteilichkeit auf, wird doch über Corbyn alles nur Mögliche an negativen Positionen zusammengetragen. Gelegentlich hat man den Eindruck, es handele sich um eine „Kampfschrift" gegen den Labour-Vorsitzenden. Gleichwohl liefert Bower viele interessante Informationen, aber eben ohne genaue Quellenangaben. Dies minimiert in der Gesamtschau den Nutzen des Werks. Der Antisemitismus-Frage ist ein ganzes Kapitel gewidmet, vgl. ebenda, Kapitel: The Jew-Haters, S. 231–253.

nahestehenden *Morning Star*. Auch bei seinem Engagement in Protestbewegungen wurde kein politischer Trennungsstrich gezogen. Ebenso lassen sich beim Engagement in Gewerkschaften immer wieder Kooperationen mit Trotzkisten konstatieren.[11]

Die politischen Auffassungen Corbyns können eher anhand seiner Positionierungen zu verschiedenen Themenfeldern verdeutlicht werden: Er gab und gibt sich dabei als Anhänger des sozialdemokratisch geprägten Wohlfahrtsstaatsmodells, das in den nordeuropäischen Ländern der Nachkriegszeit entstand. Demgemäß kritisierte er die Austeritätspolitik zunächst der Labour- wie danach der Tory-Regierung. Er forderte die Abschaffung von Studiengebühren und Einkommensteuererhöhungen für Reiche ebenso wie Mehrinvestitionen in den Sozialwohnungsbau und die Wiederverstaatlichung öffentlicher Versorgungsunternehmen. Corbyn steht der Monarchie kritisch gegenüber und tritt für die Orientierung an der Republik ein, wenngleich damit einhergehende Fragen aufgrund anderer Mehrheitsverhältnisse im britischen Volk kaum thematisiert werden. Außenpolitisch plädiert er für entschiedene Abrüstung insbesondere der Nuklearbewaffnung und gegen militärische Interventionen in andere Länder.

Besondere Bedeutung kommt seinen Einstellungen zu Konflikten in verschiedenen Weltregionen zu. Dabei ist Corbyn von einer „antiimperialistischen" Grundposition im klassischen linken Sinne geprägt, wobei angebliche oder tatsächliche Beherrscher und Unterdrückte, Starke und Schwache, Täter und Opfer unterschieden werden. Dies lässt sich anhand der Haltung gegenüber dem Nordirland- oder Türkeikonflikt veranschaulichen. Die Besonderheit bestand jeweils darin, dass Corbyn den gewaltsamen Kampf nicht klar verdammte. Sowohl gegenüber der IRA wie der PKK brachte er viel Verständnis auf. Ähnlich geprägt war und ist Corbyns Deutung des Nahost-Konflikts, in dem er in Israel primär den Täter und in den Palästinensern die Opfer sah und sieht. Dabei neigt er dazu,

---

11 Dieser Beobachtung kommt für die hier zu erörternde Fragestellung eine gewisse Relevanz zu, da das trotzkistische Spektrum stark von einer antiimperialistischen Israelfeindlichkeit geprägt ist. Es gibt nur wenig Literatur zu den britischen Trotzkisten, vgl. die folgenden älteren Darstellungen, die aber nicht den negativen Israel-Bezug gesondert thematisieren: John Callaghan, British Trotskyism: Theory and Practice, Oxford 1984; ders., The Far Left in British Politics, Oxford 1987, S. 55–83.

politischen Akteuren wie der Hamas oder der Hizbollah eine eher positive Orientierung zuzuschreiben. Diese Auffassungen prägen nicht nur ihn selbst, sondern allgemein die Linke, auch und gerade beim letztgenannten Thema.[12]

Antisemitismus-Distanzierungen von Corbyn im Laufe der Zeit

Vom Antisemitismus hat sich Corbyn immer wieder distanziert, sofern es dazu einer Aussage bedurfte, eine Nachfrage aufkam oder eine Notwendigkeit bestand. Zu konstatieren ist hier eine Kontinuität von Stellungnahmen über die Zeit. Dabei fallen zwei Besonderheiten auf: Es blieb jeweils unklar, was er unter Antisemitismus genau verstand, denn bekanntlich handelt es sich inhaltlich um ein komplexes Phänomen mit unterschiedlichen Varianten. Damit hängt insbesondere der Eindruck zusammen, dass Corbyn die Judenfeindschaft hauptsächlich in ihrer rassistischen Prägung und im politisch rechten Sinne wahrnahm. Dass es sowohl andere Ausrichtungen wie Protagonisten antisemitischen Wirkens geben könnte, lag außerhalb seines direkten Blickfeldes und seiner politischen Bündnisbereitschaft. Auch darin bestand und besteht ein Einklang mit der Linken inner- wie außerhalb der Partei, und diese Grundorientierung erklärt bei der Kommentierung des Nahostkonflikts auch viele problematische Vorgehensweisen.

Gegen Antisemitismus sprach sich Corbyn beispielsweise schon im Jahr 1977 bei Demonstrationen gegen die „National Front" aus, wobei der rechtsextremistischen Partei darüber hinaus Faschismus und Rassismus zugeschrieben wurden.[13] Dem folgten immer wieder ähnliche Erklärungen; Antisemitismus

---

12 Dazu mangelt es an Forschungsliteratur, vgl. lediglich: Dave Rich, The Left's Jewish Problem: Jeremy Corbyn, Israel and Anti-Semitism, London 2016. Darin finden sich gelegentlich auch Ausführungen zu den Trotzkisten. Eine Aufsatzsammlung zum linken Antisemitismus ist: David Hirsh, Contemporary Left Antisemitism, London 2018. Vgl. auch folgende Aufsätze: Brian Klug, Die Linke und die Juden: Labours Sommer der Bitterkeit, in: Christian Heilbronn/Doron Rabinovici/Natan Sznaider (Hrsg.), Neuer Antisemitismus? Fortsetzung einer globalen Debatte, Berlin 2019, S. 349–365 und Anshel Pfeffer, Gute Juden, schlechte Juden: Antisemitismus in Jeremy Corbyns Labour Party, in: ebenda, S. 366–385.
13 Vgl. Keith Flett, Jeremy Corbyn has a long and honourable record of opposing fascism, racism and anti-semitism, in: Monthly Review Online, 30. 3. 2018.

galt dabei aber als Ideologieelement nur in diesem politischen Lager. Corbyn unterzeichnete später auch Erklärungen, die sich gegen Diskriminierungen von Juden und Gewalthandlungen gegen Synagogen richteten, so etwa 2002 nach einem Angriff auf die Finsbury Park Synagoge in London oder 2003 nach einem Angriff auf zwei Synagogen in Istanbul. Corbyn tat dies jeweils als Parlamentsabgeordneter. Gleiches gilt für eine Erklärung 2010 zur Hilfe für verfolgte Juden im Jemen oder 2012 bei einer Verurteilung des Antisemitismus im Sport.[14] Derartige Bekundungen stehen für eine Distanzierung von der Judenfeindschaft, es kann dabei aber keine nähere Beschäftigung mit dem Phänomen konstatiert werden.

Angesichts der öffentlichen Auseinandersetzung um das Antisemitismus-Problem der Labour-Partei nahm Corbyn im Sommer 2018 dazu noch einmal in einem öffentlichen Kommentar inhaltlich Stellung: Er betonte den großen Beitrag, den Juden sowohl für Großbritannien wie für die Labour-Partei geleistet hätten. Auch eine Regierung unter seiner Führung würde der jüdischen Gemeinschaft entsprechende Sicherheit gewähren. Bezogen auf den Antisemitismus meinte er: „Ich gebe zu, dass es ein echtes Problem gibt, an dessen Lösung Labour arbeitet." Er sprach von der Leugnung des Holocaust, Stereotypen gegen jüdische Bankiers und Verschwörungsvorstellungen zum 11. September 2001. Derartige Auffassungen hätten keinen Platz in der Partei und würden allenfalls von 0,1 Prozent der Mitglieder vertreten. Dieser Anteil sei gleichwohl zu hoch. Es gebe eine Verantwortung, den Antisemitismus aus der Partei auszurotten. Gegenüber Antisemiten erklärte Corbyn: „Ihr seid nicht meine Unterstützer und habt keinen Platz in unserer Bewegung."[15]

---

14 Vgl. Marie Woolf, Byers to visit synagogue desecrated by racists, in: The Independent, 2. 5. 2002; Attacks on Places on Worship #1223, 30. 4. 2002, https://edm.parliament.uk/early-day-motion/20373/attacks-on-places-of-worship; Combatting Anti-Semitism #123, 26. 11. 2003, https://edm.parliament.uk/early-day-motion/26545; Tackling Racism and Anti-Semitism in Sport #1133, 1. 3. 2013, https://edm.parliament.uk/early-day-motion/45298/tackling-racism-and-antisemitism-in-sport [alle URLs zuletzt aufgerufen am 5. 11. 2019].
15 Jeremy Corbyn, I will root antisemites out of Labour – they do not speak for me, in: The Guardian, 3. 8. 2018.

Aktivitäten und Beziehungen mit antisemitismusverdächtigen Kontexten

Indessen ließen diverse Aktivitäten und gelegentliche Kontakte immer wieder gegenteilige Vermutungen aufkommen. Dabei konnte bei Corbyn ein bestimmtes Muster festgestellt werden: Den Behauptungen zu antisemitismusverdächtigen Kontexten folgte regelmäßig ein Statement, wonach er über bestimmte Hintergründe nicht informiert gewesen sei oder es ein inhaltliches Missverständnis gegeben habe. Die Angemessenheit solcher Einschätzungen soll hier nicht näher thematisiert werden. Es geht zunächst einmal nur um die Beschreibung entsprechender Ereignisse. Dazu gehört Corbyns jahrelange Teilnahme an den „Deir Yassin Remembered"-Veranstaltungen, die an ein Massaker an Palästinensern in dem genannten Ort 1948 erinnern. Corbyn nahm daran seit 2007 teil, gemeinsam mit dem Labour-Abgeordneten Gerald Kaufman.[16] Der Begründer dieser Erinnerungsveranstaltungen war Paul Eisen, ein Holocaust-Leugner. Corbyn gab an, dies sei erst später bekannt geworden, was eventuell für ihn, aber angesichts von Eisens Publikationen nicht öffentlich zutraf.[17]

Ein anderes Ereignis bezog sich auf die Erinnerung an den Holocaust, wobei es um eine Initiative von meist der Labour Partei angehörenden Parlamentsangehörigen ging. Sie beantragten im Januar 2011, es solle ein „Genocide Memorial Day" und nicht mehr nur ein „Holocaust Memorial Day" etabliert werden. Zu dieser Gruppe gehörte auch Corbyn. Sie begründete ihren Antrag damit, jedes Leben sei von Wert, und man solle aller Genozidopfer an diesem Tag gedenken. Es handelte sich aber um den Holocaust-Gedenktag, an dem in vielen Ländern zur gleichen Zeit an die Millionen jüdischer Opfer erinnert wird. Insofern geriet der Antrag in die öffentliche Kritik, wirkte dies doch wie eine Relativierung des antisemitischen Völkermordes. Im Januar 2018 veröffentlichte Corbyn erneut eine Erklärung, worin allgemein von dem „Bösen" und ihren Opfern die Rede war. Die

---

16 Kaufman gehörte dem „Jewish Labour Movement" an, äußerte sich aber auch immer wieder in einem eindeutig israelfeindlichen Sinne. Auf ihn wird später noch einmal eingegangen.
17 Vgl. Robert Mendick, Jeremy Corbyn's 10-year association with group which denies the Holocaust, in: The Telegraph, 20. 5. 2017; Rowena Mason, Jeremy Corbyn says antisemitism claims „ludicrous and wrong", in: The Guardian, 18. 8. 2015. Bereits 2008 erschien ein Artikel von Eisen mit dem Titel „My life as a Holocaust denier".

Bezeichnungen „Holocaust" und „Juden" kamen nicht vor, was zu starker öffentlicher Kritik führte.[18]

Ein weiteres Beispiel betrifft ein 2012 erstelltes Gemälde und den Umgang damit. Es hat den ironisch gemeinten Titel „Freedom for Humanity" und stammt von Kalen Ockerman alias Mear One. In der Bildmitte sieht man ältere Herrn in nobler Kleidung, die um einen runden Tisch sitzen. Sie spielen offenbar um Geld wie bei Monopoly, tun dies aber auf dem Rücken von nackten Schwarzen. Offenbar sollte so die Ausbeutung insbesondere Afrikas durch den reichen Westen kritisiert werden. Da aber Betrachter bei der Karikatur der Reichen meinten, bei den gezeichneten Bankiers würden antisemitische Stereotype bedient, trat der Gemeinderat für die Entfernung des Wandgemäldes ein. Als dies Corbyn bekannt wurde, protestiert er in einem Facebook-Eintrag dagegen. 2018 wurden diese Ereignisse erneut in den Medien aufgegriffen, was Corbyn zu einer öffentlichen Stellungnahme motivierte. Demnach habe er sich das Bild seinerzeit nicht genauer angesehen, seine Inhalte seien antisemitisch und verstörend.[19]

Engagement für und Kooperation mit antisemitismusverdächtigen Personen

Ein Aspekt, der häufig zur Erörterung der erwähnten Fragestellung angesprochen wird, ist Corbyns Engagement für und Kooperation mit antisemitismusverdächtigen Personen. Dazu dienen die folgenden Beispiele: Zunächst geht es um den Aktivisten Dyab Abou Jahjah, früher Leiter der „Arab European League", der zunächst eine pan-arabische, später eine links-säkulare Position vertrat. Er hatte die Anschläge vom 11. September 2001 als legitime Rache bezeichnet, dann aber

---

18 Vgl. Michael Bachner, Corbyn called for Holocaust Memorial Day to be renamed „Genocide Memorial Day", in: The Times of Israel, 2. 8. 2018; Labour Leader Corbyn Backed Call to Replace ‚Holocaust' With ‚Genocide' for Official Memorial Day, in: Haaretz, 2. 8. 2018.
19 Vgl. Rob Merrick, Jeremy Corbyn forced to backtrack over apparent support for antisemitic mural, in: The Independent, 23. 3. 2018; Helena Horton/Harry Yorke, Labour MPs brand Jeremy Corbyn's response to antisemitic mural „wholly inadequate", in: The Telegraph, 23. 3. 2018.

das Leiden so vieler Menschen bedauert. Bei anderer Gelegenheit sprach Abou Jahjah 2006 von einer europäischen „Alternativreligion" bezogen auf den „Kult" um den Holocaust und die Verehrung der Juden. Auf einer Antikriegsdemonstration konnte er 2011 nach einer Einladung von Corbyn sprechen. Dieser stritt 2017 bei Fragen von Journalisten eine Kooperation mit Abou Jahjah ab, revidierte seine Aussagen aber, nachdem ihm einschlägige Fotos, auf denen beide gemeinsam zu sehen sind, präsentiert wurden.[20]

Das nächste Beispiel betrifft Racd Salah, einen islamistischen Aktivisten, der durch antisemitische Behauptungen wie „Ritualmord"-Vorwürfe und politisches Engagement für Gewaltorganisationen wie die Hamas in seinem eigentlichen Heimatland Israel aufgefallen war. Dies und Kontakte zum iranischen Geheimdienst führten dort zu seiner Verhaftung. Nach seiner Entlassung reiste Salah 2011 nach Großbritannien, wo er im Unterhaus an einem „Palestine Solidarity Campaign"-Treffen teilnahm. Eingeladen hatten ihn drei Labour-Parlamentsabgeordnete, zu denen neben Richard Burden und Yasmin Qureshi auch Jeremy Corbyn gehörte. Nur einige Wochen später behauptete Salah, vor den Anschlägen vom 11. September 2001 seien 4000 Juden gewarnt worden, an diesem Tag das World Trade Center zu betreten.[21] Damit sind zwei Belege genannt, die bei Salah für antisemitische Auffassungen im islamistischen Kontext in einem politisch und religiös geprägten Sinne sprechen.

Im letzten Beispiel geht es um die Einstellung zu Stephen Sizer, der früher für die Christ Church als Vikar gearbeitet hatte und als entschiedener Gegner eines „christlichen Zionismus" bekannt geworden war. Über seine persönliche Internet-Seite verbreitete Sizer immer wieder Links zu Verschwörungstheorien, nach denen Israel und die Juden für die Massenmorde am 11. September 2001 verantwortlich seien. Auch für den Afghanistan- und den Irak-Krieg gibt er Israel die Schuld. Darüber hinaus fanden sich Holocaust-Leugnungen auf diesen Internet-Seiten,

---

20 Vgl. Mat Dathan, Jeremy Corbyn denies links to Lebanese „extremist" Dyab Abou Jahjah – as picture emerges of the two sharing a stage, in: The Independent, 19. 8. 2015; Jessica Elgot, Dyab Abou Jahjah: the Arab „extremist" causing problems for Jeremy Corbyn, in: The Guardian, 20. 8. 2015.
21 Vgl. Ilene R. Prusher, Israeli Arab's rising voice of opposition, in: The Christian Science Monitor, 26. 10. 2006; Alan Travis, Leading Palestinian activist arrested in London, in: The Guardian, 29. 6. 2011.

was nach einer öffentlichen Kritik zu seiner zeitweiligen Suspendierung führte. Daraufhin protestierten beim zuständigen Bischof von Guildford prominente Personen, zu denen auch Corbyn gehörte. Sizer behauptete in einem Brief, bei den Links habe es sich um ein technisches Versehen gehandelt. Darüber hinaus meinte er, es gehe um eine politische Kampagne, um all jene zu dämonisieren, die sich gegen den Zionismus wenden würden.[22]

Die Antisemitismus-Vorwürfe gegen den Labour-Linken Ken Livingstone

Antisemitismus-Vorwürfe wurden nicht nur gegenüber Corbyn, sondern auch gegenüber anderen Labour-Politikern wie Ken Livingstone vorgetragen.[23] Um die folgenden Ausführungen besser einordnen zu können, müssen zunächst einige Aussagen zur Person vermittelt werden. Livingstone wurde in der britischen Politik dadurch bekannt, dass er zwischen 2000 und 2008 das Amt des Bürgermeisters von London innehatte. Er gehörte dem linken Flügel der Labour-Partei an und war seinerzeit entgegen den Absichten der Parteiführung zur Wahl angetreten. Fortan nutzte Livingstone das Amt nicht nur dazu, um im sozialpolitischen Bereich entsprechende „linke" Zeichen zu setzen, sondern äußerte sich auch immer wieder zu außenpolitischen Fragen. So lehnte er etwa die britische Beteiligung am Irak-Krieg ab. Gegenüber autoritären Regierungen von „links", sei es der von Fidel Castro in Kuba oder der von Hugo Chavez in Venezuela, ließ er indessen Distanz und Kritik vermissen. Das brachte ihm in den konservativen Medien den Spitznamen „Red Ken" ein.

Bereits früh wurde bei dem von der Labour-Führung mehr geduldeten denn geschätzten Politiker deutlich, dass er eine eindeutig negative Haltung zur Politik des Staates Israel hatte. Darüber hinaus nahm Livingstone immer wieder abson-

---

22 Vgl. Vicar Stephen Sizer ‚has no regrets' after Jewish complaint, in: BBC News, 24. 10. 2013; David Hirsh, Steven Sizer pushes antisemitic conspiracy theory, Jeremy Corbyn defends him as a victim of the Lobby, in: Engage, 26. 8. 2018, https://engage online.wordpress.com/2018/08/26/steven-sizer-pushes-antisemitic-conspiracy-theory-jeremy-corbyn-defends-him-as-a-victim-of-the-lobby-david-hirsh/.
23 Eine ausführliche Einschätzung zu dem Fall findet sich in: David Hirsh, Ken Livingstone and the Livingstone Formulation, in: ders., Contemporary Left Antisemitism, S. 11–39.

derlich wirkende Gleichsetzungen mit dem Nationalsozialismus vor, etwa 2005, als er ausgerechnet einen jüdischen Journalisten mit einem KZ-Wächter verglich. Im gleichen Jahr bezeichnete er den israelischen Premierminister Ariel Scharon als „Kriegsverbrecher" und machte ihn für Massaker in den Palästinensergebieten verantwortlich, wobei er diese Ereignisse mit dem Holocaust in inhaltliche Verbindung brachte. Derartige Statements lösten teils heftige öffentliche Kritik aus. Darauf reagierte der Angesprochene aber nicht mit Entschuldigungen oder Erläuterungen. An einer klaren Trennungslinie fehlte es ihm, hatte er doch zuvor als Bürgermeister den islamistischen Prediger Yusuf al-Qaradawi offiziell eingeladen.[24]

Mit Beendigung seiner Amtszeit wurde es zunächst ruhiger um Livingstone, auch hinsichtlich seiner Einstellungen zu Israel oder den Juden. Als aber 2016 die Abgeordnete Naz Sha aus der Labour-Partei ausgeschlossen wurde, weil sie die israelischen Juden in die USA umsiedeln lassen wollte, meldete er sich erneut zu Wort. Livingstone hielt derartige Auffassungen nicht für antisemitisch, aber für übertrieben. Er selbst äußerte in diesem Kontext, Hitler habe in den 1930er-Jahren die Zionisten unterstützt, um die Auswanderung von Juden nach Palästina zu fördern. Dabei spielte er auf das Havaara-Transfer-Abkommen an, wobei er allerdings eine historisch falsche Interpretation vornahm. Angesichts der Kritik an der Labour-Parlamentarierin sprach Livingstone davon, es gebe eine abgestimmte Kampagne der „Israel-Lobby", die alle Einwände gegen die israelische Politik als antisemitisch verleumde. Daraufhin kam es zu Distanzierungen führender Labour-Politiker und der Suspendierung seiner Parteimitgliedschaft.[25]

---

24 Vgl. Hugh Muir, Livingstone faces inquiry over Nazi guard Jibe at Jewish reporter, in: The Guardian, 12. 2. 2005; Ken Livingstone, This is about Israel, not antisemitism, in: The Guardian, 4. 5. 2005; Aislinn Simpson, Ken Livingstone defends his extremist backer, in: The Telegraph, 21. 4. 2008.
25 John Rentoul, Ken Livingstone has deservedly gone – but Naz Shah made a genuine apology we should be prepared to accept, in: The Independent, 28. 4. 2016; Rowena Mason/Anushka Asthana/Andrew Sparrow, Ken Livingstone's Hitler remarks spark Labour calls for suspension, in: The Guardian, 28. 4. 2016; Ken Livingstone suspended by Labour Party in „anti-Semitism" row, in: BBC News, 28. 4. 2016; Rowena Mason/Snushka Asthana/Andrew Sparrow, Ken Livingstone says Labour should reinstate him because everything he said about Jewish people „was true", in: The Telegraph, 29. 4. 2016.

Auseinandersetzung mit dem Antisemitismus in der Chakrabarti-Untersuchung

Die öffentliche Auseinandersetzung um Livingstone und Sha führte dazu, dass die Parteiführung eine Untersuchung initiierte. Corbyn beauftragte damit die Juristin Shami Chakrabarti. Sie stand einer Anwaltsgruppe vor, die sich für die Beibehaltung von Bürgerrechten im Kontext der Terrorismusbekämpfung einsetzte. Den Auftrag erhielt Chakrabarti im April 2016; bereits zwei Monate später, im Juni 2016, legte sie ihren Untersuchungsbericht vor. Währenddessen war sie der Labour Partei beigetreten, was zu öffentlicher Kritik an ihrer Unabhängigkeit führte. Sie betonte aber, ihr Urteil sei dadurch nicht beeinflusst worden. Ähnliche Einwände kamen auf, als Corbyn sie im August 2016 als Mitglied für das Oberhaus vorschlug. Es wurde daraufhin der Verdacht geäußert, dass Chakrabarti bereits bei der Auftragserteilung für die Untersuchung ein entsprechendes Angebot erhalten habe.[26] Belege dafür gibt es hingegen nicht.

Bei dem Untersuchungsbericht handelt es sich um einen 31-seitigen Text, der bereits im ersten Satz eine Zusammenfassung enthält: „Die Labour-Partei ist nicht von Antisemitismus, Islamophobie oder anderen Formen von Rassismus überschwemmt." Gleichzeitig war in allgemeiner Form von einer „gelegentlichen giftigen Atmosphäre"[27] die Rede. Danach berichtete die Autorin, die häufig „ich" schrieb, obwohl es noch andere Mitarbeiter gab, zunächst von dem Arbeitsauftrag Corbyns zur Erstellung der Untersuchung. Sie sollte dabei Gespräche mit Labour-Mitgliedern sowie mit Repräsentanten der jüdischen Gemeinschaft und anderer Minoritätengruppen führen. Der Bericht ging dann auf die Geschichte der Labour-Partei ein und betonte ihre kontinuierliche antirassistische und projüdische Orientierung. Dem folgend wurden beleidigende Formulierungen wie „Paki" oder „Zio" kritisiert, die ebenso wenig wie NS-Metaphern zum Nahost-Konflikt einen Platz in der Labour-Partei hätten. Ferner finden sich Hinweise zum angemessenen Sprachgebrauch.[28]

---

26 Anti-Semitism inquiry leader Shami Chakrabarti joins Labour, in: BBC News, 16. 5. 2016; Jessica Elgot/Rajeev Syal, Shami Chakrabarti declines to deny offer of peerage by labour, in: The Guardian, 20. 7. 2016.

27 Shami Chakrabarti, The Shami Chakrabarti Inquiry, London 2016, https://labour.org.uk/wp-content/uploads/2017/10/Chakrabarti-Inquiry-Report-30June16.pdf.

28 Vgl. das bilanzierende Ergebnis ebenda, S. 27 f.

Bezüglich der hier zu erörternden Fragestellung sollen dazu die folgenden Punkte hervorgehoben werden: Der Bericht wurde in nur zwei Monaten geschrieben, was für eine solche Untersuchung ein viel zu kurzer Zeitrahmen ist. Von einer genaueren Analyse kann aus weiteren formalen Gründen nicht gesprochen werden: Den Anlass bot der Antisemitismus in der Partei, wobei die Judenfeindschaft aber im Text lediglich am Rande vorkam. Antisemitismus wurde nur als eine Form neben der „Islamophobie" verstanden. Den Anstoß zum Bericht hatte aber die Judenfeindschaft in der Partei gegeben. Darüber hinaus wurde „Antisemitismus" darin nicht genauer definiert und offenbar nur als eine Form von Rassismus verstanden. Auffälliger noch ist, dass weder die bekannten Fälle noch weitere Vorkommnisse näher thematisiert wurden. Chakrabarti erwähnte zwar Beispiele, die ihr in Gesprächen mitgeteilt wurden, unterließ aber sowohl eine ausführlichere Beschreibung als auch eine nähere Untersuchung. Insofern belegte der Bericht das Ergebnis nicht.

Antisemitische Einstellungen und Handlungen in der Parteibasis

Antisemitische Einstellungen und Handlungen in der Parteibasis wurden nicht ausführlicher thematisiert. Dazu sollen hier einige Beispiele angeführt werden, die solche Positionen – ohne die Möglichkeit einer quantitativen Verortung – nachvollziehbar machen. Dazu gehört die Existenz von Facebook-Gruppen mit antisemitischer Kommunikation, an denen Corbyn selbst, der als „Schattenkanzler" geltende John McDonnell und zwölf hochrangige Labour-Funktionäre beteiligt waren. Neben gewaltverherrlichenden und rassistischen Inhalten wurde in diesen Gruppen Hitler als großer Mann gefeiert, der Holocaust an den Juden geleugnet und Israel mit dem „Dritten Reich" gleichgesetzt. Zwar handelte es sich um private Facebook-Gruppen, die nicht der Labour Partei direkt zugerechnet werden können, es beteiligten sich aber durchweg Pro-Corbyn-Gruppen mit über 400 000 Nutzern. Corbyn selbst erklärte, er sei zwar bei einigen der Gruppen formal Mitglied gewesen, habe aber deren inhaltliche Kommunikation nicht näher verfolgt.[29]

---

29 Vgl. Lucy Fisher, Jeremy Corbyn in another pro-Palestine Facebook group linked to antisemitism, in: The Times, 22. 3. 2018; Richard Kerbaj u. a., Exposed: Jeremy Corbyn's hate factory, in: The Times, 1. 4. 2018.

Dass es als Alltagsphänomen durchaus Antisemitismus in der Labour-Partei gibt, bestätigten auch die Beiträge in dem Sammelband „Whitewashed", der sich auf die Chakrabarti-Untersuchung bezog, nicht näher berücksichtigte Einsendungen dazu enthielt und das Ergebnis bereits durch die Titelwahl deutlich kritisierte. Die 16 Berichte und Kommentare sind verständlicherweise nicht repräsentativ und stammen zu einem Großteil von sozialwissenschaftlich sozialisierten Akademikern aus dem Labour-Umfeld. Durch ihre Beiträge ziehen sich durchgängig Einwände gegen die Ignoranz, die gegenüber Antisemitismus und Israelfeindlichkeit bestehe. Es wurde außerdem darauf hingewiesen, dass auch eine linke und nicht nur eine rechte Form von Judenhass existiere. Dabei fanden auch frühere Beispiele für antisemitische Einstellungen besonderes Interesse, die mit finanzkapitalistischen Themen verbunden waren. Derartige Meinungen seien sowohl bei bekannten Abgeordneten wie einfachen Mitgliedern präsent. Dominierend sei aber der antizionistische Antisemitismus.[30]

Um die vorherigen Ausführungen an einem konkreten Beispiel zu veranschaulichen, sei hier auf den Fall Damien Enticott verwiesen: Enticott gehörte der jüngeren Generation seiner Partei an und war 2018 bei einer Nachwahl in den Stadtrat von Bognor Regis gewählt worden. Auf seiner Facebook-Seite teilte er ein Video mit dem Titel „Jüdische Rituale: Sie trinken Blut und saugen an Babypenissen". In den Kommentaren zu diesem Video wurden Juden als Parasiten bezeichnet und ihre Hinrichtung gefordert. Nachdem ein anderes Labour-Mitglied diesen Vorfall öffentlich gemacht hatte, erklärte Enticott, die Formulierungen habe ein Mitbewohner von ihm vorgenommen. Es gab aber noch ältere Facebook-Einträge von ihm, in denen er die Ermordung von Juden forderte oder Hitler pries. Nach Bekanntwerden der Einträge wurde Enticotts Mitgliedschaft in der Labour-Partei ausgesetzt.[31] Es handelt sich hierbei zwar nur um ein Beispiel aus den Reihen der niedrigeren Führungsebene, gleichwohl steht es exemplarisch für ähnliche Fälle.

---

30 Vgl. Judith Ornstein (Hrsg.), Whitewashed. Anti-Semitism in the Labour Party, London 2017. Darin findet sich auch eine inhaltliche und methodische Kritik an der erwähnten Untersuchung, vgl. Ruth Deech, Submission, in: ebenda, S. 52–63.
31 Vgl. Jack Mendel, Labour suspends councillor over ‚Jews drink blood' post, in: The Times of Israel, 27. 7. 2018; Bognor regis councillor resigns in ‚anti-Semitism' row, in: BBC News, 1. 8. 2018.

Auseinandersetzung um die Akzeptanz einer Antisemitismus-Definition

Besondere Aufmerksamkeit verdient auch die Kontroverse um das Antisemitismus-Verständnis, kam es doch im Herbst 2018 bei der Labour-Partei zu einem wechselhaften Umgang mit ihren eigenen Vorstellungen. Es ging um die mögliche Anerkennung einer Definition der „International Holocaust Remembrance Alliance" (IHRA), die von staatlichen wie nicht-staatlichen Einrichtungen in vielen Ländern immer größere Wertschätzung erhalten hatte. Die allgemeine Begriffsbestimmung lautete: „Antisemitismus ist eine bestimmte Wahrnehmung von Juden, die im Hass auf Juden Ausdruck finden kann. Rhetorische und physische Manifestationen von Antisemitismus richten sich gegen jüdische oder nichtjüdische Individuen und/oder ihr Eigentum, gegen Institutionen jüdischer Gemeinden und religiöse Einrichtungen."[32] Gegen diese Definition wie die Erläuterungen können durchaus Einwände vorgebracht werden, fehlt es ihr doch an Klarheit, Trennschärfe und Vollständigkeit.[33]

Doch darum ging es in der Auseinandersetzung nicht. Denn während die allgemeine Begriffsbestimmung von der Labour-Partei akzeptiert wurde, galt dies nicht für vier von den elf in der IHRA-Definition genannten Fallbeispielen. Dies waren: „Anschuldigungen gegen jüdische Bürger, sie seien Israel oder den angeblichen Prioritäten der Juden weltweit gegenüber loyaler als ihren eigenen Ländern", „das Absprechen des Rechts auf Selbstbestimmung des jüdischen Volkes, beispielsweise durch die Aussage, die Existenz des Staates Israel sei ein rassistisches Projekt", „die Anwendung doppelter Standards durch das Einfordern eines Verhaltens, wie es von keiner anderen Nation erwartet oder gefordert wird" und „Vergleiche der heutigen israelischen Politik mit der der Nationalsozialisten".[34] Diese

---

32 IHRA verabschiedet Antisemitismus-Definition, 2. 6. 2016, https://embassies.gov.il/berlin/NewsAndEvents/Pages/IHRA-einigt-sich-auf-Arbeitsdefinition-für-Antisemitismus.aspx.
33 Vgl. Armin Pfahl-Traughber, Die EUMC-Arbeitsdefinition Antisemitismus in der Kritik. Anmerkungen zu fehlender Trennschärfe und Vollständigkeit, in: haGalil.com, 16. 7. 2017. Die Begriffsbestimmung des „European Monitoring Center on Racism and Xenophobia" wurde von der IHRA weitgehend übernommen, daher fand später die Bezeichnung IHRA-Definition zur Kennzeichnung größere Verbreitung. Vgl. dazu auch ähnliche Einwände, die später erhoben wurden: Klug, Die Linke und die Juden, S. 352–356.
34 IHRA verabschiedet Antisemitismus-Definition, 2. 6. 2016.

Punkte wurden zwar angesprochen, aber nicht mit gleicher Intention akzeptiert. Daraufhin kam es zu öffentlicher Kritik, die sich gegen Umschreibungen wandte. Die Führung der Partei erklärte, man befürchte eine Diskreditierung von reiner Kritik an Israel als antisemitisch.[35]

Diese Beispiele erfassten aber auch, wie die bisherige Darstellung verdeutlicht, viele Meinungen aus der Parteilinken, zu denen gegen Israel erhobene Nationalsozialismus- und Rassismus-Vorwürfe gehörten. Die Abgeordnete Margaret Hodge meinte, man könne nun Juden als „Nazis" bezeichnen, ohne einen Parteiausschluss befürchten zu müssen. Angesichts der öffentlichen Debatte fand eine Krisensitzung der Labour-Führung statt, während zur gleichen Zeit Demonstranten von beiden Seiten für ihre gegenteiligen Vorstellungen warben. Im Ergebnis wurde letztendlich doch die komplette Definition, mit den vier Fallbeispielen, übernommen. Diese Entwicklung war erkennbar eine Folge öffentlicher Kritik und nicht die Konsequenz eines Lernprozesses. Corbyn beabsichtigte noch eine inhaltliche Erklärung, nach der die Bezeichnung von Israels Politik als „rassistisch" nicht antisemitisch sei. Da er aber für diese keine Mehrheit im Parteivorstand erhielt, zog er sie wieder zurück.[36]

Einstellungen und Kontakte zu palästinensischen Organisationen

Bevor die beschriebenen Entwicklungen näher erörtert werden, soll es hier um drei weitere Gesichtspunkte gehen. Dazu gehören zunächst Corbyns Einstellungen und Kontakte zu palästinensischen Organisationen, wobei es sich nicht um gewaltfreie Zusammenschlüsse, sondern mitunter um terroristische Gruppen handelt. Seine persönlichen Auffassungen decken sich mit seinem politischen Selbstverständnis zu diesem Thema. Bereits früh nahm Corbyn eine dezidiert israelfeindliche und propalästinensische Position ein, was sich aus seiner antiimperialistischen Ein-

---

35 Vgl. Lee Harpin, Read Labour's new definition of antisemitism that has caused so much anger, in: The Jewish Chronicle, 5. 7. 2018; Daniel Sugarman, What is the IHRA definition of antisemitism? And why has Labour outraged Jews by rejecting it?, in: The Jewish Chronicle, 20. 7. 2018.
36 Vgl. Dan Sabbagh, Labour adopts IHRA antisemitism definition in full, in: The Guardian, 4. 9. 2018; Labour adopts full anti-Semitism definition, in: BBC News, 4. 11. 2018.

stellung mit einem rigorosen und stereotypen Täter-Opfer-Verständnis erklärt. Diese Denkweise war und ist weitgehend Konsens in der britischen Linken, in der Auffassungen von einer „Apartheid in Israel" und einer „Palästina-Solidarität" weite Verbreitung fanden und finden. Bei der Einschätzung der genannten Kommentare und Kontakte sollte noch berücksichtigt werden, dass es keine Entsprechungen zu israelischen Organisationen gab und gibt.

Corbyn sprach 2009 eine Einladung an die „Freunde" von Hamas und Hizbollah aus. Die erstgenannte „Organisation engagiert sich für das Gute des palästinensischen Volks", formulierte der damals eher unbekannte Labour-Abgeordnete. Die Einschätzung der Hamas als terroristische Organisation durch die britische Regierung sei folgerichtig „ein großer, großer historischer Fehler".[37] Der Labour-Vorsitzende erklärte 2015 in einem Nachrichteninterview dazu, „Freunde" habe er in einem allgemeinen Sinne gemeint, um deren Bereitschaft zum Gespräch hervorzuheben. Corbyn erklärte weiter, er würde nicht über alle Handlungen der genannten Organisationen hinwegsehen, doch müsse man sie gleichwohl bei Gesprächen über den Friedensprozess einbeziehen.[38] Eine klare Distanz bestand indes nicht, denn Corbyn saß 2012 in Katar bei einer Konferenz auf einem Podium, an der führende Hamas-Funktionäre mit terroristischem Hintergrund teilnahmen.[39]

Derartige Kontakte thematisierten die Medien zu jener Zeit nicht, galt Corbyn doch als ein wenig einflussreicher „Hinterbänkler" im britischen Parlament. Erst seit seinem Aufstieg zum Labour-Vorsitzenden fanden sich immer wieder einschlägige Meldungen in den Zeitungen. Auch wenn diese aus Interesse an einem Skandal motiviert gewesen sein mögen, belegen sie doch die früheren Kontakte zu problematischen Organisationen, zu denen auch nationalistisch-säkulare

---

37 Vgl. Alex Massie, Britain's Labour Party is Cutting Off Its Nose to Spite Its Face, in: Foreign Policy, 24. 8. 2015.
38 Vgl. Labour's Jeremy Corbyn. Why I called Hamas our friends, in: The Jewish Chronicle, 14. 7. 2015; Kate McCann, Jeremy Corbyn refuses to denounce terrorist „friends" Hamas and Hizbollah, in: The Telegraph, 2. 5. 2016; Jeremy Corbyn describes Hamas as „friends", in: YouTube, 20. 5. 2018, https://www.youtube.com/watch?v=5SLvwNTFcc8.
39 Vgl. Israel Hayom Staff/Dan Lavie, Report: UK Labour leader met with Hamas terrorists in 2012, in: Israel Hayom, 20. 8. 2018; Report: Corbyn shared panel with major Hamas terrorists, in: Ynet, 20. 8. 2018.

Kräfte unter den Palästinensern gehörten. So erschienen 2018 etwa Fotos in der britischen Presse, die Corbyn 2014 bei einer Gedenkfeier in Tunis zeigten. Dort beteiligte er sich an einer Kranzniederlegung für PLO-Funktionäre, zu denen auch Angehörige des „Schwarzen September" gehörten, die für das Olympia-Massaker an israelischen Sportlern von 1972 mitverantwortlich waren. Corbyn erklärte, er sei bei der Kranzniederlegung anwesend, aber in die Zeremonie nicht wirklich involviert gewesen.[40] Das war allerdings weder eine klare Distanzierung noch eine Erläuterung.

Kommentare und Reaktionen von jüdischen Organisationen

Den folgenden Ausführungen vorangestellt werden soll die simple Feststellung, dass die jüdischen britischen Bürger und Bürgerinnen keineswegs eine homogene Gruppe darstellen. Es herrschen sowohl politische wie religiöse Differenzen vor, die sich in den Reaktionen teilweise widerspiegeln. Doch sei zunächst auf die Einstellungen der britischen Juden verwiesen: Folgt man einer von *The Jewish Chronicle* beauftragten Umfrage von 2017, wonach Antisemitismus auf einer Skala von eins mit niedrig bis fünf mit hoch bewertetet werden sollte, erhielt die Labour-Partei mit 3,94 den höchsten Wert. Nach einer „Survation"-Untersuchung von 2018 galt Corbyn für 85,9 Prozent der britischen Juden als antisemitisch, und 85,6 Prozent meinten, der Antisemitismus-Grad in der Labour-Partei sei „hoch" oder „sehr hoch". Die Konservativen wurden jeweils niedriger eingeschätzt.[41]

Auch jüdische Medien oder Organisationen äußerten sich in diesem Sinne. Dazu sei noch einmal auf die gemeinsame Erklärung „United we stand" der einleitend genannten drei jüdischen Wochenzeitungen verwiesen. In dieser hieß es: „Es ist eine reale Gefahr, dass ein Mann, der blind für die Ängste der jüdischen Community ist und nicht versteht, dass hasserfüllte Rhetorik gegen Israel leicht in

---

40 Vgl. Emine Sinmaz, Corbyn's wreath at graves of Munich terrorists, in: Daily Mail, 11. 8. 2018, S. 1 und 6 f.; Dan Sabbagh, Labour hits out at „false" claims over Corbyn visit, in: The Guardian, 15. 8. 2018, S. 1 und 11.
41 Vgl. Marcus Dysch, Labour support just 13 per cent among UK Jews, in: The Jewish Chronicle, 30. 5. 2017; Daniel Sugarman, More than 85 per cent of British Jews think Jeremy Corbyn is anti-Semitic, in: The Jewish Chronicle, 13. 9. 2018.

Antisemitismus münden kann, unser nächster Premierminister wird."[42] In einem gemeinsamen Brief an Corbyn warfen das „Board of Deputies of British Jews" und das „Jewish Leadership Council" ihm ebenfalls 2018 vor, er ergreife „immer wieder" Partei für antisemitische Positionen und sei „ideologisch so sehr auf seine weit links stehende Weltsicht fixiert, dass er den jüdischen Gemeinschaften der Mitte instinktiv feindselig gegenübersteht".[43] Marie van der Zyl, die Vorsitzende des „Board of Deputies", bemerkte gar: „[…] wir fühlen uns ängstlich, es ist, als ob Jeremy Corbyn den Juden den Krieg erklärt hätte."[44]

Bezieht man derartige Auffassungen auf die Umfrageergebnisse, so scheinen sie damit im inhaltlichen Einklang zu stehen. Demnach sieht ein Großteil der britischen Juden in Labour ein bedenkliches Risiko. Gleichwohl gab und gibt es jüdische Gruppen, die sich gegen die erwähnten Antisemitismus-Vorwürfe wandten. Dabei fällt auf, dass es sich eher um kleinere Organisationen mit geringerer Relevanz handelt, die in der politischen Orientierung dem linken Spektrum zuzurechnen sind. Gemeint sind v. a. die „Independent Jewish Voices", „Jewdas", „Jews for Justice for Palestinians", „Jewish Socialists' Group" und „Jewish Voice for Labour". Die letztgenannte Gruppe hatte über einen Austritt bei Labour nachgedacht, sich dann aber für ein Bleiben in der Partei entschieden. Die Organisation teilt nur eingeschränkt die Kernaussagen der anderen Gruppierungen. Diesen zufolge geht es bei der Antisemitismus-Debatte um eine Diffamierung von Corbyn als Vorsitzendem und eine Diskreditierung der Kritik an Israel als judenfeindlich.[45]

---

42 United we stand, in: The Jewish Chronicle, Jewish News und Jewish Telegraph, 25. 7. 2018.
43 Board of Deputies of British Jews/Jewish Leadership Council, Letter to Jeremy Corbyn, in: The Jewish Leadership Council, [ohne Datum], https://www.thejlc.org/letter_to_jeremy_corbyn.
44 Vgl. Lee Harpin, Board President: ‚It's like Jeremy Corbyn has declared war on the Jews', in: The Jewish Chronicle, 22. 8. 2018.
45 Vgl. Sean Morrison, Labour anti-Semitism row: What is Jewdas and why is Jeremy Corbyn under fire for Jewish group meeting?, in: The Evening Standard, 3. 4. 2018; Ian Saville, There are a lot of myths about Jewish Voice for Labour. Here's the truth, in: LabourList, 25. 4. 2018; Jewish Socialists' Group, Statement on „Labour's problem with antisemitism", in: Jewish Socialists' Group, 28. 4. 2016.

Antisemitismus in der Gesamtgesellschaft in politischen Milieus

Die Auffassungen in der jüdischen Gemeinschaft, mit Ausnahme der eher linken Organisationen, entsprechen hingegen nicht den Einstellungen in der Gesamtgesellschaft. Diese Differenz machen zwei Studien aus dem Jahr 2017 deutlich. Die erste Befragung, bei der es um die Einstellung gegenüber Juden ging, wurde von der „Campaign Against Antisemitism" initiiert und von YouGov umgesetzt. Hier sollen nicht die genauen Anteile von Einstellungen oder die Eindeutigkeit der Messinstrumente thematisiert, sondern der Blick lediglich auf die Judenfeindschaft bei Sympathisanten unterschiedlicher Parteien gerichtet werden, wobei die Differenzen in der Verteilung von besonderer Relevanz sind. Antisemitische Einstellungen wurden prozentual bei den Anhängern folgender Parteien festgestellt: bei den Konservativen 40 Prozent, bei Labour 32 Prozent, bei den Liberal Demokraten 30 Prozent und bei der UKIP 39 Prozent. Es zeigt sich hier, dass die antisemitischen Einstellungen weniger im linken und mehr im rechten politischen Spektrum virulent sind.[46]

Zu ähnlichen Ergebnissen kam eine vom „Institute for Jewish Policy Research" durchgeführte Studie von 2017, in der die Anteile antiisraelischer und antisemitischer Einstellungen in den verschiedenen politischen Spektren untersucht wurden. Die Studie ergab, dass die stärkste antiisraelische Gruppe im politisch weit links stehenden Spektrum und die stärkste antisemitische Gruppe im politisch weit rechts stehenden Spektrum zu verorten ist. Es erfolgte hier eine Differenzierung bezogen auf beide Einstellungen, wobei bestimmte Schnittmengen, aber keine pauschalen Übereinstimmungen konstatiert wurden. Antiisraelische Einstellungen seien nicht generell immer antisemitische Einstellungen. Beide Auffassungen existierten getrennt, aber auch zusammen. Letzteres sei insbesondere dann der Fall, wenn es eine ausgeprägte antiisraelische Haltung gebe, würde diese doch im Einklang mit antisemitischen Einstellungen stehen.

---

46 Vgl. Campaign Against Antisemitism, Antisemitism Barometer 2017, https://antisemitism.uk/wp-content/uploads/2017/08/Antisemitism-Barometer-2017.pdf; Tom D. Rogers, YouGov polls show anti-Semitism in Labour has actually reduced dramatically since Jeremy Corbyn became leader, in: Evolve Politics 29. 3. 2018.

Das Labour-Wählerspektrum wurde in der Studie sogar als eher judenfreundlich oder zumindest als neutral eingestellt verortet.[47]

Während es in den beiden vorgenannten Befragungen um die antisemitischen Einstellungen in der Gesamtgesellschaft und deren Ausmaß in bestimmten politischen Milieus ging, soll hier auch auf die Ergebnisse einer Studie mit einer anderen Blickrichtung verwiesen werden. Dabei wurde die Frage gestellt, inwieweit Corbyn und die Labour-Partei in der britischen Öffentlichkeit als antisemitisch wahrgenommen werden. Die inhaltlichen Bezüge sind somit zwar ähnlich zu denen der erwähnten Untersuchungen, es geht aber im artikulierten Erkenntnisinteresse um einen anderen Gesichtspunkt. Laut der *Sunday Times* ergab eine YouGov-Umfrage für den Februar 2019, dass 34 Prozent der Befragten Corbyn für antisemitisch hielten, 24 Prozent Gegenteiliges meinten und 32 Prozent unsicher waren. 24 Prozent der Befragten hielten die Labour-Partei insgesamt für antisemitisch.[48] Dieser Eindruck entspricht nicht den Ergebnissen der vorgenannten Studien, was sich wohl durch die unterschiedlichen Befragungsperspektiven erklärt.

Antisemitismusbezüge in Form und Inhalt bei Labour

Nach den bisherigen Darstellungen, die keinen Anspruch auf Vollständigkeit erheben und nur bekannte Beispiele präsentieren, soll nun eine inhaltliche Zusammenfassung erfolgen. Dabei stehen die Antisemitismusbezüge in Form und Inhalt im Mittelpunkt, wobei es zu Beginn zunächst nur um Corbyn als Person geht. Es existieren von ihm keine bekannt gewordenen Aussagen, in denen er pauschal negativ über Juden gesprochen oder geschrieben hat. Auch hob er bei Kritik an Einzelnen nicht negativ wertend hervor, es handele sich bei ihnen um Juden. Auch nutzte er keine „Bilder", die für klassische Formen der Judenfeindschaft stehen. Ein sozialer Antisemitismus etwa ist in seinem antikapitalistischen Diskurs nicht

---

47 Vgl. Daniel L. Statetsky, Antisemitism in Contemporary Great Britain: A Study of Attitudes Towards Jews and Israel, London 2017, S. 5–8, 42–44.
48 Vgl. Gabriel Pogrund/Caroline Wheeler, A third of voters believe Jeremy Corbyn is antisemitic, in: The Times, 17. 4. 2019; Joe Millis, A third of UK voters think Corbyn is an antisemite – poll, in: The Jewish News, 17. 2. 2019.

nachweisbar. Die eher seltene Anspielung auf eine „Lobby" könnte, müsste aber nicht für judenfeindliche Verschwörungsvorstellungen stehen. Der Antisemitismusbezug bei Corbyn findet sich demnach hauptsächlich in seiner ausgeprägten Israelfeindlichkeit, die seine Kontakte und Kooperationen mit judenfeindlichen Einzelpersonen oder Gruppen erklärt.

Ein kurzer Exkurs soll an dieser Stelle noch veranschaulichen, welche absonderlichen Kombinationen es bei Labour gab und gibt. Der bereits erwähnte Gerald Kaufman gehörte dem Parlament als Abgeordneter von 1970 bis 2017 an, war in unterschiedlichen Ressorts als Staatssekretär tätig und für diverse Ministerien in mehreren Schattenkabinetten vorgesehen. Kaufman wurde als Kind einer polnisch-jüdischen Familie geboren und gehörte dem prozionistischen „Jewish Labour Movement" an. Gleichwohl nahm er eine dezidiert israelfeindliche und propalästinensische Position ein, was sich 2009 in Boykottforderungen und NS-Vergleichen artikulierte. 2015 sprach er gar von „jüdischem Geld" für die Konservativen und wollte damit den Einfluss auf die Partei erklären. Corbyn verurteilte dieses Statement als „völlig inakzeptabel" und „sehr bedauerlich".[49] Das war eine eindeutige, aber eher seltene Distanzierung des Parteivorsitzenden.

Das Beispiel von Kaufman, das aufgrund der Kombination von unterschiedlichen Prägungen hervorsticht, macht die Komplexität des Themas noch einmal deutlich. Die letztgenannte Aussage steht für die soziale Judenfeindschaft, zumindest in den artikulierten Vorstellungen. Dominierend ist indes die antizionistische Komponente bei den angesprochenen Mitgliedern, die als Einstellung hinter der Israelfeindlichkeit vermutet werden darf. An der Basis von Labour finden sich denn auch immer wieder Statements, die dezidiert eine Feindschaft gegen Juden als Juden erkennen lassen. Dabei werden nicht nur Bilder für den Diskurs bemüht, sondern es erfolgt in der Regel auch eine direkte Herabwürdigung und Pauschalisierung. Wenn Juden als Kindermörder dargestellt oder deren Aussiedlung in ein anderes Land gefordert werden, dann steht dies eben nicht nur für bloße Israelfeindlichkeit, sondern für antisemitische Positionen. Damit ist allerdings

---

49 Vgl. Daphna Vardi, MP Kaufman likens Israelis to Nazis, in: The Jewish Telegraphic Agency, 16.1.2009; Robert Pigott, Fault-line between Jews over Gaza, in: BBC News, 17.1.2009; Rowena Mason, Gerald Kaufman's „Jewish money" remarks condemned by Corbyn, in: The Guardian, 3.11.2015.

noch nicht geklärt, ob es sich um marginale Einzelfälle oder um ein relevanteres Gesamtphänomen handelt.

Einschätzungen zu der Frage „Corbyn als Antisemit"

Bezogen auf eine differenzierte Einschätzung der beschriebenen Entwicklungen sollen im Folgenden verschiedene Fragen erörtert werden. Dabei gilt es, die jeweiligen Bezugspunkte, Ebenen und Kategorien auseinanderzuhalten. Zunächst sind Corbyn als Person und Labour als Partei zu unterscheiden, denn auch wenn er zweimal mit eindeutiger Mehrheit zum Vorsitzenden gewählt wurde, ist er insbesondere bei höheren Funktions- und Mandatsträgern nach wie vor umstritten. Darüber hinaus können allgemeine Aussagen über ein Individuum einfacher belegt werden als über alle Mitglieder einer Organisation. Deutlich geworden ist durch die vorstehenden Ausführungen, dass ein Antisemitismus-Problem bei Corbyn und der Labour-Partei existiert. Worin dieses genau hinsichtlich der Bedeutung und der Inhalte besteht, lässt sich hingegen je nach gewählter Blickrichtung und Kategorie unterschiedlich deuten. Daher stellt sich die Frage, ob es eine antisemitische Ausrichtung bei Corbyn und Labour bzw. ob es eine Ignoranz gegenüber damit einhergehenden Problemen gibt.

Zunächst soll erörtert werden, ob Corbyn als Antisemit bezeichnet werden kann – Margaret Hodge sprach gar von einem „Antisemiten und Rassisten".[50] Auch der frühere britische Oberrabbiner Jonathan Sacks meinte, dass „ein Antisemit Vorsitzender der Labour-Partei und der Führer der Opposition Ihrer Majestät"[51] sei. Gibt es dafür Beweise, ist diese Einschätzung angemessen? Ein Antisemit steht für Feindschaft gegen Juden als Juden. Dafür lassen sich keine Belege bei Corbyn vortragen. Eine solche Einstellung widerspricht auch seinen politischen Grundprinzipien, in denen für die Diskriminierung von Menschen

---

50 Vgl. Benjamin Kentish, Labour says Margarete Hodge comments „disconnected from reality" after she calls Corbyn antisemitic and compares party to Nazi Germany, in: The Independent, 16. 8. 2018.
51 Vgl. Peter Walker, Corbyn's comments most offensive since Enoch Powell, says ex-chief rabbi, in: The Guardian, 28. 8. 2018.

aufgrund ihrer Religion kein inhaltlicher Zugang besteht. Gleichwohl könnte es einschlägige Einstellungen geben, die durch seinen Lebensweg zu anderen Prägungen führten. Aber dazu liegen bislang keine Beweise vor, und insofern kann in seinem Fall nicht von einem erklärten Judenfeind gesprochen werden. Dies bedeutet dennoch nicht, dass kein Antisemitismus-Problem besteht.

Dieses ergibt sich bei Corbyn zunächst dadurch, dass er nur über eine begrenzte und einseitige Einstellung zu dem Phänomen verfügt. Corbyn betrachtet die Judenfeindschaft offenbar als eine Form von Rassismus, die man wiederum nur im Rechtsextremismus verorten könne. Daher kommt Antisemitismus in den von ihm zitierten Statements nur in solchen Zusammenhängen vor. Diese Auffassung erklärt auch, weshalb judenfeindliche Einstellungen von ihm weder bei palästinensischen Gruppen noch bei der politischen Linken wahrgenommen werden. Er betrachtete und betrachtet Antisemitismus lediglich als eine Diskriminierungsideologie neben anderen, werden doch Juden- und Muslimenfeindlichkeit im selben Zusammenhang erwähnt. Eine Besonderheit der Judenfeindschaft vermag der Labour-Vorsitzende nicht zu erkennen, was auch die Absicht zur Umbenennung des Holocaust-Gedenktages veranschaulicht.

Einschätzungen zu der Frage „Corbyn als Ignorant"

Damit ist in Ansätzen bereits eine weitere Frage beantwortet: Ist Corbyn ignorant gegenüber der Judenfeindschaft? Die renommierte Antisemitismusforscherin und Historikerin Deborah Lipstadt hält die Frage, ob Jeremy Corbyn ein Antisemit ist, für eine „falsche Frage", denn: „Die richtigen Fragen lauten: Hat er Bekundungen von Antisemitismus ermöglicht und ihre Reichweite erhöht? War er durchgehend unwillig, Bekundungen von Antisemitismus als solche anzuerkennen, solange sie nicht von Vertretern der radikalen Rechten oder Neonazis stammen? Werden es seine Handlungen erleichtern, dass sich Antisemitismus im progressiven Lager institutionalisiert?" Sie bemerkt: „Leider ist meine Antwort auf alle diese Fragen ein eindeutiges Ja."[52] Zwar darf „Ist Jeremy Corbyn ein Antisemit?" durchaus als

---

52 Deborah Lipstadt, Der neue Antisemitismus, München 2018, S. 87.

eine richtige Frage gelten, die eine entsprechende Antwort nötig macht, aber es gibt eben noch die anderen Gesichtspunkte.

Mit Blick auf diese Darstellungen und Einschätzungen lässt sich zunächst sagen, dass für Corbyn die Judenfeindschaft eher ein Nicht-Thema war. Er zeigte in seiner politischen Karriere kein besonderes Engagement gegen Antisemitismus, allenfalls, wenn es auch um andere Diskriminierungsformen oder eingeforderte Statements ging. Corbyn scheint weder über ein Problembewusstsein noch über Sensibilitäten in dieser Frage zu verfügen. Er achtete bei seinem Engagement über die Jahre nicht darauf, welche diesbezüglichen Einstellungen seine politischen Kooperationspartner hatten. Es mag tatsächlich so gewesen sein, dass er nicht um die Holocaust-Leugnung von bestimmten Veranstaltern wusste. Derartige Besonderheiten hatten für ihn aber keine große Relevanz, und es bildeten sich auch nach der Kritik an ihm kaum Sensibilitäten heraus. Selbst wenn manche Fehlwahrnehmung – wie etwa der nur oberflächliche Blick auf ein Gemälde – verständlich sein mögen, so steht die erhebliche Fülle solcher Versehen dennoch für eine schiefe Wahrnehmung.

Dabei stellt sich die Frage, inwieweit dies durch Judenfeindschaft erklärbar ist. Auch hier ist erneut darauf hinzuweisen, dass entsprechende Belege für antisemitische Einstellungen nicht vorliegen. Es lässt sich bei Corbyn aber eine ausgeprägte Israelfeindlichkeit konstatieren. Ganz bewusst wird hier diese Bezeichnung gewählt und nicht von einer Israelkritik gesprochen. Eine Feindschaft steht für eine rigorose Negativzeichnung, eine Kritik für eine differenzierte Reflexion.[53] Bei all seinen Aussagen zum Nahost-Konflikt legt er eine propalästinensische Orientierung an den Tag, die sich dem Blick auf die legitime Interessenlage der israelischen Seite verweigert. Corbyns Kontakte zu den erwähnten Organisationen stehen auch nicht nur für das Bemühen um eine politische Kommunikation mit Hamas und Hizbollah. Deutlich zeigt sich immer wieder, dass er die antiisraelischen Diskurse der beiden islamistischen Organisationen teilt. Bedenkt man deren antizionistische Ausrichtung, stellt seine Haltung auch ein Legitimationsproblem für ihn selbst dar.

---

53 Diese allgemeine Differenzierung folgt hier Samuel Salzborn, Israelkritik oder Antisemitismus? Kriterien für eine Unterscheidung, in: ders., Antisemitismus. Geschichte, Theorie, Empirie, Baden-Baden 2014, S. 103–115, hier S. 105–108.

Einschätzungen zu der Frage „Labour als antisemische Partei"

Die Frage, ob Labour eine antisemitische Partei ist,[54] wird hier aufgrund der darin enthaltenen Pauschalität verneint. Von einer antisemitischen politischen Organisation kann nur dann gesprochen werden, wenn die Judenfeindschaft einen konstitutiven Programmpunkt des politischen Selbstverständnisses darstellt. Darüber hinaus ist eine solche Bezeichnung angemessen, wenn die überwiegende Mehrheit der Mitglieder entsprechende Vorurteile aufweist. Für den erstgenannten Aspekt gibt es keine Belege; bezogen auf den zweiten Gesichtspunkt lässt sich indes sagen, dass es offenkundig sehr wohl in der Parteibasis judenfeindliche Prägungen gibt. Dafür stehen die in diesem Beitrag erwähnten und weitere Fallbeispiele. Es stellt sich aber auch die erweiterte Frage, wie bedeutsam derartige Einstellungen in der gesamten Mitgliedschaft sind. Stehen sie für marginale Ereignisse oder verallgemeinerbare Vorkommnisse?

Eine abgesicherte Antwort auf diese Frage würde einschlägige sozialwissenschaftliche Studien erfordern. Da es solche Arbeiten gegenwärtig nicht gibt, kann auf einer solchen Basis keine gültige Einschätzung formuliert werden. Einige Hypothesen erlaubt aber die erwähnte Studie zur Wählerschaft. Dabei verdient Beachtung, dass man es mit zwei verschiedenen Ebenen zu tun hat. Bei den Einstellungen müssen sich nicht notwendigerweise die Mitgliedschaft und Wählerschaft entsprechen; das würde aber bedeuten, dass der Antisemitismus zwar bei der Labour Partei vorhanden, aber bei anderen Parteien noch viel stärker präsent ist. Indessen haben judenfeindliche Auffassungen bei diesen bislang nicht das größere Interesse der medialen Öffentlichkeit gefunden. Bilanzierend betrachtet, bewegt man sich hier im Bereich der Spekulationen und Vermutungen, und es kann daher nur konstatiert werden, dass es Antisemitismus bei Labour gibt, aber gegenwärtig eine seriöse Einschätzung zum qualitativen oder quantitativen Stellenwert nicht möglich ist.

Der Blick in die Geschichte der Labour-Partei macht deutlich, dass Juden in ihr immer eine politische und soziale Heimat gefunden haben, was auch die

---

54 Dezidierte Einschätzungen, wonach Labour eine antisemitische Partei sei, finden sich eher selten. Eine Ausnahme ist hier der Beitrag in der *New York Times*: Roger Cohen, Jeremy Corbyn's Anti-Semitic Labour Party, in: The New York Times, 28. 2. 2019.

Existenz jüdischer Gruppen innerhalb der Partei bestätigt. Ein Antisemitismus-Problem mit größerer Relevanz kam erst nach der Wahl des gegenwärtigen Vorsitzenden auf, was aber ebenfalls als historische Erkenntnis keine klaren Schlüsse zulässt. Dazu kann es unterschiedliche Interpretationen geben: Eine erste Deutung würde darin bestehen, dass Antisemitismus nur bei einer randständigen Minderheit präsent ist und angesichts der breiten Medienberichterstattung im Hinblick auf die innerparteiliche Tragweite völlig überschätzt wird. Eine andere Deutung würde darauf hinauslaufen, antisemitische Einstellungen existierten schon lange latent bei Labour, manifestierten sich aber erst mit einem israelfeindlichen Vorsitzenden. Für beide Annahmen lassen sich nachvollziehbare Argumente anführen, eine überzeugende Begründung für eine Interpretation ist hingegen aktuell nicht möglich.

Einschätzungen zu der Frage „Labour als ignorante Partei"

Daher soll hier einer anderen Frage nachgegangen werden, nämlich ob es ein Engagement gegen Judenfeindlichkeit bei Labour gibt oder ob eher von einer Ignoranz gegenüber diesem Problem gesprochen werden kann. Corbyn betonte in allen erwähnten Aussagen, es gehe um eine klare Frontstellung gegenüber der Judenfeindschaft, und Antisemitismus müsse in der Gesellschaft wie auch in der Partei ausgerottet werden. Zwar lässt sich daraus durchaus ein Engagement konstatieren, das aber weder aktiv noch konsequent erfolgt. Mit dem erstgenannten Aspekt ist angesprochen, dass Labour erst dann handelte, wenn die Partei von außen angesichts von Skandalen dazu gedrängt wurde. Eine eigenständige und selbstkritische Aufarbeitung der damit einhergehenden politischen Probleme ist ausgeblieben. Darüber hinaus fällt immer wieder auf, dass die jeweiligen Akteure nur geringes Basiswissen zur Judenfeindschaft haben und sich in einschlägigen Kontroversen nicht auskennen.

Diese allgemeinen Aussagen sollen anhand der geschilderten Ereignisse noch einmal verdeutlicht werden. Ein erstes Beispiel dafür ist die Chakrabarti-Untersuchung, die als „Gefälligkeit" und „Weißwäsche" kritisiert wurde. Beachtenswert war allein schon, dass die Analyse zum Antisemitismus auch die „Islamophobie" und andere Rassismus-Formen thematisierte. Es gab auch keine ausführliche

Darstellung und Erörterung der Fälle, die eine Untersuchung nötig gemacht hatten. Demnach erfüllte der Bericht nicht die postulierte Erwartung, was aber die Parteiführung nicht zu weiteren Reflexionen oder Untersuchungen motivierte. Das zweite Beispiel bezieht sich auf die Diskussion um die Annahme der IHRA-Definition von Antisemitismus. Es hätte gute wissenschaftliche Gründe gegen deren Inhalt gegeben, die von der Labour-Führung angesichts fehlender Sachkenntnis jedoch nicht vorgebracht wurden. Man stimmte letztendlich aus politischen Gründen ohne inhaltlichen Konsens zu.

Ferner bestätigen aktuelle Entwicklungen immer wieder, dass die Labour-Führung vor einer kritischen Aufarbeitung des Themas und insbesondere vor damit einhergehenden Konsequenzen für Mitglieder zurückschreckt. Informationen über antisemitische Äußerungen von Parteimitgliedern werden gelegentlich den Medien zugespielt: Ein Datenträger enthielt interne Dokumente, die antisemitische Aussagen von Labour-Angehörigen wiedergeben. Dazu gehörten allgemeine Beleidigungen wie „Fuck the Jews" oder „Juden sind das Problem" ebenso wie persönliche Drohungen gegen jüdische Mandatsträger. In vielen Fällen seien aus der Labour-Partei ausgeschlossene Personen wieder aufgenommen worden, und die Parteiführung habe häufig auf Konsequenzen und Sanktionen verzichtet.[55] Diese Beispiele machen in der Gesamtschau deutlich, dass die Labour-Führung antisemitische Einstellungen und Handlungen der Mitglieder noch immer nicht konsequent verurteilt. Inwieweit dies durch ihr Desinteresse an Gegenmaßnahmen oder Rücksichtnahmen auf die Partei erklärbar ist, lässt sich gegenwärtig nicht feststellen.

Antisemitismus und Israelfeindlichkeit im Wechselverhältnis

Die vorstehenden Ausführungen zu Corbyn und Labour machen es notwendig, Antisemitismus und Israelfeindlichkeit bezogen auf die Untersuchungsobjekte noch einmal gesondert in ihrem Wechselverhältnis zu analysieren. Ganz allgemein

---

55 Vgl. Gabriel Pogrund/Richard Kerbaj, Labour's hate files expose Corbyn's anti-semite army, in: The Times, 7.4.2019; Ben Quinn, Jewish Labour Movement passes no-confidence motion on Corbyn, in: The Guardian, 7.4.2019.

lässt sich zunächst konstatieren, dass beide Einstellungen in der definierten Form über erhebliche Schnittmengen verfügen. Der gegenwärtige Antisemitismus artikuliert sich nicht selten in einer scharfen Israelfeindlichkeit. Gleichwohl können beide Einstellungen nicht formal und inhaltlich gleichgesetzt werden. Es kann einen Antisemitismus ohne Israelfeindlichkeit ebenso geben wie eine Israelfeindlichkeit ohne Antisemitismus. Die erstgenannte Haltung findet man eher bei politisch „rechten" Akteuren, bei denen oft eine latente Judenfeindschaft zu beobachten ist, die aber ihre Israelfreundlichkeit betonen, um so ihre Muslimenfeindlichkeit besser legitimieren zu können. Bei politisch „linken" Akteuren findet man die andere Kombination, die durch den „Antiimperialismus"[56] als Grundposition vermittelt wird.

Corbyns Einstellung gegenüber Israel wird primär von diesem Standpunkt geleitet, sieht er doch im Nahost-Konflikt die behaupteten „Schwachen" von den unterstellten „Starken" unterdrückt. Daher solidarisierte er sich schon sehr früh mit den Palästinensern und übernahm sowohl deren Deutung des Konflikts wie auch die Feinderklärung gegen Israel. Diese Auffassung erlaubt ihm in einer individuellen „Binnenlogik", den Antisemitismus als Form von Rassismus zu negieren und gleichzeitig seine Israelfeindlichkeit mit dem Rassismusvorwurf gegen den Zionismus zu rechtfertigen. Bei derartigen Argumentationsmustern stützen sich die Anhänger dieser Position gern auf eine UN-Resolution aus dem Jahr 1975, in der der Zionismus als eine Form des Rassismus und der Rassen-

---

56 Dazu verdient das folgende Detail besonderes Interesse: 2011 erschien die Neuausgabe eines Klassikers zur Imperialismustheorie, John Atkinson Hobsons „Imperialism: A Study" von 1902. Corbyn schrieb für das Buch ein Vorwort und lobte es als „brillant". Das Werk enthielt aber auch antisemitische Anspielungen, wie etwa, dass das Finanzsystem von einer besonderen Gruppe von Menschen aus einer speziellen Rasse gesteuert werde. Darüber hinaus hatte Hobson in anderen Publikationen immer wieder judenfeindliche Stereotype artikuliert. 2011 fand das Lob des damals eher unbekannten Parlamentsabgeordneten Corbyn keine sonderliche Aufmerksamkeit, hingegen wurde 2019 in mehreren Zeitungen heftige Kritik geäußert. Daraufhin angesprochen, erklärte Corbyn, ihn habe die Analyse der Entwicklung hin zum Ersten Weltkrieg beeindruckt, die dabei gegenüber Minoritäten gewählte Sprache halte er aber für völlig unangemessen. Vgl. Heather Stewart/Sarah Marsh, Jewish leaders demand explanation over Corbyn book foreword, in: The Guardian, 1. 5. 2019; David Feldman, Jeremy Corbyn, „Imperialism", and Labour's Antisemitism Problem, in: History Workshop, 12. 6. 2019, http://www.historyworkshop.org.uk/imperialism-and-labours-antisemitism-problem/.

diskriminierung bezeichnet wurde. Zwar hob die Generalversammlung 1991 die Resolution wieder auf, deren Inhalt dient aber nach wie vor der Begründung von Israelfeindlichkeit.[57]

Weder Corbyn noch Labour beziehen sich direkt auf die Resolution, gleichwohl ist das Denken der israelfeindlich eingestellten Parteimitglieder dadurch mitgeprägt. Das erklärt auch, dass es an der Basis dieses Flügels von Labour inhaltliche Verschränkungen gibt. Dabei werden Bilder aus dem klassischen Antisemitismus auf die moderne Israelfeindlichkeit übertragen. Wird von Juden als „Kindermörder" oder von der „Israel-Lobby" als Machtfaktor gesprochen, handelt es sich um Anspielungen auf Formen der religiösen und politischen Judenfeindlichkeit aus längst vergangenen Zeiten. Dafür kann Corbyn als Parteivorsitzender nicht inhaltlich verantwortlich gemacht werden, aber bezogen auf klare Distanzierungen und innerparteiliche Konsequenzen lässt sich mehr als nur ein Mangel an Verantwortung feststellen. Auch wenn er kein Antisemit als Feind von Juden als Juden sein mag, so erhöhen seine israelfeindliche Einstellung wie seine mangelnde Entschlossenheit in Kombination miteinander die erwähnten Schnittmengen.

Fazit

Was bedeuten die vorstehenden Darstellungen und Einschätzungen nun für eine Gesamtbeurteilung der Thematik? Unabhängig von der Frage, worin es genau besteht, existiert ein Antisemitismus-Problem bei Corbyn und seiner Partei. Dazu sind unterschiedliche Deutungen möglich: Erstens könnte man Corbyn und die Labour-Partei für grundsätzlich antisemitisch halten, zweitens ihnen eine ausgeprägte Ignoranz und fehlende Sensibilität unterstellen und drittens in all dem eine Kampagne gegen die politische Linie des neuen Vorsitzenden sehen. Die Anhänger von Corbyn neigen zur letztgenannten Variante. In derartigen Behauptungen besteht durchaus ein „wahrer Kern", nutzen doch die konservativen Medien die erwähnten Vorfälle, um Corbyn und die Linke zu diskreditieren. Angesichts

---

57 Vgl. als neuere kritische Deutung zu dieser UN-Resolution: Alex Feuerherdt/Florian Markl, Vereinte Nationen gegen Israel. Wie die UNO den jüdischen Staat delegitimiert, Berlin 2018, S. 175–192.

derartiger politischer Instrumentalisierungen sollte aber nicht ausgeblendet werden, dass es Antisemitismus und Ignoranz bei Labour gibt, was wiederum viele Linke nicht wahrhaben wollen.

Ebenso wenig angemessen ist die Deutung, dass Corbyn und Labour grundsätzlich antisemitisch seien. Diese Einschätzung unterstellt eine strukturell verankerte Feindschaft gegen Juden als Juden. Es herrschen durchaus Ängste in den jüdischen Gemeinden vor einer möglichen Regierungsübernahme der Partei, doch worin die genauen Folgen bestehen könnten, wird im Hinblick auf ein konkretes Gefahrenpotenzial nicht genau ausgeführt. Denkbar wäre sicherlich eine außenpolitische Frontstellung gegen Israel, aber wohl kaum eine innenpolitische Feinderklärung gegen die Juden. Diese Einschätzung schließt nicht aus, dass eine antiisraelische Ausrichtung im öffentlichen Diskurs auch antisemitische Folgen im gesellschaftlichen Leben hätte. Ansätze zu solchen Auswirkungen lassen sich bereits in der Gegenwart konstatieren, führen doch antiisraelische Einstellungen in einem dafür scheinbar günstigen Klima vermehrt zu judenfeindlichen Verhaltensweisen. Damit wird auch das eigentliche Antisemitismus-Problem bei Corbyn und Labour deutlich: Es mangelt an einer klaren Distanzierung, inhaltlicher Sensibilität und entschlossenem Vorgehen. Bei dem ersten Aspekt überlagert der dogmatische „Antiimperialismus" mit seiner Israelfeindlichkeit die notwendigen Positionierungen, was sich aber wiederum durch den zweiten Gesichtspunkt ergibt. Zwar distanziert man sich formal vom Antisemitismus, scheint damit aber nur ein rechtsextremistisches Ideologieelement zu verbinden. So nimmt Corbyn nicht die Judenfeindschaft in anderen politischen oder sozialen Kontexten wahr. Ein solches Fachwissen könnten sich die Partei und ihr Vorsitzender aneignen, wozu es aber an der nötigen Bereitschaft und Sensibilität zu fehlen scheint. Dies erklärt die geringe Entschlossenheit und fehlende Konsequenz, müsste es doch klare Distanzierungen und Parteiausschlüsse antisemitischer Labour-Mitglieder geben. Will Corbyn mit seiner bekundeten anti-antisemitischen Grundposition glaubwürdig erscheinen, so sollte er gegen judenfeindliche Entwicklungen in der Partei stärker Position beziehen.

MAHİR TOKATLI · BURAK YILMAZ

Antisemitismus in der Türkei

Verschwörungsmythen und kontrafaktische Geschichtsschreibung in der TV-Serie „Payitaht – Abdülhamid" als popkulturelles Politikinstrument

„Möge eure Rasse ausgelöscht werden, und möge euer Hitler euch stets begleiten!", twitterte der ehemalige AKP-Abgeordnete und Journalist Şamil Tayyar am 18. Juli 2014 während der Militäroperation „Starker Fels", mit der Israel auf den anhaltenden Raketenbeschuss aus dem Gazastreifen reagierte.[1] Diese Verwünschung und der positive Bezug auf den Holocaust offenbaren nicht allein einen „normalen" Alltagsantisemitismus, sondern sind darüber hinaus dem Vernichtungsantisemitismus zuzuordnen, sowohl gegenüber den Jüdinnen und Juden weltweit als auch gegenüber dem Staat Israel. Und es handelt sich dabei keineswegs um ein neues Phänomen: Antisemitismus hat in der Türkei eine lange Tradition, doch in Zeiten sozialer Medien äußert er sich offener, sichtbarer und verbreitet sich rascher. Eine zentrale Facette des Antisemitismus speist sich immer wieder aus dem anhaltenden Konflikt im Nahen Osten. Weitere Spielarten, wie Verschwörungsmythen von einem zionistischen Weltmachtstreben oder einer zionistischen Weltherrschaft, sind ebenfalls omnipräsent.

Im Rahmen dieses Beitrags ist es nicht möglich, alle Formen des in der türkischen Mehrheitsgesellschaft virulenten Antisemitismus nachzuzeichnen. Stattdessen liegt der Schwerpunkt hier auf der Verstärkung existenter Einstellungsmuster durch eine staatlich unterstützte Kultur- und Medienpolitik am Beispiel einer von der öffentlich-rechtlichen Radio- und Fernsehanstalt TRT produzierten

---

1   https://twitter.com/samiltayyar27/status/489904703963406336 [der Link ist nicht mehr verfügbar], zitiert bei: Efrat Aviv, Antisemitism in Turkey during Operation Protective Edge, in: Robert S. Wistrich, Anti-Judaism, Antisemitism, and Delegitimizing Israel, Lincoln/London 2016, S. 255–265, hier S. 256.

und im staatlichen Fernsehen ausgestrahlten Serie. Konkret sollen die popkulturelle Verarbeitung und Verbreitung antisemitischer Einstellungsmuster in der 2017 gestarteten Serie „Payitaht – Abdülhamid" (The Last Emperor) untersucht werden. Dieser kommt ganz offensichtlich die Funktion zu, der AKP-Regierung bei politischen Herausforderungen oder in krisenhaften Phasen mit Verweis auf historische Ereignisse Lösungswege aufzuzeigen, an die Adresse des Publikums liest sich die Serie als Aufforderung, eine geschlossene, homogene „Volkseinheit" zu formen, die sich weder von inneren noch äußeren Feinden schrecken lässt. Glorifizierende Reminiszenzen an das (alte) Osmanische Reich und den Islam sind wesentlich und überdies in der „Neuen Türkei" der AKP seit geraumer Zeit wieder salonfähig. Der Zerfall des einstigen Imperiums wird auf das niederträchtige Wirken des Westens und der Zionisten zurückgeführt, was wiederum nur mithilfe von Kollaborateuren und „Vaterlandsverrätern" innerhalb des Regimes möglich geworden sei. Da die Serie eine starke antiisraelische Erzählstruktur aufweist, suggeriert sie, der Staat Israel – und folglich das Leid der Palästinenser – habe nur entstehen können, weil der „jüdische Plan", die muslimische Bevölkerung im Osmanischen Reich zu entzweien, aufgegangen sei. Ferner impliziert die Serie, bezogen auf die gegenwärtige Situation, eine Gefährdung der türkischen Nation und des Staates durch undurchsichtige Drahtzieher, die im Verborgenen handeln und das Weltgeschehen kontrollieren würden.

„Payitaht – Abdülhamid" erreicht sowohl in der Türkei als auch im Ausland – speziell in der Bundesrepublik – ein breites Publikum und propagiert latent bis offen antisemitische Stereotypen. Sie ist geeignet, bereits vorhandenen israelbezogenen Antisemitismus zu verstärken, indem Israel dämonisiert und delegitimiert wird. Im Folgenden betrachten wir anhand ausgewählter Szenen ebenjenen Antisemitismus und erörtern seine Bedeutung für den antisemitischen Diskurs.

Politischer Kontext

Anfangs als demokratische Hoffnungsträgerin – insbesondere von westlichen Medien und Politikern – euphorisch bejubelt, wurde jedoch recht schnell deutlich, dass die AKP diesen Weg nicht fortschreiten werde. Gerade einmal ein Jahr alt war die Partei, als sie 2002 mit circa 35 Prozent der Stimmen aufgrund des türkischen Wahlrechts die absolute Mehrheit erhielt und nur knapp an einer Zweidrittelmehrheit im Parlament scheiterte. Dieses erdrutschartige Ergebnis führte seitens der Kemalisten – speziell in der Populärwissenschaft – zu wilden Spekulationen, die im Hintergrund dieses plötzlichen Erfolgs ein „zionistisches Projekt" wähnten.[2] Selbst Recep Tayyip Erdoğans politischer Ziehvater Necmettin Erbakan, Gründer der antizionistischen und antisemitischen Millî-Görüş-Bewegung,[3] bezichtigte ihn, ahnungsloser Helfer einer „jüdischen Weltverschwörung" zu sein, ein „Kassierer des Zionismus". Ministerpräsident habe er lediglich werden können, weil „die Kräfte der gegenwärtigen Weltordnung, des rassistischen, zionistischen Imperialismus, der die Menschen zu Sklaven macht", dies so vorsahen.[4] Sowohl die islamische als auch die säkulare Opposition sahen – und sehen – ringsum Verschwörungen wirken und behaupten bis heute, die AKP verdanke ihren Erfolg „jüdischen Mächten" sowie der CIA. Doch auch die Regierungspartei ihrerseits fällt – entsprechend der politischen Sozialisation und Ideologie ihres Führungspersonals – mit antisemitischen Ressentiments auf.

Ähnlich wie in der Bundesrepublik entwickelte sich in der Türkei nach dem Zweiten Weltkrieg eine nahezu unumstrittene Westbindung. So war es nur folgerichtig, dass die Republik das erste mehrheitlich muslimische Land war, das Israel offiziell anerkannte und lange Zeit intensive politische Beziehungen zu ihm pflegte. Das bedeutete jedoch nicht, dass antisemitische Einstellungen in Politik und Gesellschaft verschwanden. Eine erste offene parteipolitische Artikulation erfuhr der Antisemitismus mit der Gründung der Nationalen Ordnungspartei (Milli Nizam Partisi – MNP) durch Necmettin Erbakan im Jahr 1970. Aufgrund mutmaßlich antilaizistischer Aktivitäten wurde die Partei nach dem Militärputsch 1971 vom türkischen Verfassungsgericht verboten. In den darauffolgenden

---

2 Vgl. Ergün Poyraz, Moses' Kinder: Tayyip und Emine [türk.], Istanbul 2007; vgl. Mustafa Hoş, Big Boss: Das Gegengift der NeoTürkei ist das Gedächtnis [türk.], Istanbul 2014.
3 Oft wird Millî Görüş als „Nationale Sicht" übersetzt. Dabei wird jedoch der religiöse Charakter vernachlässigt, der dem türkischen Wort „Millî" inhärent ist. Daher sprechen wir von der Bewegung als „National-religiöse Sicht".
4 Necmettin Erbakan, Fundamentalistenführer: „Erdogan ist ein Kassierer des Zionismus", interviewt von Boris Kálnoky, in: Die Welt, 8. 11. 2010, https://www.welt.de/politik/ausland/article10769062/Erdogan-ist-ein-Kassierer-des-Zionismus.html [3. 6. 2019].

Jahren gründete sie sich mehrfach unter anderen Namen neu, wurde aber stets aufs Neue verboten. Erst 2001 spaltete sich die Anhängerschaft in zwei Parteien, und die sogenannten Modernisierer und Erneuerer befreiten sich von der lenkenden und strengen Hand Erbakans, der einst Juden als „Ungeziefer" bezeichnete und behauptete, eine „zionistische Zinslobby" steuere die Weltordnung. Kurz vor dem folgenschweren Militärputsch vom 12. September 1980 mobilisierte er in der zentralanatolischen Stadt Konya zahlreiche Menschen und forderte die offizielle Einführung der Scharia und die „Befreiung Jerusalems".[5]

In diesem antizionistischen Milieu wurde Erdoğan seit Ende der 1970er-Jahre politisch sozialisiert, begann seine politischen Laufbahn und erlebte den vorläufigen Höhepunkt seiner Karriere, als er 1994 zum Bürgermeister Istanbuls gewählt wurde. Schon früh galt er in der Wohlfahrtspartei[6] (Refah Partisi – RP) als Erbakans würdiger Nachfolger, doch die autoritären innerparteilichen Strukturen versperrten ihm den Weg an die Spitze. Ein Zerwürfnis und die damit verbundene Neuausrichtung waren die logische Konsequenz. Doch nicht nur die innerparteiliche Struktur bedeutete ein Hindernis, sondern auch das paternalistisch-kemalistische Establishment, das islamischen Parteien stets den Handlungsraum beschnitt.[7] Selbst als die RP bei den Wahlen 1995 stärkste Kraft und Erbakan 1996 Ministerpräsident wurde, musste dieser auf Druck des kemalistisch geprägten Militärs zurücktreten; die Partei wurde 1998 vom Verfassungsgericht verboten. Anhänger der Partei entschlossen sich nicht zuletzt aufgrund der zahlreichen Parteiverbote, eine neue politische Strategie zu verfolgen: Die 1997 in Erwartung des Verbots der Wohlfahrtspartei gegründete Tugendpartei (Fazilet Partisi – FP) präsentierte sich als politische Kraft, die in deutlicher Abkehr von der RP-Rhetorik und deren plumpem Antisemitismus und antiwestlicher Ausrichtung für Demokratie, Rechtsstaatlichkeit und Menschenrechte eintrete und es mit der Verwirklichung einer Demokratie nach westlichem Muster ernst meine. Dieser neue Kurs war an christlich-konservative Parteien in Europa angelehnt und veranlasste

---

5   Mehmet Yavuz, Islamic Political Identity in Turkey, Oxford 2003, S. 68.
6   Nach dem Putsch wurde die RP als Nachfolgeorganisation islamischer Parteien gegründet.
7   Im politischen System fielen dezidiert islamische Parteien zahlreichen Parteiverboten zum Opfer. Am längsten hielt sich die RP, die in den 15 Jahren ihrer Existenz (1983–1998) auch die erfolgreichste Partei war.

breite Teile der Gesellschaft zu der Hoffnung, das paternalistisch-kemalistische System könne liberalisiert werden.

Die 2001 gegründete AKP (Adalet ve Kalkınma Partisi – AKP, dt.: „Partei für Gerechtigkeit und Aufschwung") versuchte zwar, sich ein konservativ-demokratisches Image zu geben, dennoch gelang es ihr nicht, ihre Herkunft aus der Tradition des politischen Islam gänzlich zu verschleiern. Die ersten Jahre waren durchaus von Reformbemühungen geprägt, doch bald traten repressive und antisemitische Aktivitäten immer deutlicher und häufiger zutage. Auf dem Weltwirtschaftsforum in Davos 2009 etwa verursachte Erdoğan einen Eklat, als er den damaligen israelischen Ministerpräsidenten Shimon Peres mit der Kriegsführung im Gazastreifen konfrontierte und von Bildern erschossener Kinder und einer „barbarischen Kriegsführung" sprach. Vom Moderator unterbrochen, verließ Erdoğan das Podium, der damalige Generalsekretär der Arabischen Liga Amr Mussa verabschiedete ihn mit Handschlag.[8] Sowohl in der türkischsprachigen als auch in der muslimischen Welt wurde Erdoğans Auftritt bejubelt und als Auflehnung gegen die herrschenden Kräfteverhältnisse verstanden. Die türkeistämmigen Rapper aus Deutschland Eko Fresh und Summer Cem widmeten ihm sogar einen Song: „Mein Präsident steht auf".[9]

Das Auftreten des türkischen Ministerpräsidenten in Davos war der Auftakt zur künftigen antisemitisch unterlegten AKP-Politik, die eine Strategie der Delegitimierung, Dämonisierung und der Anwendung doppelter Standards in Bezug auf Israel beinhaltete. Diese pro-palästinensische Politik sollte den Nebeneffekt haben, die türkische Stimme in der muslimischen Welt prominenter zu machen,

---

8   Debatte mit Peres. Gaza-Eklat in Davos – Erdogan stürmt vom Podium, in: Spiegel Online, 29. 1. 2009, https://www.spiegel.de/wirtschaft/debatte-mit-peres-gaza-eklat-in-davos-erdogan-stuermt-vom-podium-a-604429.html [2. 11. 2019].

9   Vgl. Mahir Tokatlı, Zur führungscharismatischen Inszenierung des ‚Großen Meisters' – Recep Tayyip Erdoğan und sein Charisma, in: Yunus Yoldaş/Wolfgang Gieler/Burak Gümüş (Hrsg.), Die Neue Türkei. Eine grundlegende Einführung in die Innen- und Außenpolitik unter Recep Tayyip Erdoğan, Frankfurt a. M. 2015, S. 180 f. Mittlerweile wurde das Video aus „urheberrechtlichen Gründen" gelöscht und ist im Internet nicht mehr zugänglich. Eine Passage aus dem Lied lautet: „Mein Präsident steht auf. Mein Präsident geht raus. Lässt sich den Mund nicht verbieten, also Männer hebt die Faust. Was ist los mit euch? Wollt ihr uns für dumm halten, Mann, ihr denkt doch nicht wirklich, dass man uns auf stumm schalten kann."

und beanspruchte in der islamischen Welt quasi eine Führungsrolle. Die einstigen guten Beziehungen zu Israel wurden dieser Neuausrichtung geopfert.

> „Wisst ihr, Jerusalem ist nicht ‚nur' irgendeine Stadt. Jerusalem ist ein Symbol, Jerusalem ist eine Prüfung. Jerusalem ist unsere Zuflucht.[10] Wenn wir unsere erste Zuflucht nicht schützen, können wir für die Unversehrtheit unserer letzten Zuflucht künftig nicht garantieren. Um offen zu sprechen, hat die gesamte islamische Welt die Jerusalem-Prüfung nicht bestanden. Nicht nur die islamische Welt ist gescheitert, sondern die ganze Menschheit. […] Das Osmanische Reich herrschte über vier Jahrhunderte in Jerusalem und sorgte für ein friedliches Zusammenleben von Gläubigen aller Religionen. Die Osmanen standen jedoch nach dem Ersten Weltkrieg auf der Verliererseite und mussten neben anderen territorialen Gebieten auch Jerusalem verlassen. Seit diesem Tag hat Jerusalem keinen Frieden mehr erlebt. Die Struktur der Stadt, die allen Religionen mit Toleranz begegnete, ist zerstört. Die heiligen Stätten sowohl der Muslime als auch der Christen unterliegen nun der Bedrohung Israels."[11]

Diese Worte richtete Erdoğan, mittlerweile türkischer Staatspräsident, im Frühjahr 2018 an die Teilnehmenden der Kundgebung „Unterstützung für Jerusalem" in Istanbul und erntete dafür breite Unterstützung. Wahrscheinlich fand der umstrittene Politiker für diese Zeilen auch bei innenpolitischen Gegnern Zustimmung. Grund für diese Annahme ist, dass es neben dem religiös fundierten Antisemitismus seiner Anhänger[12] auch im linken politischen Spektrum der

---

10 Zuflucht meint in diesem Fall die Gebetsrichtung. Bevor muslimische Gläubige in Richtung Mekka beteten, taten sie dies in Richtung Jerusalem, wo die erste Moschee auf dem Tempelberg errichtet wurde.
11 Recep Tayyip Erdoğan, Staatspräsident Erdoğan: Das, was Çanakkale für uns bedeutet, gilt ebenso für Jerusalem [türk.], in: Sabah, 18. 5. 2018, https://www.sabah.com.tr/gundem/2018/05/18/cumhurbaskani-erdogan-kudus-mitinginde-konusuyor [3. 6. 2019] (Übersetzung der Autoren).
12 Vgl. Eren Yıldırım Yetkin, Imperialer Wahn und Untergangsfantasien. Zum Antisemitismus der konservativ-nationalistischen Szene in der Türkei, in: Jahrbuch für Antisemitismusforschung 27 (2018), S. 204–228, hier S. 206.

Türkei, Erdoğans politischem Widersacher, Antisemitismus gibt. Hier äußert er sich vor allem als israelbezogener Antisemitismus, der quer durch das gesamte Parteienspektrum auf Zuspruch trifft. In dieser Frage herrscht tatsächlich ein fraktionsübergreifender Konsens in der ansonsten stark fragmentierten Großen Türkischen Nationalversammlung.[13]

Verschwörungsmythen dienen häufig dem Ausmachen von Sündenböcken, um die eigenen Reihen zu schließen und zu stärken. Sind die angeblichen Feinde der Gesellschaft erst einmal markiert, lässt sich einfacher für die eigenen Positionen und Entscheidungen mobilisieren. In der Regel sind das freiheitseinschränkende Maßnahmen, die wiederum eigenem Machtstreben folgen. Die Popularisierung von Antisemitismus hat daher, nicht nur in der Türkei, ein offenkundiges Ziel: die Mobilisierung der Massen.

„Payitaht Abdülhamid" – Funktion und Aufbau der Serie

Seit geraumer Zeit ist die Türkei für die Produktion erfolgreicher Seifenopern bekannt, die auch außerhalb der Landesgrenzen weltweit ausgesprochen populär sind. Gemäß dem *soft power*-Konzept von Joseph Nye, demzufolge Staaten durch kulturelle Attraktivität und ohne Androhung militärischer Mittel Einfluss auf andere Gesellschaften ausüben,[14] kann Ankara zweifellos beträchtliche *soft power* attestiert werden. Die Türkei propagiert somit auch über ihre Landesgrenzen hinweg ein Bild ihrer Geschichte und gegenwärtigen Verfasstheit, das weniger historischen Tatsachen als vielmehr aktuellen politischen Interessen folgt.[15]

So ist es nur folgerichtig, dass der ehemalige Ministerpräsident und Außenminister Ahmet Davutoğlu, ursprünglich Universitätsprofessor für

---

13 Vgl. Evrensel, AKP, CHP und MHP veröffentlichen ein gemeinsames Statement gegen Israel [türk.], in: Evrensel.net, 15. 5. 2018, https://www.evrensel.net/haber/352528/akp-chp-ve-mhp-israile-karsi-ortak-bildiri-yayimladi [3. 6. 2019].
14 Vgl. Joseph S. Nye, Soft Power, in: Foreign Policy 80 (1990), S. 153–171.
15 Vgl. Jennifer Hecht, TV Serials for Social Change in Turkey, in: Wiebke Hohberger u. a. (Hrsg.), Grenzräume, Grenzgänge, Entgrenzungen, Wiesbaden 2018, S. 85; vgl. Constantinos Constantinou/Zenonas Tziarras, TV Series in Turkish Foreign Policy: Aspects of Hegemony and Resistance, in: New Middle Eastern Studies 8 (2018) 1, S. 24.

Internationale Beziehungen, den Export einheimischer Serien als neues außenpolitisches Instrument betrachtet, mit dem primären Ziel, strategische Beziehungen zu ehemals osmanischen Gebieten zu knüpfen.[16] Denn aufgrund der jahrzehntelangen Ausrichtung auf den Westen und Europa habe die Türkei ihre „verlorenen", ehedem osmanischen Herrschaftsgebiete sträflich vernachlässigt. Gelegentlich wird dies als „Turkish Soap Opera Diplomacy" bezeichnet, womit die nicht zu unterschätzende Bedeutung popkultureller Medien für die Außenpolitik unterstrichen wird.[17] Auch für diese Zwecke wurde 2010 „TRT Arabi" gegründet. Doch im Gegensatz zu anderen internationalen, auf Arabisch produzierenden Sendern beschränkt sich „TRT Arabi" nicht auf Nachrichten, sondern bietet zudem kulturelle Programme an, insbesondere Seifenopern. Neben der offiziellen Ausstrahlung im Fernsehen finden sie – eigens hierfür ins Arabische übersetzt – vorzugsweise über Streaming-Portale den Weg in die Wohnzimmer von Kairo bis Berlin.

Was nach außen funktioniert, funktioniert auch nach innen. Seifenopern sind äußerst erfolgreich und machen in der Türkei einen Großteil des Medienkonsums aus, vor allem seitdem sie im Internet uneingeschränkt abrufbar sind. Rund zwei Stunden lange Folgen scheinen für deutsche Verhältnisse ungewöhnlich lang, doch ist diese Länge bestens geeignet, um detailliert und dramaturgisch ausgefeilt die konstruierten Geschichten zu erzählen. Tatsächlich lässt sich ein Effekt von Seifenopern auf die öffentliche Meinung innerhalb der türkischen Gesellschaft messen.[18] Daher sind sowohl der Kontext als auch der Zeitpunkt der Ankündigung, „Payitaht – Abdülhamid" zu produzieren – nur drei Monate nach dem gescheiterten Militärputsch vom Juli 2016 –, äußerst bemerkenswert. Bereits im Februar des Folgejahres wurde die erste Folge ausgestrahlt; seitdem erfreut sich die Serie großer Beliebtheit und ist Gegenstand zahlloser Diskussionen. Die Einschaltquoten liegen im Millionen-Bereich, den YouTube-Kanal der Serie beziehen rund 270 000 Abonnenten, einzelne Folgen kommen auf bis zu 1,1 Millionen

---

16 Vgl. Ahmet Davutoğlu, Strategische Tiefe: Die internationale Stellung der Türkei [türk.], Istanbul 2012.
17 Vgl. Senem Çevik, Turkish Soap Opera Diplomacy: A Western Projection by a Muslim Source, in: Exchange: The Journal of Public Diplomacy 5 (2014) 1, S. 78–103.
18 Vgl. Hecht, TV Serials for Social Change in Turkey, S. 85.

„Klicks". Ferner wird die Serie in andere Länder exportiert und kann zudem über Satellitenfernsehen in ganz Europa empfangen werden.

In der Serie werden die letzten Herrschaftsjahre des umstrittenen Sultans Abdülhamid II. im Osmanischen Reich recht eigenwillig interpretiert. Abdülhamid II. regierte insgesamt 33 Jahre – zwischen 1876 und 1909 –, ehe er von der jungtürkischen Revolution zum Rücktritt gezwungen und durch seinen jüngeren Bruder ersetzt wurde. Aufgrund seiner durchaus demokratischen Reformen galt Abdülhamid II. zunächst als liberaler Hoffnungsträger. So verabschiedete er etwa innerhalb seines ersten Regierungsjahres eine erste Verfassung, die ein parlamentarisches System vorsah. Doch die Hoffnungen angesichts dieser positiven Errungenschaften wichen schnell Enttäuschung, denn der Sultan entpuppte sich als autoritärer Herrscher. Bereits 1877 suspendierte Abdülhamid II. die Verfassung, dem Parlament wurde es untersagt zu tagen, und er selbst wurde eilig zum neuen absoluten Herrscher des Osmanischen Reichs ernannt. Um seine Macht abzusichern, führte der Sultan eine allumfassende Zensur ein und galt fortan als Gegner der freien Presse. In seine Amtszeit fallen die ersten systematischen religiösen Pogrome gegen Ende des 19. Jahrhunderts, die schätzungsweise 200 000 Armeniern das Leben kosteten und Vorboten des späteren Genozids waren. Sein brutales Vorgehen trug ihm den Beinamen „Roter Sultan" ein.[19]

Im Laufe seiner Regierungszeit schlossen sich mehrere Oppositionsgruppen gegen die Herrschaft Abdülhamids II. zusammen. Zeitgleich verstrickte sich das Osmanische Imperium in ressourcenintensive Kriege gegen das russische Zarenreich sowie gegen Griechenland, während sich verschiedene Völker auf dem Balkan sukzessive ihre Unabhängigkeit erkämpften und sich erfolgreich von der osmanischen Fremdherrschaft befreiten. Zwar versuchte Abdülhamid II. mit Rekursen auf die islamische Religion eine Einheit zu formen, scheiterte aber letztlich und musste zusehen, wie das Osmanische Reich allmählich in sich zusammenfiel.

1923 wurde die Republik ausgerufen, in der darauf folgenden (teils gewaltsamen) kemalistischen Umbruchsphase wurden das einstige Weltreich und die monarchische Dekadenz verpönt und sogar als „dunkle Phase" betrachtet.[20] Der

---

19 Vgl. Sibylle Thelen, Die Armenierfrage in der Türkei, Berlin 2015, S. 25.
20 Vgl. Yilmaz Çolak, Ottomanism vs. Kemalism: Collective Memory and Cultural Pluralism in 1990s Turkey, in: Middle Eastern Studies 42 (2006) 4, S. 590.

post-osmanische türkisch-laizistische Partikularismus der kemalistischen Elite wurde jedoch schon bald durch Rückgriffe auf den Islam beschädigt.[21] Mit der Einführung des Mehrparteiensystems im Jahr 1946 und einer Modernisierung der Landwirtschaft und einer Liberalisierung der Wirtschaft in den 1950er-Jahren kamen neu gegründete Parteien auf, von denen einige das Osmanische Reich und dessen Protagonisten politisch zu rehabilitieren versuchten. Für diese ideengeschichtliche Strömung stehen antisemitische Denker wie Necip Fazlı Kısakürek, dem zufolge der Zusammenbruch des Osmanischen Reiches und die Gründung der Republik Ergebnis einer „jüdischen Verschwörung" seien.[22] Spätestens der neokemalistische Putsch vom 12. September 1980 und die damit verbundene türkisch-islamische Synthese als halboffizielle Staatsideologie hatten eine institutionelle Etablierung islamischer Elemente in die Politik der qua Verfassung laizistischen Türkei zur Folge. Mit den Jahren veränderte sich der Blick auf das Osmanische Reich und insbesondere auf Abdülhamid II. mehr und mehr. Wurden noch in den ersten Jahrzehnten der Republik die eigene Dekadenz und Hybris als entscheidende Gründe für den Kollaps des Imperiums betrachtet, modifizierte die neue herrschende Elite dieses Bild und machte nun innere und äußere Feinde für dessen Ende verantwortlich. In dieser neuen Lesart wurde der Sultan durch positive Vergleiche mit Erdoğan allmählich reingewaschen und sein Scheitern erheblich relativiert: Abdülhamid II. habe die Herrschaft in einer turbulenten Phase übernommen und alles in seiner Möglichkeit Stehende versucht, das Imperium beisammenzuhalten. Doch aufgrund innerer und äußerer Widerstände und Widersacher war sein Handeln zum Scheitern verurteilt.

„Payitaht" nun tritt mit dem Anspruch an, jene Widerstände akkurat nachzuzeichnen, und so beginnt jede Folge mit dem Hinweis, die „nachfolgenden Figuren und Ereignisse sind von wahren historischen Begebenheiten inspiriert". Zwar erklärt der Regisseur in einem Interview, man könne Geschichtskenntnisse nicht durch eine TV-Serie vermitteln, jedoch sei es die Intention der Produzenten, die

---

21 Vgl. Mahir Tokatlı, Der Aufstieg der AKP im Spannungsfeld zwischen Universalismus und Partikularismus, in: Peter Geiss/Dominik Geppert/Julia Reuschenbach (Hrsg.), Eine Werteordnung für die Welt? Universalismus in Geschichte und Gegenwart, Baden-Baden 2019, S. 237–263.
22 Vgl. Yetkin, Imperialer Wahn und Untergangsfantasien, S. 221 ff.

historische Wissbegierde der Bevölkerung zu wecken. Und einer der Darsteller betont, mit „Payitaht" werde innerhalb der Gesellschaft ein neues, ein besonderes Bewusstsein geschaffen, denn bisher sei der Türkei stets ein fremdes Geschichtsbild aufgezwungen worden. Jene, die gestern noch offen die Unterdrücker waren, kontrollieren angeblich auch heute noch das Weltgeschehen. Letztlich diene die Serie dazu, der neuen Generation die „wahre Geschichte" zu offenbaren. Denn da Geschichte sich wiederhole, seien historische Ereignisse auf diese Art und Weise besser zu verstehen und erlaubten gleichzeitig Rückschlüsse auf aktuelle politische Begebenheiten.[23]

Die Serie bewegt sich im Spannungsfeld zwischen dem Anspruch, die „wahre Geschichte" zu erzählen, gleichzeitig aber lediglich von historischen Ereignissen „inspiriert" zu sein; diese Widersprüchlichkeit bleibt permanent präsent. Tatsächlich lehnt sie sich eng an historische Ereignisse an, deren Auslegung aber – und das ist das eigentlich Problematische – ist mindestens eigenwillig und vielfach (bewusst) kontrafaktisch. Dennoch implizieren die Produzenten von „Payitaht" mehr oder weniger offen, sie präsentierten ihrem Publikum die „wahren" Ereignisse. Die Uminterpretation (bzw. verfälschende Darstellung) der Geschichte besteht konkret darin, dass sie behaupten, das Weltreich sei nicht an seinen selbst verschuldeten Problemen zugrunde gegangen, sondern zerfallen, weil sich Regierende und Regierte vom islamischen Glauben entfernt hätten. Die inneren Machtkämpfe seien Resultat des islamischen Identitätsverlusts im Herrscherhaus, böswillig durch eine „zionistische Verschwörung" entfacht, die letztlich darin mündete, dass Theodor Herzl von Wien aus mittels Intrigen und Machtspielen das Herrscherhaus in Istanbul stürzte. Dies tat er freilich für seine eigenen Zwecke: die Gründung eines jüdischen Staates, da Abdülhamid II. die Forderung nach einer jüdischen Heimstätte in Palästina stets ablehnte – trotz der Aussicht auf persönlichen Reichtum. So wird unverhohlen der Anschein vermittelt, das Osmanische Reich sei für die Interessen der Zionisten gestürzt worden. Mit anderen Worten: Gemäß dieser Geschichtsschreibung haben die Zionisten die islamische Identität der osmanischen Gesellschaft ausgelöscht.

---

23 Vgl. Anadolu Ajansı, Großes Interesse für Payitaht Abdülhamid auch aus dem Ausland [türk.]: https://www.aa.com.tr/tr/kultur-sanat/payitaht-abdulhamide-yurt-disinda-da-yogun-ilgi/1370399 [21. 1. 2019].

Der antisemitische Inhalt einiger beispielhafter Szenen aus „Payitaht"

Wie eng die Serie an gegenwärtige politische Herausforderungen geknüpft ist, lässt sich bereits anhand der allerersten Szene veranschaulichen, die zweifelsfrei Analogien zu Ereignissen in der heutigen Türkei aufweist: Man sieht den Sultan in einer Kutsche, flankiert von seiner Leibgarde, an einer Menschenmenge vorbeifahren, die ihm fröhlich, fahnenschwenkend und lautstark zujubelt. Plötzlich wirft ein zwielichtig erscheinender Mann aus der Menge einem voranschreitenden Soldaten eine goldene Münze zu, auf der ein Davidstern zu erkennen ist. Der Mann eröffnet sodann gemeinsam mit weiteren Eingeweihten und dem Ruf „Die Zeit ist reif" das Feuer auf den Sultan. Hier endet die Szene; ein *cold open* sowie ein erster Cliffhanger sind platziert, der Vorspann setzt ein.

Bis zur zweiten Folge müssen sich die Zuschauer allerdings noch gedulden, ehe sie die Hintergründe für die eingangs angedeuteten Geschehnisse und deren Ausgang erfahren. Das Herrscherhaus beherberge nämlich einen inneren Gegenspieler des Sultans, Mahmut Paşa,[24] der zusammen mit Zionisten in düsteren und geheimen Räumen emsig an der Ausschaltung des Sultans arbeite. Der Rivale tue dies aus niederträchtigen, egoistischen Gründen; die Zionisten nutzten seine charakterliche Schwäche wiederum für ihre eigenen Zwecke aus. Der Protagonist dieser Bewegung ist Theodor Herzl, der in die Serie früh als zwielichtige Person eingeführt wird. Er betet in einem dunklen Kellerraum und wird von einem starken Husten heimgesucht. Die Kamera schwenkt zu einer Person, die angekettet auf dem Boden liegt. Es handelt sich um Herzls Vater, der unvermittelt einen Disput mit Herzl beginnt, aus dem sich schließen lässt, dass der Vater ein Antizionist ist, der seinen Sohn für seine zionistischen Pläne verflucht. Herzl wiederum ist ein Zionist, der – so wird es suggeriert – aufgrund dieser Meinungsverschiedenheit sogar seinen eigenen Vater ankettet und seiner Mutter die Abwesenheit des Vaters damit erklärt, er habe die Familie verlassen.

Die Szene soll den Zuschauern offenbar nahelegen, zwischen guten und schlechten Juden zu unterscheiden. Hierbei ist ein ideengeschichtlicher Rekurs

---

24 Tatsächlich beruht diese Figur auf der historischen Person Damat Mahmud Celâleddin Paşa (1853–1903). Dieser wurde zeitlebens verdächtigt, den Sultan vom Thron stürzen zu wollen. Sein Sohn, Prinz Sebahattin, spielt in der Serie ebenfalls eine Rolle. Beide sind Teil der angeblichen Verschwörung gegen das Herrscherhaus.

auf die ultraorthodoxe jüdische Gruppierung „Neturei Karta", die den Staat Israel und den Zionismus aus theologischen Gründen vehement ablehnt, nicht auszuschließen, insbesondere, da die AKP-Regierung zu deren politischen Vertretern durchaus intensive Beziehungen pflegt.[25] Neben dieser politischen Botschaft ist der Szene auch eine soziokulturell-gesellschaftliche Dimension inhärent: Herzl senior ist über die zionistischen Pläne seines Sohnes derart wütend, dass er seinem Sohn ins Gesicht spuckt – die deutlichste Geste väterlicher Verachtung. Ziel der Szene ist es, die Verteilung von Antipathie und Sympathie von vornherein festzuschreiben, denn in (islamisch) religiös-patriarchalen Familien gleicht das Wort des Vaters einem Gesetz. Die Verehrung der Eltern und speziell der Gehorsam gegenüber dem Vater gelten als unantastbar. Dass Theodor Herzl sich gegen das Wort des Vaters auflehnt, soll den Zuschauern seine Ehrlosigkeit vermitteln. Die dunkle und kalte Kulisse verleiht der Szene eine zusätzlich anrüchige Komponente.

Eine erste Erklärung für das verräterische Verhalten des inneren Widersachers des Sultans und späteren Attentäters wird mit seinem Unglauben gegeben. Statt morgens aufzuwachen und das obligatorische Morgengebet zu sprechen, bleibt er liegen und erklärt seiner Frau, aufgrund seiner wichtigen Position im Reich vom Morgengebet befreit zu sein. Einige Augenblicke später und einen Tag vor dem gemeinsam geplanten Anschlag, der während der Gebetszeit des Sultans in der Moschee stattfinden soll, treffen sich die beiden Verschwörer in einer Kirche. Der Unbekannte überreicht Mahmut Paşa die Zeitung des nächsten Tages und erklärt, dass alles, was in dieser Zeitung vorausgesagt wurde, bisher stets Realität geworden sei. Bei der Zeitung handelt es sich um die Wiener *Neue Presse*, und die Schlagseite lautet: „Der Sultan ist tot". In „Payitaht" arbeitet Herzl, den historischen Tatsachen entsprechend, als Journalist und Redakteur der *Neuen Presse*. Ganz ungeniert wird hier mit antisemitischen Verschwörungsmythen hantiert. Juden kontrollieren vermeintlich weltweit die Medien und bestimmen das Weltgeschehen nach eigenem Belieben. Dabei schreckten sie nicht zurück, Mord und Totschlag für ihre Interessen einzusetzen. Die „jüdische Skrupellosigkeit" wird

---

25 Vgl. Erdoğan meets with anti-Zionist Jewish Group in London – Turkey News, in: Hürriyet Daily News, 16.5.2018, http://www.hurriyetdailynews.com/erdogan-meets-with-anti-zionist-jewish-group-in-london-131891 [4.11.2019].

durch wiederkehrende Erzählmuster unterstrichen: Herzl zählt wohlhabende jüdische Familien auf – beispielsweise die Rothschilds – und ist sich folglich der Unterstützung und Realisierung seiner Vision eines jüdischen Staates sicher.

Letzten Endes entgeht Abdülhamid II. dem Attentat nur knapp, da ein Zivilist ihm in letzter Sekunde beherzt das Leben rettet. Hier sind abermals eindeutige Parallelen zum vereitelten Militärputsch vom Juli 2016 zu erkennen, der von Teilen des Militärs initiiert, aber von der Zivilbevölkerung gestoppt wurde.[26] Nach wie vor identifiziert die AKP-Regierung die Drahtzieher im Umfeld ihres einstigen Partners und heutigen Rivalen Fethullah Gülen,[27] der seit 1999 im selbst gewählten Exil in den USA lebt. Ähnlich wie Oppositionsparteien der AKP vorhalten, ein zionistisches Projekt zu sein, wirft die Regierung wiederum der Gülen-Bewegung vor, enge Verbindungen zu Israel und Zionisten zu unterhalten.[28] Letztlich hätten fremde Mächte aus Eigeninteresse versucht, die Türkei von innen heraus zu zerstören, indem sie Regierung und Armee infiltrierten. Dieses imaginierte Zusammenspiel „äußerer Mächte" mit „inneren Volksverrätern" wird in der Serie wiederholt aufgegriffen.

Eine weitere Parallele und der Versuch, politisch Stimmung zu machen, ist der Umgang mit der Todesstrafe. In „Payitaht" wird der Attentäter freigelassen, weil die internationale Presse dies fordert und sich gegen die Todesstrafe ausspricht; eine letztlich fatale Entscheidung für die Unversehrtheit des Reichs. Tatsächlich wurde nach dem Putschversuch innerhalb der türkischen Regierung mit Verweis auf die Unversehrtheit des Nationalstaats ernsthaft die Wiedereinführung der Todesstrafe erwogen.

Während der Sultan in „Payitaht" als tugendhafter, frommer und volksverbundener Protagonist gezeichnet wird, tritt Theodor Herzl als sein zwielichtiger, gewissenloser und elitärer Antagonist auf. Das historisch verbürgte Bild des

---

26 Vgl. Berk Esen/Sebnem Gümüşçü, Turkey: How the Coup Failed, in: Journal of Democracy 28 (2017) 1, S. 59–73.

27 Vgl. Günter Seufert, Überdehnt sich die Bewegung von Fethullah Gülen? Eine türkische Religionsgemeinde als nationaler und internationaler Akteur, in: SWP – Stiftung Wissenschaft und Politik 19 (2013), https://www.swp-berlin.org/fileadmin/contents/products/studien/2013_S23_srt.pdf [5. 7. 2019].

28 Vgl. Yeni Şafak, Aufgewachsen ist er unter zionistischen Lobbyisten [türk.], in: Yeni Şafak, 23. 8. 2016, https://www.yenisafak.com/gundem/siyonist-lobilerin-elinde-buyudu-2515656 [3. 6. 2019].

brutalen und repressiven „roten Sultans", der im Streben nach Macht die Meinungsfreiheit massiv einschränkte und die Presse zensierte, wird hier unter Rückgriff auf den Islam und Ressentiments gegenüber dem westlichen Verständnis von Liberalismus „korrigiert".

In einer Szene beschwert sich der Sohn des Sultans darüber, dass eine ihm vorliegende Zeitung im Rest des Reichs nicht zugänglich sei, und stellt den Sultan zur Rede. Dieser wiederum verteidigt das Zurückhalten der Zeitung, da deren Redakteure anti-osmanische Propaganda schürten und Lügen verbreiteten, um das Osmanische Reich zu destabilisieren. In einem Artikel der genannten Zeitung werden die Briten lobend erwähnt, die aufgrund ihrer liberalen Werte der muslimischen Bevölkerung in Indien die Ausübung ihrer Religion ermöglichten, was zuvor unter dem Osmanischen Kalifat – der spirituellen Führung aller Muslime weltweit – verboten gewesen sei. Als Beweis für seine Anschuldigung fragt er den Sohn rhetorisch, was ihm an dem Zeitungsbild auffalle, um ihn sogleich auf den – seiner Meinung nach – mangelnden Wahrheitsgehalt der Meldung aufmerksam zu machen: Muslime betreten – anders als auf dem Bild dargestellt – keine Moschee mit Schuhen, weshalb die Meldung zweifellos falsch sein müsse. Dessen ungeachtet werde sie als Wahrheit verstanden, klagt der Sultan, was die Medien zu einem gefährlichen Instrument gegen die Wahrheit und die Stabilität des Reiches mache. Auf diese Weise erhielten die Medien eine umfassende und kaum kontrollierbare Macht und könnten das Volk beliebig manipulieren. Suggeriert wird hier erneut eine gezielte Strategie des Westens, um mithilfe der Medien das Weltgeschehen zu lenken.[29]

Angesichts zahlreicher Verbote und massiver Zensur regierungskritischer Medien einerseits und der Ausweitung der AKP-nahen Medien andererseits[30] wirkt diese Szene wie eine Legitimation der Aushöhlung respektive Abschaffung der freien Presse in der Türkei. Insbesondere nach dem gescheiterten Militärputsch

---

29 Dieses Bild wurde von der Regierung verwendet, um die Protestierenden während des Gezi-Widerstands im Frühjahr 2013 zu delegitimieren. Diese flüchteten vor den Einsatzkräften in eine nahe liegende Moschee, zogen dabei aber ihre Schuhe nicht aus. Die Regierung wertete dies als Missachtung der islamischen Werte.
30 Viele bedeutende Medien wie SABAH oder CNNTürk waren einst privat, wurden aber von regierungsnahen Geschäftsleuten aufgekauft und berichten entsprechend unkritisch über die AKP.

von 2016 wurden zahlreiche Medienhäuser, Fernsehsender, Zeitungen und Verlage mit dem Vorwurf, unter Terrorismusverdacht zu stehen, durch Präsidialdekrete geschlossen. Zwar wird stets beteuert, in jedem Einzelfall sorgfältig zwischen Freiheit und Verbot abzuwägen, letztlich aber sei die Bewahrung der nationalen Einheit wichtiger. Die historischen Erfahrungen Sultan Abdülhamids II., wie sie „Payitaht" darstellt, sollen diese Argumentation stützen.

In die Hintergründe von Herzls äußerst problematischem Verhältnis zum Sultan und seine Beweggründe, diesen vom Thron zu stoßen, werden die Zuschauer in der 32. Folge eingeweiht. Herzl, aufgrund der weltweiten finanziellen Unterstützung zuversichtlich, bittet Abdülhamid II. in einer Audienz, in Palästina einen jüdischen Staat gründen zu dürfen; er würde angemessen entlohnt. Doch sein Anliegen stößt beim Sultan auf entschiedenen Widerstand. Wütend und tobend erteilt er Herzl eine Absage und schließt mit den Worten, dass es, solange er lebe, kein Israel geben werde. Abdülhamid II. wird in der Serie als einzig relevante Stimme gegen eine Staatsgründung vorgestellt, weswegen er aus dem Weg geräumt werden müsse, um die Vision Herzls und der Juden zu realisieren. Sein Widerstand gegen die Gründung eines Staates Israel auf osmanischem Boden wurde ihm in dieser Lesart zum Verhängnis.

In der Serie wird peinlich genau nachgezeichnet, wie Herzl seinen Plan schmiedet, der jedoch für die Muslime einer Katastrophe gleichkommt: dem Verlust der ersten Zuflucht Jerusalem. Auf einem „Zionistenkongress" stellt Herzl dem jüdischen Publikum seine Idee eines „jüdischen Staates" vor. Die Szene beginnt in einem dunklen Licht, Tagungsort ist ein abgeschlossener Opernsaal, wodurch der Zusammenkunft eine konspirative, verschwörerische Atmosphäre verliehen wird. Teilnehmer sind neben orthodoxen Rabbinern auch säkulare und reiche Juden. Herzls flammende Rede für die Errichtung eines jüdischen Staates wird wiederholt vom Publikum im Saal unterbrochen, das „Chaim Israel" oder „Führer Herzl" skandiert. „Payitaht" zeichnet den Zionistenkongress als *das* Treffen der Mächtigen und Reichen, die hinter den Kulissen düstere Pläne schmieden und die Welt lenken. Die Kongressteilnehmer segnen Herzls Pläne entschlossen und einstimmig ab, als hätten sich alle einer gemeinsamen Sache verschworen. Diese Geschlossenheit wird unterbrochen, als plötzlich eine blonde Frau an die Bühne tritt und fragt, wie denn das Symbol, die Flagge dieses „jüdischen Staates", aussehen solle. Herzl bittet um ein weißes Tuch und zeichnet in die Mitte einen blauen Davidstern, um den religiösen Charakter des Nationalstaats darzustellen. Die Frau scheint damit nicht zufrieden zu sein und fragt, sich an das Publikum wendend, laut und etwas provokant nach: „Wo ist der Nil und wo der Euphrat?" Daraufhin zeichnet Herzl jeweils einen horizontalen Strich über und einen unter den Davidstern. Dies soll die territoriale Ausdehnung des jüdischen Staates – vom Nil bis zum Euphrat, also über weite Teile des „Nahen Ostens" – symbolisieren und dessen expansionistischen Charakter verdeutlichen, der bereits der ideellen Gründung inhärent sei. Das Publikum applaudiert: Die Idee eines jüdischen Staates ist geboren; die Juden haben sich auf eine Verschwörung zur Gründung eines aggressiv-expansionistischen Staates geeinigt.

In dieser Szene werden mehrere antisemitische Verschwörungsmythen verarbeitet. Die konspirative Atmosphäre in dem elitären Opernsaal soll suggerieren, dass nur Ausgewählte Zugang zu diesem Kreis haben und der Zionistenkongress isoliert und scheinbar geheim tagt. Die Zwischenrufe ebenso wie die dunkle Kleidung und Gesichter des Publikums sollen dem Geschehen eine mysteriöse und unheimliche Wirkung verleihen und den Anschein erwecken, als würden sich hier Juden gemeinsam auf ein Ziel einschwören. Das Bild einer konspirativ-verschwörerisch agierenden jüdischen Macht wird hier als historische Wahrheit vermittelt, als seien die Idee und die Sehnsucht nach einer jüdischen Heimstatt nicht schon lange vorher angesichts antisemitischer Verfolgung und zahlloser Pogrome aufgekommen, sondern stattdessen der Plan einer konspirativen, machtgierigen Clique, „der Zionisten", die die Weltherrschaft anstrebe.

Die vermeintlich angestrebte Expansion des jüdischen Staates auf andere Regionen und Gebiete ist ein weitverbreiteter Verschwörungsmythos. Die Errichtung eines jüdischen Staates, so die krude Lesart, habe nicht das Ziel, einer verfolgten Minderheit Sicherheit und Schutz in einem eigenen Land zu gewährleisten, vielmehr seien der angestrebten Staatsgründung expansionistische Ziele inhärent, und der neue Staat sei von Beginn an darauf ausgelegt, seine Landesgrenzen auszuweiten – vom Euphrat bis zum Nil, vom Iran bis in den Sudan. Dieses „Projekt" nennen Anhänger der Verschwörungstheorie „Groß Israel".[31] An diesen Mythos

---

31 In einem Interview des Friedensnobelpreisträgers Jassir Arafat 1998 im *Playboy* erklärt dieser die Bedeutung der blauen Linien in seinem Verständnis: „It is white with two blue lines. The two lines represent two rivers, and in between is Israel. The rivers are the

lassen sich mühelos weitere Mythen anschließen, etwa der, dass der Islamische Staat (IS) eine Erfindung des israelischen Geheimdienstes Mossad sei, mit dem Ziel, nach und nach immer mehr islamische Länder zu schwächen und zu stürzen, damit Israel sich ungehindert ausdehnen könne.

Die Gründung des jüdischen Staates wird in solchen Verschwörungsmythen weder in den Kontext jahrtausendealter Diskriminierung und Verfolgung von Juden, insbesondere der Shoah, noch in die Idee einer jüdischen Heimstatt nach religiöser Überlieferung gestellt. Stattdessen erscheint er als kalter und skrupelloser Plan einer machtgierigen jüdischen Elite, die mit der Gründung Israels einen bedeutenden Schritt in Richtung Weltherrschaft mache. Letztlich wird damit vermittelt, dass der israelische Staat illegitim sei, denn er sei Produkt einer diabolischen Weltverschwörung. Und indirekt wird dadurch auch die Bekämpfung Israels legitimiert und zur moralischen Pflicht erklärt, denn ein Staat, der auf Unrecht und Expansion beruhe, dürfe nicht weiter existieren.

„Payitaht" propagiert mit der Darstellung „der Juden" als Strippenzieher der Weltgeschichte ein antisemitisches Geschichtsverständnis. Der Lauf der Geschichte folge demnach nicht komplexen Entwicklungen, sondern gehorche dem Willen einer fantasierten „jüdischen/zionistischen Weltverschwörung" – Geschichte als Drehbuch „der Juden". Zugleich bietet die Szene, in der der Zionistenkongress verhandelt wird, eine einfache Erklärung für aktuelle Ereignisse im „Nahen Osten" an und legt dem Zuschauer folgende Lesart nahe: Die Kriege in Afghanistan, Irak oder Syrien verfolgen nur ein Ziel – Israel strebe nach Destabilisierung dieser Länder, um zu expandieren und dem Ziel eines „Groß-Israel" näherzukommen.

Die letzte hier vorgestellte Szene bezieht sich auf die Umsetzung des Planes, das Reich von innen heraus zu zerstören. Als ein großes Hindernis erweist sich der stand- und tugendhafte Sultan. Während eines Spaziergangs mit Emanuel Carosso, der in der Serie zu Herzls engstem Verbündeten wird, erzählt Letzterer von seinen Plänen, mithilfe seiner Zeitung und der dadurch gewährleisteten

---

Nile and the Euphrates." Tatsächlich hält sich diese Verschwörung im arabischen Raum konsequent. Vgl. Stefan Frank, Palästinensischer Kleriker: „Muslime müssen die Juden hassen" (Mena-Watch, 20. 1. 2019), https://www.mena-watch.com/mena-analysen-beitraege/palaestinensischer-kleriker-muslime-muessen-die-juden-hassen/ [4. 6. 2019].

Einflussnahme auf die Meinung in der Bevölkerung in Jerusalem den Staat Israel zu gründen. Zunächst aber müssten die Juden selbst von der Notwendigkeit eines jüdischen Staates überzeugt werden, und dies gelänge am besten, wenn in der Öffentlichkeit bekannt würde, das Muslime Pogrome an den Jerusalemer Juden verübten. Erst dann verstünden die Juden die Bedeutung einer Staatsgründung, und auch Drittstaaten könnten sich dem nicht verweigern. Carosso gibt gegenüber Herzl zu bedenken, dass der Sultan dies nie zulassen würde; auf diesen Abdülhamid würden weitere Abdülhamids folgen. Solange osmanische Frauen ihren Glauben an den Islam nicht verlören, Söhne gebären und diese ganz im Sinne des Islam erziehen würden, sei Herzls Plan dazu verurteilt, ein unrealisierbares Hirngespinst zu bleiben. Nach diesem Gespräch realisiert Herzl verzweifelt, dass die zionistische Mission tatsächlich am Osmanischen Reich, dessen Führung durch den Sultan und dessen islamischem Glauben zerschellen wird.

In diesem Moment der Verzweiflung tauchen plötzlich aus dem Nichts zwei Straßendiebe auf, mit der Absicht, die beiden Freunde auszurauben. Herzls Freund reagiert überraschend gelassen, händigt einem der Diebe demonstrativ einen Geldsack aus und sagt, dieser sei ausschließlich für ihn gedacht. Nachstehend bittet er Herzl, das folgende Schauspiel genau zu beobachten und zu genießen. Die beiden Diebe entfernen sich, und nur wenige Schritte weiter bricht – wie von Carosso kalkuliert – ein Streit um das Diebesgut aus, in dessen Verlauf der eine Dieb den anderen ersticht. Selbstherrlich demonstriert Carosso Herzl anhand dieser Situation, wie man durch das Säen von Zwietracht seine Feinde zu Fall bringen könne. Die Handlungsstrategie für die Zukunft ist deutlich: Früher oder später werde es den Zionisten schon gelingen, das Osmanische Reich mit „Geld, Frauen, Ruhm, Machtstreben, Selbstbestimmungsrecht der Völker und Liberalisierungslügen" zu zerstören. Die Manipulation mit weltlichen Mitteln führe zu einer notwendigen Entislamisierung des Reichs und der Gesellschaft, zu deren Schwächung und letztlich zum Zerfall des Imperiums.

Ein weiterer Aspekt dieser Szene ist die heute oft vorgebrachte These, „die Juden" würden den Holocaust für die Durchsetzung eigener Machtinteressen – hier die Gründung des Staates Israel – einsetzen. Ähnlich wie in diesem gängigen Stereotyp des israelbezogenen Antisemitismus lassen die Macher von „Payitaht" Herzl skrupellos eine Berichterstattung über Pogrome an Juden planen, um die öffentliche Meinung zugunsten seines Projektes zu beeinflussen. Angesichts der

Gewalt bliebe der internationalen Gemeinschaft keine andere Option, als die Gründung einer jüdischen Heimstatt zum Schutz der Verfolgten zuzulassen. Im Raum steht die Lesart, der Holocaust sei von Zionisten veranlasst beziehungsweise erfunden, um Israel zu gründen.

Das ständig wiederkehrende Motiv des religiösen Identitätsverlusts und der damit kausal verbundene Verlust an innerer Stabilität des Osmanischen Reichs wird hier ein weiteres Mal gezeichnet. So treffen sich in der 17. Folge der innere Feind – Emanuel Carosso – und der äußere Feind – Theodor Herzl –, um ihren ultimativen Plan zu schmieden, das Reich von innen heraus zu zerstören. Ihr Plan sieht vor, die Jungtürken, die eine weltliche Opposition zur osmanischen Herrschaft bildeten, zu unterstützen; diese sollen dann die Armee des Osmanischen Reichs infiltrieren. Mehr und mehr Osmanen sollen beeinflusst von den erstarkenden Jungtürken an ihrer muslimischen Identität zweifeln und diese schließlich aufgeben. Sie würden dann nicht mehr an ihre Propheten glauben, den Westen imitieren und ihre osmanische Vergangenheit verachten, was in der letzten Konsequenz die (Selbst-)Zerstörung des Imperiums von innen heraus bedeuten würde. Hier klingt deutlich eine Diffamierung der laizistischen türkischen Republik und ihrer anfänglichen westlichen Ausrichtung unter Mustafa Kemal („Atatürk") an, dem noch heute allgegenwärtigen und verehrten Gründer der Republik.

Gegenwärtige Diskussionen im Rahmen von „Payitaht"

In der türkischen Öffentlichkeit ist das Narrativ einer feindlichen Umwelt, die der Türkei Schaden zufügen wolle, weitverbreitet. Selbst in den Diskussionen um die jüngsten Verfassungsänderungen wurde argumentiert, dass ein Präsidialsystem das Land stabilisieren und stärken würde, was notwendig sei, da die Türkei innerhalb der internationalen Staatengemeinschaft „nur wenige wirkliche Freunde" habe.[32] Dieser „äußere Feind" bleibt in den Argumentationen politischer Amts- und Mandatsträger häufig abstrakt und unbenannt. Anders in der Popkultur, wo statt vager Andeutungen Namen genannt werden. Die antisemitischen Bilder, die auch in der Serie „Payitaht" aufgerufen werden, sind nicht erst seit dem

---

32 Vgl. Burhan Kuzu, Ein Präsidialsystem für die Türkei [türk.], Istanbul 2012, S. 96.

gescheiterten Militärputsch von 2016 virulent. „Payitaht" ist nur ein Beispiel für eine ganze Reihe aufwendig produzierter Filme und Serien, in der antisemitische Bilder und Geschichtsnarrative vermittelt und tradiert werden.

Von 2007 bis 2015 beispielsweise lief zur besten Sendezeit die bis dato erfolgreichste türkische Serie „Kurtlar Vadisi" – Tal der Wölfe. Im Mittelpunkt steht Polat Alemdar, eine Mischung aus türkischem James Bond und Rambo, der sich mittels Selbstjustiz gegen Mafiabosse und Clanchefs stellt. Die einzelnen Episoden folgen dem immer gleichen Schema: Zu Beginn gerät Polat mit Kontrahenten in Konflikt, die ihn verletzen oder brechen wollen. Im weiteren Verlauf plant er seinen Racheakt und realisiert ihn erfolgreich. Ein fettleibiger, gieriger und gewissenloser jüdischer Charakter hat in der Serie eine kleine Nebenrolle.

Derartige Produktionen greifen nicht selten aktuelle politische Ereignisse auf und verleihen ihnen eine regierungskonforme und loyale Lesart. So pflegte die Türkei lange Zeit auch wirtschaftlich gute und stabile Beziehungen zu Israel, doch änderte sich dies 2010 mit dem Fall „Mavi Marmara", als die offen antisemitische AKP-nahe Stiftung IHH („Stiftung für Menschenrechte, Freiheiten und Humanitäre Hilfe") mit einer Flotte, die Hilfsgüter in den Gazastreifen bringen sollte, die israelische Seeblockade des Gazastreifens mit Billigung Ankaras umgehen wollte. Als israelisches Militär die „Mavi Marmara" stürmte, wurden acht türkische Aktivisten getötet. 2011 wurde die Geschichte der Mavi Marmara zu einem Kinofilm verarbeitet, der die Ereignisse eigens interpretierte, gefolgt von einer Folge der Serie „Tal der Wölfe". Bereits zu Beginn wird das Existenzrecht Israels geleugnet: Als Polat Alemdar an einem Checkpoint steht und von einem Soldaten mit „Willkommen in Israel" begrüßt wird, erwidert er: „Dies ist nicht Israel, das hier ist Palästina." Bereits andere Folgen der Serie haben mit diversen antisemitischen Motiven gearbeitet, hier aber werden sie noch gesteigert. Israelis erscheinen fast ausschließlich als emotionslose Soldaten und skrupellose Machthaber, die Palästinenser schikanieren und umbringen. Palästinensischer Terror hingegen wird nicht als solcher benannt, sondern als notwendiger Widerstand gegen das Böse dargestellt. „Tal der Wölfe – Palästina" war im türkischsprachigen Kino, sowohl in der Türkei als auch in Deutschland, einer der erfolgreichsten Filme der 2000er-Jahre und erreichte ein Millionenpublikum. Einzelne Szenen aus dem Film sind auch auf YouTube abrufbar und erzielen zwischen 500 000 und einer Million „Klicks".

Auch in Unterhaltungssendungen kommt es vielfach zu antisemitischen Aussagen. In einer Unterhaltungsshow etwa, die vor fünf Jahren auf Star TV, einem der größten Privatsender der Türkei, lief, war Yıldız Tilbe, eine Ikone der türkischen Popmusik, zu Gast. In der Sendung wird sie nach ihrem Privatleben gefragt, doch ohne auf die Frage einzugehen, ergreift sie das Mikrofon und trägt ein Statement zum Gaza-Krieg 2014 vor. Sie fordert das Publikum auf, „Amen" zu sagen, sobald sie zu beten anfängt. Sie beginnt mit: „Allah, bitte bring sofort deinen Fluch über Israel! Bring deinen Fluch über Amerika!" Die Menge ruft „Amen!". Yıldız Tilbe wiederholt diesen Satz mehrmals, gefolgt von der Klage „Die Menschen dort erleben Leid, nur weil sie an Allah glauben!" – sie meint natürlich die Palästinenser –, das Publikum antwortet erneut mit „Amen". Die Szene dauert rund anderthalb Minuten, die Stimme der Pop-Ikone wird mit jedem Satz lauter, und Tilbe versteigt sich schließlich zu dem Vorwurf an Israel, aus Gaza eine Hölle gemacht zu haben, doch die wirkliche Hölle warte noch auf die Juden selbst, und dann werde es kein Entkommen mehr für sie geben. In dieser Hölle existiere „weder euer Gott noch euer heiliges Buch noch euer Glauben". Sie endet mit „Allahu Akbar!", das ebenfalls vom Publikum wiederholt wird. Tilbes Fluchgebet ist ein antisemitischer und religiöser Vernichtungswunsch, der Schöpfer soll die Juden für das bestrafen, was sie vermeintlich den Palästinensern und der gesamten Welt antun.

In einer weiteren Unterhaltungsshow auf Star TV trat der Rapper Ceza auf, der während der israelischen Militäroperation „Gegossenes Blei" 2009 in einer Musiksendung zur Hauptsendezeit Israel verflucht hatte. Ceza ist ein Urgestein des türkischen Raps und spielte eine zentrale Rolle beim Aufbau der Rapper-Szene am Bosporus. Auch international genießt er in der Community ein hohes Ansehen und arbeitet mit zahlreichen Kollegen aus anderen Ländern zusammen. Bei seinem Auftritt in der Sendung wiederholte er mehrmals den Refrain: „Schluss mit dem Massaker – Du sollst verflucht sein, Israel!"

Antisemitismus ist im türkischen Fernsehen – sowohl im staatlichen als auch im privaten – kein Novum, sondern hat eine gewisse Kontinuität. Zwar wird er mit Blick auf den Nahostkonflikt offener artikuliert, aber auch jenseits dieses Konfliktes dient Antisemitismus dazu, historische Ereignisse, soziale Probleme oder wirtschaftliche Krisen zu „erklären".

„Payitaht" reiht sich in eine Vielzahl von Serien, Shows und Filmen ein, die Antisemitismus befeuern. Oft setzen sie vergangene und gegenwärtige Konflikte und Krisen miteinander in Beziehung, nicht ohne den Anspruch zu erheben, die (historische) „Wahrheit" zu erzählen, dabei aber stets auf antisemitische Verschwörungsmythen und Fantasien zurückgreifen. Das Publikum soll daraus die Schlussfolgerung ziehen, Juden führten schon seit jeher Intrigen und Machtspiele mit der Türkei durch – eine scheinbar ewige Feindschaft.

Schlussbetrachtung

„Payitaht" ist eindeutig antisemitisch und vermittelt den Eindruck einer von inneren wie von äußeren Feinden bedrohten Türkei. Das Ausstrahlen der Serie auf dem staatlichen Sender TRT nur drei Monate nach dem gescheiterten Militärputsch von 2016 hat die Funktion, durch kontrafaktische Geschichtsschreibung historische Konstellationen auf gegenwärtige politische und gesellschaftliche Herausforderungen und Krisen zu projizieren und vermeintliche Antworten anzubieten. Primär fordert die Serie das türkisch-muslimische Publikum auf, sich als homogene Einheit zu verstehen und zusammenzuschließen, die angeblich verloren gegangene religiöse Identität wiederzuentdecken und sich geschlossen hinter die Regierung zu stellen. Dies garantiere nicht nur nationale Souveränität, die Existenz des Staates und der Nation, sondern verspreche überdies einen erfolgreichen Widerstand gegen westliche und jüdische Mächte, die im Verborgenen beständig den Zerfall der Türkei planten.[33]

Die – antisemitisch interpretierte – Geschichte von Sultan Abdülhamids II. und dem Zerfall des Osmanischen Reiches fungiert in der Serie als Abschreckung und Lehre für den Fall eines erneut drohenden Untergangs eines Imperiums, der durch innere Geschlossenheit – in Form einer islamischen Einheit – verhindert werden könne. So soll das Publikum für gegenwärtige Herausforderungen sensibilisiert werden. Als äußeren Feind der Türkei identifiziert die Serie „den Juden", während schon die bloße Existenz des israelischen Staates ursächlich für die Spaltung der Muslime sein soll. In dieser Lesart konnte Israel erst entstehen, als der

---

33 Bekannte Politiker haben die Gezi-Proteste gegen die AKP-Regierung als Inszenierung der „jüdischen Zinslobby" mit dem Ziel, die Türkei zu schwächen, verstanden. Das passt in das Bild einer permanenten „jüdischen Bedrohung".

Sultan geschwächt war, weshalb die zionistische Bewegung weltweit das Ziel verfolgte, das Osmanische Reich zu zerstören. Ganz unverhohlen wird suggeriert, dass Israel auf muslimischen Opfern basiere, seine Staatsgründung daher illegitim und eine Feindschaft gegenüber Israel eine tugendhafte religiöse Pflicht sei. Israel habe keinerlei Existenzrecht, da seine Gründung unmittelbar als Folge des islamischen Identitätsverlusts gedeutet wird.

Auf heute bezogen erhebt die Serie den Anspruch, gegenwärtige Konflikte – sowohl die inneren (den versuchten Militärputsch, den vermeintlichen Separatismus) als auch die äußeren (die „Jerusalem-Frage") – zu lösen und bietet hierfür einen offen antisemitischen Lösungsweg an: Würde Israel von der Landkarte getilgt, kehrte der Frieden zurück, wie einst zu Zeiten des Osmanischen Reichs. „Payitaht" stellt der fantasierten westlich-jüdischen Dominanz eine islamische Alternative als neue Weltordnung entgegen. In dieser Weltordnung gehört Jerusalem den Muslimen, und ein Staat Israel existiert nicht. Zugleich wären auch die innerstaatlichen Probleme gelöst, denn es gäbe niemanden, der Interesse daran hätte, die islamisch-türkische Einheit zwischen Volk und Präsident mit Intrigen zu entzweien.

Dieser Ansatz entspricht ganz der antisemitischen Politik Erdoğans – Israel als Bedrohung für die Region –, wie seine Rede auf der Kundgebung „Unterstützung für Jerusalem" in Istanbul im Frühjahr 2018 zeigt. So ließe sich schlussfolgern, dass „Payitaht" die „neue" antiisraelische Außenpolitik legitimiert und eine Aussöhnung mit der osmanischen Vergangenheit sucht. Die Serie formuliert den Anspruch, „Geheimes" aufzudecken und im Besitz der „eigentlichen" Wahrheit zu sein. Verantwortlich für alles Unglück seien „der Jude" und Israel.

Die Autorinnen und Autoren

MARIA ALEXOPOULOU arbeitet als Stipendiatin der Fritz-Thyssen-Stiftung am Historischen Institut der Universität Mannheim an ihrer Habilitationsschrift zu rassistischem Wissen und seiner Bedeutung in der Geschichte der Einwanderungsgesellschaft Deutschland. Sie befasst sich seit Jahren auch als Public Historian und in soziologischen Projekten mit dem Themenfeld Migration und ist Mitglied der migrantischen Selbstorganisation „Die Unmündigen". Zu ihren Publikationen gehören: 'Ausländer' – A racialized concept? 'Race' as Analytical Concept in Contemporary German Immigration History, in: Mahmoud Arghavan/Nicole Hirschfelder u. a. (Hrsg.), Who Can Speak and Who is Heard/Hurt? – Facing Problems of Race, Racism and Ethnic Diversity in the Humanities in Germany, Bielefeld 2019, S. 45–67; Rassismus als Kontinuitätslinie in der Geschichte der Bundesrepublik, in: Zeitgeschichten. Aus Politik und Zeitgeschichte 38–39 (2018), S. 18–24; Vom Nationalen zum Lokalen und zurück? Zur Geschichtsschreibung in der Einwanderungsgesellschaft Deutschland, in: Archiv für Sozialgeschichte 56 (2016), S. 463–484.

ROLAND BANK ist promovierter Jurist und arbeitet seit 2005 beim UNHCR in Berlin, wo er seit 2011 die Rechtsabteilung leitet. Zuvor war er als Justiziar der „Stiftung Erinnerung, Verantwortung und Zukunft" tätig. Zudem war er in verschiedenen Positionen wissenschaftlich tätig, unter anderem am Refugee Studies Centre der Universität Oxford, dem Max-Planck-Institut für ausländisches öffentliches Recht und Völkerrecht und dem Europäischen Hochschulinstitut in Florenz. Publikationen u. a.: Refugees at Sea; Introduction to Art. 11 of the 1951 Convention; in Andreas Zimmermann (Hrsg.), The 1951 Convention Relating to the Status of Refugees and its 1967 Protocol – A Commentary, Oxford 2011, S. 815–852; Forced Migration in Europe, in: Elena Fiddian-Qasimiyeh/Gil Loescher/Katy Long/Nando Sigona (Hrsg.), The Oxford Handbook on Forced Migration and Refugee Studies, Oxford 2014, S. 690–702; The Potential and Limitations of the Court of Justice of the European Union in Shaping International Refugee Law, in: International Journal of Refugee Law 27 (2015) 2, S. 213–244; Refugee Law Jurisprudence from Germany and Human Rights: Cutting Edge or Chilling Effect?, in: David James Cantor/Bruce Burson (Hrsg.)., Human Rights and the Refugee Definition – Comparative Legal Practice and Theory, Leiden 2016, S. 156–179.

PAUL R. BARTROP ist Professor für Geschichte und Direktor des Center for Judaic, Holocaust and Genocide Studies an der Florida Gulf Coast University in Fort Myers. Er ist Mitglied der International Association of Genocide Scholars und war viele Jahre lang der australische Repräsentant im International Committee of the Annual Scholar's Conference on the Holocaust and the Churches sowie Präsident der Australian Association of Jewish Studies. Zurzeit fungiert er als Vizepräsident der Midwest Jewish Studies Association. Publikationen u. a.: Heroines of Vichy France: Rescuing French Jews during the Holocaust, Santa Barbara 2019; Perpetrating the Holocaust: Leaders, Enablers, and Collaborators, Santa Barbara 2019; (Hrsg.), Modern Genocide: Analyzing the Controversies and Issues, Santa Barbara 2019; The Evian Conference of 1938 and the Jewish Refugee Crisis, London 2018; (Mithrsg.), The Holocaust: An Encyclopedia and Document Collection, 4 Bde., Santa Barbara 2017; Resisting the Holocaust: Upstanders, Partisans, and Survivors. Santa Barbara 2016; (Hrsg.), The Bosnian Genocide: The Essential Reference Guide, Santa Barbara 2016.

WERNER BERGMANN war bis 2016 Professor am Zentrum für Antisemitismusforschung. Er hat zahlreiche Veröffentlichungen zur Soziologie und Geschichte des Antisemitismus vorgelegt, u. a.: (mit Ulrich Wyrwa), Antisemitismus in Zentraleuropa. Deutschland, Österreich und die Schweiz vom 18. Jahrhundert bis zur Gegenwart, Darmstadt 2011; Anti-Jewish Violence in 19th and 20th Century Europe: Some Theoretical Considerations, in: Jahrbuch für Antisemitismusforschung 21 (2012); „Nicht aus den Niederungen des Hasses und des Aberglaubens". Die Negation von Emotionen im Antisemitismus des deutschen Kaiserreichs, in: Geschichte und Gesellschaft 39 (2013). Sein Buch Tumulte – Exzesse – Pogrome. Kollektive Gewalt gegen Juden in Europa 1789–1900 erscheint 2020.

WOLF GRUNER ist Lehrstuhlinhaber des Shapell-Guerin Chair in Jewish Studies und Professor für Geschichte an der University of Southern California, Los Angeles, und dort seit 2014 auch Gründungsdirektor des USC Shoah Foundation

Center for Advanced Genocide Research. Seit 2017 ist er Mitglied des Akademischen Komitees des US Holocaust Memorial Museum. Publikationen u. a.: Jewish Forced Labor under the Nazis: Economic Needs and Racial Aims 1938–1945, New York 2006; (Hrsg. mit Jörg Osterloh), Das Großdeutsche Reich und die Juden. Nationalsozialistische Verfolgungspolitik in den angegliederten Gebieten, Frankfurt a. M. 2010; Parias de la Patria. El mito de la liberación de los indígenas en la República de Bolivia 1825–1890, La Paz 2015; Die Judenverfolgung im Protektorat Böhmen und Mähren. Lokale Initiativen, zentrale Entscheidungen, jüdische Antworten 1939–1945, Göttingen 2016 (ausgezeichnet mehreren Preisen, engl. und tschech. Ausgabe 2019, hebr. 2020).

HANS-JOACHIM HAHN ist Privatdozent an der RWTH Aachen und Gastdozent an der Universität Bern. Zu seinen Forschungsschwerpunkten gehören die Geschichte der neueren deutschen Literatur seit dem ausgehenden 18. Jahrhundert, deutschsprachige jüdische Literatur- und Kulturgeschichte, Literaturtheorie und Allgemeine Literaturwissenschaft, historische Antisemitismusforschung, Text-Bild-Verhältnisse und Transmedialität, kulturelle Übersetzung, Wissensgeschichte sowie Modernekritik und antiemanzipatorisches Denken. Publikationen u. a.: (Hrsg. mit Olaf Kistenmacher), Beschreibungsversuche der Judenfeindschaft II. Antisemitismus in Text und Bild – Zwischen Kritik, Reflexion und Ambivalenz, Berlin/Boston 2019; (Hrsg. mit Bettina Bannasch), Darstellen, Vermitteln, Aneignen. Gegenwärtige Reflexionen des Holocaust, Göttingen 2018; Narrative des Neuen Menschen – Vom Versprechen einer besseren Welt, Berlin 2018.

MARION KAPLAN ist Professorin für moderne jüdische Geschichte an der New York University. Zu ihren Forschungsschwerpunkten gehören deutsch-jüdische und europäisch-jüdische Geschichte sowie Geschlechtergeschichte. Sie ist dreifache Preisträgerin des National Jewish Book Award für ihre Publikationen: Jüdisches Bürgertum. Frau, Familie und Identität im Kaiserreich (dt. 1991); Der Mut zum Überleben. Jüdische Frauen und ihre Familien in Nazi-Deutschland (dt. 2001) und Gender and Jewish History (mit Deborah Dash Moore, 2011). Weitere Veröffentlichungen u. a.: Zuflucht in der Karibik. Die jüdische Flüchtlingssiedlung in der Dominikanischen Republik, 1940–1945 (dt. 2010), als Herausgeberin u. a.: Geschichte des jüdischen Alltags in Deutschland. Vom 17. Jahrhundert bis 1945 (dt. 2003), sowie (mit Beate Meyer): Jüdische Welten. Juden in Deutschland vom 18. Jahrhundert bis in die Gegenwart (2005). Ihr neuestes Buch, Hitler's Jewish Refugees: Hope and Anxiety in Portugal, 1940–45, erscheint 2020.

PHILIPP LENHARD ist Historiker und Judaist und seit 2014 Wissenschaftlicher Assistent am Lehrstuhl für Jüdische Geschichte und Kultur der Ludwig-Maximilians-Universität München. Publikationen u. a.: Volk oder Religion? Die Entstehung moderner jüdischer Ethnizität in Frankreich und Deutschland, 1782–1848, Göttingen 2014; Friedrich Pollock. Die graue Eminenz der Frankfurter Schule, Berlin 2019. Lenhard arbeitet derzeit an einer Kulturgeschichte der Freundschaft im deutschen Judentum des 20. Jahrhunderts.

WINFRIED MEYER führt seit 2003 als Mitarbeiter des Zentrums für Antisemitismusforschung drittmittelfinanzierte Forschungsprojekte durch. Er hat mehrere Bücher und zahlreiche Buchbeiträge, Aufsätze und Zeitungsartikel zu den NS-Konzentrationslagern, zum Widerstand gegen den Nationalsozialismus und zur Geheimdienstgeschichte des Zweiten Weltkriegs veröffentlicht. Für seine 1993 als Buch veröffentlichte Dissertation zum Thema „Unternehmen Sieben", Hans von Dohnanyis geheimdienstliche getarnte Rettungsaktion für eine Gruppe Berliner Juden wurde er 2010 mit dem Dorothee-Fliess-Preis für Widerstandsforschung der Forschungsgemeinschaft 20. Juli 1944 ausgezeichnet. 2017 bis 2019 initiierte und kuratierte er die Ausstellung und online-Ausstellung „Geschlossene Grenzen: Die internationale Flüchtlingskonferenz in Évian 1938" des Zentrums für Antisemitismusforschung und der Gedenkstätte Deutscher Widerstand (https://evian1938.de).

ARMIN PFAHL-TRAUGHBER ist Soziologie und Politikwissenschaftler. Er arbeitet als Professor an der Hochschule des Bundes für öffentliche Verwaltung in Brühl und gibt dort das Jahrbuch für Extremismus- und Terrorismusforschung heraus. Er ist darüber hinaus Lehrbeauftragter an der Universität Bonn und gehört dem Unabhängigen Expertenkreis Antisemitismus des Deutschen Bundestages und dem Beirat des Bündnisses für Demokratie und Toleranz an. Seine Forschungsschwerpunkte sind Antisemitismus, Extremismus, Ideengeschichte, Religion, Terrorismus und Totalitarismus. Zuletzt erschien: Rechtsextremismus in Deutschland. Eine kritische Bestandsaufnahme, Berlin 2019.

Die Autorinnen und Autoren

HANNO PLASS studierte Soziologie und Geschichte und promovierte mit einer Arbeit über die Beteiligung jüdischer Südafrikaner am Kampf gegen die Apartheid 1948–1990. Seine Dissertation wird mit Unterstützung der Herbert und Elsbeth Weichmann-Stiftung 2020 publiziert. Seine Forschungsinteressen liegen in der südafrikanischen, jüdischen und internationalen Geschichte, Geschichte des Antisemitismus, Geschichte der sozialen und Befreiungsbewegungen, Erfahrungsgeschichte und marxistischer Theorie. Plass hat unter anderem zur Anti-Apartheidbewegung, zur South African Communist Party, internationalem Antisemitismus während des Nationalsozialismus, Georg Lukács, Ferdinand Tönnies und Ruth First publiziert. Er ist Fellow am Zentrum für Antisemitismusforschung und arbeitet als persönlicher Mitarbeiter von Sabine Boeddinghaus, MdHB, Fraktion Die Linke; er ist Vorsitzender der Hamburger Rosa Luxemburg Stiftung.

MAHİR TOKATLI hat Politikwissenschaft und Soziologie in Bonn und Florenz studiert. Er war Stipendiat der Friedrich-Ebert-Stiftung in der Grund- und Graduiertenförderung. Im Mai 2019 hat er seine Dissertation mit dem Titel „Auf dem Weg zum Präsidialsystem alla Turca? Eine Analyse unterschiedlicher Regierungsformen in der Türkei seit 1921" eingereicht. Seit 2014 ist er am Institut für Politikwissenschaft und Soziologie an der Rheinischen Friedrich-Wilhelms-Universität Bonn als Wissenschaftlicher Mitarbeiter tätig. Darüber hinaus ist er seit dem Wintersemester 2018/19 Lehrbeauftragter an der TU Darmstadt. Zwischen Februar und April 2015 war er Gastdozent an der TED Üniversitesi in Ankara. Zu seinen Forschungsschwerpunkten gehören die vergleichende Regierungslehre, Analyse von Demokratien und Autokratien sowie die Türkeiforschung.

VOLKER WEISS ist Historiker, Publizist und Hochschuldozent. Er ist Mitglied des Villigster Forschungsforums zu Nationalsozialismus, Rassismus und Antisemitismus sowie seit 2016 Fellow am Zentrum für Antisemitismusforschung. Er war Promotionsstipendiat des Evangelischen Studienwerks Villigst und promovierte 2009 mit der Arbeit „Moderne Antimoderne. Arthur Moeller van den Bruck und die Transformation des Konservatismus in Deutschland" (Paderborn 2012). Publikationen u. a.: Moses Hess. Rheinischer Jude, Revolutionär, früher Zionist, Köln 2015; Die autoritäre Revolte. Die Neue Rechte und der Untergang des Abendlandes, Stuttgart 2017. Er schrieb das Nachwort zu Theodor W. Adorno, Aspekte des neuen Rechtsradikalismus, Berlin 2019 und publiziert in *Die Zeit, Zeit Geschichte, Jungle World, Frankfurter Allgemeine Zeitung* und anderen Medien.

CLARA WOOPEN studierte Geschichte, Kulturwissenschaft und Antisemitismusforschung in Berlin. Ihre Forschungsinteressen sind die neuen sozialen Bewegungen, insbesondere Frauenbewegungen, Ausschlussmechanismen der deutschen Dominanzkultur und Erinnerungskulturen. Zuletzt arbeitete sie als Projektreferent*in im Modellprojekt „un_sichtbar – Lesben, Schwule und Trans* in Mecklenburg-Vorpommern. Lebensrealitäten, Ausgrenzungserfahrungen und Widerständigkeiten", einem historisch-politischen Bildungsprojekt mit dem Fokus auf lsbti* Geschichte und Empowerment, das der Verein Lola für Demokratie in Mecklenburg-Vorpommern in Kooperation mit der Amadeu Antonio Stiftung umsetzte.

BURAK YILMAZ studierte Germanistik und Anglistik mit dem Schwerpunkt Literaturwissenschaft in Düsseldorf und Bochum. Er ist Pädagoge und Leiter des Projekts „Junge Muslime in Auschwitz". An Schulen und in Gefängnissen arbeitet er zu den Themen Antisemitismus, Geschichte in der Migrationsgesellschaft und Unterdrückung im Namen der Ehre. Yılmaz entwickelt Unterrichtsmaterialien in den Bereichen Rassismus, Biografie- und Erinnerungsarbeit.